beck'sche reihe

bsr

Mit dem fossil-atomaren Energieversorgungssystem hat sich die Menschheit in Ketten gelegt. Sie ist in eine Falle geraten, aus der sie sich nur mit mühsamen Anstrengungen und fester Entschlusskraft befreien kann. Sie ist süchtig nach der schwarzen Droge Öl geworden, anscheinend besessen davon, ihre Lebensgrundlagen zu verbrennen. Gründingers Buch ist der Versuch, eine Ära des kollektiven Irrtums zu erfassen und die gesellschaftlich festgefahrenen Denkblockaden aufzubrechen.

Der 21-jährige Wolfgang Gründinger gilt als Vertreter und Sprecher einer jungen Generation, die mit Larmoyanz und Zukunftsangst nichts mehr zu tun haben will. Künftige Generationen, so seine Prognose, werden auf das Erdölzeitalter mit Staunen zurückblicken und es als eine zwar wichtige, aber doch kurze Epoche in der Geschichte der Menschheit betrachten.

Wolfgang Gründinger, geb. 1984, gilt als «Anwalt der Jugend» (Ernst Ulrich von Weizsäcker). Der Regensburger Student der Politikwissenschaften, Soziologie und Volkswirtschaftslehre war Delegierter bei mehreren UN-Weltgipfeln und zählt zu den international profiliertesten Aktivisten für Generationengerechtigkeit. Mit seinem gleichnamigen Buch prägte er den Begriff des «Öko-Realismus».

Wolfgang Gründinger

DIE ENERGIEFALLE

Rückblick auf das Erdölzeitalter

Verlag C. H. Beck

Mit zahlreichen Abbildungen und Tabellen im Text

Für Sina

Originalausgabe

Satz: Fotosatz Reinhard Amann, Aichstetten
Druck und Bindung: Druckerei C. H. Beck, Nördlingen
Umschlagentwurf: +malsy, Willich
Printed in Germany
ISBN-10: 3 406 54098 8
ISBN-13: 978 3 406 54098 1

www.beck.de

Inhalt

Vorwort

> «Fast immer waren die Menschen, die die fundamentale Erfindung eines neuen Paradigmas vollbringen, entweder sehr jung oder ganz neu auf dem Gebiet, dessen Paradigma sie ändern.»
>
> *Thomas S. Kuhn, The Structure of Scientific Revolutions*

In meinem Buch *Öko-Realismus* wurden, als Reaktion auf den zunehmenden, sich selbst so nennenden neoliberalen «Öko-Optimismus», die wesentlichen umweltpolitischen Krisen- und Handlungsfelder skizziert. Sinn und Zweck des vorliegenden Buches ist es nun, die in *Öko-Realismus* beschriebene Umweltproblematik in die für eine nachhaltige Entwicklung entscheidende Zukunftsfrage – die Energiefrage – einzuordnen und eine Analyse des herrschenden Energiesystems vorzunehmen.

Dieses Buch stellt eine Bestandsaufnahme dar und weist den Weg in ein Industrielles Solarzeitalter. Aus Platzgründen war es mir jedoch nicht möglich, politische Maßnahmen, die aus der hier dargestellten Analyse folgen müssen, en detail zu diskutieren. Gleichwohl führe ich eine Reihe politischer Empfehlungen an.

Diese Arbeit basiert auf mehreren zehntausend Seiten Fachliteratur, darunter lange Zeit geheim gehaltene Dokumente, sowie persönlichen Gesprächen mit Wissenschaftlern, Politikern, Unternehmensvertretern und NGO-Experten. Daneben habe ich Zeitungsberichte, Pressemitteilungen und ausgewählte Internetseiten herangezogen. Für die Veröffentlichung wurde das Manuskript deutlich gekürzt; einige Passagen, die aus Platzgründen entfallen mussten, sind auf meiner Homepage (www.wolfgang-gruendinger.de) veröffentlicht.

Ich versuche nicht, Tiefsinn durch komplexe Sprache zu simulieren, sondern komplexe Zusammenhänge in einfache Worte zu fassen und gelegentlich zu pointieren, um den Kern des Problems aufzuzeigen. Langjährige politische Aktivität in mehreren nationalen und internationalen Verbänden und Stiftungen, die Mitarbeit im Jugendkomitee des Bundesumweltministers und als Delegierter bei mehreren Weltgipfeln der Vereinten Nationen, meine Arbeit für die UN-

Millenniumsziele und jahrelanges Engagement in der Sozialdemokratie verhalfen mir zu interessanten Einblicken und einem soliden Maß an Kenntnissen und Erfahrungen. Meine jugendliche Visionsfähigkeit und Unvoreingenommenheit betrachte ich dabei als förderlich. Wo mein eigener Sachverstand nicht ausreichte, fragte ich – einer guten Praxis folgend – Fachleute.

Die Fülle der gesammelten Details, Zahlen und Fakten mag den einen oder andren Leser ermüden. Doch ist es unabdingbar, diese Daten zu kennen. Denn es gibt viele Scharlatane in diesem Land, deren Behauptungen die Realität auf den Kopf stellen.

Für wertvolle Hilfe, Kritik und Kommentare möchte ich danken: Nina Amelung (bnn), Sven Anemüller (Germanwatch), Anja Bäthge (Naturfreundejugend), Laura Ehling (BUNDjugend), Frithjof Finkbeiner (Global Marshall Plan Initiative), Dr. Jürgen Grahl (Solarenergie-Förderverein), Prof. Dr. Hartmut Graßl (Max-Planck-Institut für Meteorologie), Gerald Knauf (Forum Umwelt & Entwicklung), Carsten König (BUNDjugend), Irina Rau (Jugendbündnis Zukunftsenergie), Konrad Schedl, Heiko Stubner (Bundestagsbüro Dr. Hermann Scheer), Prof. Dr. Max Tilzer (Uni Konstanz), Jan Thorbecke (BMU-Jugendkomitee), Dr. Jörg Tremmel (Stiftung für die Rechte zukünftiger Generationen) sowie insbesondere allen meinen Mitstreitern bei YOIS und beim Jugendbündnis Zukunftsenergie.

Ihnen wünsche ich viel Spaß und eine Fülle neuer Erkenntnisse bei der Lektüre des Buches.

Regensburg, im Oktober 2005 *Wolfgang Gründinger*

Die Solare Revolution

«Die Kohlenwasserstoffzivilisation befindet sich im Belagerungszustand. ... Es ist der prekärste Augenblick in der postindustriellen Geschichte.»
Jeremy Rifkin[1]

Dieses Buch ist der Versuch, eine Ära des kollektiven Irrtums zu erfassen und den gesellschaftlich festgefahrenen Denkblockaden durch aufklärende Analysen mehr Licht entgegenzusetzen. Es ist der Versuch, Dichtung von Wahrheit zu trennen und offen zu legen, welche handfesten Macht- und Profitinteressen derzeit der Menschheit ein Energiesystem aufzwingen, dessen fossile Tentakeln uns erwürgen wie einst die Schlangen Laokoon und seine Söhne – doch im Gegensatz zu Laokoon wehren wir uns bisher kaum dagegen.

Mit dem fossil-atomaren Energieversorgungssystem hat sich die Menschheit in Ketten gelegt. Sie ist in eine Falle geraten, aus der sie sich nur mit mühsamen Anstrengungen und fester Entschlusskraft befreien kann. Sie ist süchtig nach der schwarzen Droge Öl geworden, besessen darauf, ihre Lebensgrundlagen zu verbrennen. Die Menschheit leidet unter Pyromanie.

Das fossil-atomare Energiesystem bedeutet die Zerstörung der Lebensgrundlagen der Menschheit, es bedeutet Ungerechtigkeit, Krankheit, Armut und Krieg. Wir plündern die Natur und ignorieren, dass ihre Schätze begrenzt sind und die Natur zurückschlagen wird. Der langjährige Direktor des Max-Planck-Instituts für Physik, Hans-Peter Dürr, nennt das eine schiere «Bankräuber-Mentalität» und sieht im Raubbau an den fossilen Ressourcen nichts anderes als die «Investition in immer bessere, raffiniertere und meist auch teurere Schweißgeräte, mit denen immer dickwandigere Tresore, gefüllt mit großen, in der Vergangenheit angesammelten natürlichen Schätzen, aufgebrochen werden».[2] Der US-Starökonom Paul Krugman wähnt die Gefahr einer neuen Energiekrise am Horizont und kritisiert das allgemeine Desinteresse der Wirtschaftswissenschaft, die Ölkrisen der 1970er Jahre neu zu analysieren. Wie auch die Asienkrise wie aus dem Nichts ausbrach und sich rasant verbreitete, so sieht er eine neue Energiekrise auf uns zukommen.[3]

Mit dem fossilen Energiesystem hat der Mensch ein Unikum von dramatischer Brisanz geschaffen: Bis vor knapp 150 Jahren garantierte die Natur einen stabilen Hintergrund für die Wandlungen der menschlichen Geschichte. Doch im 20. Jahrhundert ist der Mensch zur geologischen Kraft geworden; die Natur selbst ist in Bewegung versetzt worden und hat eine Geschichte gewonnen, die untrennbar mit der menschlichen Geschichte verbunden ist, wie der amerikanische Historiker John R. McNeill in seiner denkwürdigen Studie *Something New Under the Sun* konstatiert: Eine der wichtigsten Einsichten, denen wir uns jetzt stellen müssten, bestehe darin, dass die Zukunft heute unsicherer ist, als sie es je war. Sicher ist nur, dass nichts so bleiben wird, wie es gegenwärtig ist.[4] In welche Richtung diese Änderung steuert, weiß zwar niemand. Allerdings werden wir nur dann den Weg in den Abgrund verlassen können, wenn wir uns wieder auf den Pfad der Solaren Energie begeben.

Dieser Wandel muss radikal sein. Jeder fossil-atomare Strukturkonservatismus, jedes «business as usual» wäre ein Selbstmordprogramm, eine verschärfte Form des russischen Roulettes, das der Klimatologe Hans Joachim Schellnhuber als «Amerikanisches Roulette» bezeichnet: Man setzt sich einen sechsschüssigen Revolver an die Schläfe, in dem nur *eine Patrone fehlt*, und drückt ab.[5] Die gegenwärtige strukturelle Suizidgefährdung der Menschheit durch die fossil-atomare Energieproduktion entspricht genau dem Wahnsinn dieses Glücksspiels.

Unter dem Eindruck der ersten Atombombenzündung stellte der Schriftsteller Arthur Koestler fest: Die Nachkriegsgeneration ist die erste Generation in der Menschheitsgeschichte, die nicht mit einer eingebildeten, sondern einer realen Untergangsgefahr konfrontiert ist. Diese psychologische Konstante des Atomzeitalters begründete gewiss auch den quasi-nihilistischen Standpunkt der derzeitigen Führungsriege, die sich – unbewusst – so verhält, als wäre sie die letzte Generation.

Die Ablösung unseres Energiesystems ist keine ökoromantische Tagträumerei, sondern eine ethisch unabweisbare Verpflichtung. Die Verantwortung gegenüber denjenigen, die nach uns kommen, zwingt uns zum Widerstand. Die fossil-atomar induzierten Umweltschäden sind gleichsam eine Subvention nachfolgender Generationen für die heutige Energiewirtschaft. Dem Wahnsinn des fossil-atomaren kapitalistischen Zeitalters darf nicht die Zukunft der Erde geopfert werden. Doch die gegenwärtigen politischen und wirtschaftlichen Eliten schieben mit aller Kraft die Vernunft beiseite und steuern uns sehenden Auges in den Abgrund. Die Beendigung dieses Lemming-Phänomens erzwingt ein Ende der fossil-atomaren Energieproduktion.

Die Lösung der Energiekrise ist von herausragender Bedeutung für unsere Zivilisation, nichts Geringeres als die Schicksalsfrage des Industriezeitalters, ja «das moralische Äquivalent von Krieg» (Jimmy Carter).[6] Die Solare Revolution muss zum Schlüsselprojekt der Menschheit werden, das wie ein roter Faden sämtliche Anstrengungen und Politikbereiche durchzieht.

Das ist gewiss keine Übertreibung. Ohne Energie ist kein Leben und kein Wirtschaften möglich. Die Folgen unseres heutigen Energieverbrauchs sind so weitreichend, dass wir die Zukunft unserer Kinder und Enkel gefährden. Die fossil-atomaren Energiestrukturen prägen unsere Wirtschaft und Gesellschaft in allen Bereichen. Landwirtschaft, Verkehr, Chemie, Entwicklungspolitik wurden von der fossilen Energie-Hydra in Ketten gelegt. In letzter Instanz, so konstatiert der Chemienobelpreisträger Frederick Soddy, bestimmt die Form der Energieorganisation über «den Aufstieg und den Untergang politischer Systeme, Freiheit oder Unfreiheit von Nationen, die Winkelzüge von Handel und Gewerbe, die Ursachen von Reichtum und Armut und ganz allgemein das physische Wohlbefinden der Menschheit».[7] Dieser Tatbestand ist in der Soziologie noch kaum angekommen und wird in der Öffentlichkeit total unterschlagen. Wir müssen die unterjochende Kraft der fossilen Energieketten brechen. Daran führt kein Weg vorbei:

- Unsere Energiepolitik ist die größte Umweltkatastrophe. Alle nennenswerten Umweltschäden gehen auf die fossil-atomare Energieversorgung zurück: der Treibhauseffekt, die radioaktive Strahlung, der Atommüll, die Verschmutzung von Luft, Böden und Gewässern usw. Wir steuern nicht auf eine globale Umweltkrise zu, sondern sind bereits mittendrin. Eine derartige Belastung wird unsere Biosphäre auf Dauer nicht aushalten können. Eine Expertenkommission des Bundestages sprach jüngst von einer «globalen Umweltkrise» und «menschheitsbedrohenden globalen Umweltproblemen».[8]
- Fossile Ressourcen sind begrenzt verfügbar, solare unbegrenzt. Wenn wir uns nicht bald von den fossilen Ressourcen verab-

schieden, sind Wirtschaftskrisen, soziale Spannungen und Kriege vorprogrammiert. Schon zu viel Blut wurde für Öl geopfert.

- Es geht um Geld, und es geht um Macht. Fossile Ressourcen gibt es nur an wenigen Orten, solare überall. Wenn wir weiterhin fossile Ressourcen nutzen, machen wir uns immer abhängiger von immer weniger Förderländern und der Macht der weltweiten Konzerne. Fossile Ressourcenwirtschaft bedeutet Konzentration, Monopolisierung, Arbeitslosigkeit, Zerstörung der Demokratie, Abhängigkeit, Globalisierung, lange Transportwege, viel Verkehr, Kapitalexport – solare Ressourcenwirtschaft bedeutet Selbstbestimmung, demokratische Kontrolle, Dezentralisierung, Unabhängigkeit, Regionalisierung, kurze Wege, weniger Verkehr, krisenfeste Arbeitsplätze überall.
- Ohne Ökologie, ohne die Lösung der Energiefrage gibt es keine Gerechtigkeit. Wenn Frauen und Kinder jeden Tag stundenlang Holz zum Kochen sammeln müssen, daher keine Zeit z. B. für die Schule haben und auch noch durch das ständige Einatmen des Rauchs krank werden, wenn Pestizide aus der fossilen Agrarindustrie Grundwasser und Fischgründe verpesten, wenn die verteuerten Ölpreise die Verschuldung der Dritten Welt anheizen – dann kann es keine Entwicklung geben.
- Das Fünftel der Weltbevölkerung im Norden verbraucht vier Fünftel der Rohstoffe. Wenn der Süden aufholt, würde das die Belastbarkeit der Ökosphäre sprengen. Entweder es gibt kein Wachstum im Süden, oder wir steuern unweigerlich auf den Zusammenbruch der Weltwirtschaft zu. Wohlstand für alle ist nur möglich durch Energie für alle. Doch Energie für alle ist nur möglich durch Solare Energie.

Altbundespräsident Johannes Rau fragte in seiner berühmten Berliner Rede *Für einen Fortschritt nach menschlichem Maß* besorgt: «Werden wir zu Zauberlehrlingen? Setzen wir Entwicklungen in Gang, deren Folgen wir weder überblicken noch beherrschen können?» Die Antwort: Wir haben bereits damit begonnen. Wir sind bereits mittendrin in der Krise, gefangen in einem System, das uns Fortschritt nur vorgaukelt und uns in Wahrheit versklavt. Es geht um mehr als um den Schutz der Umwelt. Es geht um Frieden, es geht um Wohlstand, es geht um einen gesellschaftlichen Entwurf, darum, wie wir in Zukunft leben wollen und ob in hundert Jahren überhaupt noch würdiges menschliches Leben existieren kann.

Nach dem Kollaps des Sowjetkommunismus und dem Ende des Kalten Krieges hoffte die Menschheit auf eine bessere Welt. Das unerwartete Ende der Blockkonfrontation schien wie ein Deus ex machina. Es war plötzlich nicht mehr nötig, Milliarden für Waffen und Kriegsführung zu verschwenden. Mit einer Friedensdividende sollte die Armut bekämpft und die Umwelt geschützt werden.

Auf dem Erdgipfel 1992 in Rio de Janeiro läuteten die Vereinten Nationen die Wende ein. Nachhaltige Entwicklung sollte an die Stelle des Rüstungswettlaufs treten. Man war überzeugt, schon bald eine friedliche, gerechte und ökologisch zukunftsfähige Welt schaffen zu können. Mit der Agenda 21, als Pflichtenheft für das 21. Jahrhundert beschlossen, erhob die Staatengemeinschaft eine solche nachhaltige Entwicklung zu ihrem zentralen Ziel. Feierlich wurde eine neue Ära der weltweiten Zusammenarbeit ausgerufen.

Die soziale Gerechtigkeit sollte sich zusammen mit der marktwirtschaftlichen Ordnung, der Demokratie und dem gerade entwickelten ökologischen Bewusstsein in der ganzen nun vom Kalten Krieg befreiten Welt ausdehnen. Neue Zeiten schienen anzubrechen, der erwartete weltweite Massenwohlstand schien das «Ende der Geschichte» (Francis Fukuyama), das Ende von Kriegen und Krisen zu besiegeln.

Doch dann kam alles anders, als man dachte und hoffte. Denn indem die ehemaligen Ostblockstaaten Marktwirtschaften wurden, verloren sie ihre Abschreckung für das Kapital, das hier wenig Vorschriften, niedrige Löhne und geringe Steuern vorfand. Gleichzeitig galten plötzlich Deutschland oder Schweden, bisher Horte der sozialen Sicherheit, als überregulierte Hochlohnsteuer- und Hochlohnländer verbohrter Sozialromantiker. Die Politik fürchtete um Wohlstand und Wählerstimmen und übernahm bald die Jammerrufe der Wirtschaftslobby.

Die einseitige und daher verzerrte Antwort auf die Frage, wer denn den Kalten Krieg gewonnen habe – nämlich der Kapitalismus –, bereitete den Nährboden für eine geistige Atmosphäre, in welcher der Washington-Konsensus eine Monopolstellung bekam und alternative Politik- und Gesellschaftsentwürfe als überholtes Gedankengut von vorgestern denunziert wurden. Das Dogma des Totalen Marktes wurde zur «alternativlosen Reichsreligion» erhoben (Carl

Amery),[9] mit der die Welt missioniert werden sollte. Seitdem leiden wir unter einer naiv neoliberalen Argumentation. Vorbei war es mit Öko- und Sozialidylle. Die Rettung der Welt wurde vertagt.

Zehn Jahre nach Rio zogen die Vereinten Nationen beim Weltnachhaltigkeitsgipfel in Johannesburg Bilanz: Die Friedensdividende ist ausgefallen. Die globale Massenarmut ist nicht gelindert. Die weltweite Umweltkrise hat sich noch verschärft. Die Aufbruchsstimmung ist verflogen. Man verhandelt lieber als fair zu handeln.

Auf dem Johannesburg-Gipfel erzählte mir eine Vertreterin der Weltbank, sie kenne zwei Wege, Nachhaltigkeit zu erreichen, nämlich einen realistischen und einen utopischen. Der realistische (!) Weg sei, dass Außerirdische auf der Erde landen und die Menschheit zwingen, nachhaltig zu wirtschaften. Der utopische Weg sei, dass sich die Menschheit zusammenreißt und von sich aus die notwendigen Weichenstellungen vornimmt. Doch dieser Meinung bin ich nicht. Ich glaube fest daran, dass die Menschheit fähig ist, eine lebenswerte Zukunft zu gestalten. Sollte das aber wirklich Utopie bleiben, sieht es schlecht aus für diesen Planeten. In der Tat kann man angesichts der Kluft zwischen Wissen und Handeln leicht den Mut verlieren.

Das blinde Vertrauen auf den freien Markt, der schon alles richten wird, ist ein lebensgefährlicher Irrtum. Die sich selbst so nennenden «Optimisten», die sich dem antiliberalen Wirtschaftsliberalismus eines Friedrich August von Hayek verschrieben haben und Fortschritt für das zwangsläufige Resultat eines Ensembles niederer Motive halten, verdrängen und simplifizieren die Probleme, denen sich eine progressive Politik annehmen muss. Das Kollektiv von Marktentscheidungen führt nicht notwendigerweise ein vernünftiges Ergebnis herbei – was übrigens für Adam Smith selbstverständlich war, von den Vulgär-Neoklassikern aber geleugnet wird. Die Hand des Marktes ist unsichtbar und kann daher ungehindert Mensch und Natur an der Kehle packen und ausbeuten. Die sichtbare Hand des Staates muss eingreifen, um dem Kapitalismus Zügel anzulegen und einen Kapitalismus mit menschlichem Antlitz zu schaffen. Mit der Expansion des ungezügelten Kapitalismus in die ganze Welt wird die Belastbarkeit des Ökosystems gesprengt. Der Markt ist nicht per se nachhaltig, er muss erst nachhaltig gemacht werden.

Ob dies gelingt, hängt wesentlich von der Lösung der Energiefrage ab. Nahezu sämtliche Problemfelder, die in der Agenda 21 aufgeführt werden, sind direkte oder indirekte Folgen der fossil-atomaren Energieketten. Die Energiefrage ist damit die entscheidende Frage für die Zukunftsfähigkeit menschlichen Lebens und Wirtschaftens. «Die weltweite Energiepolitik ist ein Scharnier, dessen Konstruktion darüber entscheidet, ob die Tür in eine nachhaltige Entwicklung aufgehen kann oder klemmt», weiß der prominente amerikanische Physiker Amory Lovins.[10]

Mit Schönheitsoperationen am fossil-atomaren Energiesystem kann eine nachhaltige Entwicklung nicht erreicht werden. Es reicht nicht, etwas mehr erneuerbare Energien zu wollen, die Kraftwerke etwas effizienter zu machen und irgendwann vielleicht noch auf Atomkraft zu verzichten. Wir brauchen keine Verbesserungen im System, sondern einen völligen Systemwechsel. Ein totaler Umbau des Energieversorgungssystems ist unabwendbar notwendig. Eine Solare Energiewende muss eingeleitet werden; sie beruht auf drei ineinander übergreifenden Bausteinen:

1. Solare Energien ausbauen (Substitution);
2. Energie rational verwenden durch moderne Technologien (Effizienz);
3. Energie sparen durch veränderte Wohlstandsmodelle (Suffizienz).

Alle drei Strategien müssen gleichzeitig und konsequent verfolgt werden. Das Steuer- und Abgabensystem muss umgebaut, die Subventionen müssen umverteilt und die neoliberale Globalisierung muss politisch gestaltet werden. Dadurch kann innerhalb der nächsten Jahrzehnte die globale Energieversorgung zu 100 Prozent aus der Sonne gespeist werden. Nur so lassen sich Frieden, Wohlstand und Demokratie im kommenden Jahrhundert sichern.

Diese Solare Energiewende muss zu einem neuen strategischen Projekt werden, zu einem «Marshallplan für die Erde», wie ihn der ehemalige US-Vizepräsident Al Gore vorschlägt[11] und wie er mittlerweile zum Gegenstand einer internationalen Initiative unter Führung der Stiftung Weltvertrag geworden ist, an deren Gründung ich beteiligt war.* Statt militaristischem Größenwahn, fanatischem Wachstumsdenken und blindem Vertrauen auf den heiligen Markt muss sich eine entschlossene und realistische Politik der Herausfor-

* Mehr dazu im Internet unter www.globalmarshallplan.org

derung annehmen, die Solare Revolution weltweit in die Wege zu leiten. An die Stelle von faustischen Hirngespinsten wie einer «Strategic Defense Initiative», der erstmals 1983 von den USA geplanten Raketenabwehr im Weltraum, muss eine «Solar Environment Initiative» treten. Doch unter dem Regime von Ölbaron Bush II. wurde das militaristische Großprojekt einer Raketenabwehr unter neuem Namen wiederbelebt, und Milliarden wurden in die Installation einer Raketenabwehr im Weltraum gepumpt, während gleichzeitig Milliarden Menschen verhungern.

Die Anstrengungen, die zur Umsetzung dieses Solaren Marshallplans erforderlich sind, können nur verglichen werden mit anderen Jahrhundertprojekten wie dem Apollo-Programm zur Mondlandung oder den massiven Investitionen in die Eisenbahn Mitte des 19. Jahrhunderts gegen enorme, aber widersinnige Widerstände. Dass die Energiekonzerne ihre Entmachtung nicht widerstandslos hinnehmen werden, ist klar. Doch an der «schöpferischen Zerstörung» (Josef Schumpeter) der alten Energiestrukturen führt kein Weg vorbei. Die versiegenden Quellen und die überlasteten Senken bereiten dem fossilen Energiesystem unumstößlich das Aus.

Künftige Generationen werden auf das fossile Zeitalter als eine zwar wichtige, aber doch kurze Epoche in der Geschichte der Menschen zurückblicken. Im Zeitfenster von 2500 Jahren ist das Erdölzeitalter nicht mehr als ein Wimpernschlag der Menschheitsgeschichte.

Das Erdölzeitalter im Zeitfenster von 2500 Jahren

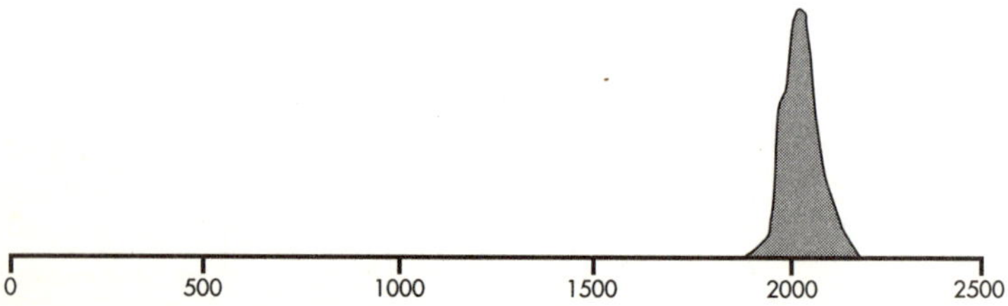

Entnommen: Ludwig-Bölkow-Systemtechnik, <http://www.energiekrise.de>

Die Menschheit steht an der Schwelle zum Industriellen Solarzeitalter. Künftige Generationen werden im Rückblick von der Solaren Revolution so selbstverständlich sprechen wie von der Industriellen, der Französischen oder der Landwirtschaftlichen Revolution. Schließlich bedeutet die Ablösung der fossilen durch solare Energien nichts anderes als eine Ablösung der gesamten Art und Weise heutigen Wirtschaftens durch eine nachhaltige Entwicklung. Die Solare Revolution bedeutet:

- Vermiedene Klimaveränderungen
- Vermiedene Gefahren der atomaren Bedrohung
- Vermiedene Angriffspunkte für Terrorismus
- Vermiedene Gesundheitsschäden und Todesfälle
- Vermiedene Kriege und Bürgerkriege um Rohstoffe
- Vermiedene Flüchtlingsströme
- Vermiedene volkswirtschaftliche Abhängigkeit von Energieimporten
- Vermiedene Subventionen

- Chancen für die Entwicklung der Dritten Welt
- Chancen für die Bekämpfung der globalen Massenarmut
- Chancen für die Regulierung des Bevölkerungswachstums
- Chancen für die Gleichberechtigung der Frau in der Dritten Welt
- Chancen für neue Industrie und Millionen neuer Arbeitsplätze überall
- Chancen für die Revitalisierung der ländlichen Regionen
- Chancen für die Stabilisierung lokaler, regionaler und nationaler Ökonomien
- Chancen für mehr soziale Gerechtigkeit
- Chancen für mehr Demokratie
- Chancen für einen besseren Verbraucherschutz und mehr Verbraucherfreiheit
- Chancen für Zukunftsbegeisterung und Aufbruchsstimmung

Wer gegen Kohle und Atom ist, ist kein Blockierer oder Neinsager. Er sagt zugleich Ja zu innovativer, unendlicher Energie und zu einer neuen Kultur des nachhaltigen Wohlstands für alle. Die Solare Revolution wird weltweit gigantische zivilisatorische Potenziale entfalten. All dies hängt tatsächlich an einer Technologie, der Sonnentechnologie. *It's the energy, stupid!*

Natürlich werden nicht alle Probleme dieser Welt nur mit der Einführung von Solarzellen und Windrädern gelöst. Ein ganzes Paket an flankierenden Maßnahmen – deren Erläuterung den Rahmen dieses Buches sprengen würde – ist erforderlich, um den gegenwärtigen Herausforderungen zu begegnen. Doch die Bedeutung der Energiefrage wird derzeit dramatisch unterschätzt. Es ist dringend an der Zeit, die konstitutive Rolle des Energiesystems für die nachhaltige Gestaltung einer sich globalisierenden Welt ins Bewusstsein zu rücken und zur *ersten Priorität* der politischen Agenda zu machen.

Die Sonnentechnologie wird die Hoffnungen, die in sie gesteckt werden, nicht enttäuschen wie die Atomspaltung. Gegen die Atomspaltung gab es von Anfang an, trotz der alle erfassenden Euphorie, heftige Bedenken und Widerstände. Doch gegen die Sonnentechnologie konnten nicht einmal die mächtigen fossilen Großkonzerne ihre Einwände fundiert darstellen. Die Nachteile der fossil-atomaren Energieketten und die Vorzüge der Sonnentechnologie liegen auf der Hand:

	Fossil-atomarer Energiemix	*Solarer Energiemix*
unerschöpflich	nein	ja
unfallsicher	Kohle, Gas: ja	ja
	Öl, Atomkraft: nein	
klimaneutral	fossile Brennstoffe: nein	ja
	Atomkraft: prinzipiell ja	
importunabhängig	Kohle: ja, andere: nein	ja
friedensfördernd	nein	ja
dezentral	nein	ja
geeignet für Dritte Welt	nein	ja
niedrige externe Kosten	nein	ja
versorgungssicher	heute: ja, künftig: nein	heute: nein, künftig: ja
demokratisch	nein	ja
volkswirtschaftlich vernünftig	nein	ja
arbeitsplatzintensiv	nein	ja

Quelle: eigene Zusammenstellung nach Alt 2000

Die Solare Revolution ist utopisch, weil selbst ihre überzeugtesten Anhänger sich ihre langfristigen Wirkungen kaum vorstellen können. Sie ist realistisch, weil sie machbar ist. Die Solare Revolution ist eine reale Utopie. Sie ist ethisch notwendig, gesellschaftlich wünschenswert, ökologisch unabweisbar erforderlich, technisch machbar und wirtschaftlich vernünftig. Was fehlt, ist einzig und allein der politische Wille.

Dass sich die fossil-atomaren Besitzstandswahrer an das alte, verkrustete System aus Öl und Atom klammern und sich mit aller Macht gegen den Wandel wehren, ist unverkennbar. Sie haben viel zu verlieren. Die fossilen Energiekonzerne sind die größte und mächtigste Industrie der Welt, reicher und mächtiger als selbst viele wohlhabende Nationen. Die Macht der fossilen Hydra zu brechen, wird eine der schwierigsten Aufgaben auf dem Weg zum Solarzeitalter sein. Durch ständiges Wiederholen ihrer Lügen hat der petroindustrielle Komplex die Köpfe manipuliert. Die Propagandaschlacht der fossilen Industrie erinnert fatal an Orwells *1984*, dessen Bürger durch die Parole «Krieg ist Frieden – Sklaverei ist Freiheit – Dummheit ist Stärke» gefügig für die Interessen der Herrschenden gemacht werden. Im Energiekampf, im großen Spiel um Öl, Geld und Macht, scheinen alle Mittel erlaubt. «Es gibt drei Arten von Lügen: Lügen, verdammte Lügen und Energielügen», begriff der ehemalige US-Präsident und Friedensnobelpreisträger Jimmy Carter.[12]

Laut Bourdieu sollten Politiker sich von wissenschaftlicher Rationalität leiten lassen und sich an solide Fakten und empirische Befunde halten. Das Gegenteil ist heute zu beobachten: Es kann nicht sein, was nicht sein darf. Die Solare Revolution wird als nicht machbar hingestellt, das fossile Energiesystem als vernünftiger «Mix» hochgehalten. Die Armut und Zerstörung, die es schafft, werden ignoriert. Um der «Realpolitik» willen wird die Grundfrage des 21. Jahrhunderts an den Rand gedrängt.

Doch warum ist das so? Warum wird die Kluft zwischen Wissen und Handeln immer größer? Warum ist die Neigung so gering, sich den wirklichen Zukunftsfragen zuzuwenden? Warum wird selbst in der Sozialdemokratie, die sich traditionell gegen unreflektierte Fortschrittsgläubigkeit wendete, die Energiefrage so wenig und so oberflächlich diskutiert, obwohl es doch so klar auf der Hand liegt, dass die einzige sozialdemokratische Energie nur die Sonne, nicht die Kohle und sowieso nicht die Atomenergie sein kann? Warum verhält sich die politische Linke so teilnahmslos in der Energiefrage, obwohl schon Karl Marx wusste, dass nicht nur die Arbeit, sondern ebenso die Natur die Quelle alles Reichtums ist? Warum gibt es in christlichen und konservativen Parteien so starke Feinde der Solarenergie, obwohl sie doch die Bewahrung der Schöpfung und ein christliches Menschenbild als ihr ureigenstes Anliegen betrachten müssten? Warum erklärt man Politiker, die den solaren Systemwechsel als unrealistisch abtun und an fossilen Dinosauriertechnologien festhalten, zu «Realos» und «Modernisierern»? Warum diffamiert man Menschen, die sich für alternative Zukunftsentwürfe stark machen, als «Fundamentalisten»? Warum denunziert man Atomkraftgegner als Technikpessimisten, obwohl sie doch begeistert sind von modernen solaren Technologien? Warum nur beteiligt sich alle Welt so inbrünstig und überzeugt an dem neoliberalen Pseudorealismus, dessen verheerende soziale und ökologische Folgen wir nach 20 Jahren doch allzu gut kennen müssten? Warum vertrauen wir verkommenen fossilen Großstrukturen, trauen aber nicht dezentralen solaren Energiequellen, die wir selbst vor Augen haben? Warum nur trauen wir den blinden Gesetzen des Marktes mehr als den unverbrüchlichen Gesetzen der Natur?

Eine Krise ist nach Jürgen Habermas ein Zustand, in dem die bisher gewählten Lösungsansätze offenkundig ungeeignet werden und die geeigneten noch nicht gefunden oder ausprobiert wurden. In einer solchen Weltkrise befinden wir uns, doch die neuen Lösungen sind bereits da und müssen nur noch ernsthaft umgesetzt werden. Wir haben noch Zeit zum Handeln, aber keine Zeit zu verlieren. Die Menschheit hat nichts zu verlieren als ihre fossilen Ketten. Sie hat eine Welt zu gewinnen.

Wenn die Quellen versiegen

Millionen Jahre brauchte es, damit geologische, chemische und physische Prozesse die fossilen Rohstoffe formen konnten, die wir heute in einem atemberaubenden Tempo aufzehren, als wären sie nichts wert und unbegrenzt vorhanden: Jeden Tag verbrennen wir so viele fossile Rohstoffe, wie in tausend Jahren (!) wieder neu entstehen.

Öl, Kohle, Gas und Uran sind endlich und gehen zwangsläufig zur Neige, und das wird früher der Fall sein, als uns lieb ist. Im Gegensatz dazu sind die solaren Energieträger – d.h. Sonne, Wind, Wasser und Biomasse – erneuerbar und können ein Vieltausendfaches des menschlichen Energiebedarfs abdecken. Die Sonne stellt uns all diese Kräfte zur Verfügung, direkt in Form von Sonnenstrahlung und indirekt in Form von Wind, Wasser und Biomasse. Die Sonne lässt Pflanzen wachsen, sie sorgt für die Kreisläufe des Wassers in Seen und Flüssen und treibt die Winde an. Erneuerbare Energien sind solare Energien.

Der derzeitige kommerzielle Primärenergiemix (d.h. Strom, Wärme, Treibstoffe) wird immer noch von den knappen fossilen Energiequellen dominiert. Weltweit verbrauchen wir jedes Jahr

Globaler Primärenergiemix (2000)

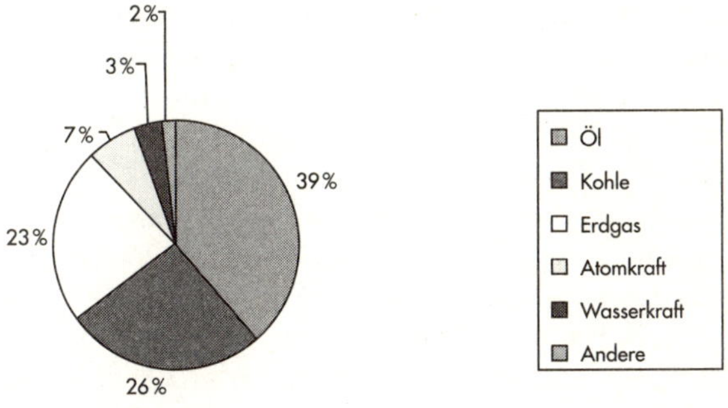

Quelle: World Energy Outlook 2002

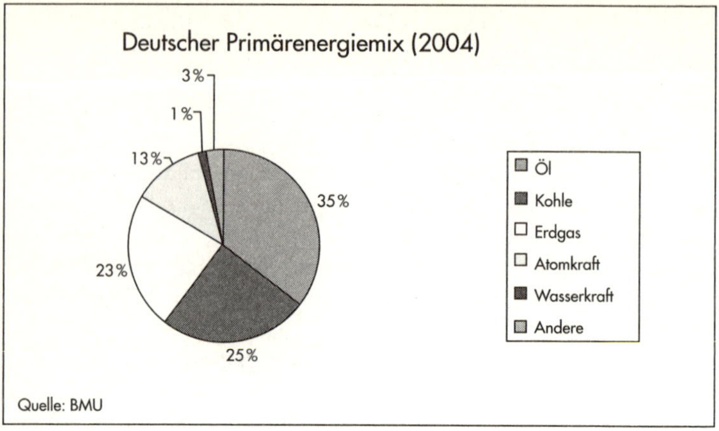

rund zwölf Milliarden Tonnen Steinkohleeinheiten, in Deutschland sind es ca. 500 Millionen Tonnen. Alle solaren Energiequellen zusammen stellen einen Anteil von nur wenigen Prozent. Dieser Energiemix ist seit Jahren relativ unverändert.[1]

Die Ursachen für den in den letzten 150 Jahren exorbitant gewachsenen und weiter wachsenden Energiehunger der Menschheit liegen im extremen Weltbevölkerungswachstum einerseits und in der falsch gesteuerten Industrialisierung andererseits.

Die Weltbevölkerung hat seit 1960 etwa so stark zugenommen wie in den vier Millionen Jahren zuvor, seit dem ersten aufrechten Gang unserer Urahnen: Heute leben so viele Menschen wie in allen früheren Zeitaltern zusammen. Das bedeutet, dass die heutige Generation, würde sie nur auf dem geringen Konsumniveau unserer Vorfahren leben, mindestens so viele Ressourcen verbraucht, wie *alle* Menschen in der bisherigen Geschichte für sich in Anspruch genommen haben.[2] Nach UN-Prognosen wird die Weltbevölkerung von heute 6,2 Milliarden Menschen auf wahrscheinlich 8,9 Milliarden Menschen im Jahr 2050 noch weiter anwachsen.[3]

Das zweite verschärfende Element ist die Industrialisierung und Urbanisierung, die heute vor allem in der Zweiten und Dritten Welt stattfindet. Wenn jeder Chinese dieselbe Menge Öl verbrauchen wollte wie ein US-Amerikaner, würde China 80 Millionen Barrel Erdöl am Tag benötigen – mehr, als heute weltweit insgesamt gefördert wird! Selbst wenn China und Indien ihren Energieverbrauch

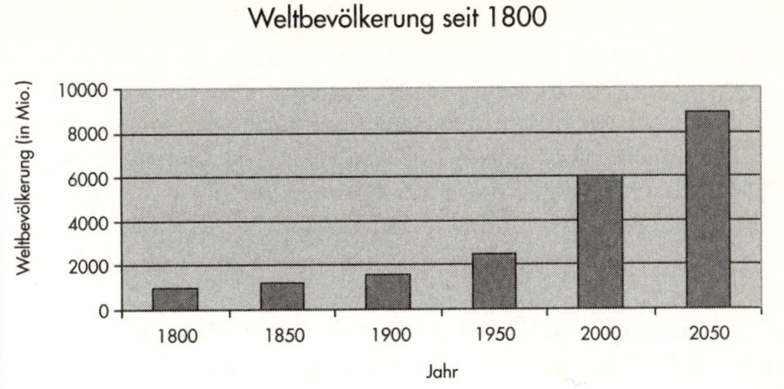

Quelle: McNeill 2003

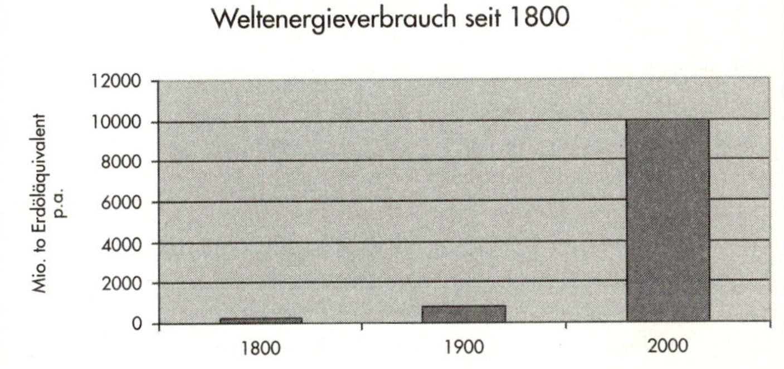

Quelle: McNeill 2003

nur auf das Niveau Südkoreas heben, würden allein diese beiden Staaten knapp 120 Millionen Barrel Öl täglich verbrauchen – über 40 Millionen Barrel mehr, als heute die gesamte Welt braucht.[4]

Weltbevölkerungswachstum und Industrialisierung werden den Weltenergieverbrauch in den kommenden Jahrzehnten dramatisch anschwellen lassen. Der Weltenergierat rechnet in einem konservativen Szenario mit einer Zunahme des globalen Primärenergiebedarfs auf fast 30 Milliarden Tonnen Steinkohleeinheiten im Jahre 2050, was nahezu einer Verdreifachung gleichkommt. Soll dieser Bedarf zu einem Anteil von zwei Dritteln aus fossilen Quellen gedeckt werden, müsste die Förderung von Erdöl um fast ein Drittel, von Kohle auf etwa das Doppelte und von Erdgas auf das Dreifache gesteigert werden.[5]

Das fossil-atomare Energiesystem gerät in eine Existenzkrise, für die es keine Lösung gibt. Die ganze Bandbreite an fossil-atomaren Energieträgern – Öl, Gas, Kohle und Uran – ist nach menschlichen Zeitmaßstäben nicht erneuerbar. Die Vorräte, die wir heute besitzen, brauchten Jahrmillionen, um zu entstehen. Sie sind begrenzt. Dennoch verfeuern wir sie in einem atemberaubenden Tempo. Doch langsam versiegen die Quellen.

Die bisherige Förderung an fossilen Rohstoffen kann nicht auf Dauer aufrechterhalten werden. Ein sorgloses «Weiter so, denn wir haben ja genug!» kann es nicht geben. Die Verknappung der Rohstoffe zeichnet sich sehr deutlich ab. Die weltweiten Reserven an Erdöl, Erdgas, Kohle und Uran summieren sich auf rund 1200 bis 1300 Milliarden Tonnen Steinkohleeinheiten. Damit hätten wir *insgesamt* noch genug fossil-atomare Energievorräte für die nächsten hundert Jahre – allerdings unter der völlig unrealistischen Voraussetzung gleich bleibenden Verbrauchs.

Kohle stellt knapp die Hälfte aller Reserven, es folgen Erdöl, Erdgas und Uran. Bei stagnierendem Verbrauch reichen, nach Zahlen der Bundesanstalt für Geowissenschaften und Rohstoffe, die heute bekannten weltweiten Reserven an Steinkohle rein rechnerisch noch 207 Jahre, an Braunkohle noch 198 Jahre, an Erdgas noch 64 Jahre, an Erdöl noch 43 Jahre und an Uran noch 42 Jahre (Stand: 2002).[6] Diesen Zeithorizont nennt man «statische Reichweite», weil keine Veränderungen unterstellt werden. Das sind keine Schätzungen von Greenpeace, sondern offizielle Zahlen des Wirtschaftsministeriums, die ähnlich von allen Rohstoffprognostikern auf der ganzen Welt verwendet werden.

Allerdings wird der Verbrauch dramatisch zunehmen, wodurch diese ohnehin kurzen Reichweiten noch einmal drastisch dezimiert werden. Diese noch verkürzten Reichweiten nennt man «dynamische Reichweiten», weil man einkalkuliert, dass der Verbrauch der Rohstoffe nicht gleich bleibt, sondern zunimmt. Steigt der Ölverbrauch um zwei Prozent jährlich – was im Bereich der gängigen Prognosen liegt –, würden die jetzt bekannten Reserven in 25 Jahren fast aufgebraucht sein.[7]

Auch die raren europäischen Gasvorräte sind vor Verknappung

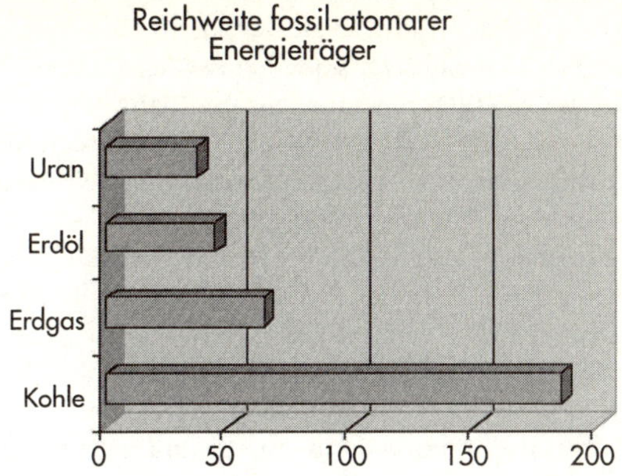

Quelle: BMWA 2002

nicht verschont. Ruhrgas und BP befürchten eine «Angebotslücke» ab 2010. Noch zwei Jahrzehnte dauere es, bis sämtliche Gasvorkommen in einem Umkreis von 3000 Kilometern verbraucht seien – bis auf die russischen, die Einzigen, die dann wahrscheinlich noch verfügbar sein werden, denn die Gasquellen in Nahost können mangels Pipelines bislang noch nicht für das europäische Gasnetz angezapft werden.

Rund 85 Prozent der russischen Gasförderung stammen aus nur drei Feldern. Mehr als die Hälfte dieser großen Lagerstätten ist schon verfeuert, die Produktion rückläufig. Weitere Gasfelder in Ostsibirien sind für das europäische Gasnetz zu weit entfernt, zumal auch Chinesen, Inder, Japaner und Koreaner auf die russischen Quellen schielen. Vorübergehend könnten afrikanische Lieferanten die Lücke schließen, doch auch die Vorräte Afrikas sind allzu begrenzt.

In Nordamerika zeichnet sich ebenfalls bereits eine Versorgungslücke ab. Zwar verfügt der Kontinent noch über heimische Reserven, doch der US-Energiedurst saugt sie rasch auf. Die Verbraucher bekommen die drohende Verknappung bereits in Form von Preiserhöhungen zu spüren. Inzwischen ist selbst der ehrwürdige Alan Greenspan so beunruhigt, dass er für eine Ausweitung des Imports von Flüssiggas, Liquified Natural Gas (LNG), aus Nahost und Russland plädiert.[8] Die Öl- und Gasvorräte schwinden. Das fossile Energiesystem manövriert sich in eine Sackgasse.

Die Hoffnungen der Ölkonzerne richten sich nun auf unkonventionelle Ressourcen, mit denen sie der fossilen Energiefalle entfliehen wollen. Wenn die konventionellen Reserven ausgehen, so heißt es, werden die Energiepreise steigen, und dann wird die Erschließung bisher zu teurer unkonventioneller Ressourcen möglich. Ein zweites fossiles Zeitalter stehe am Horizont. Ölschiefer, Ölsande und Gashydrate werden als Rettung angepriesen.

Diese Hoffnung trügt. Zwar werden die unkonventionellen Ressourcen auf das Zehnfache der konventionellen Reserven geschätzt. Ölschiefer, Öl- und Teersande sowie Schwerstöle verlängern die Reichweite von Öl auf theoretisch 185 Jahre. Doch es gibt gute Gründe, warum sie bisher nicht angegriffen wurden: Konventionelle Rohstoffe sind billig und einfach zu fördern; unkonventionelle nicht. Da sie geologisch ungünstig liegen und eine schlechtere Qualität haben, erfordern sie einen gewaltigen technischen Aufwand zur Förderung, zum Transport und zur chemischen Aufbereitung. Entsprechend braucht man mehr Zeit und Geld, um die gleiche Menge an Energie aus dem Boden zu holen. Die Kosten explodieren. Selbst der Mineralölwirtschaftsverband räumt ein, dass die Förderkosten dreimal höher sind als bei konventionellem Öl. Da der ganze Prozess von der Förderung bis zur Aufbereitung selbst viel Energie verbraucht, ist die Netto-Energieausbeute schon von Anfang an schmal.

Begleitet wird das ganze Getöse von massiven Umweltbelastungen. Die Ölschiefer und Sande können nicht aus unterirdischen Reservoiren herausgepumpt werden, sondern lagern knapp unter der Erdoberfläche und müssen wie Kohle in Tagebauten gewonnen werden. Riesige Flächen müssten aufgegraben, Dörfer umgesiedelt, Naturraum unwiederbringlich vernichtet und Felder aufgegeben werden. Nach der Ausgrabung muss das Öl erst einmal aus den Erdklumpen herausgepresst werden, denn der Ölanteil pro Kubikmeter Erde beträgt im Schnitt gerade einmal vier Volumenprozent. Anschließend muss das qualitativ schlechte Öl noch chemisch aufbereitet werden.

Unkonventionelles Öl deckt heute gerade fünf Prozent an der gesamten Weltölförderung. Will man diesen Anteil auch nur verdoppeln und das Öl z.B. in Kanada abbauen, würde dort Abraummaterial in der Größenordnung von vier bis fünf Cheopspyramiden täglich anfallen – das wären im Jahr 1600 Pyramiden, die man umweltverträglich beseitigen müsste.[9] «Es ist sehr schwer, sich vorzustellen, dass unkonventionelles Öl die Lücke schließen könnte», sagt deshalb Karl Hiller von der Bundesanstalt für Geowissenschaften und Rohstoffe.[10]

Nicht weniger umständlich ist es, an unkonventionelles Erdgas heranzukommen, das man aus Kohleflözen gewinnen oder vom Meeresgrund abpumpen will. Das Kohlegas ist an den Abbau der Kohle gebunden und verursacht damit nicht nur Landschaftszerstörung und hohe Kosten, sondern würde konsequenterweise auch die Nutzung der klimaschädlichen Kohle erzwingen, was unsere Atmosphäre dauerhaft nicht verkraften könnte.

Was das Ozeangas am Meeresgrund betrifft, so weiß man noch nicht einmal, ob die vermuteten Lagerstätten überhaupt existieren. Die Angaben sind hoch spekulativ. Seit 20 Jahren wird versucht, Methanhydrate am Meeresgrund zu finden. Trotz über 2000 Testbohrungen wurde bis heute kein einziges größeres Feld gefunden, das mehr als einige Meter dick wäre und auch nur annähernd an die mehreren hundert Meter herankommen würde, die in der Kristallkugel der Gasjunkies wahrgesagt werden. Trotzdem rechnen die Apologeten des fossilen Zeitalters die Vorräte auf unermessliche Zahlen hoch.

Genauso steht in den Sternen, wie die Methanhydrate überhaupt gefördert werden sollen. Die technischen Systeme sind nur in Ansätzen vorhanden, geschweige denn ausgereift.[11] Beim Abbau wird der Meeresgrund aufgewühlt werden müssen; das ozeanische Ökosystem wäre gefährdet, und das Treibhausgas Methan würde in die Atmosphäre entweichen. Da die Methanhydrate als eine Art Zement dienen, der das Sediment an den Hängen zusammenhält, könnten beim Abbau Flutwellen ausgelöst werden.[12]

Doch die fossilen Konzerne geben sich unbesorgt. Ex-Wirtschaftsminister Werner Müller, selber vor (und nach) seinem Ministerjob als Energiemanager tätig, wiederholt lapidar, was sich viele andere ebenso wie er einbilden: «Schon vor 40 Jahren haben alle gesagt, das Öl reicht noch 40 Jahre. Jetzt sprudeln die Ölquellen immer noch. Auch in 40 Jahren wird es heißen, das Öl reicht nur noch 40 Jahre.»

Doch er hat Unrecht. Schon in den 1970er Jahren waren die meisten Ölvorräte bekannt, und es wurden treffende Prognosen über Neufunde gemacht. Im vom US-Präsidenten Jimmy Carter in Auftrag gegebenen Bericht *Global 2000* von 1980 wurde geschätzt, dass die Ölförderung mit täglich 80 bis 105 Millionen Barrel zwischen 1990 und 2010 ihren Höchststand erreicht, wobei die «äußersten Ressourcen» (einschließlich des bereits verbrauchten Teils und potenzieller, noch unbekannter Lagerstätten) auf 2100 Milliarden Barrel veranschlagt wurden.[13]

Die Prognosen haben sich bestätigt: Heute fördern wir tatsächlich ca. 80 Millionen Barrel täglich, und die in *Global 2000* angenommenen Gesamtvorräte sind eher über- als unterschätzt worden: Das amerikanische Bundesamt für Geowissenschaft spricht heute von 2300 Milliarden Barrel Gesamtpotenzial, die angesehenen Geologen Colin J. Campbell und Jean Laherrère (beide selbst Entdecker großer Ölfelder mit jahrzehntelanger Explorationserfahrung bei verschiedenen Ölkonzernen) gehen von 1800 Milliarden Barrel aus – und damit sogar von deutlich weniger als vom Carter-Report geschätzt. Aktuelle Untersuchungen sehen das Maximum der Ölförderung – wieder in Übereinstimmung mit dem Carter-Report – um 2010 kommen, Campbell und Laherrère sogar noch früher.[14] Schon seit Jahrzehnten wissen wir also, wie groß unsere Vorräte sind und was es noch zu finden gibt.

Grunddaten zur Ölsituation	
Bisherige Förderung:	820 Mrd. Barrel
Bekannte Reserven:	827 Mrd. Barrel
Was wahrscheinlich noch gefunden wird:	ca. 153 Mrd. Barrel
Neufunde 1962:	41,0 Mrd. Barrel
Neufunde 1997:	7,1 Mrd. Barrel
Jahresproduktion 1999:	22,0 Mrd. Barrel
Neufunde 1993–1997:	27,1 Mrd. Barrel
Produktion 1993–1997:	125,0 Mrd. Barrel
Welt-Tagesproduktion heute:	77 Mio. Barrel
Förderbare Gesamtmenge:	ca. 1800 Mrd. Barrel

Quelle: Campbell, BP, Petroconsultants, LBST (2000)

Großartige Neufunde, die zu einem anderen Bild führen könnten, sind nicht in Sicht. Auch eine im Jahr 2000 veröffentlichte Studie im Auftrag des Deutschen Bundestags[15] lässt die Hoffnungen auf umfangreiche Neufunde wie Seifenblasen zerplatzen: Heute wird nur noch ein Viertel des geförderten Öls im selben Zeitraum neu entdeckt. Weltweit sind derzeit 42 000 Ölfelder bekannt. In nur einem Prozent davon sind mehr als drei Viertel des insgesamt gefundenen Öls enthalten.

Die Neufunde an Öl sind seit mehr als 20 Jahren stark rückläufig. Die meisten Neufunde wurden in den 1960er Jahren gemacht. Die großen Ölfelder sind fast alle älter als 30 Jahre. 90 Prozent der Weltölproduktion stammen aus Feldern, die seit mehr als 20 Jahren, und 70 Prozent aus Ölfeldern, die schon seit mehr als 30 Jahren bekannt sind. Die ganz großen Ölfelder wurden größtenteils schon vor über 50 Jahren aufgespürt, das letzte 1977. Die größte in den vergangenen 50 Jahren gefundene Region ist die Nordsee (mit 60 Milliarden Barrel); sie enthält gerade halb so viel Öl wie das 1948 entdeckte weltgrößte Ölfeld in Saudi-Arabien. Das weltweit zweitgrößte Ölfeld wurde 1938 in Kuwait gefunden – zusammen enthalten allein diese beiden größten Ölfelder ein Zehntel des gesamten bis heute gefundenen Erdöls. Nur fünf Prozent der Weltölproduktion kommt aus

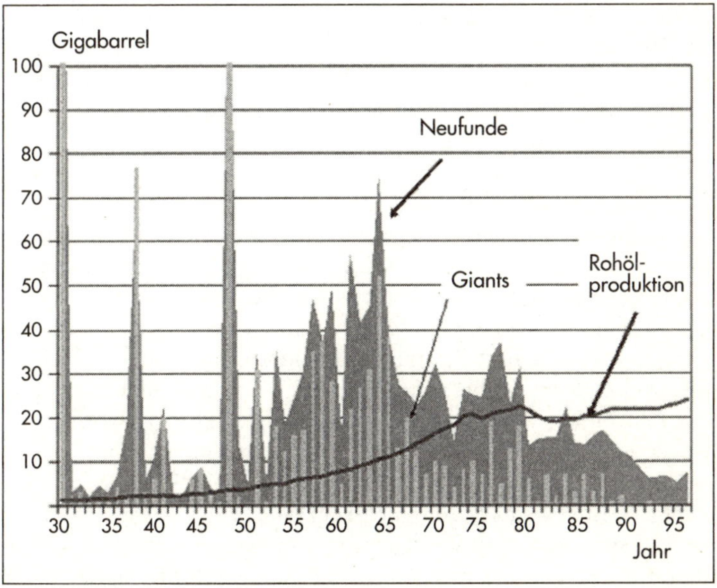

Quelle: Ludwig-Bölkow-Systemtechnik, www.energiekrise.de

Feldern, die in den 1990er Jahren angeschlossen wurden, nur acht Prozent aus Feldern der 1980er Jahre – alle anderen sind wesentlich älter.[16] Die Ölfelder, die man noch findet, sind klein, von minderer Qualität und nur teuer erschließbar.

Daran wird sich auch nichts ändern lassen, wenn man mehr Geld in die Suche nach neuen Vorkommen steckt. Auch die verstärkten Explorationsbemühungen Anfang der 1980er Jahre, ausgelöst durch die Ölkrisen, konnten kaum neue Felder aufspüren. Die Lagerstätten sind schlicht erschöpft. Fast alle großen Ölfelder wurden mit sehr einfachen Methoden entdeckt; doch jetzt lassen nennenswerte Neufunde trotz hochentwickelter Technik auf sich warten. «Wer das Gehalt eines Fußballprofis verdoppelt, erhält doch auch nicht die doppelte Leistung», sagt der Lagerstättenexperte Werner Zittel. «Ich denke, dass die Lagerstättenexperten auch bei deutlich mehr Geld nur etwas mehr Öl aus den vorhandenen Reserven fördern können.»[17] Ähnlich die Feststellung der amerikanischen Geologiebehörde: Die Entdeckung neuer Ölquellen habe 1962 ihren Höhepunkt überschritten und sei seither im Abschwung begriffen.[18]

Die zitierte Bundestagsstudie lenkt die Aufmerksamkeit auf einen weiteren Sachverhalt: Die Reservestatistiken, die wir kennen, sind womöglich nach oben verzerrt, in jedem Fall aber extrem unsicher. Der Eindruck von ständig wachsenden Reserven, den Statistiken von BP oder Shell vermitteln, entspricht nicht der Realität. Diese Zahlen sind, so die Bundestagsstudie, das Artefakt einer Berichterstattung, die auf technologisch schiefen und politisch manipulierten Bewertungsverfahren beruht.

All diesen Statistiken liegt ein und dieselbe Datenquelle zu Grunde, nämlich die jährlich von den Regierungen veröffentlichten Zahlen, die von keiner unabhängigen Stelle geprüft werden. Einige Zahlen sind offenbar ohne großen Bezug zur Realität: Allein im Jahr 1999 übermittelten 77 Staaten unveränderte Reserven, obwohl sie Öl produzierten. Insbesondere die OPEC-Staaten übermitteln jedes Jahr immer wieder fast unveränderte Reserven, obwohl sie Öl en masse aus der Erde pumpen. Da kann etwas nicht stimmen.

Ende der 1980er Jahre veranschlagten fast alle OPEC-Staaten ihre Öllagerstätten weit höher als noch ein Jahr zuvor, obwohl gar keine neuen Funde gemacht wurden. 1985 gab Kuwait – ohne dass Neufunde hinzugekommen waren – einfach seine Öllagerstätten um 50 Prozent höher an, um seine OPEC-Förderquoten heraufsetzen zu dürfen. Venezuela «verdoppelte» hierauf seine Reserven, indem schon lange bekannte Schwerölvorräte mit einberechnet wurden. Unter Handlungsdruck vergrößerten andere OPEC-Staaten ihre Lager ebenfalls: Wie durch Zauberhand vergrößerten sich die Reserven Saudi-Arabiens um rund die Hälfte, die Reserven des Irak und des Iran verdoppelten sich, die Vorräte der Vereinigten Arabischen Emirate verdreifachten sich – innerhalb von nur wenigen Jahren waren die Reserven plötzlich überall hochgeschnellt! Auf einmal waren die weltweit (!) «sicher nachgewiesenen» Reserven um ein Drittel (!) höher als noch kurz zuvor, obwohl gar keine neuen Funde gemacht worden waren, sondern lediglich bereits bekannte Felder «neu bewertet» wurden.[19] Zwar waren diese Korrekturen zum Teil durchaus korrekt, weil die Ölfelder anfangs von den privaten ausländischen Ölkonzernen bewusst als zu klein angegeben worden waren, denn von der Größe der Ölfelder hingen die an das Gastland zu entrichtenden Abgaben ab. Aber die Neubewertungen waren so exorbitant hoch, dass sie sich nicht mehr seriös rechtfertigen lassen – immerhin beliefen sie sich auf ein Drittel der weltweiten Reserven!

Diese schlagartige Höherbewertung bereits bekannter Lagerstätten resultiert aus politischen Interessenkonstellationen. Die OPEC gibt ihre eigenen Reserven möglichst hoch an, um ihren Abnehmern

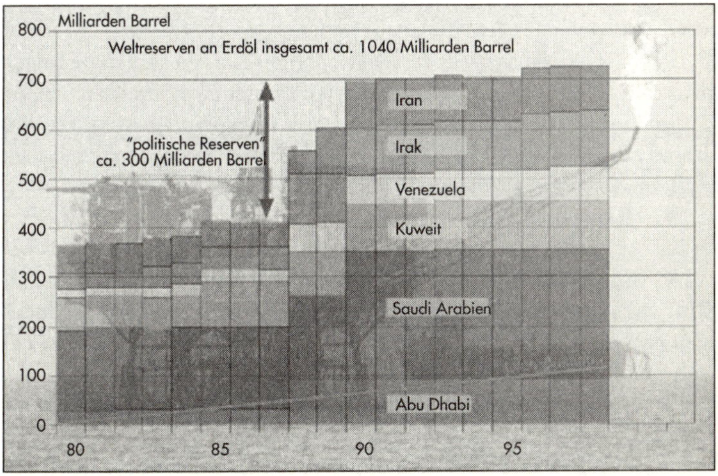

Entnommen: Ludwig-Bölkow-Systemtechnik, <http://www.energiekrise.de>

vorzugaukeln, es gebe keinen Grund für Investitionen in erneuerbare Energien oder Energieeffizienz, es sei schließlich genug da. Zweitens versucht jedes einzelne OPEC-Land, bei den Quotenfestsetzungen einen möglichst hohen Anteil an der Gesamtförderung der OPEC durchzusetzen, um möglichst viel Petrodollars einzustreichen. Daher werden die Vorräte einfach höher angegeben, um dadurch eine Steigerung der Förderung zu legitimieren. Drittens werden die Reserven möglichst hoch veranschlagt, um die eigene Kreditwürdigkeit bei ausländischen Investoren und Banken zu erhöhen.

Der Westen hat dagegen ein Interesse daran, die Reserven der Nicht-OPEC-Staaten möglichst hoch erscheinen zu lassen, um den Eindruck zu erwecken, er sei nicht von der OPEC abhängig. Ein Beispiel: Mit fünf Prozent Wahrscheinlichkeit findet man im Gebiet der Falklandinseln und Ostgrönlands riesige Ölvorkommen, mit 95 Prozent Wahrscheinlichkeit gibt es dort jedoch keinen Tropfen. Also gibt die US-Geologiebehörde für das Gebiet einen Mittelwert zwischen gigantisch und null an, der so hoch ist wie das Ölvorkommen der gesamten Nordsee – dem größten innerhalb der letzten 50 Jahre gefundenen Ölreservoir. Dass dieser Mittelwert jeder logischen Grundlage entbehrt, stört dabei niemanden. Bisher hat noch kein Unternehmen in Ostgrönland nach Öl gebohrt. Auf Falkland haben sich Ölkonzerne 1999 nach fehlgeschlagenen Bohrungen wieder zurückgezogen. Diese Geschichte spricht für sich.

Unsere Kenntnisse von den Weltenergiereserven stehen demnach auf recht wackligen Beinen. Die konventionellen Statistiken wiegen uns in falsche Sicherheit. Sie beruhen auf ungeprüften Aussagen der Regierungen. Doch die haben ein Interesse an möglichst hohen Zahlen.

Wie die globale Reservelage tatsächlich aussieht, lässt sich in etwa erkennen, wenn man die Neufunde aufsummiert und davon das bereits produzierte Öl abzieht, wie es untenstehende Grafik zeigt. Das Bild ist eindeutig: Seit 20 Jahren nehmen die tatsächlich vorhandenen Reserven ab, während die Statistiken der Ölindustrie stetig zunehmende Vorräte vorgaukeln.

Extrapoliert man die Explorationserfolge der Vergangenheit in die Zukunft, lässt sich ungefähr abschätzen, wie viel Öl noch gefunden werden wird. Wie in der Grafik zu sehen, flacht die Kurve der Neufunde bereits ab. Man kann ziemlich sicher sagen, dass ca. 90 Prozent

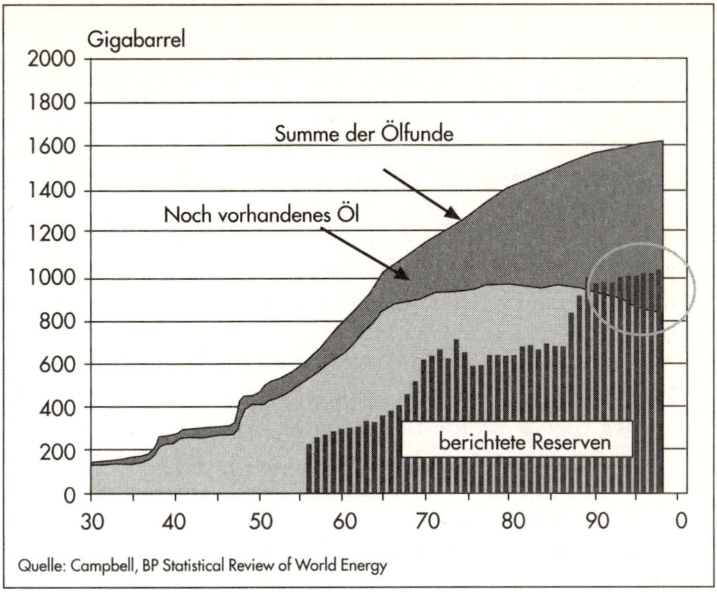

Entnommen: Ludwig-Bölkow-Systemtechnik, <http://www.energiekrise.de>

des Öls bereits gefunden sind. Die Gesamtvorräte belaufen sich demnach auf etwa 1800 Milliarden Barrel (einschließlich des bereits geförderten Teils).

Entscheidend für die Analyse struktureller Umbrüche – also die Frage nach der nächsten großen Ölkrise – ist dabei gar nicht die oben diskutierte statische Reichweite der Ressourcen, also die Frage: «Wie lange reicht das Öl noch?» Die Angabe der Reserven-Reichweite ist prinzipiell irreführend. Denn welcher Teil der gesamten Vorräte als gewinnbare «Reserven» verbucht wird, ist abhängig vom Ölpreis. Das heißt: Je teurer das Öl ist, desto höher sind die Reserven. Bei einem Ölpreis von 100 Dollar pro Fass wären die Reserven plötzlich gewaltig, auch wenn gar kein neues Öl gefunden würde. Zweitens verläuft die Förderung ja nicht für Jahrzehnte konstant, um dann irgendwann nach dem letzten Tropfen abrupt aufzuhören, sondern sie steigt zunächst an, um nach dem Produktionsmaximum wieder zu schrumpfen.

Entscheidend ist also nicht die Frage: Wie lange reichen die Reserven? Entscheidend ist die Frage: Ab wann kann die Ölproduktion aus technischen, geologischen und wirtschaftlichen Gründen nicht mehr erhöht werden, sondern nimmt tendenziell nur noch ab? Dieser Zeitpunkt, an dem das Maximum der Ölförderung erreicht ist (der «Peak»), ist für die jeweils aktuelle Verfügbarkeit von Erdöl ausschlaggebend, weil dann die Förderung nicht mehr beliebig erhöht werden kann. Daher ist er ein wesentlich besseres Maß für Strukturumbrüche als die Reichweite der Reserven.

Die Erfahrungen mit der Ausbeutung von Ölfeldern zeigen, dass die Ölförderung in Form einer Glockenkurve verläuft. Grund dafür ist, dass die Produktion immer schwieriger wird, je leerer das Ölfeld ist, weil der Druck nachlässt und das zähe Öl dann nicht mehr so leicht an die Oberfläche gepumpt werden kann.

Das Produktionsmaximum ist ungefähr dann erreicht, wenn die Hälfte der Vorräte verbraucht wurde. Danach nimmt die Ölförderung tendenziell nur noch ab. Technisch ist eine Erhöhung der Produktion in dieser Phase nur noch möglich, wenn man den Druck im Ölfeld erhöht (z. B. durch Injektion von Wasser) oder das Öl verflüssigt (z. B. durch Erhitzen oder Zugabe von chemischen Stoffen). Dann aber flacht die Kurve nur umso schneller ab. In Deutschland wurde das Produktionsmaximum 1968, in den USA 1971, in Russland 1988 und in Großbritannien vermutlich 1999 erreicht.

Die besorgniserregende Nachricht: Wir sind schon am Zenit angelangt. Das Produktionsmaximum der meisten großen Ölfelder ist

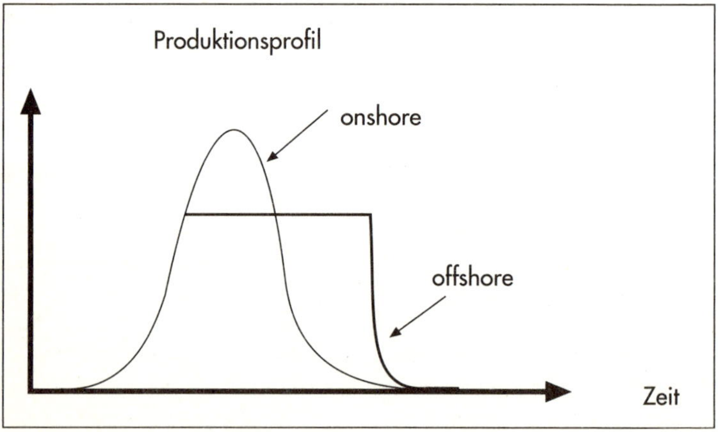

Entnommen: Ludwig-Bölkow-Systemtechnik, <http://www.energiekrise.de>

bereits überschritten. Die Nicht-OPEC-Staaten haben heute ihr Produktionsmaximum bereits erreicht oder stehen kurz davor. Der Förderanteil der OPEC steigt wieder kontinuierlich an. Heute ist der Förderanteil der OPEC so hoch wie zur Zeit der Ölkrisen. Doch auch die wichtigsten OPEC-Länder werden ihr Produktionsmaximum nach 2015 erreichen.

Beim Erdgas ist die Situation allgemein etwas entspannter, weil noch mehr verfügbar ist. Da die Erdgasmärkte, anders als der Ölmarkt, wegen der ungleich höheren Transportkosten über lange Entfernungen nicht global strukturiert sind, sind regionale Versorgungskrisen aber schon innerhalb der nächsten zehn Jahre durchaus denkbar.[20]

Die Weltölproduktion wird innerhalb des nächsten Jahrzehnts ihren Höhepunkt überschreiten – und dadurch wird ein globaler Strukturwandel ausgelöst werden. Nach übereinstimmenden Prognosen der US-Geologiebehörde und der deutschen Bundesanstalt für Geowissenschaften und Rohstoffe wird das Fördermaximum bei konventionellem Öl zwischen 2015 und 2020 erreicht werden. Die Genfer Petroconsultants, die weltweit führende Beratungsfirma für die Ölbranche, prognostizieren sogar ein Fördermaximum um 2010. «Die Wende steht im Grunde unmittelbar bevor», so Friedrich-Wilhelm Wellmer, Präsident der Bundesanstalt für Geowissenschaften und Rohstoffe. «Es ist nun einmal so, dass immer weniger neue große Ölvorkommen entdeckt werden. Wir nähern uns unerbittlich dem Fördermaximum.»[21]

«Besteht das Risiko einer dritten Ölkrise?», fragt der angesehene Princeton-Ökonom Paul Krugman. Seine Antwort lautet: «Ich wünschte, ich könnte das verneinen, aber ich kann es nicht.» OPEC-Generalsekretär Ali Rodriguez erklärt, er sehe in seinen Mitgliedsländern kaum noch Möglichkeiten zur Ausweitung der Förderung, und mahnt: «Die Welt sollte sich auf eine mögliche Energiekrise einstellen.» Gernot Klepper, Rohstoffexperte am Kieler Institut für Weltwirtschaft, meint, man müsse «den Menschen jetzt klar machen, dass wir am Anfang eines Prozesses stehen, der langfristig in eine andere Welt führt.» Die Rohstoffanalysten der amerikanischen Investmentbank Goldman Sachs haben eine «grundlegende Veränderung am Markt» identifiziert: nämlich einen deutlichen Sprung des langfristigen Ölpreises.[22] Und die Deutsche Bank schreibt: «Die Zeichen mehren sich, dass bereits sehr viel früher als bisher erwartet mit einer physischen Verknappung bei Erdöl gerechnet werden muss. ... Allein schon deshalb – unabhängig von politisch motivierten Versorgungskrisen – ist in wenigen Jahren mit einem trendmäßigen Preisanstieg bei Erdöl und später auch bei Erdgas zu rechnen. ... Deshalb ist das Szenario vom Ende der fossilen Kohlenwasserstoffe kein Horrorgemälde pessimistischer Weltuntergangspropheten, sondern eine in den kommenden Jahren und Jahrzehnten ernst zu nehmende Verknappungsperspektive.»[23]

Das Überschreiten des Fördermaximums wird einen weltweiten Strukturbruch bedeuten. Dann wird die Hälfte des Erdöls auf unserem Planeten verbraucht sein. Die Ölförderung wird global stagnieren und danach zwangsläufig sinken, bei zugleich steigender Nachfrage. Vorübergehend werden die gravierendsten Engpässe durch teure, unkonventionelle Ressourcen überbrückt werden können, doch die Krise lässt sich auf diese Weise lediglich hinauszuzögern. Die nächste, letzte große Ölkrise steht bevor.

Es wird wärmer als je zuvor

«Die Menschheit wird ein weiteres Jahrtausend nicht überleben. Entweder ein Unfall oder die Erderwärmung wird das Leben auf der Erde auslöschen», prophezeite der britische Astrophysiker Stephen Hawking vor sechs Jahren in einer über Nacht berühmt gewordenen Rede. «Ich mache mir Sorgen um den Treibhauseffekt.» Die Manipulation der Atmosphäre könne im schlimmsten Falle zu Temperaturen wie auf der Venus führen. Das würde jedes Leben auf der Erde vernichten.[1]

Auch wenn Hawking ein Worst-Case-Szenario entwarf, das in dieser Art und Weise als ausgesprochen unwahrscheinlich gilt, so ist doch eins absolut sicher: Wenn wir weiter wie bisher Kohle, Öl und Gas verbrennen und Klimagifte in die Atmosphäre schleudern, wird es in verhältnismäßig kurzer Frist, jedenfalls noch zu meiner eigenen Lebenszeit, auf der Erde wärmer sein als jemals zuvor in der Menschheitsgeschichte. Wir steuern sehenden Auges auf eine Katastrophe zu, die Millionen Menschen das Leben kosten kann.

Gewaltige Klimaänderungen gab es freilich schon immer. Die Dinosaurier wanderten selbst in arktischen Breitengraden durch üppige Dschungel, und einst war die Sahara eine fruchtbare Region auf unserem Planeten. Auch eine ungewöhnliche klimatische Stabilität in den letzten 10 000 Jahren hat dem Menschen seinen Aufstieg ermöglicht.

Doch wir sind drauf und dran, diese Phase einer klimatischen Stabilität zu zerstören. Der amerikanische Ozeanforscher Wallace Broecker hat es einmal so formuliert: «Das Klima ist ein wildes Tier; wir reizen es und pieksen es mit Stöcken.»[2] Die Menschheit betreibt ein geophysikalisches Großexperiment: Wir manipulieren die Zusammensetzung der Atmosphäre. Ausgang des Experiments: ungewiss, aber potenziell katastrophal. Was wir derzeit an globaler Erwärmung erleben, übersteigt an Geschwindigkeit und Intensität alles, was wir als natürlich kennen und in den vergangenen zehn Jahrtausenden erlebt haben.

Wie kommt es dazu? Wenn wir Kohle, Öl oder Gas verbrennen, werden Kohlendioxid (CO_2), Methan (CH_4) und Lachgas (N_2O)

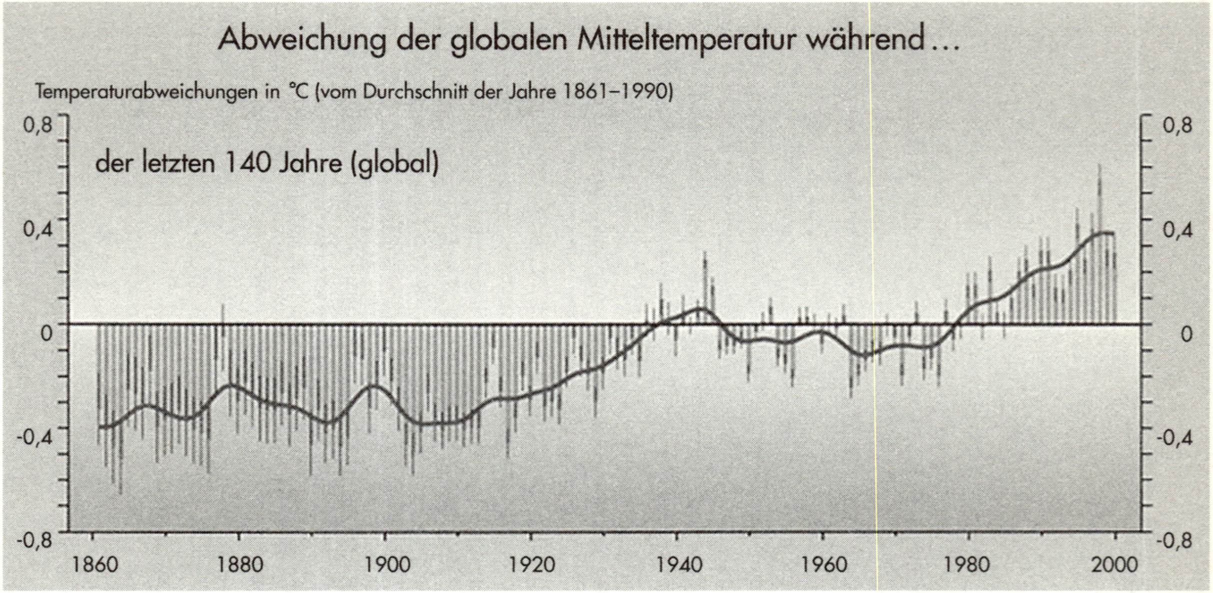

Entnommen: IPCC, <http://www.ipcc.ch>

frei. Zusätzlich steigt Methan als Nebenprodukt der Ölförderung und des Kohleabbaus sowie aus überschwemmten Reisfeldern, von Rinderherden und Mülldeponien auf; aus alten Kühlschränken, Feuerlöschern oder Reinigungsmitteln werden außerdem Fluorchlorkohlenwasserstoffe (FCKW) emittiert – ein Stoff übrigens, der überhaupt nicht existierte, bis der Mensch ihn erfand und in die Umwelt entließ. Diese langlebigen Klimagase werden in der Atmosphäre gut durchmischt. Der Vorgang gleicht dem Geschehen im Innern eines Treibhauses: Die vom Weltall eindringende Sonnenwärme wird zwar durchgelassen, aber kann nicht mehr so leicht wie bisher entweichen. Die Folge: eine weltweite Erwärmung.

Dieser Prozess ist im Grunde ganz natürlich – ohne den Treibhauseffekt würden auf der Erde lebensfeindliche minus 15 Grad herrschen –, doch der Mensch verstärkt ihn durch seinen sorglosen Umgang mit Energie.

Die Hauptschuld an der anthropogenen Klimaerwärmung trägt das Kohlendioxid.[3] Rund 23 Milliarden Tonnen dieses Gases werden jährlich in die Umwelt gepustet. Knapp die Hälfte davon verbleibt in der Atmosphäre, die andere Hälfte schlucken (noch) Wälder und Ozeane. Seit Beginn der Industrialisierung hat die fossile Energieverbrennung den CO_2-Gehalt der Luft um etwa ein Drittel hochgetrieben, auf derzeit 375 ppm (parts per million). Damit ist er weitaus höher als jemals zuvor in den letzten 420 000 Jahren.[4]

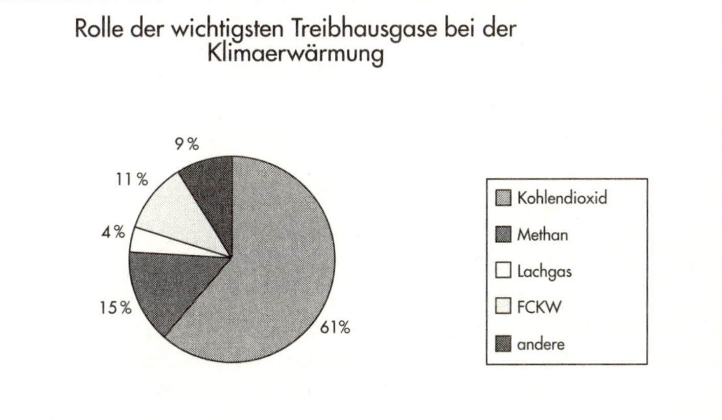

Quelle: Schönwiese 1994

Um die Folgen unseres fahrlässigen Umgangs mit den fossilen Energieressourcen so umfassend und exakt wie möglich bewerten zu können, haben die Vereinten Nationen 1988 einen historisch einmaligen Untersuchungsprozess eingeleitet: In einem internationalen Gremium, dem IPCC (Intergovernmental Panel on Climate Change), ist der globale klimawissenschaftliche Sachverstand von Physikern, Meteorologen, Biologen, Ozean- und Gletscherforschern versammelt, um sämtliche Erkenntnisse über unser Klimasystem auszuwerten und ca. alle fünf Jahre in einem Sachstandsbericht zusammenzufassen, dessen Formulierungen dann noch von Regierungsberatern aus knapp 200 Ländern auf politische Neutralität hin untersucht werden.

Eine Hauptaussage des IPCC-Reports: Der Klimawandel ist keine Prognose mehr – wir sind bereits mittendrin. Wir können die Erderwärmung am eigenen Leib spüren. Die globale Mitteltemperatur ist im letzten Jahrhundert um 0,6 Grad gestiegen. Die 1990er Jahre waren das wärmste Jahrzehnt seit Beginn der Aufzeichnungen 1861 und – wie man von Rekonstruktionen aus Baumringen und Eiskernen weiß – wahrscheinlich auch der letzten 1000 Jahre.[5] Die zehn wärmsten Jahre seit Beginn der Messungen lagen alle zwischen 1987 und heute.[6] Die Fieberkurve der Erde steigt unverkennbar in einem ungesunden Ausmaß an.

Es wird noch heißer. In seinem jüngsten Bericht musste das IPCC seine Prognosen gar deutlich nach oben korrigieren und rechnet jetzt mit einem Temperaturanstieg von 1,4 bis 5,8 Grad im Laufe dieses Jahrhunderts. Ein solcher Temperaturanstieg wäre größer als alle während der letzten Jahrhunderte beobachteten natürlichen Temperaturschwankungen. Die Erwärmung läuft so schnell ab, wie dies seit mindestens 10 000 Jahren nicht der Fall war.[7]

Eine Pentagon-Studie warnte gar unlängst, Klimaschwankungen könnten gefährlicher für die nationale Sicherheit der Vereinigten Staaten sein als der Terrorismus. «Rasche Klimaveränderungen» könnten die Welt an den Rand der Anarchie bringen, weil betroffene Staaten ihre schwindenden Nahrungs-, Wasser- und Energiereserven mit Waffengewalt zu verteidigen versuchten. Klimaveränderungen müssten «umgehend» zu einem Thema für Politik und Militär werden, weil «Spaltungen und Konflikte» sonst unsere Welt und das Leben der Menschen zu bestimmen drohten. Europa und die USA könnten zu «regelrechten Festungen» werden, um Millionen Flüchtlinge abzuhalten, die aufgrund von Naturkatastrophen aus ihrer Heimat fliehen. Der «katastrophale» Energie- und Wassermangel könnte die Welt ab 2020 in einen kriegerischen Ausnahmezustand versetzen.

Vier Monate lang wurde der Pentagon-Bericht geheim gehalten, ehe er dem britischen Blatt *The Observer* zugespielt wurde. Verfasst hatten die Untersuchung nicht etwa «grüne Spinner»: Der Stratege Andrew Marshall ist einer der Väter der SDI-Raketenabwehrpläne und Ratgeber von Verteidigungsminister Rumsfeld; Peter Schwartz ist CIA-Berater und war früher Planungschef bei Shell; und Doug Randall arbeitet für das wirtschaftsnahe Global Business Network.[8] «Die Klimaerwärmung ist ein weit ernsteres Problem für uns als der Terrorismus», bestätigte der wissenschaftliche Chefberater der britischen Regierung, der Cambridge-Chemiker Sir David King, die Ergebnisse der Pentagon-Studie und fügte hinzu: «Der Rest der Welt wartet darauf, dass die USA die Führungsrolle übernehmen. Der Klimawandel ist die größte Bedrohung, der sich die Welt gegenübersieht.»[9]

Vorbei ist es also mit der Augenwischerei mancher selbsternannter Klimaexperten, die den Leuten weismachen wollen, wie toll doch künftig die Sommer werden und dass wir dann endlich wieder eisschleckend an der Ostsee ein Sonnenbad nehmen können: Nur vier Grad Temperaturunterschied trennen uns von der letzten Eiszeit. Man kann sich ausmalen, wie die Welt aussieht, wenn die mittlere Jahrestemperatur im schlimmsten Fall um fast sechs Grad steigt. Erhöht sich beispielsweise in Nordafrika die mittlere Lufttemperatur um nur wenige Zehntel Grad, können sich die Wüsten schon um 50 oder 100 Kilometer ausdehnen. Ein halbes Grad genügt ebenfalls, um die nördliche Waldgrenze um dieselbe Distanz zu verlagern. Ein halbes Grad reicht aus, um die Gletscher der mittleren Breiten um mindestens 200 Meter nach oben zu treiben. Hartmut Graßl, Direktor am Max-Planck-Institut für Meteorologie: «Eine um zwei Grad höhere Durchschnittstemperatur hat die Erde seit Bestehen des modernen Menschen, des *Homo sapiens*, nicht erlebt. Und eine um vier Grad wärmere Erde hat es nicht gegeben, seit der Mensch vor vier Millionen Jahren entstand.»[10]

Die Anzeichen des Klimawandels sind nicht mehr zu übersehen. Fast überall schmelzen die Gletscher. Jemand, der das vielleicht am besten weiß, ist Lonnie Thompson. Der amerikanische Paläoklimatologe sammelt seit 30 Jahren Eisproben von Gletschern rund um die Welt und wird von *Time* zur Garde von «America's Best in Science and Medicine» gerechnet. Thompson weiß: «Alle tropischen Gletscher sind auf dem Rückzug – egal, ob sie sich an Orten mit mehr oder weniger Niederschlag befinden. Der Temperaturanstieg scheint entscheidend zu sein.» Die 11 000 Jahre alte Eiskappe des Kilimandscharo z. B. habe in wenigen Jahrzehnten über 80 Prozent ihrer Fläche und 17 Meter an Dicke verloren. Weltweit, so schätzt der Fachmann, seien 90 Prozent der Gletscher betroffen. Und auch an den Polen schmilzt das Eis an einigen Stellen schneller als erwartet, wie Satellitenfotos der NASA zeigen.[11]

Das Eis bricht weg, die erwärmten Ozeane dehnen sich aus – und der Meeresspiegel steigt an. Der UN-Klimabeirat IPCC prognostiziert einen Meeresspiegelanstieg von im Mittel bis zu 88 Zentimetern in diesem Jahrhundert. Die Amerikanische Gesellschaft zur Förderung der Wissenschaften geht gar auf der Basis neuer Studien mehrerer US-Gletscherexperten von einem Anstieg von über einem Meter aus; denn, so die Begründung, das IPCC habe etwa tauende Eisfelder in Alaska nicht miteinbezogen.[12]

Einige Auswirkungen sind noch unklar. So wissen wir noch nicht genau, wie die beiden größten Eispanzer der Welt – die Antarktis und Grönland – von der Erwärmung betroffen sein werden. Allein die Eismassen Grönlands würden ausreichen, den Meeresspiegel um sieben Meter anzuheben. In beiden Regionen brechen stellenweise bereits Eisplatten weg. Doch ein großflächiges Abschmelzen ist – zum Glück – nicht zu beobachten und wird auch nicht erwartet: In der Antarktis ist es so kalt, dass auch eine deutliche Erwärmung fast spurlos an dem Eiskontinent vorübergeht. Einige Klimaforscher prognostizieren sogar ein Anwachsen (!) der antarktischen Eismassen, wenn sich im Zuge des Treibhauseffekts die Niederschläge erhöhen und bei den Minustemperaturen zu Schnee und Eis gefrieren.[13]

Die globale Erwärmung bedeutet also paradoxerweise vielleicht eine Zunahme der Eismassen in der Antarktis. Sie kann sogar zu einem weiteren bizarren Phänomen führen: Europa steuert möglicherweise auf eine Abkühlung zu, während sich der Rest der Welt weiter erwärmt – ein Kühlschrank inmitten eines Treibhauses.

Das klingt abwegig, ist aber nur scheinbar ein Widerspruch. Wie kann es dazu kommen? Der Golfstrom und seine Fortsetzung, der

Nordatlantische Strom, transportieren warmes Wasser von Mittelamerika nach Europa. Sie wirken damit praktisch wie eine Zentralheizung für den europäischen Kontinent. Der Treibhauseffekt bewirkt nun, dass durch höhere Niederschläge und Schmelzwasser mehr Süßwasser in den Atlantik drängt. Dadurch verdünnt sich der Salzgehalt im Wasser. Das kann dazu führen, dass die tief reichende Konvektion um Grönland schwächer wird oder stoppt.

Die Folge: Innerhalb von nur wenigen Jahren oder Jahrzehnten könnte diese Warmwasserheizung für Europa ausfallen, Nordwesteuropa könnte um fünf Grad abkühlen (hier ist allerdings das regionale, nicht das globale Klima gemeint; eine Eiszeit wäre dies also nicht).[14] «Eine regelrechte Achterbahnfahrt für uns Europäer, die ständige Anpassungen, erst an wärmeres und dann an kälteres Klima, erfordern würde», sagt Stefan Rahmstorf vom Potsdam Institut für Klimafolgenforschung. «Am Ende wäre es so kalt und trocken, dass Landwirtschaft kaum noch möglich wäre.»[15] Und wir dürften in dicken Jacken durch die Straßen laufen, während der Rest der Welt im Treibhaus schwitzt.

Als Roland Emmerich einen ausfallenden Golfstrom zum Drehbuch seines Öko-Thrillers *The Day after Tomorrow* machte, löste er damit eine neue Debatte um Klimapolitik aus. Vieles aber ist nur Film: Tornados, groß wie Wolkenkratzer; gigantische Flutwellen aus dem Nichts; eine Eiszeit von heute auf morgen. Hollywood eben, kinotauglicher Unsinn. Aber vieles ist leider kein Film: mehr Treibhausgase in der Atmosphäre; global steigende Temperaturen; schmelzende Pole und Gletscher; steigende Meeresspiegel; mehr Naturkatastrophen. Das ist keine Science-Fiction, sondern wissenschaftlich belegt, mit der virulenten Gefahr einer globalen Katastrophe. Man braucht keine Schreckensszenarien aus Hollywood, um eine konsequente Klimapolitik zu begründen. Das wissenschaftlich gesicherte Wissen ist schon erschreckend genug.

Die Versicherer kommen ins Schwitzen

Die weltweiten Wetterkapriolen von den Flutkatastrophen in Europa und Amerika über die Hitzewellen in Asien und Australien bis zu den Dürren in Nepal und China geben nur einen leisen Vorgeschmack darauf, was uns noch blüht. «Weltweit gibt es eine Häufung extremer Wetterlagen. Was wir in Berlin und Brandenburg gesehen haben, ist noch nicht das Ende der Fahnenstange», warnt Mojib Latif vom Leibniz-Institut für Meereswissenschaften in Kiel. «Langfristig kann man das Problem nur lösen, wenn man komplett wegkommt von den fossilen Brennstoffen. Es ist billiger, jetzt alternative Energien zu fördern, als im Jahr 2050 pausenlos Gewitterschäden zu beseitigen.»[16] Es muss beunruhigen, dass nicht nur die Zahl und Schwere von Naturkatastrophen zunehmen, sondern dass diese zusätzlich in Gebiete vorstoßen, die sich bislang sicher fühlten – wie etwa die Überflutungen an der Oder zeigen.

Die Versicherungswirtschaft ist zunehmend nicht mehr fähig, die durch Naturkatastrophen verursachten Schäden zu tragen. Allein der Hurrikan Andrew richtete 1992 versicherte Schäden in Höhe von 15 Milliarden Dollar an und trieb sechs amerikanische Versicherungsgesellschaften in den Bankrott.[17] Die Kosten der Naturkatastrophen im Jahr 2003 lagen laut UNO-Berechnungen bei 60 Milliarden Dollar weltweit. Allein die Schäden für die europäische Landwirtschaft wurden auf zehn Milliarden beziffert. Die Überflutungen in China schlugen mit acht Milliarden Dollar und die Wirbelstürme im Mittleren Westen der USA mit drei Milliarden Dollar zu Buche.[18]

In den gesamten 1990er Jahren haben Naturkatastrophen weltweit Schäden in Höhe von insgesamt über 608 Milliarden Dollar verursacht – mehr als in den 40 Jahren davor zusammen.[19] Seit den Sechzigern haben die globalen Katastrophenschäden um über 800 Prozent (!) zugenommen.[20] Das Deutsche Institut für Wirtschaftsforschung erwartet für das Jahr 2050 weltweite Schäden von bis zu zwei Billionen US-Dollar, wenn sich die Temperatur nur um ein Grad erwärmt. In Deutschland könnten Naturkatastrophen Zerstörungen in Höhe von bis zu 137 Milliarden Euro anrichten, so die Wirtschaftsforscher.[21] Das britische Versicherungsblatt *Lloyd's List* nennt den Klimawandel den «Hauptfaktor, der die Verluste in die Höhe treibt».

«Die Lage hat sich dramatisch zugespitzt», bestätigt Gerhard Berz, jahrelang Chef-Geowissenschaftler der Münchener Rück, der größten Rückversicherung der Welt. Seit Anfang der 1990er Jahre setzten «Sturmschäden in bis dahin ungekannten Größenordnungen» der Branche schwer zu. Die jüngsten Unwetter sind für Berz erst «die Vorboten einer wirklich katastrophalen Entwicklung», ein leiser Vorgeschmack auf die «Größtkatastrophe»,

Globale Entwicklung von Naturkatastrophen

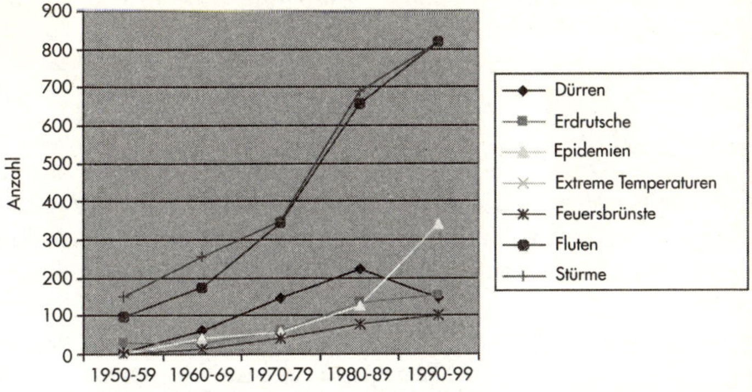

Quelle: Hauchler/Messner/Nuscheler 2001

die uns noch bevorstehe.[22] Auch Franklin Nutter, Vorsitzender der Reinsurance Association of America, ist es mulmig geworden: Der Klimawandel könne «den Bankrott der ganzen Branche bedeuten».[23]

Skeptiker des Klimawandels, die sich selbst «Öko-Optimisten» nennen, wollen recherchiert haben, dass es schon früher gewaltige Naturkatastrophen gab, als der Mensch noch nicht durch seine fossile Energienutzung am planetarischen Thermostat drehte.[24] Beharrlich listen sie auf, welche Ereignisse sie ermittelt haben: Gern genannt werden die Thüringische Sintflut von 1342, die Überflutungen im Nürnberger Raum 1595, das Michaelis-Hochwasser von 1732 oder die mitteleuropäische Flut von 1784.

Doch übersehen sie geflissentlich die unnatürliche Häufung solcher «Jahrhundertfluten» in letzter Zeit, die mit dem menschlichen Einfluss zu tun hat. Für ein einzelnes Ereignis lässt sich in der Tat nicht der Beweis führen, dass es vom Treibhauseffekt ausgelöst wurde, denn ein Zusammenhang zwischen Erderwärmung und Unwettern kann zunächst nur statistisch belegt werden. Physikalisch gesehen ist aber eine Zunahme sowohl von Trockenheit als auch von Niederschlägen nur logisch, da in einem wärmeren Klima mehr Wasser verdunstet und sich die Niederschlagsmuster verändern. Auch wenn die sich häufenden Jahrhundertfluten –

jeweils als einzelnes Ereignis für sich – nicht nachweislich auf den Klimawandel zurückgeführt werden können, passen sie ins Bild.[25] Wir werden uns auf eine weitere Zunahme von Unwettern einstellen müssen. Denn wir stehen erst am Anfang einer Entwicklung.

Es trifft die Ärmsten der Armen am härtesten

Die Verschiebung der Klimazonen trifft die Ärmsten der Armen am härtesten. Die armen Länder werden sich auf mehr Katastrophen, mehr Dürren, mehr Ernteausfälle und mehr Wassermangel einstellen müssen. Die Armen leiden am meisten unter der Erwärmung, obwohl sie das Problem nicht verursacht haben. Sie sind die eigentlichen Opfer der fossilen Energiepolitik des Nordens. Globale Schäden durch anomale Wetterlagen übersteigen mittlerweile die weltweite Entwicklungshilfe.

Es ist daher grundfalsch, zu argumentieren, es solle lieber mehr Geld in den Kampf gegen Armut statt in den Klimaschutz investiert werden. Der Klimawandel und die fossile Energiepolitik werden die Armut auf diesem Planeten verschlimmern, wenn nicht massiv mit solaren Energien gegengesteuert wird.

Die Entwicklungsländer emittieren weit weniger Klimagifte als die Industrienationen, können sich aber nicht vor den Folgen des Treibhauseffekts schützen, weil ihnen das Geld fehlt. Mehr als 97 Prozent der Opfer von Naturkatastrophen leben heute in den Entwicklungsländern.[26] Je größer die Erwärmung, desto größer die Verluste. Manche Länder werden durch Naturkatastrophen Rückschläge bis zur Hälfte ihres Bruttoinlandsprodukts (!) erleben müssen. Wegen des Risikos von Naturkatastrophen werden bereits jetzt Investoren abgeschreckt.[27]

Über der Entwicklung der Dritten Welt schwebt das Damoklesschwert der wetterbedingten Katastrophen als Folge des Klimawandels. «Es besteht die Gefahr katastrophaler Folgen unumkehrbarer Klimaveränderungen», warnt die Weltbank in ihrem Weltentwicklungsbericht 2003.[28]

Küstenstädte, Flussdeltas und kleine Inseln sind vom Anstieg des Meeresspiegels akut bedroht. Schon heute lebt über ein Drittel der Weltbevölkerung in küstennahen Regionen, wo auch 13 der 19 großen Weltmetropolen liegen.[29] Holland oder Schleswig-Holstein können sich vielleicht (zu hohen Kosten) mit höheren Deichen vor den drohenden Fluten schützen – für pazifische Inselstaaten wie Tuvalu bedeuten die steigenden Meeresspiegel aber bereits «Land unter», für Bangladesch sind humanitäre Katastrophen absehbar. Der Präsident von Tuvalu hat vorsorglich bereits um Asyl für seine Einwohner in Australien und Neuseeland gebeten. Die Bewohner von zwei Inseln bei Papua-Neuguinea wurden inzwischen aufgefordert, die Inseln vorsorglich zu verlassen; die Felder sind bereits vom Salzwasser überschwemmt. Über 2400 Menschen verloren ihre Heimat.[30]

Für einen Bangladeschi ist es normal, wenn zum Ende des Monsuns die Flüsse über die Ufer treten und ein Fünftel des Landes unter Wasser setzen. Doch der Mensch hat diesen Zyklus ins Trudeln gebracht: Seit Mitte der 1970er Jahre bringen die Monsunregen ungewöhnliche Rekordfluten – oder bleiben völlig aus.[31] Die dadurch verursachten Schäden gleichen oft genug einer humanitären Katastrophe. Allein durch die Überschwemmung, die 1998 zwei Drittel der Landfläche von Bangladesch monatelang unter Wasser setzte, verloren 1300 Menschen ihr Leben, 31 Millionen Menschen wurden obdachlos, 16000 Kilometer Straßen schwer beschädigt. Die Gesamtschäden der Katastrophe werden auf 3,4 Milliarden Dollar veranschlagt, das sind zehn Prozent des Bruttoinlandsprodukts des Landes.[32] Die Weltbank schätzt, dass bei einem Anstieg des Meeresspiegels um einen Meter 70 Millionen Menschen in Bangladesch umgesiedelt werden müssten, die Reisernte sich halbieren und eine akute Nahrungskrise hervorgerufen würde.[33]

Der Hurrikan Mitch machte 1998 die Hälfte der Menschen in Honduras obdachlos und vernichtete 70 Prozent der Ernte – in einem Land, wo zwei Drittel der Beschäftigten in der Landwirtschaft arbeiten. In Honduras und Nicaragua kostete der Sturm 20000 Menschenleben. Nach UN-Schätzungen warf der Hurrikan die mittelamerikanische Region in ihrer Entwicklung um 20 Jahre zurück.[34]

Gleichzeitig steht zu befürchten, dass sich Tropenkrankheiten (z.B. Malaria, Denguefieber, Cholera, Diarrhö) schneller ausbreiten und in größere Regionen vorstoßen werden. Für wärme- und feuchtigkeitsliebende Insekten wie die Tse-Tse-Fliege, die Überträgerin der tödlichen Schlafkrankheit, oder die Anopheles-Mücke, die Überträgerin der Malaria, bietet das Treibhausklima optimale Bedingungen. Bei einer Erwärmung um drei Grad, haben niederländische Umweltmediziner ausgerechnet, würden pro Jahr bis zu 80 Millionen Menschen mehr an Malaria erkranken.[35]

In vielen Regionen verschärft der Treibhauseffekt zusätzlich die Wasser- und Nahrungskrise. Das IPCC erwartet, dass sich wegen der globalen Erwärmung bis 2025 die Zahl der Menschen, die unter Wasserknappheit leiden, auf etwa fünf Milliarden (!) Menschen verdreifachen wird.[36] Die tropische Landwirtschaft wird sich gegen eine Zunahme des Schädlingsbefalls, von Schimmelpilzen bis zu Heuschreckenschwärmen, wappnen müssen.[37] Da den Landwirten der Entwicklungsländer das Geld für die Bekämpfung der Parasiten fehlt, treibt das veränderte Klima den Teufelskreis aus Armut und Hunger weiter an. Im globalen Treibhaus sind Entwicklung und Armutsbekämpfung schwer vorstellbar.

Die Folgen eines ungebremsten Treibhauseffekts könnten noch in diesem Jahrhundert über 100 Millionen Menschen das Leben kosten, ermittelte der Soziologe Christoph Lumer.[38] «Beim Klimaschutz geht es letztlich um die physische Integrität der sozial Schwachen und Machtlosen», so der Politikwissenschaftler Hermann Ott vom Wuppertal Institut.[39]

Damit nicht genug: Klimaforscher erwarten verringerte Sommerregen für den amerikanischen Mittelwesten und die Steppengebiete des eurasischen Kontinents, die Kornkammern der Vereinigten Staaten und der ehemaligen Sowjetunion. Wenn aber Amerika als Brotkorb der Welt ausfällt, sind schwerste Hungersnöte in vielen Teilen der Welt unabwendbar. Nur zwei bis drei Missernsten in Folge wären nötig, um eine globale Katastrophe heraufzubeschwören.[40] Gleichzeitig werden sich die Niederschläge auch in den ohnehin trockenen Subtropen weiter verringern – und dort die Not der Menschen vergrößern und das Ökosystem belasten. Es gibt keine Schutzräume, wenn das Weltklima verrückt spielt.

Der Galilei-Komplex

Am menschlichen Einfluss auf das Klima gibt es nichts mehr zu deuteln. Selbsternannte Klimaexperten – mit teilweise eindeutiger Interessenlage – verbreiten dennoch entgegen dem Stand der Wissenschaft, der Mensch sei an alldem nicht schuld. Die simple Argumentation lautet oft: Klimaveränderungen gab es schon immer – deshalb könne der Mensch dafür gar nicht verantwortlich sein.

Die Leugner (die sog. Greenhouse Sceptics) feiern sich als revolutionäre Außenseiter, deren Erkenntnisse von einer korrupten Allianz orthodoxer Treibhaus-Fundamentalisten nicht anerkannt würden. Die Mehrheit der Klimatologen sei angeblich gar nicht überzeugt vom menschengemachten Treibhauseffekt. Der UN-Klimabeirat IPCC sei nicht repräsentativ für die Klimaforschung, seine Berichte in jeder Hinsicht dubios. Anderslautende Meinungen würden ignoriert, unterdrückt und unter den Teppich gekehrt.

Die Leugner sehen sich als Opfer einer Medienhysterie und Verschwörung des Staates, der sich mit dem Horrorszenario der Klima-Apokalypse einen Freibrief für neue Steuern und Gesetze verschaffen wolle (man ist als leidgeprüfter Umweltaktivist fast geneigt zu sagen: Schön wär's ...). Sie leiden offenbar an einem Profilierungsproblem, das man als Galilei-Komplex bezeichnen könnte: der revolutionäre, heldenhafte Außenseiter im mutigen Kampf gegen die verstockte Orthodoxie. Ralph Waldo Emerson sagte einmal: «Es ist das Schicksal des Genies, unverstanden zu bleiben. Aber nicht jeder Unverstandene ist ein Genie.» Obendrein stehen die prominentesten Greenhouse Sceptics auf den Gehaltslisten der fossilen Industrie, wie der US-Journalist und Pulitzer-Preisträger Ross Gelbspan recherchiert hat.[41] Da kommt zur Profilierungssucht noch ein anderes Problem hinzu: die fehlende Unabhängigkeit der Forscherminderheit, die oft noch nicht einmal wirkliche Forscher sind, sondern sich nur als solche ausgeben.

In den USA ist die Macht der Greenhouse Sceptics größer als in Europa. Bei einer Anhörung des US-Senats zur Klimaerwärmung im Juli 2003 luden die Republikaner u.a. den Astronomen Willie Soon ein, der herausgefunden haben will, dass die Erwärmung im 20. Jahrhundert nichts Ungewöhnliches sei. Laut *New York Times* steht Soon genauso wie sein Forscherkollege Sallie Baliunas auf der Gehaltsliste des industrienahen George C. Marshall Institute, und ihre Klimastudie wurde finanziert vom American Petroleum Institute. Man erinnere sich an die Tabakindustrie, deren Wissenschaftler immer wieder die Harmlosigkeit des Rauchens nachweisen. Doch stimmen die «Studien» der Tabakindustrie ebenso wenig wie die von den beiden Astronomen präsentierten Erkenntnisse, die nachweislich nur durch gravierende methodische Fehler zustande kamen.[42]

In den USA haben die Kampagnen der Greenhouse Sceptics, unterfüttert von der mächtigen fossilen Energielobby, in der Öffentlichkeit den Irrtum genährt, es herrsche ein Wissenschaftsstreit um den Klimawandel. Selbst in Deutschland breitet sich diese Lüge aus. Dank der rührigen Mithilfe mancher Medien ist diese Auffassung auch in Deutschland verbreitet.

Die Berichte der IPCC-Klimaforscher sprechen eine andere Sprache. Die IPCC-Berichte werden unter Beteiligung von über 2500 renommierten Wissenschaftlern aus aller Welt erstellt, darunter acht Nobelpreisträger.[43] Gruppen von Wissenschaftlern schreiben einzelne Kapitel, andere Gruppen prüfen die Kapitel, die Entwürfe zirkulieren im Internet, und jeder kann seine Kritik öffentlich sichtbar einbringen. Die Erkenntnisse des IPCC basieren auf jahrzehntelanger internationaler Forschung und vielen tausenden Studien. Die Royal Academy of Sciences bezeichnete zusammen mit 16 weiteren internationalen Forschungsinstituten die Berichte des IPCC als beste verfügbare Quelle wissenschaftlicher Expertise. Die Stellungnahmen u.a. der amerikanischen National Academy of Sciences, der World Meteorological Organization oder der American Geophysical Union (die weltweit größte Organisation von Geowissenschaftlern) bestätigen regelmäßig die Kernaussagen des IPCC.

Die IPCC-Berichte sagen klar: Der Mensch ist verantwortlich für den Klimawandel, wenn auch in einigen Bereichen noch Unsicherheiten vorhanden sind, z.B. wie die Ozeane auf die steigenden Temperaturen und den steigenden Kohlendioxid-Gehalt der Luft reagieren. Ein Herunterspielen dieser Unsicherheiten durch das IPCC-Gremium ist beim besten Willen nicht zu erkennen, auch nicht in den Zusammenfassungen der mehrere tausend Seiten langen Studien. Eine breite Mehrheit der Klimawissenschaftler rund um den Erdball ist sich ungewöhnlich einig. Dass sich so viele unabhängige Wissenschaftler aus so vielen Ländern zu einer Art Klimaverschwörung zusammengefunden haben sollten, ist unwahrscheinlich. Vielmehr spricht der erstaunlich hohe Konsens für die Richtigkeit der zentralen Aussagen.

Der Klimawandel lässt sich nicht mehr verhindern. Dafür ist es schon zu spät. Selbst wenn wir hier und heute abrupt aufhören würden, auch nur kleinste Mengen klimaschädlicher Gase in die Atmosphäre zu pumpen, würde die Erwärmung noch weitergehen, weil schon zu viele Gase sich rund um unserem Erdball angereichert haben.

Was uns noch bleibt, ist den Klimawandel so gut wie möglich einzudämmen, um die größten Katastrophen zu verhindern. Das erfordert eine drastische Senkung aller Treibhausgase. Laut IPCC müssen die Industrienationen dazu ihre Kohlendioxid-Emissionen bis 2020 um 30 Prozent und bis 2050 um 80 Prozent (jeweils gegenüber 1990) reduzieren.[44] Gleichzeitig müssten, bei wachsender Bevölkerungszahl, die Entwicklungsländer ihre Emissionen stabilisieren. Dies würde eine Halbierung der globalen Kohlendioxid-Emissionen von derzeit jährlich ca. 23 Milliarden Tonnen bedeuten.[45]

Das ist eine gewaltige Herausforderung, doch es ist zu schaffen. Wir müssen nur sofort und konsequent den Ausstieg aus dem fossilen Energiesystem einleiten und es *komplett* durch Solarenergie ersetzen. Klimaschutz ist nur möglich durch Solarenergie. Solarenergie ist effektive Hilfe für die Ärmsten des Planeten. Die Regierungen im Norden müssen sich an der Energiefrage messen lassen, ob sie es ernst meinen mit einer gerechten Gestaltung der Globalisierung. Solarenergie ist globale Umwelt- und Sozialpolitik. «Wenn die Welt die Konzentrationen in der Atmosphäre stabilisieren und allen Menschen einen guten Lebensstandard bieten will, muss sie auf lange Sicht zur Nutzung von Energietechnologien (wie die Energieerzeugung unter anderem aus Windkraft, Solarwärme und Wasserkraft) übergehen», schreibt auch die Weltbank.[46]

Doch die fossilen Konzerne halten trotz aller Lippenbekenntnisse weiter am fossilen Energiesystem fest. Sie haben eine Strategie entworfen, wie Klimaschutz auch mit Kohle, Öl und Gas funktionieren soll.

Die Technologie dafür heißt CO_2-freies Kraftwerk. Unter dem Deckmantel «Clean Coal» soll selbst das Klimagift Kohle wiedererweckt werden.

Was damit gemeint ist: Das entstehende Kohlendioxid wird, bevor es in die Luft entweicht, abgefangen und deponiert. Eine solche

Sequestrierung ist technisch möglich und für große Kraftwerke auch praktikabel. Für alle kleinen Kohlendioxidquellen wie Autos oder Flugzeuge ist der Einbau eines CO_2-Filters allerdings unmachbar – und darin liegt schon das erste schwere Manko dieses Ansatzes. Wenn überhaupt, dann kann das Industrielle Kohlenstoffmanagement maximal 50 Prozent der Emissionen erfassen.

Wenn das Kohlendioxid erst einmal abgetrennt ist, stellt sich die Frage: Wohin mit den Millionen Tonnen Treibhausgasen? Mehrere Optionen sind grundsätzlich denkbar:

- Verklappung am Meeresgrund: Eine Expertenkommission des Deutschen Bundestages schließt diese Option wegen «erheblicher ökologischer Probleme» und «schwerwiegender Bedenken» hinsichtlich der Speichersicherheit aus. So ist z. B. ungeklärt, wie viel Kohlendioxid die Ozeane verkraften, ohne aus dem Gleichgewicht zu geraten. Auch weiß niemand, ob das Kohlendioxid überhaupt auf Dauer am Meeresgrund bleiben würde oder nach einigen Jahren – wie bei einer offen stehenden Mineralwasserflasche – wieder an die Oberfläche blubbert. Modellrechnungen belegen immerhin, dass bei einer Injektion in 3000 Meter Tiefe nach hundert Jahren noch 97 Prozent des Kohlendioxids gespeichert sind. Doch je tiefer injiziert wird, desto höher sind die Kosten – und damit wird das Unternehmen horrend teuer.[47]
- Leere Öl- und Erdgasfelder, stillgelegte Bergwerke: Deren Aufnahmekapazität ist begrenzt bei kumulativ maximal 300 Gigatonnen.[48] Außerdem müsste die Förderung in diesen Feldern aufgegeben werden. Ansonsten verbliebe nur die Hälfte der injizierten Menge in der Deponie, der Rest würde durch die Förderung wieder an die Oberfläche entweichen.
- Absorption durch Algenfelder und deren energetische Verwertung: Dies ist kaum mehr als technokratischer Wahnsinn. Der Aufwand ist gewaltig, und dass dabei eine positive Energiebilanz herauskommt, ist nicht zu erwarten. Viel sinnvoller ist es, gleich Biomasse anzubauen, ohne extra fossile Kraftwerke vorzuschalten.[49]

Gleichgültig, welchen der Ansätze man wählt: Die CO_2-Verklappung ist sündhaft teuer. Die Kosten belaufen sich auf 40 bis 100 Euro pro Tonne Kohlendioxid. Die Kosten der Kilowattstunde Strom würde sich dementsprechend um 3,5 bis 9 Cent bei Kohle und um 1,5 bis 4 Cent bei Erdgas verteuern – etwa eine Verdopplung der momentanen Erzeugungskosten. Moderne Windräder arbeiten schon heute rentabler.

Ein Teil dieser Kosten ergibt sich aus dem Energieaufwand, den die Sequestration erfordert. Die Kraftwerke müssen also erst einmal mehr Energie erzeugen, um die Abfälle der Energieerzeugung entsorgen zu können – allein das zeigt schon den Unsinn des Vorhabens: Durch die Kohlendioxid-Abtrennung steigt die Menge des anfallenden Kohlendioxids unweigerlich.[50]

Selbst bei ambitionierten Forschungsprogrammen stehen günstigere Möglichkeiten mit größeren Speicherkapazitäten nicht vor frühestens 2020 zur Verfügung. Bis dahin wird aber die Entscheidung über die Zukunft des Energiesystems schon längst gefallen sein müssen. Fazit der überparteilichen Bundestags-Energiekommission: Wegen offener Fragen und erheblicher technischer Probleme sei eine «CO_2-Abtrennung und -Speicherung bisher eine mittel- bis langfristige Vision». Und: «Diese Option wird damit in jedem Falle nur einen quantitativ und zeitlich sowie regional deutlich begrenzten Wirkungsbeitrag zum Klimaschutz erbringen können.»[51]

Mit der Kohlendioxid-Verklappung werden die Probleme der fossilen Energieversorgung nicht gelöst, sondern nur verschoben. «Emissionsfreie Verfeuerungstechnologien für fossile Rohstoffe wird es niemals geben. Die Emissionen würden allenfalls zwischen den verschiedenen Umweltmedien Wasser, Boden, Luft verschoben. Dies beseitigt die damit verbundenen Probleme allerdings nicht, sondern verlagert sie raumzeitlich. Solche Wunschvorstellungen sollen das offensichtlich klimatisch gescheiterte Leitbild der Entwicklung auf der Grundlage der massenhaften Verbrennung fossiler Energieträger stabilisieren», so die Kommission.[52]

Falls überhaupt an Kohlenstoffspeicherung gedacht wird, dann für Biomasse und nicht für Kohle, Öl oder Gas. So könnte man die Atmosphäre tatsächlich entlasten, denn die Pflanzen nehmen während des Wachstums Kohlendioxid auf. Bei der Verbrennung der Biomasse würde es wieder frei, doch kann man es über die Speicherung dem Kreislauf entziehen. Das wäre wirklich ein Gewinn für das Klima.

Klimaschutz ist nur möglich durch Solarenergie. Jedes zusätzliche fossile Kraftwerk, auch so genannte saubere Kohlekraftwerke, treibt uns nur noch tiefer in die Energiefalle hinein. Größenwahnsinnige Projekte fossiler Verbrennungswütiger können wir getrost vergessen. Sie gehören in die Schublade veralteter Technologien. Wenn wir das Klima retten wollen, müssen wir das fossile Energiesystem sprengen.

Nukleare Renaissance?

Es war eine segensreiche Verheißung. 18 Stunden nach dem Abwurf der Atombombe auf Hiroshima sprach US-Präsident Truman am 6. August 1945 von «atoms for peace». Acht Jahre später fantasierte auch Dwight D. Eisenhower vor der UN-Generalversammlung von «Atomen für den Frieden». Das Atomzeitalter werde der Welt Frieden und Wohlstand bringen. Viele träumten von nie versiegender Energie zu konkurrenzlos günstigen Preisen. Die Atomenergie sollte alles möglich machen: Wüsten zum Blühen bringen, Autos und Flugzeuge antreiben, sogar das Sprengen für den Straßenbau erleichtern.

Eine ganze Generation war vom atomaren Wahn verblendet. Admiral Lewis Strauss, der Vorsitzende der Amerikanischen Atomenergiebehörde, sagte voraus, um 1970 werde die Atomkraft derart billig sein, dass man ihren Preis gar nicht mehr bestimmen könne.[1] Die SPD schwärmte in ihrem Godesberger Programm, «dass der Mensch im atomaren Zeitalter sein Leben erleichtern, von Sorgen befreien und Wohlstand für alle schaffen kann». In ihrem Atomplan von 1956 träumten die Sozialdemokraten von einem neuen Zeitalter, in dem «der Atomtechnologie große Möglichkeiten für die Gesundheitspflege, für die Züchtung neuer Pflanzen und für technische Produktionsprozesse» zugedacht und «Kernkraftmaschinen für feste und fahrbare Kraftstationen, für Schiffe, Flugzeuge und andere Verkehrsmittel» angekündigt wurden. Ein Atomministerium wurde gegründet mit Franz Josef Strauß als Atomminister (auf die Idee eines Solarministeriums ist bis heute niemand gekommen). Der berühmte Philosoph Ernst Bloch bewunderte in seinem Werk *Prinzip Hoffnung* diese neue Energie, die «aus Wüste Fruchtland, aus Eis Frühling machen kann. Einige hundert Pfund Uranium und Thorium reichen aus, die Sahara und die Wüste Gobi verschwinden zu lassen, Sibirien und Nordkanada, Grönland und die Antarktis zur Riviera zu verwandeln.»

Als der Deutsche Bundestag am 3. Dezember 1959 das Gesetz über die friedliche Nutzung der Kernenergie verabschiedete, enthielt sich nur ein Abgeordneter der Stimme (übrigens ein Physiker). Alle anderen haben zugestimmt. Die Kernenergie zu nutzen, das erschien als das Selbstverständlichste der Welt. An die Brisanz vieler Probleme, z.B. die Entsorgung, hat man zu wenig gedacht, und andere hat man sich gar nicht erst vorstellen können.[2]

Atomkraft, so redete man sich ein, sei per se weder gut noch böse, ebenso wie man mit einem Messer Brot schneiden oder aber jemanden erstechen könne. Nach dem militärischen Missbrauch ihrer Erkenntnisse wollten die Kernphysiker der Welt zeigen, dass sie mit ihrer Forschung auch Gutes schaffen können – und weckten die Hoffnung, die Energiesorgen der Welt zu lösen. In diesem Sinne ist es psychologisch durchaus erklärbar, dass in dieser Zeit kaum ein Wissenschaftler nicht überzeugt pro Kernkraft eingestellt war.

Angesichts des Grauens von Hiroshima war es für Otto Hahn und die anderen Pioniere der Kernphysik ein Trost, dass die Kernspaltung eine sorglose, saubere Energiequelle verhieß. «Ich glaube, wir Atomphysiker haben am Anfang alle so gedacht», erinnert sich der große Physiker Carl Friedrich von Weizsäcker, der damals maßgeblich für den Triumph der Atomkraft verantwortlich war und lange Zeit vehement für die Kernenergie stritt. Mitte der 1980er Jahre aber wartete er «mit einer ausdrücklichen und zitierbaren Korrektur [seiner] älteren Äußerungen» auf: Die Probleme der Kernenergie habe er bislang immer nur technisch isoliert betrachtet und als lösbar empfunden; das sehe er heute kritischer. Gleichzeitig habe die Solarenergie Fortschritte gemacht. Daher, schreibt von Weizsäcker, «trete ich nunmehr entschieden für Sonnenenergie als hauptsächliche Energiequelle, unterstützt durch technisch ermöglichte Energieeinsparung, und gegen die Entscheidung für Kernenergie als Hauptenergiequelle ein; ebenso wenig kann ich die fossilen Brennstoffe für die längere Zukunft als vertretbare Hauptenergiequelle ansehen.»[3] Diese geistige Lebhaftigkeit ist allen zu wünschen, die heute Energiepolitik machen!

Nach Jahrzehnten der Großtechnologiegläubigkeit und unreflektiertem Fortschrittswahn ist die Kernkraft zur Auslauftechnologie entwertet. Halb Europa schaltet seine Reaktoren ab. Weltweit sind nach amtlichen Zahlen der Internationalen Atomenergie-Agentur nur noch 27 Reaktoren in Planung. In den letzten 20 Jahren gab es keine niedrigeren Zahlen. Dahinter stehen zudem oft uralte Projekte, die über Jahre immer wieder verschoben worden sind und seitdem die Statistiken zieren. Ob sie überhaupt fertig gebaut werden, lässt sich bezweifeln.[4]

Die verschrotteten Anlagen sind ein Mahnmal für die ungezählten

Toten und für die Milliarden an Steuergeldern, die für eine unwirtschaftliche Risikotechnologie in den Sand gesetzt wurden. Und sie erinnern an die nach fünf Jahrzehnten immer noch ungelöste Frage, wie der hochgiftige Atommüll unschädlich gemacht werden kann.

Die nuklearen Ewiggestrigen versuchen mit unglaublichem Aufwand, ihre ehemals gefeierte Dinosauriertechnologie vor dem Aus zu retten. In den Vereinigten Staaten, Frankreich, China, Südostasien und Osteuropa wiederholen die Atomkonzerne und ihre Adlaten in der Politik gebetsmühlenartig die zerplatzten Träume der fünfziger Jahre von einer sauberen und auf ewig billigen Energiequelle. Doch was die Nuklearindustrie als strahlende Zukunft erträumt, entpuppt sich in der Mehrzahl als das Ausgraben alter Rezepte, deren Versagen sich bereits herausgestellt und ein gigantisches Steuerloch hinterlassen hat.

Die sichersten Atomkraftwerke der Welt

Die erste umfassende Untersuchung zur Sicherheit deutscher Atomkraftwerke wurde 1979 als *Deutsche Risikostudie Kernkraftwerke Phase A* von der Gesellschaft für Reaktorsicherheit im Auftrag des Bundesministeriums für Forschung und Technologie herausgegeben. Sie war im Prinzip die Übertragung der amerikanischen Rasmussen-Studie auf deutsche Verhältnisse.

Hatte man bis dato noch behauptet, ein schweres Reaktorunglück in Deutschland sei unmöglich, musste man jetzt einräumen, dass es auch in deutschen Atommeilern zu Kernschmelzen und anderen gravierenden Unfällen kommen kann, und zwar nicht nur als Folge von Verschleiß, sondern bedingt durch physikalische Prinzipien. Die Risikostudie musste außerdem offiziell machen, dass beim folgenschwersten Unfall bis zu 14 500 Soforttote und 104 000 Spättote zu befürchten seien. Bis zu 5600 Quadratkilometer Landfläche könnten so stark kontaminiert werden, dass bis zu 2,9 Millionen Menschen evakuiert werden müssten.

In der Risikostudie wurde eine Vielzahl von Fragestellungen (z. B. die Überprüfung der Annahme, dass Wasserstoff sofort verbrennt und bei Wasserstoff-Explosionen kein Versagen des Sicherheitsbehälters stattfindet) nicht ausreichend untersucht. Das wahre Risiko blieb also weiterhin ungewiss. Daher wurde Phase B der Studie eingeleitet.

Kernkraftwerke in Deutschland		
Standort	*Inbetriebnahme*	*Nettoleistung (MW)*
Obrigheim (bis 2005)	1968	340
Stade (bis 2003)	1972	630
Biblis A	1974	1146
Biblis B	1976	1240
Brunsbüttel	1976	771
Neckarwestheim 1	1976	785
Isar 1	1977	870
Unterweser	1978	1255
Philippsburg 1	1979	864
Grafenrheinfeld	1981	1275
Krümmel	1983	1260
Grohnde	1984	1325
Grundremmingen B	1984	1244
Grundremmingen C	1984	1244
Philippsburg 2	1985	1326
Brokdorf	1986	1326
Mülheim-Kärlich	1986	1219*)
Isar 2	1988	1330
Emsland	1988	1290
Neckarwestheim 2	1989	1269

*) technisch einsetzbar, lt. Gerichtsbeschluss abgeschaltet

Quelle: BMWi 1999

Diese *Deutsche Risikostudie Kernkraftwerke Phase B* wurde 1989 nach mehreren Zwischenstudien abgeschlossen.[5] Noch während der Arbeiten wurde durch amerikanische Forscher ein neuer, bis dahin unbeachteter Unfallablauf bekannt, durch den eine Kernschmelze hervorgerufen werden könnte, das sog. HD-Kernschmelzen. Die Ingenieurin Anna Masuch beschreibt das Szenario wie folgt: «Bei einem kleinen Leck im Primärkühlkreislauf oder beim Ausfall der Wärmeabfuhr über die Dampferzeuger tritt die Kernschmelze ein, während im Primärkreislauf der Druck etwa so hoch wie während des normalen Betriebs der Anlage bleibt. Wenige Stunden nach Unfallbeginn wird im Augenblick, wenn der Boden des Reaktordruckbehälters durchschmilzt und abgetrennt wird, schlagartig so viel Energie frei, dass der obere Teil des Reaktordruckbehälters aus seiner Verankerung gerissen wird, raketenartig nach oben schießt und den Sicherheitsbehälter zerstört. Sofort werden nicht nur die gasförmigen und leicht flüchtigen radioaktiven Stoffe vollständig aus dem Reaktorkern freigesetzt, sondern auch weit höhere Anteile von schwerflüchtigen Stoffen, als man früher angenommen hatte.»[6]

Neben Unfällen mit Wasserstoff- oder Dampfexplosion, bei denen es ebenfalls zur frühzeitigen Zerstörung des Sicherheitsbehälters und zur Freisetzung großer Mengen radioaktiver Stoffe in die Umgebung kommt, ist HD-Kernschmelzen die am häufigsten zu erwartende Unfallursache bei Kernkraftwerken. Für keine dieser drei Unfallabläufe ist eine Nachrüstung bereits existierender Anlagen technisch machbar. Die bisherigen Berechnungen der Phase A für die Ausbreitung der Radioaktivität und die Gefahren für die Bevölkerung waren damit hinfällig geworden.

Doch noch bevor revidierte Berechnungen erstellt waren, ließ die Kohl-Bundesregierung die Arbeiten an der Reaktorstudie vorzeitig abbrechen. Entgegen ihrem ursprünglichen Auftrag wurden daher keine neuen Unfallfolgenberechnungen durchgeführt. Interessanterweise wurden die Untersuchungen exakt in dem Moment eingestellt, als Zwischenstudien die Gefahr eines schnellen Versagens des Sicherheitsbehälters (über den oben beschriebenen HD-Pfad) mit früher und massiver Freisetzung von Radioaktivität ermittelten.[7]

Nach Aussagen des ehemaligen Vorsitzenden der Reaktorsicherheitskommission Lothar Hahn hatten die an der Studie beteiligten Wissenschaftler eigentlich erwartet, dass bei einer Kernschmelze die Unfallfolgen auf die Anlage begrenzt blieben. Das Ergebnis aber fiel genau anders aus, so Hahn: «Umso erschreckender waren dann die Ergebnisse der DRS-B: Bei fast jeder Kernschmelzsequenz muss seitdem mit einem frühen Containment-Versagen, einer massiven Freisetzung und damit mit katastrophalen Unfallfolgen gerechnet werden. Mit Bestürzung musste man feststellen: Die Auswirkungen von Wasserstoff- und Dampfexplosionen bzw. der Schmelzekühlmittel-Wechselwirkungen hatte man lange Zeit unterschätzt. Die Brisanz des Hochdruckkernschmelzens hat man bis Mitte der achtziger Jahre überhaupt nicht erkannt. Vermutete Konservativitäten,

Sicherheitsreserven, ja sogar angeblich extrem pessimistische Annahmen erwiesen sich als nicht vorhanden bzw. nicht zutreffend.»[8]

Die Landesregierung von Schleswig-Holstein gab anschließend eine Studie in Auftrag, um die Qualität der Phase-B-Risikostudie zu bewerten. Das Ergebnis war erschreckend. Die Forscher konstatierten massive Mängel selbst bei der neuen Studie. Teilweise widersprächen sich Zwischen- und Endergebnisse der Studie auffällig, Maßnahmen des anlageninternen Notfallschutzes seien überbewertet worden und Nachrüstungen angenommen worden, die überhaupt nicht vorhanden waren. Der menschliche Einfluss sei zu Unrecht einseitig als positiv kalkuliert, das Risiko von Kernschmelzen damit unseriös heruntergerechnet worden. Ausgehend von den im Rahmen der Risikostudie durchgeführten Untersuchungen könne ein Risiko ermittelt werden, das um anderthalb bis zwei Größenordnungen über dem in Phase A berechneten liegt.[9]

Doch bereits die amtliche Risikoabschätzung der Phase-B-Studie ist gravierend genug: Der Größte Annehmbare Unfall (GAU) ereignet sich demnach in einem Atomkraftwerk mit den höchsten Sicherheitsstandards einmal in 33 000 Betriebsjahren. Neuere Berechnungen gleicher Qualität liegen nicht vor.

Die Propagandisten der Atomlobby bedienen sich gerne dieser Zahl, weil sie ein minimales Risiko suggeriert. Einmal alle 33 000 Jahre, was ist das schon? Rechnet man diese Zahlen jedoch auf 18 Atomkraftwerke, die in Deutschland in Betrieb sind, und jeweils 40 Jahre Laufzeit hoch, ergibt sich eine GAU-Wahrscheinlichkeit von knapp zwei Prozent oder 1 zu 50. Auf die 150 Meiler in der EU hochgerechnet, liegt die Wahrscheinlichkeit sogar bei unglaublichen 16 Prozent oder, anders ausgedrückt, bei 1 zu 6. Das ist eine ebenso hohe Wahrscheinlichkeit, wie beim Würfeln auf Anhieb eine Sechs zu würfeln.[10]

Das ist nicht sicher zu nennen, sondern hochriskant. Die Formel «1 GAU pro 33 000 Jahre» bedeutet ja auch nicht, dass nach einer Kernschmelze 33 000 Jahre vergehen, bis die nächste stattfindet. Kernkraftwerke halten sich nicht an Statistiken. Eine nukleare Katastrophe könnte uns in der nächsten Sekunde bevorstehen oder auch ganz ausbleiben. Sie könnte sich heute zutragen, sich morgen wiederholen und übermorgen noch einmal. Bei tausend Reaktoren weltweit ergäbe sich sogar eine statistische Wahrscheinlichkeit für ein nukleares Desaster alle 33 Jahre! Wohlgemerkt: Dabei ist schon vorausgesetzt, dass sämtliche Reaktoren die höchsten Sicherheitsstandards aufweisen. Siedewasserreaktoren wie in Grundremmingen besitzen aber eine deutlich höhere Unfallwahrscheinlichkeit.

Von Jahr zu Jahr wird das Unfallrisiko wegen Überalterung der Anlagen noch höher, warnt das Bundesumweltministerium unter Bezug auf ein Memorandum der Reaktorsicherheitskommission von 1997: «Die Alterungsprobleme der älteren deutschen Atomkraftwerke nehmen zu. Damit erhöht sich die Anfälligkeit der betroffenen Anlagen gegenüber technischen Störungen. In der Folge bekommen die aktiven Sicherheitsmaßnahmen ein höheres Gewicht gegenüber den sicherheitstechnisch zu bevorzugenden passiven Maßnahmen. Menschliche Fehlhandlungen wirken sich stärker aus. Die Alterung der Anlagen wird begleitet durch den fortschreitenden Verlust an Know-how im deutschen Atomenergiesektor.»[11]

Menschliches Versagen ist bei den zitierten Hochrechnungen noch gar nicht berücksichtigt. Der Abschlussbericht der Phase-B-Studie versuchte, menschliche Eingriffe einseitig als korrigierenden Faktor in die Berechnungen aufzunehmen. Obwohl man im Vorfeld des Abschlussberichts noch von grundlegend anderen Ansichten ausging, ließ man die Interventionsmöglichkeit des Personals plötzlich äußerst wohlwollend in die Ergebnisse einfließen. Dadurch könne die GAU-Wahrscheinlichkeit von dreimal in 100 000 Jahren auf viermal in 1 000 000 Jahren (!) reduziert werden.

Eine Studie des Öko-Instituts in Freiburg bescheinigt aber, dass gerade der Faktor Mensch in komplexen technischen Systemen wie Kernkraftwerken besonders relevant ist.[12] Eingriffe des Menschen sind auf allen Sicherheitsebenen im Kernkraftwerk erforderlich oder möglich, und man darf auch nicht vergessen, dass Vorschriften in der Praxis nicht immer eingehalten werden. Gerade bei Störfällen nehmen Fehler bei menschlichen Handlungen explosionsartig zu, weil solche Situationen nicht routiniert eingeübt sind und Zeitdruck den Entscheidungsspielraum einengt.

Wie der UN-Nuklearexperte James Thompson von der Universität London in einer Stellungnahme der British Psychological Society nachweist, kann es auch bei erprobten und überprüften Systemen zu Irrtümern kommen, die oft eine nicht vorhersehbare Ereigniskette nach sich ziehen und zu Fehlern führen, die sonst vermeidbar wären; als Beispiel führt der Psychologe den schweren Unfall im amerikanischen Reaktor auf Three Mile Island an, der hauptsächlich menschlichem Versagen geschuldet war: «Wenn die zu kontrollierenden Systeme sehr komplex sind, kann das Personal mit Informationen überlastet sein, die es nicht verarbeiten kann, und muss sich auf unangemessene, intuitive Beurteilungen verlassen. In solchen Situationen können die Versuche des Bedienungspersonals, eine Krise zu bewältigen, selbst zu einer größeren Unfallquelle werden.»[13]

Die Kernspaltung erfordert ein Maß an Sicherheit, für das der Mensch nicht geschaffen ist. Das macht die Atomkraft zur unmenschlichen Technologie. Auch im Schrottreaktor von Tschernobyl war es eben *nicht nur* die fehlerhafte Technik, die versagte, sondern vor allem das Personal. «Die Katastrophe von Tschernobyl», erinnert sich der damalige sowjetische Staatspräsident Michail Gorbatschow, «die nicht nur für mich persönlich, sondern, wie ich hoffe, auch für die ganze Menschheit eine Lehre war, ereilte unser Land im April 1986, also ein Jahr nachdem ich an die Macht gekommen war. Nach Meinung der Experten gab es höchstens eine Chance unter Millionen, dass die Mitarbeiter des Atomkraftwerks von Tschernobyl gleichzeitig jene sieben Fehler begehen würden, die zu einer Katastrophe führen mussten. ... 30 Jahre lang war uns versichert worden, dass das ‹friedliche Atom nicht gefährlicher ist als ein Samowar›, um den anschaulichen Vergleich des Akademiemitglieds A. Alexandrow zu zitieren, und dass man sogar auf dem Roten Platz problemlos ein Atomkraftwerk bauen könne. Wir betrachteten die Physiker als Halbgötter, die mit Hilfe der Wissenschaft den alten Traum der Menschheit von billiger und ‹sauberer› Energie erfüllen würden. Plötzlich jedoch waren die Halbgötter verwundbar und besaßen menschliche Schwächen.»[14]

Absolute Sicherheit ist eine technische Utopie, vor allem dann, wenn der Mensch als unkalkulierbarer Risikofaktor dazutritt. Doch ebendiese absolute Sicherheit ist notwendig, wenn wir die verheerenden Folgen einer Kernschmelze prinzipiell ausschließen wollen, als da sind: die dauerhafte Evakuierung von Millionen und den Tod zehntausender Menschen; Fehlgeburten und Missbildungen über Generationen hinweg; die Aufgabe von Städten, Fabriken und Feldern in einem Gebiet von der Größe des Saarlandes; die Verzweiflung tausender Familien, die Haus, Arbeit, Heimat, einfach alles verlieren. Der in der Technik häufig angewandte Grundsatz der praktischen Erfahrung des «Lernens durch Fehler» ist bei Atomkraftwerken nicht anwendbar, weil wegen der katastrophalen Folgeschäden gar keine Fehler passieren *dürfen*, aus denen man dann lernen könnte.

Nach einem Gutachten im Auftrag der Stadt Hamburg von 1995 würden bei einem schweren Unfall im Atomkraftwerk Krümmel 45 000 bis 100 000 Menschen tödlich an Krebs erkranken. Von den 750 Quadratkilometern Stadtgebiet wären 400 Quadratkilometer derart verseucht, dass sie für über 50 Jahre evakuiert werden müssten.[15] Insgesamt würden sich bei einem GAU die verursachten Gesundheits-, Sach- und Vermögensschäden, soweit überhaupt in Geld quantifizierbar, auf 2,5 bis 6 Billionen Euro belaufen, ermittelte das Prognos-Institut im Auftrag des Bundeswirtschaftsministeriums der Regierung Kohl.[16] Sechs Billionen, also 6 000 000 000 000 Euro, sind eine Summe, die das Bruttoinlandsprodukt der deutschen Volkswirtschaft um Größenordnungen übersteigt. In einem internen Gutachten stellt das Bundesumweltministerium außerdem fest, dass die dabei von Prognos gewählten Annahmen im Vergleich zu amerikanischen Studien eher vorsichtig sind. Die tatsächlichen Schäden wären vermutlich noch weit höher als von Prognos veranschlagt.[17]

Diese Schäden sind nicht versicherbar. «Versicherung» ist in der Atomwirtschaft ein Fremdwort. Jedes Auto ist prozentual besser versichert als ein Atomkraftwerk. Die Atomwirtschaft genießt eine Haftungsgrenze von 2,5 Milliarden Euro – lediglich ein minimaler Bruchteil der möglichen Schäden. Jede Versicherung hat Nuklearkatastrophen aus der Versicherbarkeit ausgeschlossen. Jeder kann sich in seinen Versicherungsunterlagen selbst überzeugen: Dort ist ausdrücklich vermerkt, dass die Versicherung bei einem Atomunfall nicht zahlt. Sollte sich tatsächlich einmal ein schweres Unglück in einem Atomkraftwerk ereignen, kann niemand auch nur auf einen Cent Entschädigung hoffen.

Der Gesetzgeber, der den Atomkraftwerksbetreibern eine Haftungsgrenze setzt, die im Vergleich zu den möglichen Schäden nur zynisch wirken kann, deklarierte damit einen GAU zu einem Zugriff höherer Gewalt, zu einem Act of God – so wie Erdbeben oder Vulkanausbrüche. Man führe sich das vor Augen: Privatwirtschaftlichen Konzernen wurde das Privileg zugestanden, keine Verantwortung für ihr Tun und Handeln übernehmen zu müssen. Die Atomkonzerne schweben in völliger Verantwortungslosigkeit und streichen dabei kräftig Profite ein. «Hier taucht immer wieder unerbittlich die fragmentierte Verantwortung auf», schreibt der Schriftsteller Carl Amery. «Für ein heiles, ein menschenwürdiges Verantwortungsgefühl wäre das alles gar nicht auszuhalten. Die (wissenschaftlich wie kommerziell) Beteiligten sind letzten Endes in der psychischen und moralischen Lage des Lokführers nach Auschwitz, der sich an seinen Fahrplan hält und den der Inhalt der Waggons nicht kümmern darf.»[18]

Die Allgemeinheit hängt dem Glauben an, gravierende Reaktorunfälle seien typisch für Länder mit technisch niedrigem Niveau und in Deutschland unmöglich – man denkt dabei zuallererst an Osteuropa und Russland und erinnert sich an den Super-GAU in Tschernobyl vom 26. April 1986. Was dort geschah: Während eines Experiments geriet Block 4 des Reaktors in einen instabilen Zustand. Das Personal versuchte eine Schnellabschaltung, doch trieb es dadurch wegen eines Konstruktionsfehlers die Kettenreaktion noch weiter an. Es dauerte nur Sekunden, bis der Reaktor explodierte und völlig zerstört wurde. Die radioaktiven Spaltstoffe verteilten sich über halb Europa. Mehr als 500 000 Menschen wurden auf Dauer umgesiedelt, 200 Gemeinden samt allen Wohnungen, Fabriken und Geschäften verschwanden von der Landkarte, Schilddrüsenkrebs bei Kindern stieg um das Dreißigfache an, Tumore des Magens, der Lunge, Haut, Prostata, Brust und Gebärmutter nahmen zu, Brustkrebs bei Frauen verdoppelte sich gebietsweise, Jugenddiabetes und Störungen der Fortpflanzungsfähigkeit nahmen deutlich zu. Tausende Menschen fielen den Spätschäden der Strahlung zum Opfer. Das in der Tschernobyl-Hilfe tätige Otto-Hug-Strahleninstitut in München schätzt auf Grundlage amtlicher Daten und von Daten der Liquidatorenverbände, dass als Folge des GAUs bis zu 70 000 Menschen gestorben sind.[19]

Tschernobyl war leider nicht das einzige große nukleare Unglück. Bis heute teilweise im Dunkeln liegen beispielsweise die Ereignisse von Tscheljabinsk, die erst 30 Jahre später im Westen bekannt wurden. In der Gegend um Majak im Südural, auf dem Gelände des damals streng geheimen Atomkomplexes mit Nuklearwaffenfabrik und Wiederaufbereitungsanlage, kam es im Dezember 1957 zu einer Explosion eines Tanks mit radioaktiven Abwässern. Nach dem Vorfall verschwanden ganze Siedlungen von der Landkarte, das Abwassersystem wurde umgebaut. Noch heute gibt es in der Region Sperrzonen, zu denen der Zutritt verboten ist. Durch den Unfall und die ständige Einleitung kontaminierten Kühlwassers in den Fluss Tescha ist die Verseuchung der Gegend doppelt so hoch wie in Tschernobyl.[20]

Dass Reaktorunglücke aber auch in technisch hochentwickelten Industrienationen jederzeit eintreten können, ist nicht nur theoretisch denkbar, sondern empirisch erwiesen. Es haben sich bereits Unfälle ereignet, bei denen wir nur knapp einer Katastrophe entgangen sind. Solche so genannten Precursor-Ereignisse spielten sich u.a. in den USA, Großbritannien, Frankreich, Japan und auch in Deutschland ab.

Lange vor dem ukrainischen Tschernobyl ereignete sich der erste Kernschmelzunfall im amerikanischen Harrisburg am 27./28. März 1979. Im Block 2 des Reaktors von Three Mile Island kam es durch eine Pannenserie zum Verlust von Kühlwasser. Der Reaktor überhitzte sich, ein Teil des Brennstoffs schmolz. Im Reaktordruckbehälter bildete sich eine Wasserstoffblase, die zum Glück nicht explodierte. Eine Freisetzung der Radioaktivität in die Umgebung wurde durch das Barrieresystem verhindert, so dass die Schäden begrenzt blieben.

Im amerikanischen Kernkraftwerk Indian Point 2 bei New York musste am 15. Februar 2000 eine Schnellabschaltung vorgenommen werden, weil das Dampferzeuger-Heizrohr gebrochen war. Bei einem solchen Bruch entsteht ein Leck im Primärkühlkreislauf; der Kühlmittelverlust kann nicht durch den Sekundärkreislauf ausgeglichen werden, und es kommt zur Kernschmelze. Zugleich kann von Anfang an Radioaktivität aus dem Sicherheitsbehälter in die Umgebung entweichen. Noch in der Woche darauf wusste man nicht, wie ernst das Leck war und wie nah man tatsächlich vor einer Katastrophe stand.

Am 8. Oktober 1957 wurde ein für militärische Zwecke genutzter graphit-moderierter Reaktor auf dem Gelände des britischen Atomkomplexes Windscale (heute besser bekannt als Sellafield) hochgefahren. Dabei entzündete sich das Graphit des Reaktors, der radioaktive Rauch wurde nur am Anfang gefiltert und gelangte später nach außen. Das Feuer brannte vier Tage lang. Dem Personal gelang es nicht, die Brennstäbe aus dem Reaktor zu entfernen. Als Notlösung wurde der Reaktor geflutet. Die britische Regierung verbot die Milcherzeugung in einem 520 Quadratkilometer großen Umkreis. Der Unfall wird für mehrere Dutzend Krebsfälle verantwortlich gemacht.[21]

Am 27. Dezember 1999 hielt bei einem schweren Sturm der Anlagendeich des französischen Atomkraftwerks Le Blayais den Wassermassen nicht stand. Unterirdische Bedienungsräume von Block 1 des Reaktors wurden überflutet. Daraufhin fielen alle drei Pumpen eines Hilfssystems zur Wasserversorgung der Dampferzeuger aus. Ein System für die Nachwärmeabfuhr aus dem Reaktordruckbehälter drohte zu versagen. Wäre es so weit gekommen, wäre eine Kernschmelze unausweichlich gewesen. Im Februar 2000 mussten Vertreter des Betreibers Electricité de France (EdF) in einem parlamentarischen Hearing eingestehen, dass der Reaktor dicht vor einem schwerwiegenden Unfall stand. Hätten nur zwei weitere Sicherheitssysteme versagt, wäre es innerhalb von zehn Stunden zu einer Kernschmelze gekommen.[22]

Im japanischen Tokaimura, hundert Kilometer nordöstlich von Tokio, befüllten Arbeiter am 30. September 1999 einen Tank mit 16 Kilo Urangemisch (statt den erlaubten 2,3 Kilo). Eine unkontrollierte Kettenreaktion setzte ein, und hohe Strahlendosen traten aus. Zwei der drei schwer kontaminierten Arbeiter starben kurze Zeit später einen qualvollen Strahlentod. Hunderte Menschen wurden verstrahlt.[23]

Ende der 1980er Jahre entgingen die Deutschen nur knapp einer Katastrophe. «Am 16. Dezember 1987 übersehen die Kontrolleure im hessischen Kernkraftwerk Biblis A ein geöffnetes Absperrventil des Kühlsystems. Nur eine letzte Sicherung und die Notkühlung verhinderten die Kernschmelze, den Supergau. Doch die Betreiber und die Bundesregierung spielen die Beinahe-Katastrophe herunter», berichtete der *stern*.[24] Eine internationale Expertenkommission untersuchte den Vorfall und fand heraus, dass es nur durch einen technischen Zufall nicht zur Kernschmelze gekommen war. Robert Pollart, früher in den USA für die Sicherheit der amerikanischen Kernkraftwerke verantwortlich und Leiter der Kommission, erklärte: «Was in Biblis geschah, ist genau jener Typ von Unfall, von dem die Betreiber behaupten, er sei nicht möglich. Biblis stand dicht vor einem großen Unfall. Ich habe den Eindruck, hier rangierte Wirtschaftlichkeit vor Sicherheit.»[25] «Ein Szenario, von dem wir nicht wussten, dass es möglich war», schrieb gar das US-Branchenfachblatt *Nucleonics Week* im Jahr 1988.[26] Bundesregierung und Betreiber verheimlichten den Vorfall, bis er nach über einem Jahr über eine amerikanische Fachzeitschrift ans Licht kam. Erst dann gab man notgedrungen den Unfall zu.

Es ist erschreckend, was in westlichen Atommeilern alles geschieht. Die Berichte etwa der IPPNW (International Physicians for the Prevention of Nuclear War), einer mit dem Friedensnobelpreis ausgezeichneten Nichtregierungsorganisation, und so manche amtlichen Berichte aus dem für Reaktorsicherheit zuständigen Bundesumweltministerium lassen es einem kalt den Rücken hinunterlaufen. Rostige Rohrleitungen bei Kühlsystemen mit zentimeterlangen Rissen, die erst nach Jahren zufällig entdeckt werden; Wasserdampfexplosionen, die Rohre zerreißen; Brennelemente, die von Verladekränen fallen; Personal, das vergisst, Sicherheitssysteme nach der Reparatur wieder zu aktivieren; ein Schutzhelm, der in eine Pumpe fällt und zum Ausfall einer sicherheitstechnisch wichtigen Pumpe führt; Blitze und Unwetter, die Notstrom erforderlich machen; sogar Totalausfall der Stromversorgung; gefährliche Brände; überalterte Kraftwerkssteuerungen, in denen sich immer wieder Sollwerte verstellen, so dass Sicherheitssysteme nicht ordnungsgemäß aktiviert werden; oder gar eine neue digitale Steuerungstechnik, die in einem Reaktor dazu führte, dass mit der Schnellabschaltung die wichtigsten Sicherheitssysteme außer Kraft gesetzt wurden… Die Liste ließe sich fortsetzen. Allein für den Reaktorblock Biblis B listet der IPPNW-Experte Henrik Paulitz 42 gravierende Auslegungsdefizite und schwerwiegende Konstruktionsfehler auf.[27]

Für die Sicherheitsdefizite oft verantwortlich ist das Ziel der Gewinnoptimierung. Da sich nur wenige Kostenfaktoren unmittelbar beeinflussen lassen, wird versucht, bei der Instandhaltung zu sparen. Dabei werden Schäden bewusst in Kauf genommen, oder man lässt den Reaktor am Netz, obwohl er wegen einer Störung eigentlich besser abgeschaltet werden sollte. Wie Beispiele aus jüngerer Vergangenheit (z.B. ein jahrelang bewusst eingegangener Sicherheitsverstoß im Atomkraftwerk Obrigheim) zeigen, ist das Denken «Profit vor Sicherheit» bei deutschen Kraftwerksbetreibern sehr verbreitet.

Der weiter steigende Kostendruck durch die Liberalisierung der Strommärkte führte bereits dazu, dass die Anzahl der Kontrollen von sicherheitsrelevanten Komponenten reduziert und notwendige Reparaturen zeitlich verschoben wurden. Der Atomkonzern RWE etwa ist bekannt für sein «Druckmanagement»: Um kostspielige Anlagenstillstände zu begrenzen, müssen Reparaturarbeiten unter hohem Zeitdruck ausgeführt werden. In dieses Bild passt auch eine

Veröffentlichung des Atomkonzerns Siemens, wonach Wartungsarbeiten an zentralen Sicherheitssystemen in deutschen Atomkraftwerken in 10-Stunden-Schichten durchgeführt werden.

Mit der Einführung neuer «Instandhaltungskonzepte» werden zudem immer weniger Anlagenteile einer intensiven Prüfung unterzogen. Wie aus offiziellen Aussagen der Atomwirtschaft hervorgeht, werden sogar Reparaturen sicherheitsrelevanter Systeme verschoben. Bei der Prüfung der rund 20000 Armaturen eines Atomkraftwerks, von denen ein erheblicher Teil als «Sicherheitsventile» zu den zentralen Sicherheitseinrichtungen gehören, plädiert Siemens für «zustandsorientierte Instandhaltung», um «längere Service-Intervalle» zu erreichen. Das bedeutet, dass Armaturen wesentlich seltener überprüft und bis kurz vor die Abnutzungsgrenze eingesetzt werden.

Zudem werden die jährlichen Revisionszeiten, bei denen einzelne Anlagenteile überprüft und repariert werden, immer stärker verkürzt. So preist die Atomwirtschaft das Kraftwerk Neckarwestheim 2, weil die Revisionszeit innerhalb von fünf Jahren von 33 Tagen auf 17 Tage verkürzt wurde.[28]

Nach den Erfahrungen von Tschernobyl über Obrigheim bis Indian Point ist die Illusion, mit einem fehlerfreien Sicherheitssystem katastrophale Unfälle ausschließen zu können, schlicht nicht mehr aufrechtzuerhalten. Wir lassen uns bewusst auf diese horrenden Risiken ein und nehmen den Tod und das Leid von unzähligen Menschen in Kauf, im wirren Glauben, dass es nicht anders gehe, und in der zynischen Hoffnung, dass es schon nicht so schlimm kommen werde.

«Atomkraftwerke haben im Glanze ihrer Perfektion das Versicherungsprinzip nicht nur im ökonomischen, sondern auch im medizinischen, psychologischen, kulturellen und religiösen Sinne außer Kraft gesetzt. Die ‹Restrisikogesellschaft› ist eine versicherungslose Gesellschaft, deren Versicherungsschutz paradoxerweise mit der Größe der Gefahr abnimmt», so der Soziologe Ulrich Beck. «Denn an die Stelle der Nachsorge, die Sicherheit auch in der Gefahr verbürgt, tritt das Dogma technischer Irrtumslosigkeit, das der nächste Unfall widerlegt. Hüter des Tabus wird die Königin des Irrtums, die Wissenschaft. Nur ‹kommunistische› Reaktoren, nicht aber deutsche, sind empirische Gebilde von Menschenhand, die all ihre Theorien über den Haufen werfen können. Schon die simple Frage:

‹Was aber, wenn doch?› trifft ins Leere einer Nichtvorsorge der Nachsorgemöglichkeit. Entsprechend ist die politische Stabilität in Risikogesellschaften die des Nichtdarübernachdenkens.»[29]

Die atomare Risikogesellschaft kann nur überleben, indem ihre Konsequenzen vertuscht und verleugnet werden. Es handelt sich, so Beck, «um eine Grundrechtskrise, die unsere Gesellschaft mit Langzeitwirkung erschüttern und um die Stabilität bringen kann. Riesige Gefahren werden zunächst industriell erzeugt. Alsdann werden sie ökonomisch externalisiert – die Kosten werden niemandem zugerechnet. Unterdessen werden die Entscheidungen darüber juristisch individualisiert, naturwissenschaftlich legitimiert und politisch verharmlost.»[30]

Jüngere Sicherheitsmängel in deutschen Atomkraftwerken (Auswahl)	
Philippsburg 2004/2005	Die EnBW hat 2004 mit mehr als sechsmonatiger Verzögerung auf Erkenntnisse reagiert, wonach die Beherrschung eines Kühlmittelverlusts unsicher war. Zudem verschleppte EnBW die Aufklärung des Problems und machte mehrfach widersprüchliche Angaben. «Das Verhalten von EnBW entspricht in diesem Fall weder intern noch im Verhalten gegenüber der Atomaufsicht den Grundanforderungen eines qualifizierten Sicherheitsmanagements», so die Atomaufsicht. Die Aufklärung erfolgte erst durch staatsanwaltschaftliche Untersuchung. Das zuständige Ministerium erließ eine Auflage, wonach EnBW künftig bei Zweifeln an der Störfallbeherrschung unverzüglich Maßnahmen ergreifen und die Aufsichtsbehörde informieren muss. EnBW hat gegen diese Auflage Klage eingereicht.
Biblis April 2003	Der Reaktor musste abgeschaltet werden, als ans Licht kam, dass das Notkühlsystem vorschriftswidrig und vielleicht sogar schon seit Inbetriebnahme 1978 unzureichend ausgelegt war (zu kleine Ansaugöffnungen für die Notkühlpumpen – ein Defizit von gravierender sicherheitstechnischer Bedeutung). RWE hatte bereits seit Ende 2001 sich stetig verdichtende Belege für den Mangel erhalten und betrieb trotzdem das AKW weiter. Die Aufsichtsbehörde schrieb eine

	Nachrüstung vor. Nach neun Monaten ging das AKW wieder ans Netz.
Unterweser November 2002	In drei Rohrleitungen wurden Risse entdeckt, die für die Kühlung des Reaktorkerns wichtig sind. Bereits 1995 wurden an der gleichen Stelle Anzeichen festgestellt, die der Betreiber jedoch nicht als Befund einstufte.
Obrigheim Oktober 2002	Zehn Jahre lang (1991–2001) wurde das AKW vorschriftswidrig betrieben, wie erst jetzt bekannt wurde. Bei einem Kühlmittelverlust wäre die Sicherheit nicht immer gewährleistet gewesen. Auch die Atomaufsicht konnte nicht erklären, wie das zehn Jahre lang unentdeckt bleiben konnte. Der AKW-Betreiber hat laut Aufsichtsbehörde wahrscheinlich den Schaden bewusst in Kauf genommen, um den Reaktor am Netz halten zu können.
Biblis August 2002	Bei Arbeiten an elektrischen Einrichtungen fiel die Notstromversorgung aus, so dass bei einem Störfall die Sicherheitssysteme nicht funktioniert hätten. Der Betreiber hat den Vorfall ordnungsgemäß unter der Kategorie «Eilt» gemeldet.
Brunsbüttel Dezember 2001	Durch eine Explosion wurde eine Rohrleitung über drei Meter lang völlig zerfetzt. Die Leitung führte zum Reaktordruckbehälter, einem der sensibelsten Bereiche eines Reaktors. Der Unfall trat völlig unerwartet auf, taucht in keiner Wahrscheinlichkeitsrechnung auf und galt als völlig ausgeschlossen. Das Ausmaß des Unfalls wurde vom Betreiber HEW (heute Teil von Vattenfall) bis Februar 2002 vorsätzlich nicht untersucht.
Biblis Oktober 2001	In den Hauptkühlmittelleitungen, an denen die radioaktive Primärkühlung und das Not- und Nachkühlsystem hängen, wurden Korrosionserscheinungen entdeckt, obwohl seit 23 Jahren bei regelmäßigen Prüfungen keine Mängel festgestellt werden konnten. Erst durch eine neue «Prüf-U-Boot»-Technik konnten die Korrosionserscheinungen entdeckt werden.

Philippsburg August 2001	Am 25. August wurde festgestellt, dass zwei Wochen lang in drei von vier Flutbehältern die spezifische Borsäure-Konzentration nicht stimmte, die für die Qualität des Kühlmittels entscheidend ist, um bei mittleren und größeren Lecks den Primärkühlkreislauf aufzufüllen. Der Betreiber hatte das Problem vorschriftswidrig als sicherheitstechnisch bedeutungslos gemeldet und das AKW weiter betrieben. Bei Bekanntwerden des Vorfalls wurde der Reaktor auf staatliche Anweisung vom Netz genommen. Bei der Aufklärung des Borsäure-Falls kamen weitere gravierende Mängel ans Licht: Wochenlang waren die vorgeschriebenen Kühlmittel-Füllstände in allen vier Flutbehältern zum Teil mehrere Meter unterschritten. Dieses Ereignis fällt in die atomrechtliche Meldekategorie S (Sofortmeldung) bzw. Stufe 2 der internationalen Störfallskala, wurde aber vom Betreiber verschwiegen. In einem Notfall hätten tausende Liter Kühlmittel nicht zur Verfügung gestanden. Eine Untersuchung ergab, dass dieses Risiko seit 17 Jahren vom Betreiber bewusst und rechtswidrig in Kauf genommen wurde.
Biblis August 2001	Beim Verladen brach ein Brennelement auseinander und sank unkontrolliert im Kühlbecken ab – ein bis dahin nie da gewesener Unfall.
Biblis Oktober 2000	Am Hauptkühlsystem wurden Risse entdeckt – keines der modernen Prüfverfahren wie Ultraschall oder Röntgenstrahlen hatte den Riss aufspüren können. Er wurde erst mit einem anachronistischen Farbeindringtest zufällig entdeckt. Ein Fachmann der Reaktorsicherheitskommission bezeichnete den Vorfall als «dramatisch».

Quellen: BMU 2000–2005; Gründinger 2002; BUND 2002

Jetzt träumt die Atomlobby von angeblich völlig neuartigen Reaktortypen. Die Rede ist von einer neuen Generation von Reaktoren, etwa dem Europäischen Druckwasserreaktor (EPR) mit einer gewaltigen Leistung von 1600 Megawatt (gegenüber heutigen 900-Megawatt-Kraftwerken), einer Lebenszeit von 60 Jahren und niedrigen

Stromerzeugungskosten.[31] Neu beim EPR ist: Der Reaktorkern ist in eine Wanne aus Keramik und sechs Meter dickem Beton eingebettet. Bei einem Unfall soll dieser «Core Catcher» («Aschenbecher») die atomare Schmelzmasse auffangen und mit Wasser kühlen. Selbst wenn alle Kühlsysteme ausfallen sollten, sei ein GAU nicht mehr möglich, behaupten daher die nuklearen Prediger. Durch eine drei Meter dicke Betonhülle sei der EPR selbst gegen Flugzeugattacken gerüstet.

Die Atomlobby war so erfolgreich, dass sich Finnland 2004 für den Bau eines EPR-Prototypen entschied. Der EPR ist aber keinesfalls so sicher, wie man uns glauben machen will. Er ist im Grunde kaum etwas anderes als ein herkömmlicher Reaktor mit sehr dicken Wänden. Nach Aussagen von Michael Reimann von der Reaktorsicherheitskommission sind qualitative Sicherheitssprünge beim EPR, die einen GAU in jedem Fall ausschließen würden, nicht nachweisbar.[32] «Es bleibt das Risiko von Dampfexplosionen, wenn im Fall einer Kernschmelze das heiße Metall auf Wasser trifft», so auch Christian Küppers von der Deutsch-Französischen Kommission zur Sicherheit kerntechnischer Anlagen.[33]

Tatsächlich GAU-fest wäre dagegen der so genannte Hochtemperatur- oder Kugelhaufenreaktor. Dem Kugelhaufenreaktor liegt ein abgewandeltes physikalisches Funktionsprinzip zugrunde, das schon 1966 in Deutschland erprobt wurde. Der Vorteil: Selbst bei Ausfallen der Kühlung würden sich die Uran-Grafit-Kugeln, mit denen der Reaktor betrieben wird, nur auf höchstens 1600 Grad aufheizen; wenn der Reaktor klein genug ist, kann die Restwärme keine Kernschmelze hervorrufen, zugleich würde das heiße Grafit eine Kettenreaktion verhindern.

In der Tat wurde ein deutscher Versuchsreaktor dieses Typs in den 1960er Jahren mehrfach durch Abstellen der Kühlung abgeschaltet. Doch mit dem damals umgerechnet zwei Milliarden Euro teuren Bau eines ersten kommerziellen Kugelhaufenreaktors in Hamm-Uetrop endete in Deutschland die Ära dieses Reaktortyps auch schnell wieder: Das Kraftwerk war auf 300 Megawatt ausgelegt – zu groß, um noch als inhärent sicher gelten zu können. Außerdem mussten sich die Techniker mit Betriebsproblemen herumschlagen; jedes Jahr zerbrachen Tausende der Brennstoffkugeln, so dass der Reaktor nach nur drei Jahren Laufzeit (bei einer Bauzeit von 14 Jahren!) im Jahr 1989 im Wesentlichen aus finanziellen Gründen vom Netz genommen wurde.[34] Wenn der Kugelhaufenreaktor zu groß ist, kann er nicht mehr als inhärent sicher gelten; ist er zu klein, schadet das seiner Wirtschaftlichkeit, die ohnehin schon wegen der zu erwartenden Betriebsprobleme in Frage steht. Die Kugelhaufenreaktor-Pläne bergen die akute Gefahr, zu einer horrend teuren Luftnummer zu werden.

Klimaflop Atomkraft

Die Atomlobbyisten versuchen neuerdings immer wieder, die Atomkraft als Maßnahme für den Klimaschutz ins Spiel zu bringen. Klar: Bei der Atomspaltung entsteht kein schädliches Kohlendioxid. Aber der angebliche Klimaschutz-Effekt der Atomkraft zerplatzt sofort wie eine Seifenblase, sieht man nur etwas genauer hin. Wer den Klimawandel ernst nehme, könne nicht gegen Atomkraft sein – diese gängige Formel der Atomlobby ist so konsistent wie Treibsand. «Das Argument, wir brauchen Atomkraft wegen des CO_2-Problems, ist unseriös», weiß der CDU-Mann Klaus Töpfer, unter Kohl Umweltminister und heute Chef der UN-Umweltbehörde.[35]

Zwar wird bei der Kernspaltung selbst kein Treibhausgas frei, dafür aber beim Abbau von Uran, dessen Transport und Weiterverarbeitung, beim Bau der Kraftwerke, deren umständlicher Entsorgung etc. Freilich ist zuzugeben, dass bei Berücksichtigung der gesamten Energiekette auch solare Energien nicht absolut klimaneutral sind, doch übersteigen die Emissionen der Atomkraft die Emissionen der Solarenergien um mehrere Größenordnungen.[36]

Wer das Klima schützen will, braucht dafür keine Atommeiler. Atomkraft ist sogar die bei weitem unintelligenteste Option. Wenn man das Geld, das für einen Reaktorneubau nötig ist, stattdessen in Energieeffizienz investiert, spart man dadurch mehr Energie ein, als ein Reaktor während seiner gesamten Laufzeit produziert, ermittelte das Freiburger Öko-Institut.[37] Und das ohne Restrisiko.

Vor diesem Hintergrund löst sich auch das Paradoxon auf, dass die USA ein Viertel aller weltweit betriebenen Atommeiler unterhalten, aber zugleich für mehr als ein Viertel aller emittierten Treibhausgase des Nordens verantwortlich zeichnen. Die USA sind u. a. deshalb der global größte Klimasünder, weil sie so viel Atomkraft betreiben. Weil die großen Reaktoren nicht je nach aktuellem Energiebedarf flexibel hoch- und heruntergefahren werden können, ist ein konstant hoher Strombedarf notwendig, um den Strom auch absetzen zu können – die «Grundlast» wird zum Problem. Aus dem Überangebot folgt verschwenderischer Verbrauch. Atomkraftwerke erzwingen eine Struktur der Energieversorgung, die auf Verschwendung zielt – weil sie rund um die Uhr am Netz sind und Strom produzieren, den eigentlich niemand braucht, der aber abgesetzt werden will. Deshalb beleuchtet das Atomland Belgien nachts seine Autobahnen, deshalb beheizen die Schweden ihre Bürgersteige, deshalb gibt es bei uns immer noch so viele Nachtspeicherheizungen.

In der Tat verbietet sich atomarer Klimaschutz bereits aus nacktem Pragmatismus: Um die europäischen Klimaschutzziele durch Ausbau der Atomkraft zu erreichen, müsste man nach Berechnungen der Energie-Enquete-Kommission des Bundestages 50 bis 100 Atomkraftwerke in den nächsten Jahrzehnten bauen[38] – jedes Jahr müssten damit ein bis zwei neue Reaktoren ans Netz gehen. Das ist nicht machbar.

Um für den globalen Klimaschutz einen nennenswerten Effekt durch Atomkraft zu erzielen, müsste man weltweit sogar mindestens 1000 Reaktoren betreiben – was dann allerdings statistisch alle 33 Jahre zu einem Super-GAU führen würde (unter Ausschluss menschlichen Versagens und bei hohen technischen Standards). Das Klima-Argument ist also eine fatale Rechnung. Es bedeutet nichts anderes, als den Teufel mit dem Beelzebub austreiben zu wollen.

Die Stromnetze, und mit ihnen die komplette Infrastruktur der Stromversorgung, sind auf die großen Atomkraftwerke ausgerichtet statt auf die flexible Integration von Offshore-Windparks und unzähliger kleiner Wind-, Sonnen- und Biomassekraftwerke. Dieser Umstand behindert den Klimaschutz durch erneuerbare Energien in der Praxis ganz erheblich.

Zahlen, wonach die Atomkraft allein in Deutschland rund 150 Millionen Tonnen Kohlendioxid jährlich einsparen helfe, sind ein Trugbild – und nur durch den statistischen Trick aufrechtzuerhalten, dass man sämtliche Reaktoren durch Kohlekraftwerke ersetzen würde, die bei weitem klimaschädlichste Form der Energieerzeugung. Atomkraft ist kein Klimaschutz, ein günstiger schon gar nicht.

Ein Atomkraftwerk mit 1300 Megawatt Leistung produziert jährlich rund 30 Tonnen und in 40 Jahren Laufzeit etwa 1200 Tonnen hochradioaktiven Abfall (den ebenfalls gefährlichen schwachradioaktiven Müll einmal außer Acht gelassen). In den weltweit rund 440 Reaktoren fallen jährlich ungefähr 8300 Tonnen hochradioaktiver Abfall an. Die heutige Generation an Atomkraftwerken wird damit geschätzte 290 000 Tonnen hochaktiven Müll hinterlassen, außerdem ein Vielfaches dessen an schwach- und mittelaktivem Müll.[39]

Diesen strahlenden Abfall muss man für Jahrtausende sicher verschließen – ein bisher ungelöstes Problem und technisch wahrscheinlich ein Ding der Unmöglichkeit. Eine kurze Beispielrechnung: Wenn im Endlager Deutschlands 20 000 Tonnen hochaktiver Müll vergraben werden und davon ein Prozent aus Plutonium besteht, ist bei einer Halbwertszeit des Plutoniums von 24 400 Jahren ein unvorstellbarer Zeitraum von 660 000 Jahren notwendig, um zu erreichen, dass nur noch ein Gramm dieses Stoffes übrig ist – und selbst diese Menge ist für den menschlichen Organismus beim Einatmen tödlich. Von tausend Tonnen Plutonium würden nach 100 000 Jahren immer noch sechs Kilo existieren – eine Menge, die rechnerisch ausreicht, um 1200 Atombomben zu bauen oder bei mehr als sechs Milliarden Menschen (!) Lungenkrebs auszulösen.

Noch einmal: Erst nach 24 400 Jahren ist das Plutonium-Isotop Pu 239 zur Hälfte zerfallen. Sogar nach einem geologischen Zeitraum von über 660 000 Jahren sind noch hochgiftige Konzentrationen von Plutonium 239 und anderen strahlenden Substanzen aus deutschen Atomkraftwerken vorhanden, die menschliches Leben beschädigen und töten können. Einen sicheren Behälter für eine Zeit von mehreren Jahrhunderttausenden zu bauen ist eine technische Utopie. Schon bei einer angenommenen Zeitspanne von wenigen hundert Jahren ist man damit überfordert. Nirgends auf der Welt existiert ein genehmigtes Endlager für hochaktive, stark Wärme entwickelnde Stoffe.

Ein Vergleich von Zeiträumen drängt sich geradezu auf. Die Halbwertszeit von Plutonium 239 beträgt 24 400 Jahre, tödlich ist es weit länger. Ackerbau betreibt die Menschheit gerade erst 10 000 Jahre, nicht einmal die Hälfte dieses Zeitraums. Die ältesten Höhlenmalereien in Frankreich werden auf 6000 Jahre geschätzt, die Pyramiden gibt es seit 3600 Jahren, Jesus Christus lebte vor 2000 Jahren, Amerika wurde vor etwa 500 Jahren entdeckt, die Französische Revolution stürmte vor 220 Jahren die Bastille, und Auschwitz liegt gerade 60 Jahre zurück.

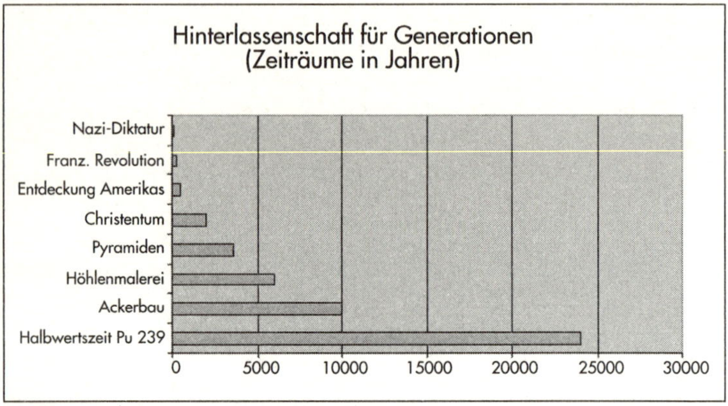

Andere Isotope, die im Atommüll enthalten sind, wie Technetium 99, Zirconium 93, Niobium 93, Uran 233, Cäsium 135 und Neptunium 237 sind sogar nach über einer Million Jahren (!) noch für den menschlichen Organismus gefährlich[40] – sollte der Mensch bis dahin überhaupt noch existieren.

Die Sicherheit der bisher geplanten Endlager in Salzstöcken in Gorleben, Morsleben und Schacht Konrad ist nie nachgewiesen worden. Die Idee, den Atommüll an die damalige innerdeutsche Grenze nach Gorleben zu verfrachten, entpuppte sich als zu kurz gegriffen – die Halbwertszeit der DDR war viel, viel kürzer als die von Plutonium. Namhafte Geologen bezweifeln, dass Gorleben als Endlager brauchbar ist. Laut den von der Reaktorsicherheitskommission vorgelegten *Sicherheitskriterien für die Endlagerung radioaktiver Abfälle in einem Bergwerk* von 1983 muss ein Endlager nämlich vor allem eines aufweisen: ausreichende Gesteinsbarrieren zwischen dem Atommüll und dem Grundwasser, um eine radioaktive Verseuchung des Trinkwassers auszuschließen. Genau das ist aber in Gorleben nicht gegeben. In der «Gorlebener Rinne» liegen Geröll und Grundwasser direkt auf dem Salz, das geforderte Deckgebirge fehlt auf einer Fläche von 7,5 Quadratkilometern. Obwohl diese Tatsache seit den 1980er Jahren bekannt ist, halten die Atomkonzerne an dem unsicheren Standort fest. Etwa 1,25 Milliarden Euro hat die Atomindustrie für die Erkundung Gorlebens aufgewendet, um durch den finanziellen Kraftakt Fakten zu schaffen und so die eigenen Interessen wider alle Bedenken durchzusetzen. Derzeit ruht auf Erlass der Bundesregierung die Erkundung des Gorleben-Salzstocks, für die Atomindustrie ist dieser Stollen aber die einzig verbliebene, halbwegs realistische Option.[41]

Denn auch das angedachte Endlager Morsleben wird von führenden Experten nicht als sicher eingestuft. Das Bundesamt für Strahlenschutz warnte bereits, dass «akute Einsturzgefahr» für mehrere Kammern bestehe. «Jederzeit» könnten bis zu 1000 Tonnen schwere Salzbrocken von der Decke auf die Atomfässer fallen. Durch Gänge und Luftschächte könnte der Atomstaub an die Erdoberfläche dringen und sich übers Land verbreiten.[42] Und das dritte geplante Endlager in Schacht Konrad ist allenfalls für schwach radioaktiven Müll geeignet, war auch nie für hochaktiven Müll gedacht.

Gleichgültig, in welchem Gestein man den Atommüll einlagern will, überall besteht die Gefahr, dass die radioaktiven Stoffe z.B. durch Wassereinbrüche an die Erdoberfläche dringen und Böden und Grundwasser verseuchen. Der Sachverständigenrat der Bundesregierung für Umweltfragen stellte in seinem Umweltgutachten 2000 fest, dass ein nach wissenschaftlichen Kriterien sicheres Endlager eine praktisch unlösbare Aufgabe sei: «Eine Abschätzung des Gefährdungspotenzials über einen derart langen Zeitraum hinweg ist nahezu ausgeschlossen. Untersuchungen, die eine Basis für geeignete Endlager bilden sollen, sind letztlich nie zu einem naturwissenschaftlich einwandfreien Nachweis eines absolut sicheren Endlagers gelangt. Der Umweltrat ist davon überzeugt, dass es keinen idealen Standort für Endlager für (hoch-)radioaktive Abfälle gibt.»

Über ein halbes Jahrzehnt werden schon Atomkraftwerke betrieben, und bis heute weiß keiner, wo der Müll hin soll. In den USA hat ein Gericht den Regierungsbeschluss, ein Endlager in den Yucca Mountains zu errichten, wegen ungenügender Langzeitsicherheit widerrufen.[43] Nirgends auf der Welt gibt es ein sicheres Endlager.

Mangels besserer Lösung stehen die strahlenden Castoren (Castor = *cask for storage and transport of radioactive material*) derzeit im Zwischenlager Gorleben – nicht unter der Erde, sondern in Lagerhallen neben der Straße. Dort sollen sie auskühlen, um in 30 oder 40 Jahren geöffnet zu werden, damit der Müll in kleinere «Pollux»-Behälter umgefüllt werden kann. Erst diese kleinen Behälter werden dann im Salzstock versenkt, die tonnenschweren Castoren sind schlicht zu groß dafür. In einer weiteren Halle des Zwischenlagers, in der so genannten Pilot-Konditionierungs-Anlage (PKA), ist man noch auf der Suche nach einem Verfahren zur Umfüllung der Castoren. Bisher ist noch nicht einmal klar, wie man die Castoren in 30 Jahren überhaupt öffnen will.[44] Wenn daher Politiker über die Umwidmung des «Zwischenlagers» in Gorleben in ein «Endlager» nachdenken, betreiben sie Tatsachenverdrehung – die Castoren sind noch lange nicht im vorgesehenen Endlager, sie stehen direkt neben der Straße in einfachen Hallen! Wer wie die Mehrheit der Deutschen glaubt, der Müll befinde sich bereits unter Tage, der ist schlicht der Propaganda der Atomindustrie erlegen.

Wenn Castoren per Bahn durch die Lande gefahren werden, demonstrieren tausende Aktivisten. Ein Castor ist ein Spezialbehälter für den Transport hochradioaktiven Mülls. Der Abfall ist in Glas eingeschmolzen und wird von einer Metallhülle umschlossen. Der Castor ist 120 Grad heiß, was bei Demonstrationen zu Belustigungen führte, als die auf den Container geworfenen Eier rasend schnell zu Spiegeleiern brutzelten; zum Schutz vor Spiegeleiern werden daher neuerdings Planen über die Container gestülpt.

Michael Kipfstuhl gehört regelmäßig zu den Demonstranten und erzählt gern, auf welche Schikanen man sich einstellen muss. Einmal wurde eine Gruppe aus ihm und zwei Mitstreitern von sage und schreibe sechs vollbesetzten Polizeibussen (d. h. 36 Mann) bewacht. Sein Telefon unterliegt offenbar polizeilicher Abhörung, obwohl er sich nie etwas hat zu Schulden kommen lassen. Er hat nie Gewalt angewendet, hat nie sich selbst oder andere in Gefahr gebracht. Ebenso wie Michael Kipfstuhl demonstrieren viele andere gewaltlos gegen Castor-Transporte und erleben dabei dennoch regelmäßig polizeiliche Übergriffe. Friedliche Demonstranten werden eingeschüchtert, geschlagen, in Handschellen gelegt, arrestiert, und ihnen wird stundenlang der Zugang zu Toiletten verweigert. In Frankreich erklärte die Regierung Castor-Transporte mittlerweile zum Militärgeheimnis (!). Wer Informationen über die Transporte weitergibt, muss mit fünf Jahren Gefängnis und einer Geldstrafe von 70 000 Euro rechnen.

Im Herbst 2004 kam es bei einer Castor-Demo zu einem tragischen Ereignis, als in Frankreich ein unvorsichtiger junger Demonstrant von dem Zug, der die Castoren geladen hatte, erfasst und getötet wurde. Der Vorfall warf wieder Fragen auf: Wie will man die Sicherheit von Atomtransporten und Atomreaktoren garantieren, wenn man nicht einmal eine Bahnstrecke unter Kontrolle hat? Warum genügen die banalsten Bedingungen, damit es zum Verlust eines Menschenlebens kommt? Warum reichen ein unübersichtlicher Streckenabschnitt und ein unvorsichtiger junger Mensch, um einen atomaren Schwertransport praktisch manövrierunfähig zu machen? Was wäre geschehen, wenn der Zug vor einem sprengstoffbeladenen Hindernis ebenfalls nicht hätte bremsen können?

Um mit solchen Fragen nicht immer wieder konfrontiert zu werden, hatten sich die Atomlobby und die Schröder-Regierung darauf geeinigt, ab 2005 den Atommüll in simplen, praktisch vollkommen ungesicherten Lagerhallen neben den Reaktoren zu verstecken. Wenn jemand eine Pommesbude betreibt, muss er nachweisen, wo er sein Fett entsorgt. Wenn jemand ein Atomkraftwerk betreibt, reicht es, das Fett gleich nebenan auf den Tresen zu stellen. Ist der Atommüll erst einmal in den Zwischenlagern untergebracht, stellt sich die Entsorgungsfrage erst wieder in 40 Jahren.

Gar nicht so klein, wie es zuerst den Eindruck haben mag, ist auch das Problem, nachfolgenden Generationen zu übermitteln, wo der heute «entsorgte» Atommüll überhaupt begraben liegt – sie werden unsere Zeichen ebenso wenig verstehen wie wir heute die gerade 600 Jahre alten Hieroglyphen der Mayas oder die gerade 6000 Jahre alten Höhlenmalereien. Thomas Sebebok, einer der Begründer der Semiotik (Zeichenforschung), wurde von der US-amerikanischen Administration beauftragt, einen Weg zu finden, wie man den Menschen in mehreren tausend Jahren vermitteln könne, wo der Atommüll liegt. Sebeboks Antwort: Solche Zeichen gebe es nicht. In tausend Jahren wird niemand mehr die englische Sprache verstehen, niemand mehr wissen, dass ein Totenkopf «Gefahr» bedeutet, niemand mehr unser Symbol für «radioaktiv» kennen. Der Kommunikationsexperte schlug daher vor, eine Art Atompriesterschaft einzurichten, die mit dem Wissen über den Ort der Endlagerstätten ausgestattet ist und sich jährlich selbst erneuert, um künftige Generationen vor der atomaren Gefahr zu warnen.[45] Ganz abgesehen von den Bedenken, welche die demokratische Legitimität eines solchen Gremiums betreffen, ist wohl auch die Realisierbarkeit dieses Konzeptes mehr als fraglich.

Die Vorstellungen Sebeboks, die schon früher u. a. von dem bedeutenden US-Kerntechniker Alvin Weinberg offensiv vertreten wurden, sind durchaus repräsentativ für die Mentalität der Nuklearisten. Sie gehen davon aus, man könne einen elitären Menschentyp schaffen, der so sicher und fehlerfrei funktioniert, dass er für die Atomtechnik geeignet ist, für eine Technik, die sich wegen ihres ungeheuren Schadenpotenzials keine Fehler leisten kann. So forderte etwa der bedeutende deutsche Kerntechnikpionier Wolf Häfele 1979 in einem Fernsehinterview ausdrücklich Gehorsam und Disziplin der Bürger als Voraussetzung weiterer Entwicklung.[46]

Atomkraft tötet

Die Atomlobby behauptet, im Normalbetrieb der Atomkraftwerke gebe es keine Gefährdung durch die radioaktive Strahlung. Die Häufungen von Krebsfällen im Umkreis von Atomanlagen seien nur Zufall. Schließlich gebe es auch natürliche und andere anthropogene Radioaktivität, die weit schwerer zu Buche schlage als die minimalen Emissionen der Atommeiler.

Kronzeuge der Nuklearisten ist Jörg Michaelis vom Institut für Medizinische Statistik und Dokumentation an der Universität Mainz. Im Auftrag des Umweltministeriums der Kohl-Regierung legte Michaelis 1992 eine umfangreiche Studie vor, deren Fazit wörtlich lautete: «In der 15-km-Region um Kernkraftwerke beträgt das relative Risiko für alle bösartigen Erkrankungen der unter Fünfzehnjährigen 0,97. Das bedeutet, dass keine Erhöhung der Krebserkrankungen in den Kraftwerksregionen gegenüber den Vergleichsregionen feststellbar war.»[47] Damit schien medizinisch belegt: Atomkraft macht nicht krank. Doch diese als Michaelis-Studie bekannt gewordene Untersuchung wies methodische Fehler auf, die ihr Ergebnis schönten.

Die ungefilterten Rohdaten der Studie zeigen, dass von 1980 bis 1990 in der Umgebung von 20 westdeutschen Atomkraftwerken und Forschungsreaktoren 805 Kinder unter 15 Jahren an Krebs erkrankten; in den vom Michaelis-Team gewählten Vergleichsregionen waren es nur 611. Diese Zahlen legen auf den ersten Blick eine krank machende Wirkung der Atomreaktoren nahe, sagen aber an sich noch nichts aus, weil noch die unterschiedliche Größe und Altersstruktur der Bevölkerung in den verschiedenen Regionen berücksichtigt werden müssen; man muss die Daten also normieren.

Doch genau diese Normierung – und die Wahl weiterer verzerrender Annahmen – wurde bei der Michaelis-Studie auf eine Art und Weise durchgeführt, dass am Ende aus einem auf den ersten Blick höheren ein niedrigeres Krebsrisiko wurde. «Die kritischen Daten werden verdünnt», bemängelte der Medizinprofessor Roland Scholz von der Universität München.[48]

Die oben zitierte zentrale Aussage der Michaelis-Studie – die Nichtfeststellbarkeit einer erhöhten Krebsgefahr im Umkreis von Atomanlagen – bricht, sieht man genauer hin, in sich zusammen. Denn bei genauerer Sichtung der Daten – also: bei Verzicht auf Mittelung über alle Anlagentypen, bei Betrachtung über größere Zeiträume und aller Altersgruppen und bei Berücksichtigung der verschiedenen Erkrankungsarten – ergibt sich das genau umgekehrte Bild: Eine Korrelation von Krebs und radioaktiven Emissionen tritt dann nämlich genau dort auf, wo dies zu erwarten wäre, und das ist:

- in den Nahzonen von Atomkraftwerken,
- bei Altanlagen, die schon lange laufen,
- bei der strahlenempfindlichsten Gruppe (Kleinkinder),
- beim strahlenempfindlichsten Organ (Knochenmark),
- beim strahleninduzierten Krebs mit kürzester Latenz (akute Leukämie).

Atomkraftwerke liegen allesamt in ländlichen Gebieten, wo das Krebsrisiko niedriger ist als in Ballungsräumen. In den von der Michaelis-Studie gewählten ländlichen Vergleichsräumen ist das Krebsrisiko daher auch geringer als im Bundesdurchschnitt. Doch in den Atomkraftwerksregionen ist das Krebsrisiko nicht etwa wesentlich niedriger, sondern teilweise sogar höher als der Bundesdurchschnitt.

Horst Kuni, Nuklearmediziner an der Uni Marburg, identifizierte eine weitere Auffälligkeit, die das Michaelis-Team offenbar übersah: In den Kraftwerksregionen nimmt die Krebshäufigkeit mit zunehmendem Abstand zum Reaktor ab, während ein vergleichbarer Trend in den Vergleichsregionen (mit willkürlich gewähltem Mittelpunkt) nicht besteht. Und: Dieser Trend ist am deutlichsten ausgeprägt bei den akuten Leukämien und hier wiederum bei Kleinkindern im Umfeld der älteren Anlagen. Auffälliger könnte die Lage gar nicht sein.

Ähnliche Cluster (Häufungen von Krebsfällen) treten weltweit im Umkreis einer Vielzahl von Atomanlagen auf, etwa in Sellafield oder in Dounreay. Bei der Wiederaufbereitungsanlage Sellafield an der britischen Küste, wo auch deutscher Atommüll verarbeitet wird, ist das gesamte Gebiet durch Unfälle und radioaktive Abwässer hochgradig radioaktiv verseucht. Proben vom angrenzenden Meeresboden zeigen eine zehntausendmal höhere radioaktive Belastung als verstrahlte Fische in der Ukraine nach Tschernobyl. Das Blutkrebsrisiko für Jugendliche liegt um Sellafield zehnmal höher, als es statistisch zu erwarten wäre.[49]

Trotz aller gegenteiligen Beteuerungsversuche der Betreiber lässt sich die Tatsache nicht mehr herunterspielen, dass die radioaktive Strahlung im «Normalbetrieb» der Atomreaktoren krank macht. Am meisten leiden die Angestellten der Kraftwerke. Eine britische Studie aus dem Jahr 2000, an der fast 2000 weibliche Arbeiterinnen der Atomindustrie beteiligt waren, wies nach: Babys von Müttern, die in der Atomindustrie arbeiten, werden doppelt so häufig tot geboren, und die Frauen erleiden 30 Prozent häufiger Fehlgeburten in den ersten Monaten der Schwangerschaft, als dies bei anderen Frauen der Fall ist.[50]

Inzwischen liegen neuere Arbeiten etwa von Alfred Körblein vom Umweltinstitut München vor, die die Daten des Kinderkrebsregisters neu bewerten und zu fundamental anderen Ergebnissen kommen als das Michaelis-Team.[51] Bei einem Treffen mit der Ulmer Ärzteinitiative und dem Münchener Umweltinstitut im Juli 2001 hat das Bundesamt für Strahlenschutz die Richtigkeit von Körbleins Kritik anerkannt und vereinbart, weitere Studien zur Ursachenklärung zu veranlassen; die neuen Studien unter Beteiligung von Dr. Körblein sollen bis Ende 2006 vorliegen.[52]

Die Atomlobby versucht die krank machende Wirkung der atomaren Radioaktivität herunterzuspielen, indem sie deren Höhe mit der anderer anthropogener Strahlung (wie z. B. von Röntgengeräten) und der natürlichen Strahlung vergleicht und dann schlussfolgert, die Strahlung der Atomkraftwerke sei so marginal, dass sie kaum Auswirkung haben könne.

Für physikalische Laien wirken solche Gegenüberstellungen beeindruckend. Doch meine Nachfrage beim Kernphysiker Klaus Buchner von der TU München schafft Klarheit. Die Antwort des Experten: «Wie ‹stark› eine radioaktive Strahlung ist, ist eine Frage der Definition. Man kann einfach zählen, wie viele Teilchen pro Sekunde ausgestoßen werden. Man kann aber auch noch deren biologische Wirksamkeit berücksichtigen. Die Zahl der radioaktiven Teilchen ist in der Umgebung von AKWs gewöhnlich tatsächlich sehr gering. Allerdings werden einige wenige Sorten dieser Teilchen besser vom Körper aufgenommen und wirken daher stärker als die der natürlichen Radioaktivität. So kommt es, dass man in der Umgebung der deutschen (und ausländischen) AKWs deutlich mehr Kinderkrebsfälle hat als in anderen vergleichbaren Regionen.»[53]

Atomkraft verschuldet aber nicht nur bei uns Krebsfälle. Unvergleichlich schlimmer ist die Lage für die Menschen in den Uranabbaugebieten. Die Probleme mit dem Uranabbau kennt man in Deutschland von den Abraumhalden des Betriebs «Wismut», die nach der Wende für Millionensummen aufwändig saniert werden mussten; ehemalige DDR-Bürger wurden für schwere Gesundheitsschäden entschädigt. Dabei hielt man sich bei der Urangewinnung in der früheren DDR immerhin noch an gewisse Sicherheitsstandards. In anderen Gebieten der Erde, wo für die nukleare Stromversorgung Uran abgebaut wird, scheut man nicht davor zurück, die Rechte der ansässigen Bevölkerung mit Füßen zu treten – zum Teil gemahnt das Vorgehen an Völkermord.

Die weltweiten Uranreserven liegen größtenteils in Afrika oder auf den Territorien ethnischer Minderheiten wie den amerikanischen Indianern oder den australischen Aborigines. Da sie keine starke Lobby hinter sich haben, sind die katastrophalen Folgen des Uranabbaus in der Öffentlichkeit kaum bekannt. Die einheimische Bevölkerung in den Uranabbauregionen wird oft gezielt vertrieben und ausgehungert. Weite Gebiete werden radioaktiv verseucht, verstrahlter Erdaushub und Abfallprodukte durch Schwefeleinsatz nicht umweltgerecht entsorgt, die regionalen Wasserreserven geplündert. Die Gesellschaft für bedrohte Völker beklagt die Lage eingeborener Völker am Beispiel Nigers: «Der Uranabbau zerstört die traditionelle, bäuerliche Landwirtschaft in den Oasen und setzt die Gesundheit der Tuareg und Peul (Ful) aufs Spiel … Die BewohnerInnen des Air-Gebirges und der ‹Uranberge› werden seit ca. zwei Jahren vertrieben und ausgehungert. Die für die Wohlstandsgesellschaft erzeugte Energie … ruinierte die Wirtschaftsstruktur eines Sahelstaates, erhöhte dessen Verschuldung und Abhängigkeit und zerstörte schließlich den inneren Frieden.»[54]

Das Problem betrifft nicht nur die Dritte Welt. Auch in den Uranabbaugebieten der Industrienationen geht man mit dem radioaktiven Schutt ausgesprochen sorglos um. Bei der Uranförderung etwa in nordamerikanischen Indianerreservaten, wo rund zwei Drittel der Uranreserven des Kontinents liegen, wird der Abraum der Bergwerke zusammen mit der giftigen Schwefelsäure, die man zum Abtrennen des Urans benötigt, oft einfach in die Umgebung gekippt – manchmal sogar ohne Schutzfolien, die zumindest für einige Zeit die Kontamination des Erdreichs und des Grundwassers verhindern würde.

Die Sorglosigkeit ist kalkuliert. Denn es ist schlicht unbezahlbar, die riesigen Mengen an strahlendem Abraum umweltgerecht zu entsorgen: Für das Uran, das ein einziges deutsches Atomkraftwerk jährlich benötigt, müssen 440000 Tonnen strahlendes Material abgebaut werden. Das meiste wird vor Ort in die Landschaft geschüttet. (So viel zur Landschaftsverträglichkeit von Atomkraftwerken.) In den Indianerreservaten sind daher die Raten an Krebsfällen, Fehlgeburten und Missbildungen höher als im Landesdurchschnitt.[55]

Das Uran geht aus

Durch die begrenzten Uranvorräte findet die Atomkraft zwangsweise ein baldiges Ende. Wie die fossilen Rohstoffe sind auch die atomaren Ressourcen nicht unendlich verfügbar: Die Reichweite der wirtschaftlich abbaubaren Uranreserven liegt bei gerade einmal 37 Jahren, gleichbleibenden Verbrauch vorausgesetzt (bei Nutzung im Leichtwasserreaktor und ohne Wiederaufbereitung). Bei ansteigendem Verbrauch von derzeit rund 62000 Tonnen auf 75000 Tonnen im Jahr 2010 wären die billig abbaubaren Uranvorräte sogar schon 2020 aufgebraucht.[56] Die nukleare Renaissance könnte nicht lange währen.

Was tun, wenn das Uran ausgeht? Auch dafür haben die Atom-Adlaten eine Antwort parat. Gebrauchte Brennstäbe sollen wiederaufbereitet und außerdem soll zusätzliches Spaltmaterial durch spezielle Brutreaktoren hergestellt werden.

Aber auch bei Nutzung der Wiederaufbereitung verlängert sich die Reichweite der Reserven nur um wenige Jahre. Denn dabei wird kein neues Uran produziert, sondern es werden lediglich die unbrauchbaren Spaltprodukte abgetrennt und der Rest verdichtet, in Form so genannter Mischoxid-Brennelemente (MOX).

Hinzu kommen weitere Probleme: Abgebrannte MOX-Brennelemente strahlen z. B. wesentlich stärker als abgebrannte Uran-Brennstäbe und sind daher für Arbeiter und Bevölkerung noch gefährlicher.[57] Die Kosten der Wiederaufbereitung sind außerdem außerordentlich hoch. Dies ist auch einer der Gründe, warum sie in Deutschland und USA aufgegeben wurde und in anderen Industrieländern nicht mehr geplant wird. So erhöhten sich die regierungsamtlichen Schätzungen Frankreichs für die Kosten der geplanten französischen Wiederaufbereitung von 1972 bis 1981 inflationsbereinigt um das Zehnfache. Bei Baubeginn 1981 wurden die Kosten für eine Wiederaufbereitungsanlage noch auf elf Milliarden Francs veranschlagt; sie kletterten bald nochmal auf das Dreifache. Die 1996 fertig gestellte japanische Wiederaufbereitungsanlage, mit französischer Technologie gebaut, kostete mit umgerechnet zehn Milliarden Euro das Doppelte von dem, was ursprünglich kalkuliert war.[58]

Neben der Wiederaufbereitung soll das zweite Glied in der Kette des ewigen Atomnachschubs von so genannten Brutreaktoren gebildet werden. Diese Brüter machen es möglich, etwas mehr an Kernspaltstoff (in Form von Plutonium) zu erbrüten, als sie zur Energieerzeugung (in Form von spaltbarem Uran oder Plutonium) verbrauchen. Bevor das neu erbrütete Plutonium wiederverwertet werden kann, muss es erst von den anderen radioaktiven Spaltprodukten abgetrennt werden. Dieses wiederum geschieht in eigentlich nur zu diesem Zweck gebauten Wiederaufbereitungsanlagen.

Das erbrütete Plutonium eignet sich jedoch hervorragend für Atomwaffen – was mit ein Grund für das starke französische Brüter-Engagement war. *Le Monde* zitierte 1978 den General Thiry von der französischen Atomkommission: «Frankreich ... wird Atomwaffen in großer Zahl produzieren können, sobald schnelle Brutreaktoren das dazu erforderliche Plutonium reichlich verfügbar machen.»[59]

Soll das Plutonium nicht militärisch genutzt, sondern in den Reaktoren wiederverwendet werden, muss es mit Uran zu MOX-Brennelementen vermengt werden. Wegen der extremen Radiotoxizität von Plutonium (einige millionstel Gramm wirken im menschlichen Organismus tödlich) ist die MOX-Herstellung weit aufwändiger als die Herstellung der Uranbrennelemente für Leichtwasserreaktoren.

Das alles macht die Brütertechnologie extrem kompliziert und horrend teuer. Der Fehlschlag sämtlicher Brüterexperimente belegt die Irrsinnigkeit dieses nuklearen Traums einer unendlichen Energiequelle unglaublich eindrucksvoll:

- In Deutschland legte 1965 das Kernforschungszentrum Karlsruhe eine erste umfassende deutsche Brüterstudie vor, der zufolge die Brüter in den 1970er Jahren so wirtschaftlich sein würden, dass sie die Leichtwasserreaktoren verdrängen. Für die Jahrtausendwende sagte die Studie eine Brüterleistung von insgesamt 80 000 Megawatt für Deutschland voraus (nur zum Vergleich: Heute liegt die *Jahreshöchstlast* im damaligen Bundesgebiet bei gerade 60 000 Megawatt!). Deshalb müsse schnellstmöglich ein Demonstrationsreaktor mit 300 Megawatt Leistung gebaut werden. Er sollte 310 Millionen Mark kosten und in drei Jahren fertig sein.[60] Diese Verheißungen vor Augen, gab die Bundesregierung einen 300-Megawatt-Brüter in Auftrag, dessen Bau 1972 begonnen wurde. Er kostete schließlich das 25-Fache (nämlich sieben Milliarden Mark) und wurde nach 19 Jahren Bauzeit aufgegeben, ohne je in Betrieb gegangen zu sein.
- In Frankreich musste der 250-Megawatt-Brüter Phenix, fertig gestellt 1973, seit 1990 laufend wegen Betriebsproblemen für Reparaturen vom Netz genommen werden und wurde letztendlich endgültig abgeschaltet. Der 1200-Megawatt-Superphenix, fertig gestellt 1986, wurde seit 1994 nur noch in Teillast für Forschungszwecke verwendet und 1998 demontiert.
- In Großbritannien wurde der 270-Megawatt-Brüter, fertig gestellt 1975, im Jahre 1994 beerdigt. Er erreichte wegen der hohen Störanfälligkeit nur 15 Prozent Arbeitsausnutzung.
- In den USA wurde der erste Brüter 1965 durch einen Unfall in seinem Kern zerstört. 1966 wurde der Kern des damals weltweit größten Brüters in Fermi durch einen Unfall schwer beschädigt. 1983 gab der US-Senat alle weiteren Brüterpläne auf.
- In Japan ging der Brutreaktor nach einem schweren Unfall bei der Inbetriebnahme 1995 (Austritt und Brand von drei Tonnen Natrium) nie ans Netz.

- Nur in Russland ist noch ein 600-Megawatt-Brüter, fertig gestellt 1980, in Betrieb – *der einzige weltweit*. Der Bau zweier Nachfolger wurde 1986 begonnen. Sie sollten eigentlich im Jahr 2000 in Betrieb gehen, wurden aber aufgegeben.

Bis auf eine einzige Ausnahme sind sämtliche Brüterprojekte rund um den Globus bodenlos gescheitert. Ihre extreme Komplexität macht die Brütertechnologie äußerst störanfällig und kostspielig. Die Sicherheitsvorkehrungen müssen höher sein als bei konventionellen Reaktoren, weil als Kühlmittel Natrium eingesetzt werden muss, das sich an der Luft entzündet und bei Kontakt mit Wasser explosionsartig reagiert. Der deutsche Brutreaktor in Kalkar kostete mit sieben Milliarden Mark fast die Hälfte mehr als der letzte, mehrfach so leistungsfähige, 1989 fertig gestellte Druckwasserreaktor Neckar 2 – und ging dann nie in Betrieb. Der japanische Brüter verschlang 4,2 Milliarden Euro, der französische Superphenix kostete einschließlich Reparaturen insgesamt rund zehn Milliarden Euro.[61] Die verheißene Lösung der Energiefrage entpuppte sich als Grab für Milliarden an Steuergeldern.

Atomarer Terror

Kein einziges Atomkraftwerk ist gegen Terrorakte wie z. B. gezielte Flugzeugattentate wirksam geschützt. Eine Handvoll Terroristen wäre imstande, ganze Staaten in die Knie zu zwingen, wenn sie eine konzertierte Aktion gegen Großkraftwerke starten würden.

Die meisten Reaktoren in der Bundesrepublik sind in ihrem Sicherheitskonzept – auf dem Papier – gegen den Absturz eines Starfighter- oder Phantom-Militärjets ausgelegt, nicht aber gegen größere Passagiermaschinen, mit der Begründung, dass «das Risiko im nicht landeplatzbezogenen Luftverkehr von schnell fliegenden Militärmaschinen bestimmt wird», wie die Kohl-Regierung seinerzeit erklärte. Großraumflugzeuge könne man vernachlässigen, denn sie hätten eine «bedeutend geringere Absturzwahrscheinlichkeit».[62] Allerdings sind die meisten deutschen Atomreaktoren *de facto* nicht einmal gegen Militärmaschinen geschützt. Ohne jeglichen Schutz gegen Flugzeugabstürze sind sechs der 18 Reaktoren.

Im Licht der Erfahrungen des 11. September 2001 können Terroranschläge durch gezielt gesteuerte Passagiermaschinen nicht mehr in das Reich der hypothetischen Unfallabläufe verwiesen werden. Wie real die Gefahr einer Terrorattacke gegen Atomreaktoren ist, wurde uns erst mit den Ereignissen von New York und Washington richtig bewusst. Nur durch Glück wurde an diesem Tag eine noch größere Katastrophe abgewendet: Das vierte von den Al-Qaida-Terroristen entführte Flugzeug könnte CIA-Berichten zufolge für den Atommeiler von Three Mile Island bestimmt gewesen sein.[63] Man kann nur von einem Glücksfall sprechen, dass gerade in dieser Maschine die Attentäter überwältigt wurden und die Maschine zum Absturz gebracht werden konnte.

In einer nach dem 11.9. eiligst einberufenen Krisensitzung stellte die deutsche Reaktorsicherheitskommission fest, dass es für gezielte Flugzeugabstürze auf Atomkraftwerke «keine Analysen» gibt und «dass ein absoluter Schutz illusorisch sein dürfte». Der damalige Kommissionschef Lothar Hahn erklärte, deutsche Atomkraftwerke seien gegen Terroranschläge «nicht geschützt», und auch die Nebengebäude seien sicherheitstechnisch «teilweise sehr sensibel».[64]

In den USA sind die Sicherheitsvorkehrungen der Atommeiler nur gegen drei mit automatischen Gewehren bewaffnete Angreifer ausgelegt. Selbst nach dem 11. September gab es keine Verschärfung der Sicherheitsvorschriften. Die US-Reaktorsicherheitskommission erklärte nach den Anschlägen von New York, «nicht über eine Attacke mit einer Boeing 757 oder 767 nachgedacht zu haben» – den beiden Flugzeugtypen, die in das Welthandelszentrum stürzten. Die Kommission stellte weiter fest, dass «Atomkraftwerke nicht gebaut wurden, um solchen Anschlägen standzuhalten. Eine detaillierte Analyse der Folgen eines Flugzeugeinschlags in einem Atomkraftwerk wurde bisher nicht vorgenommen.» Nur ein alter Bericht der Behörde aus dem Jahre 1982 diskutiert das Szenario, dass ein Flugzeug die Schutzhülle eines Atommeilers zerschlagen und die Explosion von nur einem Bruchteil der vollen Tankladung im Reaktorinnern eine Katastrophe auslösen könne.[65]

Es bedarf jedoch nicht einmal eines Angriffs aus der Luft, um ein Atomkraftwerk zum Instrument von Terroristen zu machen: Jeder Reaktor, jedes Atommülllager kann von bewaffneten Terroristen jederzeit gestürmt werden. Das haben Aktivisten von Greenpeace und Robin Wood mehrfach demonstriert, indem sie immer wieder gewaltfrei Atomkraftwerke besetzten. Beispielsweise stürmten am 13. Januar 2003 Greenpeace-Aktivisten das sicherste Atomkraftwerk Großbritanniens. Ohne Probleme verschafften sich die Regenbogenkrieger Zugang zum Kontrollraum und zum Reaktorblock.[66] Wie viel einfacher dürfte es erst für Terroristen sein, mit einer Kalaschnikow als Schlüssel?

Auch die Gefahr einer Entwendung radioaktiven Materials zu kriminellen oder terroristischen Zwecken ist einfacher möglich, als uns lieb sein kann. Beispielsweise wurde aus der stillgelegten Wiederaufbereitungsanlage Karlsruhe und aus einem Forschungslabor in Erlangen bereits über Jahre hinweg bis zum Juli 2001 nukleares Material durch Mitarbeiter entwendet, die damit die Anerkennung von Berufskrankheiten erreichen wollten. Der damalige baden-württembergische Umweltminister Müller (CDU) sprach bei Karlsruhe von einem «einmaligen Fall», der nur möglich gewesen sei, weil der Täter «nicht nachvollziehbar» gehandelt habe und deswegen die Tat nicht vorhergesehen werden konnte (auf solchen Überlegungen beruht also das deutsche Reaktorsicherheitskonzept). Nur Wochen später drang ein weiterer Fall an die Öffentlichkeit, so dass der Fall gar nicht mehr «einmalig» war. Von beiden Vorkommnissen erfuhr die Atomaufsicht erst aus den Medien.[67] In der EU gibt es jährlich rund 70 Fälle von Atomdiebstahl, in den USA wurden von 1996 bis 2002 über 1500 Fälle bekannt, davon ist die Hälfte nach wie vor unaufgeklärt.[68]

Extrem gefährlich sind die sowjetischen nuklearen Altlasten, die über mehrere tausend Standorte verstreut und aufgrund von Geldmangel zum großen Teil praktisch ungesichert sind. «Russische Atomwaffen wurden in erster Linie gegen äußere Feinde gesichert. Kooperiert aber heutzutage ein Insider mit einer terroristischen Gruppe, sind die Sicherheitsmaßnahmen bei weitem nicht ausreichend», so ein US-Geheimdienstbericht aus dem Jahr 2002.[69] Tausende Tonnen Plutonium und waffenfähiges Uran lagern in den Ex-Sowjetrepubliken. Ein amerikanischer Journalist verschaffte sich beispielsweise Ende 2002 unbemerkt Zugang zu einer offiziell «hochgesicherten» Atomanlage bei Moskau – durch ein Loch im Zaun.[70] Regelmäßig verschwinden größere Mengen radioaktiven Materials, viele Fälle werden nicht einmal registriert. Eines der bekannt gewordenen Vorkommnisse ist ein Diebstahl in der Region Chelyabinsk im Jahr 1998, wo Material entwendet wurde, das zum Bau einer Atombombe ausgereicht hätte.[71]

Dabei ist es völlig unerheblich, ob die Terroristen das erforderliche Fachpersonal für den Atombombenbau rekrutieren können oder nicht – auch mit konventionellem Sprengstoff gezündetes radioaktives Material, eine so genannte «schmutzige Bombe» (dirty bomb), hat verheerende Auswirkungen. Solche Bomben sind einfach herzustellen, und Terroristen sind nachweislich in der Lage, sich ihrer zu bedienen: Im Jahr 1996 platzierten tschetschenische Freischärler eine schmutzige Bombe aus Cäsium 137 und Dynamit direkt in Moskau; die Sprengung konnte noch verhindert werden. Seitdem kündigten die Separatisten mehrfach den Einsatz neuer Bomben an, bisher blieben weitere atomare Terrorakte aber aus – vielleicht nur deshalb, weil die Tschetschenen die Rache Moskaus fürchten. «Wenn die tschetschenischen Rebellen es darauf angelegt haben, ein Atomkraftwerk zu besetzen oder unser Land radioaktiv zu verseuchen, wäre dies für Russland gleichbedeutend mit einem nuklearen Krieg. Wenn die Tschetschenen uns nuklear erpressen wollen, wird es kein Tschetschenien mehr geben», warnte der frühere russische Atomminister Viktor Mikhailov Anfang 2003.[72]

Nicht minder terroranfällig sind die Castor-Transporte, die regelmäßig durch Deutschland, Frankreich und Großbritannien fahren. Die Stahlbehälter sind zwar auf eine Reihe von Unfällen getestet, aber Terroranschläge oder größere Unfälle halten sie nicht aus, attestiert eine Studie im Auftrag von Greenpeace: «Die Sicherheitsnachweise der Behälter selbst sind mangelhaft. Es ist nicht einmal gewährleistet, dass sie den bisher unterstellten Belastungen standhalten können. Umso weniger ist ihre Sicherheit bei Terrorangriffen gegeben, wie sie heute als möglich angenommen werden müssen. … Eine große Gefahr geht von leichten panzerbrechenden Waffen aus Hohlladungsbasis aus, die von der Schulter oder einem tragbaren Stativ abgefeuert werden und von einer bis zwei Personen transportiert werden könnten.»[73]

Bekannt geworden sind konkrete atomare Terrorpläne des Al-Qaida-Netzwerks um Osama bin Laden. Al Qaida, so der Terrorexperte Jürgen Todenhöfer, sei «in der Lage, Kernkraftwerke anzugreifen und zu zerstören».[74] Ein Anschlag von Al Qaida auf den einzigen australischen Atomreaktor während der Olympischen Spiele in Sydney 2000 wurde nur zufällig durch eine Razzia der neuseeländischen Polizei verhindert, die eigentlich wegen Menschenhandel durchgeführt wurde. Bei der Durchsuchung wurden unerwartet geheime Kommandoräume mit Karten, Unterlagen und anderem Material gefunden, mit denen der Anschlag vorbereitet worden war.[75]

Im August 2003 ergriff die kanadische Polizei eine Gruppe von 19 Pakistanis, die offenbar einen Anschlag auf ein kanadisches Atomkraftwerk planten. Nachts erkundeten sie die Umgebung um einen Reaktor bei der Millionenstadt Toronto, einer von ihnen nahm Flugstunden, und ein anderer stand in Kontakt mit «nicht identifizierten Quellen», die angeblich über die radioaktive Substanz Cäsium 137 verfügten.[76]

Anfang 2004 berichtete die britische *Sunday Times* unter Berufung auf Geheimdienstquellen, dass Al-Qaida-Terroristen Angriffe auf amerikanische Atomkraftwerke planten und planen. Dafür wollten die Terroristen Flugzeuge von Air France, British Airways und Aero Mexiko gleichzeitig entführen und Atomreaktoren an der Ostküste der USA angreifen.[77]

Atomterror ist keine Erfindung dieses Jahrhunderts: Die baskische Terrorgruppe Eta war schon in den 1970er Jahren für mehrere missglückte Bombenanschläge auf das Atomkraftwerk Lemoniz verantwortlich, die Bretonische Befreiungsfront attackierte 1975 einen Versuchsreaktor bei Brennilis mit zwei Sprengsätzen.[78] 1972 konnte ein Flugzeugattentat auf das Atomforschungslabor Oak Ridge National Laboratory in den USA nur durch Zahlung eines Lösegeldes von zehn Millionen Dollar verhindert werden.[79]

Damals wurde als einzige wirklich wirksame Sicherheitsmaßnahme diskutiert, Atomanlagen künftig unterirdisch zu bauen. Diese Option wurde aber von den Atomkonzernen verworfen, weil dadurch die Kosten in astronomische Höhen geklettert wären. Zudem, so die Begründung, könne auch durch unterirdische Anlagen ein terroristischer Angriff von innen durch Eindringen von Terroristen als Betriebspersonal nicht verhindert werden. Die Sicherheitsdienste nahmen die Bedrohung damals ausgesprochen ernst, wie ein Lauschangriff 1976 gegen den damaligen Direktor der Siemens-Tochter Interatom, Klaus Traube, belegt: Der Verdacht, Traube könne Terroristen in ein Atomkraftwerk einschleusen, bewegte den damaligen Bundesinnenminister Maihofer, einem verfassungswidrigen Einbruch in die Wohnung des Physikers zum Anbringen einer Wanze zuzustimmen, was Maihofer später mit «übergesetzlichem Notstand» rechtfertigte.[80]

Die Schutzlosigkeit der Atomkraftwerke ist offenbar so akut, dass einschlägige Untersuchungen von der deutschen Bundesregierung unter Verschluss gehalten werden. Im Dezember 2003 ging ein österreichisches Nachrichtenmagazin mit der Nachricht an die Öffentlichkeit, laut einer bis dahin geheim gehaltenen Studie sei kein deutsches Atomkraftwerk gegen einen Flugzeugabsturz wirksam gesichert. Illegal und trotz Androhung polizeilicher Maßnahmen verschaffte mir ein österreichischer Nationalrat einen Abzug der entscheidenden Passage des Geheimgutachtens, die inzwischen frei im Internet verfügbar ist. Diese Untersuchung der Gesellschaft für Anlagen- und Reaktorsicherheit zu «Flugzeugabsturzszenarien auf deutsche Kernkraftwerke» brachte es ans Tageslicht: Keiner der 18 Atommeiler ist so gegen einen Absturz gesichert, dass eine nukleare Katastrophe als Folge ausgeschlossen werden kann.

Für die Studie setzte man sechs Hobbypiloten an einen Flugsimulator mit dem Auftrag, ein virtuelles Flugzeug in einen Atommeiler zu lenken. Jeder zweite Versuch war ein Treffer. Zwei Unfallszenarios wurden unterschieden: Im ersten zerstört die Passagiermaschine die Reaktorhülle. Im zweiten Szenario werden durch den Aufprall die Rohrleitungen im Inneren des Reaktors zerfetzt. Ergebnis: Zwar würden die sieben Druckwasserreaktoren, die gegen den Aufprall eines Militärjets ausgelegt sind, dem Absturz wahrscheinlich standhalten. Aber die Erschütterungen könnten zu schweren Zerstörungen im Inneren führen. Bei den drei neueren Siedewasserreaktoren (Krümmel, Grundremmingen B und C) würde die Maschine sogar die Betonhülle durchdringen. Noch verwundbarer sind die neun älteren Reaktoren, bei denen schon ein kleineres Verkehrsflugzeug eine Katastrophe auslösen könnte. Die Beherrschung des atomaren Ernstfalls sei «fraglich»; unter der Voraussetzung, dass nur ein Triebwerk die Gebäudewand durchschlage und einen Brand auslöse oder der Aufprall die Sicherheitssysteme zu schwer erschüttere, sei mit einer «erheblichen Freisetzung» von Radioaktivität zu rechnen, Nachrüstungen, z.B. eine Verstärkung der Betonhülle, seien nicht realisierbar.

Wolfram König, Chef des Bundesamtes für Strahlenschutz, forderte hierauf die Stilllegung der fünf verwundbarsten Kernkraftwerke: Biblis A, Brunsbüttel, Isar 1, Philippsburg 1 und Obrigheim. Diese Atomkraftwerke böten die «größte Unsicherheit», wenn man Terrorangriffe mit Passagiermaschinen unterstelle.[81]

Seit Juni 2004 hat der Gesetzgeber die letzte Konsequenz gezogen, die innerhalb der nuklearen Logik vorstellbar ist: Von nun an ist es gesetzlich erlaubt, Passagiermaschinen abzuschießen, wenn sie einem Reaktor zu nahe kommen und kein Funkkontakt aufgenommen werden kann. Der Staat opfert unschuldige Menschen zum Schutz der Atomkraft. Die Zeit, die zur Entscheidung über einen Abschuss bleibt, beträgt nur wenige Sekunden oder Minuten – kaum genug, um wirklich feststellen zu können, ob ein Flugzeug tatsächlich entführt oder lediglich vom Kurs abgekommen ist: Eine Flugstraße ist 18 Kilometer breit, und einige davon führen direkt über Atomkraftwerke. Die Reaktoren Isar 1 und 2 trennen nur drei Kilometer von einer Flugstraße zum Münchener Flughafen; das Atomkraftwerk in Biblis liegt nur 39 Kilometer vom Frankfurter Flughafen entfernt, Brunsbüttel 70 Kilometer vom Hamburger Flughafen.[82] Nach Angaben des bayerischen Wirtschaftsministeriums kann bei einer durch Terroristen erzwungenen Kursabweichung beispielsweise der Reaktor Isar 1 innerhalb von nur zehn bis 15 Sekunden erreicht werden.[83] Sollen Bundeswehrraketen unschuldige Menschen zerfetzen, um die Atomkraft zu schützen?

Ich frage beim Atomkonzern E.on nach dem Schutz der Reaktoren vor Terrorangriffen. Antwort von E.on-Sprecherin Petra Uhlmann: «Der gezielte Flugzeugabsturz ist allenfalls dem Restrisikobereich zuzuordnen, da die Abwehr kriegerischer und terroristischer Großangriffe – wie insgesamt die Gewährleistung der inneren und äußeren Sicherheit der Bundesrepublik Deutschland – Aufgabe des Staates ist.» Weitere Angaben wolle man mir nicht machen.[84] So einfach macht es sich die Atomindustrie: Terrorschutz ist Aufgabe des Staates, und daher gibt es kein Terrorrisiko, gegen das man sich absichern müsste.

Nuclear power powers the bomb

Die Trennung von «friedlicher Nutzung» und «militärischem Missbrauch» der Kernspaltung ist eine Legende. Der Export von Reaktoren ist gleichbedeutend mit dem Export von Know-how und Material, das für die Herstellung von Atomwaffen benötigt wird. Alle Länder, die nukleare Rüstung anstreben, gehen den Weg über die so genannte «friedliche» Nutzung: So kommen sie an Wissenschaftler, Material und Geld aus den Atomstaaten.

Das bestätigt auch der deutsche Geheimdienst BND: Die für

nukleare Aufrüstung benötigten «kritischen Technologien» seien in erster Linie «zur Gewinnung von Plutonium geeignete Reaktoren und Wiederaufbereitungsanlagen».[85] Ein gewöhnlicher Leichtwasserreaktor produziert jährlich etwa 200 Kilo Plutonium, genug für mindestens 50 Atombomben.[86]

Die zivile Nutzung der Atomkraft ist bereits heute in den USA, Frankreich, Russland, Indien, Pakistan und China unmittelbar mit der militärischen Nutzung verknüpft. Darüber hinaus ist (zumindest für die ersten beiden Jahrzehnte der Atomnutzung) ein militärisches Motiv für die zivil getarnten Atomprogramme nachweisbar bei Schweden, der Schweiz, Spanien, Argentinien, Brasilien, Südafrika, Israel, Japan, Irak, Iran und Nordkorea. In Japan drohte der Vorsitzende der Liberalen Partei im April 2002, sein Land könne tausende Atomraketen bauen: Das dafür nötige Plutonium sei wegen der 50 japanischen Atomreaktoren leicht zugänglich.[87]

Der Kernphysiker Hans-Peter Dürr, früherer Direktor des Max-Planck-Instituts für Physik und Schüler von Werner Heisenberg und Edward Teller (dem Vater der Wasserstoffbombe), sagte mir auf dem Europäischen Atomkongress 2004 in Berlin: «Der Betrieb von Kernkraftwerken gibt jedem Land die Möglichkeit, Kernwaffen zu bauen. Dass die dabei produzierten Stoffe angeblich nicht waffenfähig sein sollen, wie manche gerne behaupten, kaschiert deren Zerstörungspotenzial – man kann nur nicht genau abschätzen, ob die Zerstörungskraft viermal so groß oder halb so groß ist wie die Nagasaki-Bombe, und nur deshalb bezeichnet man das Material als ‹nicht waffenfähig›.»

Der Atomwaffensperrvertrag von 1968, der eine Weitergabe von Kernwaffen verbietet und gleichzeitig zur Zusammenarbeit bei der «friedlichen» Nutzung verpflichtet, ist blanker Humbug. Keine der Atommächte hält die zentrale Vereinbarung des Vertrages – die atomare Abrüstung – ein. Im Gegenteil: Neue Nuklearwaffen werden entwickelt. Daher wird man auch von den Nichtatomstaaten kaum erwarten können, dass sie ihre Verpflichtungen erfüllen. Dabei spielt es keine Rolle, ob die neuen amerikanischen oder französischen Atomraketen wirklich die Sicherheitsinteressen atomarer Schwellenländer tangieren oder nicht. Die Regierungen müssen ihrer Bevölkerung erklären, warum sie sich an Beschränkungen halten, wenn andere ihre vertraglichen Abrüstungspflichten ohne großes Aufsehen brechen. In Indien, Pakistan, Israel, Nordkorea und im Iran wurde das Scheitern dieser versuchten Trennung, die noch nie funktionierte, einprägsam demonstriert.

Die Kündigungsklausel des Atomwaffensperrvertrags lädt geradezu zum Einstieg in die nukleare Aufrüstung ein. Jeder Vertragsstaat kann seine Mitgliedschaft jederzeit nach einer Ankündigungsfrist von drei Monaten beenden. Er kann sich also über Jahre hinweg ein ziviles Atompotenzial aufbauen, sich dabei auf die im Sperrvertrag zugesicherte Unterstützung der Atommächte verlassen, die ihn mit Geld, Know-how und Material versorgen, und danach zur militärischen Nutzung der so angeeigneten Technik übergehen – völlig vertragsgemäß; oder er kann mit einem solchen Schritt drohen und so andere Staaten unter Druck setzen. Gegenwärtig erleben wir dies eindrucksvoll in Nordkorea und dem Iran.

Noch Anfang des Jahres 2002 beschloss die Europäische Kommission, Nordkorea hundert Millionen Euro zur Finanzierung von zwei Leichtwasserreaktoren zur Verfügung zu stellen,[88] und im Mai berichtete Greenpeace, dass die USA beim Bau eines Reaktors in Nordkorea behilflich sind, obwohl das Land auf eine eigene Atomrüstung hinarbeite.[89] Ein halbes Jahr später offenbarte Pjöngjang, ein geheimes nukleares Forschungsprogramm zu betreiben und bereits über zwei Atombomben zu verfügen. Nordkorea verließ den Sperrvertrag, und die Überwachungsanlagen der Internationalen Atomenergiebehörde (IAEA) in den Reaktoren wurden demontiert. Experten vermuten, dass der Atomreaktor in Yongbyon zur Herstellung von waffenfähigem Plutonium verwendet wird.[90] Das Regime von Erbdiktator Kim Jong Il erklärte, «alle technischen Hindernisse» bei der Umwandlung von Plutonium beseitigt zu haben und mehr als 8000 gebrauchte Brennstäbe wiederaufbereiten zu wollen – genug für sechs Nuklearsprengsätze.[91] Gleichzeitig drohte Nordkorea den USA einen atomaren Präventivschlag an. Ein militärisches Vorgehen gegen Nordkorea werde sofort mit einem Beschuss Südkoreas vergolten, außerdem habe man hundert Raketen auf amerikanische Städte gerichtet. «Die Situation in Nordkorea ist gegenwärtig die drängendste und ernsthafteste Bedrohung für die nukleare Nicht-Verbreitungspolitik», kommentierte IAEA-Direktor Mohamed El Baradei die zugespitzte Situation.[92]

Dieselbe riskante Verquickung beobachten wir im Iran, wo der BND einen Zusammenhang zwischen dem angeblich zivilen Atomprogramm und dem konventionellen Raketenprogramm ausgemacht hat.[93] Es steht zu befürchten, dass die Kraftwerke nur nebenbei zur Energiegewinnung dienen sollen und ihr eigentlicher Zweck in der Gewinnung von Know-how und Material für Atomrüstung liegt – das Land könnte seinen Energiebedarf problemlos aus seinen Öl- und Erdgasvorkommen oder solaren Energien decken.

Den Grundstein des iranischen Atomprogramms legten die US-Amerikaner, als der Iran unter der Schah-Diktatur noch zu den engsten Bündnispartnern der Vereinigten Staaten zählte. Die USA bauten 1968 den ersten iranischen Reaktor, der noch heute in Betrieb ist. Auch die Deutschen halfen kräftig mit. 1974 schlossen der Iran und die Siemens-Tochter KWU einen Vertrag über den Bau von zwei Atommeilern in Busher, die 1980 in Betrieb gehen sollten, aber wegen Khomeinis Revolution von den westlichen Firmen nicht fertig gestellt wurden. Erst 1995 wurde Russland beauftragt, den Bau abzuschließen.

Als die USA erstmals den Sturz Saddam Husseins ins Auge fassten, beschleunigte Teheran sein Atomprogramm und kündigte an, innerhalb von 20 Jahren Reaktoren mit einer Gesamtleistung von 6000 Megawatt zu bauen. Zugleich soll in einer Uranumwandlungsfabrik Hexafluorid UF6 erzeugt werden, ein Grundstoff für waffenfähiges Uran. Der CIA berichtet von mindestens 14 teilweise unterirdischen Atomfabriken und Forschungszentren.[94]

Gleichzeitig werden die iranischen Uranvorräte rasant abgebaut. Ende 2002 spürten UNO-Inspekteure per Satellit eine unterirdische Anlage in Natanz auf, wo sie hoch angereichertes, waffenfähiges Uran fanden (angeblich war die betroffene Zentrifuge bereits beim Kauf verunreinigt, erklärte Teheran). Ein Jahr später wurden sie erneut fündig, diesmal in einer Fabrik nahe der Hauptstadt, wo angeblich Armbanduhren hergestellt wurden. Zugleich testete das Militär atomwaffenfähige Mittelstreckenraketen. «Wir stellen eine konsequente Politik fest, die militärische Option der Nuklearpolitik offen zu halten», so ein Sprecher der deutschen Bundesregierung.[95]

Möglich wurde die nukleare Aufrüstung in beiden Fällen einzig und allein über den direktesten Weg, den es gibt: über die so genannte zivile Atomspaltung, kräftig unterstützt durch Technik und Millionengelder aus den Atomstaaten. Je mehr Atomkraftwerke es gibt, desto brüchiger werden die Garantien, die vom klassischen

Oligopol der fünf Atommächte installiert wurden, um andere vom Überschreiten der Nuklearschwelle abzuhalten – nuclear power powers the bomb.

Atomkraft ist nicht billig

Noch unverwüstlicher als die anderen Atomlegenden scheint jene vom billigen Atomstrom zu sein. Doch selbst die Chefs der Atomkonzerne räumen mittlerweile ein, dass Atommeiler «derzeit» unwirtschaftlich seien – als ob sie es jemals gewesen wären.

Denn dass die Kalkulationen so niedrige Kosten für Atomstrom errechnen, ist eine Folge der massiven staatlichen Subventionierung:

- Von den gesamten Ausgaben des Bundes für Energieforschung flossen 1994 bis 2000 drei Fünftel in die Reaktorforschung (Ausgaben für Kernfusion gar nicht eingerechnet).[96]
- Von den Forschungsausgaben der OECD-Länder von 1984 bis 1995 gingen rund 53 Prozent in die Atomkraft (plus weitere 14 Prozent für die Kernfusion).[97]
- Brüssel spendiert weitere Subventionen, allein zwischen 2002 und 2006 sollen insgesamt 1,23 Milliarden Euro fließen.[98]
- Die Rückstellungen der Atomindustrie, die inzwischen einen Berg von 35 Milliarden Euro ausmachen und von den Konzernen nachweislich zum Aufkauf von Stadtwerken und zum Einstieg u. a. in die Müllentsorgungs- und Telekommunikationsbranche zweckentfremdet werden, sind vom Staat steuerfrei gestellt – eine Mindereinnahme von 820 Millionen Euro per anno für die öffentliche Hand.[99]
- Die Sanierung der ostdeutschen Uranbergwerke in Wismut kostete den Fiskus nochmals 6,6 Milliarden Euro.[100]
- Müsste die Atomindustrie eine volle Haftpflichtversicherung abschließen und hätte sie keine staatlichen Subventionen erhalten, würde eine Kilowattstunde Atomstrom 1,80 Euro kosten, errechnete das Fraunhofer-Institut im Auftrag des Bundeswirtschaftsministeriums der Regierung Kohl.[101] Nach Angaben des CDU-Atompolitikers Detlef Chrzonsz müssten für eine annähernd realistische Versicherung mehr als 250 Milliarden Euro jährlich (!) auf die Atomstromrechnung aufgeschlagen werden.[102]

- Auch die anderen gesellschaftlichen Kosten der Atomkraft z. B. infolge des Uranbergbaus oder der Endlagerung werden nicht annähernd von den Betreibern getragen.

Das alles gibt es in dieser krassen Form nur für die Atomkraft. Nicht einmal die Kohle übertrumpft die atomare Subventionitis. Atomkraft ist nur unter der Bedingung rentabel, dass der Staat die Strommärkte zugunsten der Nuklearindustrie manipuliert. Atomwirtschaft ist und bleibt verdeckte Staatswirtschaft, massiv gefördert durch internationale Institutionen wie die Internationale Atomenergie-Agentur (IAEA) und den Euratom-Vertrag. Für erneuerbare Energien gibt es keine vergleichbaren Institutionen.

Bei ehrlicher Kostenbetrachtung ist selbst Photovoltaik schon heute billiger als Kernspaltung. Wenn behauptet wird, die Atomkraft sei die unter nichtfossilen Energieträgern kostengünstigste Möglichkeit, Grundlaststrom zu erzeugen, dann ist dies nur unter der Annahme richtig, dass die Anlage bereits komplett abgeschrieben ist. Doch wettbewerbsfähig sind Atommeiler nur mit staatlicher Subvention.

«Atomkraftwerke sind somit unwirtschaftlich, weil bei gegenwärtigen wie bei projizierten Kosten die Wahrscheinlichkeit gering ist, dass sie die billigste Alternative bieten. Gemeinhin werden die Investitionskosten wesentlich unterschätzt und die Kosten für Entsorgung und Stilllegung sowie andere Umweltkosten nicht hinreichend berücksichtigt», stellte die sicher nicht als grünes Gewissen verrufene Weltbank in einer Untersuchung 1994 fest.[103] Auch in den Berichten der Energie-Enquete-Kommission des Deutschen Bundestags kann man schwarz auf weiß nachlesen, dass unter Einbeziehung aller Kosten die Kernspaltung deutlich teurer ist als solare Energie.[104]

Als Ende der 1980er Jahre in Großbritannien die Energiewirtschaft privatisiert wurde, fand sich kein Käufer für die Atomkraftwerke.[105] Es ist kein Zufall, dass auch in den USA, wo man wahrlich nicht von einem der Atomkraft widerstrebenden politischen Klima sprechen kann, seit 1973 kein neuer Reaktor mehr gebaut wurde, kaum anders in Großbritannien.

Verfechter der Marktwirtschaft müssen sich deshalb mit der Verteidigung der Atomkraft schwer tun. Ohne staatliche Subventionen kann die Atomkraft nicht überleben. Man braucht nur einen Blick in das renommierte, sicherlich nicht umweltnahe Wirtschaftsblatt *The Economist* zu werfen, um die Wahrheit über die Rentabilität von Atomkraftwerken zu erfahren: «Nicht ein Einziges auf der Welt ist wirtschaftlich sinnvoll.»[106]

Die Atomindustrie behauptet, immerhin werde der neue Druckwasserreaktor in Finnland ohne einen Euro staatlicher Finanzierung gebaut. Dabei sieht sie allerdings von den zinsvergünstigten Krediten ab, welche die bayerische Landesbank spendiert, und den planwirtschaftlich anmutenden Voraussetzungen: einem Festpreis in Höhe von drei Milliarden Euro, einer 90-prozentigen Verfügbarkeit von Anfang an, einem Fixpreissystem für den produzierten Strom und einer Laufzeit von 60 Jahren. Dass der Reaktor wirklich rentabel arbeiten kann und nicht eine staatliche Überlebenshilfe für die dahinsiechende Atomindustrie ist, muss sich da erst noch bewahrheiten.[107]

Die unendliche Geschichte der Kernfusion

Er ist ein sympathischer Mensch mit einem liebenswerten britischen Akzent. Er ist führend in der internationalen Fusionsforschung und leitet das Max-Planck-Institut für Plasmaphysik in Garching, unweit des berühmt-berüchtigten Atomeis. An einem Herbsttag 2003 traf ich mich mit Alexander M. Bradshaw in seinem Büro im Institut und wollte von ihm wissen, wie es um die Kernfusion aktuell steht. Von ihm, so dachte ich, würde ich das optimistischste Bild von der Kernfusion erhalten, das es in seriösen Kreisen gibt. Immerhin hat der Mann sein halbes Leben lang umsonst gearbeitet, wenn sich herausstellen sollte, dass man die Kernfusion nicht will oder nicht braucht, so sie denn einmal funktionieren sollte.

Was ist das, Kernfusion? Im Gegensatz zur konventionellen Atomkraft (Fission) werden bei der Fusion zwei Atomkerne nicht gespalten, sondern miteinander verschmolzen. Dazu werden im Fusionsreaktor die Wasserstoff-Isotope Deuterium und Tritium auf mehrere hundert Millionen Grad aufgeheizt. Die Kerne sind dann nicht mehr von ihrer Elektronenhülle umgeben, sondern die Hüllen sind aufgelöst und schwimmen als Plasma (eine Art gasförmiges Gemisch) frei um die Kerne herum. Treffen zwei Atomkerne aufeinander, verschmelzen sie zu einem einzigen Helium-Atomkern.

Von nun an ist der Prozess im Wesentlichen der Gleiche wie bei allen anderen fossil-atomaren Großkraftwerken: Es entsteht Wärme, mit der Wasser erhitzt und durch Turbinen getrieben wird, die schließlich den gewünschten Strom erzeugen.

Fusionsvorgänge laufen unzählige Male täglich auf der Sonne ab. Die Kernfusion ist im Prinzip der Versuch, die Energieerzeugung der Sonne auf der Erde zu kopieren.

Jedenfalls ist sie eine nachhaltige Energiequelle, sagt Alexander Bradshaw. Die Brennstoffe reichen für einige Millionen Jahre, und sie sind fair überall verteilt – Rohstoffkonflikte sind unvorstellbar. Deuterium ist praktisch unbegrenzt in den Ozeanen vorhanden; Tritium kann aus Lithium gewonnen werden, das in Böden und Meeren steckt.

Ein zweiter entscheidender Unterschied zur Kernspaltung ist der Sicherheitsaspekt. Aufgrund des völlig anderen physikalischen Prinzips ist eine Kernschmelze technisch ausgeschlossen. Es gibt keinen Super-GAU, es gibt kein Tschernobyl. «Bei Spaltungsreaktoren gibt es immer die Gefahr, dass die Systeme außer Kontrolle geraten», sagt Bradshaw. «Bei Fusionsreaktoren nicht.»

Allerdings ist auch die Kernfusion nicht ungefährlich – wie auch, wenn man sich vor Augen hält, dass der Mensch dabei immerhin den Versuch unternimmt, das Sonnenfeuer auf die Erde zu holen. Damit die Kerne nämlich verschmelzen können, muss zuerst einmal ihre elektronische Abstoßung überwunden werden. Dafür müssen riesige Mengen Energie zugeführt werden, so dass Fusionsreaktionen nur bei Temperaturen von mehreren hundert Millionen Grad stattfinden können. Viele Fusionskritiker wenden an dieser Stelle oft ein, es gebe kein Wandmaterial, das eine solche Hitze aushalte. Das ist aber auch gar nicht nötig, da diese Extremtemperaturen nur in der Mitte des Plasmas herrschen; am Rand sind es nur einige hundert Grad. Zum Vergleich zeigt Bradshaw auf die Leuchtstoffröhre, die sein Büro erhellt. «Schätzen Sie, wie heiß sie in ihrem Inneren ist, und setzen Sie zwei Nullen dahinter», sagt er. «Nämlich 15 000 Grad.»

Das Problem ist aber, das Plasma einzuschließen – es ist kein Material bekannt, das nicht von den losgelösten Elektronen durchschossen werden würde. Daher müssen extrem starke Magnetfelder aufgebaut werden, um das Plasma von den Wänden fern zu halten. Eine erste feste Stahlwand soll das Entweichen des radioaktiven Tritiums verhindern. Diese erste Wand ist einem ständigen Neutronenhagel ausgesetzt, wird daher radioaktiv und versprödet schnell, weshalb sie regelmäßig fernbedient ausgetauscht werden muss. Bei den heute bekannten Materialien wären die Austauschzeiten unbrauchbar kurz. In Reaktorstudien wird daher die Verfügbarkeit von hypothetischen Materialien mit den gewünschten Eigenschaften angenommen. Eine zweite Wand schützt die Magnetspulen vor dem Neutronenbeschuss. Das vom Neutronenbeschuss ausgehende Risiko für Leben und Gesundheit hofft man beherrschen zu lernen.

Ein weiterer Problemkreis ist der sichere Einschluss des Tritiums, das radioaktiv strahlt und daher abgeschirmt werden muss. «Radiologische Risikoabschätzungen haben sich bislang fast ausschließlich auf zwei Szenarioklassen bezogen: Normalbetrieb und Störfall. Für Tritium muss eine weitere Kategorie eingeführt werden», so der Kernphysiker und Fusionsforscher Manfred Heindler von der TU Graz bei einem Expertenhearing des Deutschen Bundestages. «Ich denke an ‹Incidents›, die unter der Schwelle zur Störfall-Klassifizierung liegen, aber häufig genug eintreten werden, um die erlaubten Jahres-Emissionswerte für Tritium zu übertreffen. Praktisch würde dies gegebenenfalls zur Folge haben, dass die Anlage für Monate stillgelegt werden müsste, weil das Kontingent für den Rest des Jahres ausgeschöpft ist. Zudem ist zu beachten, dass die Dosiswirkung von Einschlagemissionen um eine Größenordnung höher liegt als bei kontinuierlichen Emissionen.»[108]

Trotz der offensichtlichen Risiken und technischen Hürden der Kernfusion ist sie im Vergleich zur Kernspaltung wesentlich sicherer und ungefährlicher. Auch was den Atommüll betrifft, ist die Fusion günstiger zu bewerten als ihre Schwestertechnologie.

Wegen der hohen Strahlung im Inneren des Reaktors müssen die Stahlwände regelmäßig per Roboter ausgetauscht werden (weshalb die Reaktoren auch häufig vom Netz genommen werden müssen). Wegen des größeren Anteils von gering aktivem Material mit Abklingzeiten von rund hundert Jahren und potenzieller Rezyklierbarkeit (bei enormem technischen Aufwand und gewaltigen Kosten) nach diesem Zeitraum ist der meiste Müll zwar nicht so problematisch wie bei der konventionellen Atomkraft. Dennoch bleibt ein Teil an strahlendem Müll mit Halbwertszeiten von über 10 000 Jahren übrig, und auch die gewaltigen Mengen an schwach aktivem Müll müssen aufwändig entsorgt werden.[109]

Auf die Frage nach der Terrorismusgefahr reagiert mein Gesprächspartner ausweichend. «Da müssen Monitoring-Maßnahmen greifen», so Professor Bradshaw. «Deuterium und Tritium, die Brennstoffe der Fusion, sind natürlich Komponenten, die man für die Wasserstoffbombe braucht», gibt er zu. Tatsächlich existiert die Kernfusion ja bisher nur in ihrer militärischen Variante. Eine zivile Version ist bislang nirgendwo auf der Welt gebaut worden. «Ich glaube zwar, dass selbst Terroristen, die sophisticated sind, das technisch nicht schaffen werden. Wenn Terroristen aber wirklich einen der Brennstoffe holen wollen, ist es kaum möglich, sie wirksam daran zu hindern.»

Der Schweizer Fusionsforscher Manfred Heindler ist noch skeptischer. Von einer Kommission des Deutschen Bundestages nach der Proliferationsgefahr befragt, gab er zu Protokoll: «Tritium ist ein wichtiger Waffenstoff für fortgeschrittene Kernwaffendesigns. ... Die Tritiumkontrolle wird sehr problematisch, da mit sehr großen Mengen hantiert wird (170 kg Jahresumsatz in einem 1-GW-Reaktor im Vergleich zu ca. 2–3 g für eine Kernwaffe) und die Materialbilanzierung mit großen Unsicherheitsmargen behaftet ist (derzeit 10 %). Entsprechend relevant ist der sichere Einschluss von Tritium, der jedoch technisch auch sehr schwierig wird, da der Transport von relevanten Mengen (einige Gramm) sehr leicht mit tragbaren Tritium-Getterspeichern möglich ist. Diese ergeben aufgrund der schwachen Beta-Strahlung kein messbares Signal. Die Entdeckung von Tritiumspeichern am Ausgang stellt eine besondere technische Herausforderung dar.» Ein weiterer Gefahrenherd ist die Tauglichkeit des Fusionsreaktors zur Erzeugung von waffenfähigem Plutonium. Mit jedem Fusionsreaktor kann Plutonium erzeugt werden. Einen solchen Missbrauch auszuschließen ist nicht möglich.[110]

Was, wenn kriminelle Regierungen ihre Fusionstechniker mit dem Bau der Wasserstoffbombe beauftragen? «Man muss überwachen», so Bradshaw. Ein ziemlicher Glücksfall, wenn das Monitoring bei der Kernfusion funktionieren sollte, wo es schon bei der Kernspaltung kein Regime, weder Nordkorea noch Iran, noch Pakistan oder Indien oder sonst eine Atommacht, daran hindern konnte, Atome für den Frieden in Atome für den Krieg zu verwandeln.

Obwohl die Kernfusion bedeutend weniger Gefahren und Risiken birgt als die konventionelle Kernspaltung, ist sie in einigen sensiblen Bereichen problematisch. Die Frage, ob man die Kernfusion nutzen kann und soll, stellt sich aber gar nicht. Sie existiert schlicht nicht. Nirgends auf der Welt, und frühestens in 50 Jahren, wenn überhaupt.

Bisher war die Zündung einer Fusion erst zweimal erfolgreich: im amerikanischen Forschungsreaktor in Princeton, der 1997 stillgelegt wurde, und im Joint European Torus (JET) im britischen Culham. Doch das jeweils nur wenige Sekunden dauernde Fusionsfeuer verbrauchte mehr Energie für die Zündung, als es produzierte. Ein nutzbarer Reaktor ist Zukunftsmusik.

Die Odyssee begann mit dem Einzug des Atomzeitalters. Parallel zur Atomspaltung stiegen Wissenschaftler auf beiden Seiten des Eisernen Vorhangs mit riesigem Aufwand in die Fusionsforschung ein. 1955 verhieß die Genfer UN-Atomkonferenz eine Entwicklungszeit von 20 Jahren.[111] 20 Jahre später hieß es in einer Veröffentlichung des Max-Planck-Instituts für Plasmaphysik, dem heute Alexander Bradshaw vorsteht, dass «der Bau eines wirtschaftlich arbeitenden Fusionsreaktors Anfang des nächsten Jahrhunderts möglich wird».[112] Weitere zwölf Jahre später – im April 1987 – schrieb der damalige Direktor des Instituts, Klaus Pinkau, in *Bild der Wissenschaft*, dass die Fusion «frühestens in 50 Jahren als Kraftwerk ausprobiert werden kann».

Noch heute warten wir auf das Ende dieser unendlichen Geschichte. Die nächste Etappe der Fusionsforschung soll nun mit dem Internationalen Thermonuklearen Experimental-Reaktor (ITER) beschritten werden. Der Baubeginn von ITER war ursprünglich auf 1998 angesetzt, aber die USA stiegen aus dem für sie zu teuren Projekt aus. Erst als ITER auf eine deutlich kleinere Version abgespeckt wurde (die allerdings, niedrig geschätzt, immer noch mindestens 4,5 Milliarden Euro kosten wird), machten die USA wieder mit. Vor kurzem hat man sich schließlich auf einen Standort in Südfrankreich geeignet. Der Bau soll demnächst beginnen.

Interessant ist die Frage, was daraus folgt, dass der Forschungsreaktor ITER zwar den Energieumsatz eines größeren Kraftwerkes haben wird, ohne aber selbst mehr als Abwärme zu erzeugen. Denn das bedeutet im Klartext, ITER wird in etwa so viel elektrische Energie verbrauchen, wie ein späterer Fusionsreaktor – sollte es ihn jemals geben – einmal erzeugen wird. Allein höhere Stromrechnungen für die Betreiber sollten nicht die einzige Konsequenz aus dieser Frage sein.[113]

Zehn Jahre soll der ITER-Bau dauern. Dann müssen fünf bis zehn Jahre lang Experimente laufen, um Erfahrungen mit Fusionsplasmen unter Kraftwerksbedingungen zu sammeln; wenn alles klappt, sagt Professor Bradshaw, kann man dann damit beginnen, den ersten Demonstrationsreaktor (DEMO) zu entwerfen. «Irgendwann um 2025 muss man entscheiden, ob man überhaupt weitermacht und ob man DEMO bauen will oder nicht.» Das hängt von vielen Faktoren ab: von den ITER-Erfahrungen, von den Regierungen, den technischen Problemen (vor allem der Entwicklung von Material für die erste Wand) und ob man weiß, ob die Fusion vielleicht «horrend teuer» (Bradshaw) wird – denn über die Erzeugungskosten ist man sich noch nicht ganz sicher. «Wir schätzen, dass der Fusionsstrom drei- bis fünfmal so teuer zu erzeugen sein wird wie heute», so der Wissenschaftler. «Doch auch die fossilen Strompreise werden zwangsläufig steigen. Das könnte die Kernfusion kommerziell nutzbar machen.» Dazu braucht sie aber viel Glück: Alle prognostizierten Kosten der Fusionsenergie liegen laut Bundestagsangaben über den prognostizierten Kosten der Konkurrenten[114] und zum Teil bereits heute (!) über den durchschnittlichen Kosten der Windkraft in Deutschland und den Photovoltaikkosten in Südeuropa.[115]

Doch nehmen wir an, die Preise wären einigermaßen zu verkraften und die technischen Probleme gelöst, so dass man 2025 entscheidet, den Demonstrationsreaktor zu bauen. «Um 2040 kann man dann kommerzielle Fusionskraftwerke in Auftrag geben, die etwa 2055 in Betrieb gehen. Für die erste Hälfte des Jahrhunderts kann die Fusion keinen Beitrag leisten. Das ist einfach ausgeschlossen.»

Noch nie wurde für ein Luftschloss ein derart gigantischer Aufwand betrieben. In der EU fließt seit 1960 eine halbe Milliarde Euro jährlich in die Fusionsforschung, davon knapp die Hälfte aus EU-Budget, der Rest aus nationalen Haushalten. Insgesamt wurden bis zur Jahrtausendwende allein in der EU rund vier Milliarden Euro in die Fusionsforschung gesteckt.[116] Jenseits des Atlantiks pumpten die USA ab 1960 etwa 350 Millionen Dollar jährlich in die zivile Fusionsforschung (in der ersten Hälfte der 1980er Jahre waren es sogar 500 Millionen jährlich), bis der Forschungsausschuss 1995 den Etat auf 245 Millionen zusammenstrich und den einzigen amerikanischen Forschungsreaktor in Princeton dichtmachte. Gleichzeitig wurden die Mittel für die militärische Erforschung der Trägheitsfusion angehoben, um das Know-how für die Wasserstoffbombe zu verbessern.[117]

Der Forschungsreaktor ITER soll noch einmal 4,5 Milliarden Euro kosten, so Professor Bradshaw. Der Betrieb macht insgesamt weitere sechs bis sieben Milliarden aus. Der nächste Reaktor soll dann von der Industrie finanziert werden, hofft der Physiker – die Erfahrungen mit der Atomspaltung lehren allerdings, dass die Industrie sich ihre atomaren Verlustgeschäfte stets vom Steuerzahler ausbügeln ließ. «Die jährlichen Kosten werden höchstens so viel ausmachen wie heute die Kohle-Subventionen.» Das wären dann drei Milliarden Euro im Jahr. Wegen des enormen Finanzbedarfs und weil es völlig offen ist, ob die Fusion überhaupt funktioniert und bezahlbar ist, zeigt die Industrie derzeit keinerlei tieferes Interesse. Die finanziellen Risiken blieben am Steuerzahler hängen, während die Konzerne die Gewinne einstreichen würden.

Das können wir uns sparen. Wir brauchen die Kernfusion nicht. Sie kommt uns teuer zu stehen, ohne uns wirklich zu helfen. «Selbst wenn das Fusionsprogramm einen Reaktor hervorbrächte, so würde ihn niemand haben wollen», schrieb 1983 hellsichtig der stellvertretende Direktor des Plasma-Fusions-Zentrums am MIT, Lawrence M. Lidsky.[118] Die Kernfusion sei so teuer und unzuverlässig, dass sie niemals wirtschaftlich arbeiten könne. Schuld daran ist die hohe technische Komplexität, die eine hohe Störanfälligkeit, viele Abschaltungen und fernbedientes Auswechseln von mangelhaften Teilen zur Konsequenz hat. Da die Reaktoren regelmäßig zur Wartung und wegen unvorhergesehener Betriebsstörungen abgeschaltet werden müssen, müssen sündhaft teure Überkapazitäten in der Größenordnung von mehreren Gigawatt bereitgestellt werden. Weil die Reaktoren aus physikalischen Gründen nur in gigantischen Ausmaßen funktionieren, taugen sie ohnehin nur für die zentralisierten Stromnetze der Industrieländer – für die Dritte Welt scheiden sie von vornherein aus.

Allein von 1985 bis 1998 flossen nur an deutschen Forschungsgeldern über 1,4 Milliarden Euro in die Fusionsforschung – so viel wie in alle erneuerbaren Energien zusammen (!).[119] Auch eine Expertenkommission des Bundestages hat sich mittlerweile von der Kernfusion distanziert. Die Energie-Enquete-Kommission des Bundestages geht davon aus, dass die EU bis 2050 nochmals mehr als 35 Milliarden Euro investieren müsste, bis überhaupt der erste kommerziell nutzbare Reaktor gebaut werden könnte. Wie hoch die Stromkosten der Kernfusion dann sind, ist noch spekulativ. Da die Kommission «eine vernünftige Relation zwischen Mitteleinsatz und ökonomischem Nutzen auf dem Hintergrund der vielen ungeklärten physikalischen und technologischen Fragen nicht erkennen kann» und «alle heute bekannten Technologien im REG/REN-Bereich im Jahr 2050» höchstens so viel kosten würden wie die Kernfusion, empfiehlt sie, die Förderung der Fusionsforschung zu beenden.[120]

«Die Kernfusion ist als Wasserstoffbombe eine furchterregende Realität», so der Reaktorphysiker Klaus Traube: «Als Energiequelle ist sie ein Trugbild. Geboren und verwurzelt in einer Zeit unreflektierter Fortschrittsgläubigkeit, hat sie ihre – imaginäre – Zukunft hinter sich. Es ist an der Zeit, sie ad acta zu legen, den Aufwand an Geist und Geld, den sie bindet, umzulenken in eine konzentrierte Anstrengung zur Fortentwicklung und Verbreitung der real bereits existierenden, einsatzbereiten regenerativen und rationellen Energietechnologien.»[121]

Dennoch bräuchte Alexander Bradshaw nicht umsonst Jahre seines Lebens im Garchinger Forschungsinstitut verbracht zu haben. Denn Antworten auf die Frage, wie unsere Sonne funktioniert, wären gerade im kommenden Solarzeitalter von ausgesprochener Relevanz. Doch in eine solche Grundlagenforschung, von der sich die Atomlobby keinen Nutzen verspricht, will anscheinend niemand investieren.

Der Überlebenskampf der Atomritter

Ob in Deutschland, Europa oder weltweit: Der Trend geht eindeutig in Richtung Atomausstieg. Überall werden die Meiler abgeschaltet. Dänemark, Griechenland, Irland, Luxemburg und Portugal haben von vornherein auf die Atomkraft verzichtet. Österreich stieg 1978 noch während der Errichtung des ersten Atommeilers aus. Italien hat nach einer Volksabstimmung 1987 seine vier Kernkraftwerke stillgelegt. In der Schweiz hat ein Volksbegehren 1990 ein Moratorium für den Bau neuer Anlagen bewirkt.

In ganz Europa gibt es kein einziges Land, das sich nach einem Ausstiegsbeschluss wieder umentschieden hat. Auch in der erweiterten EU der 25 ist es so, dass die Mehrheit der Mitgliedsstaaten entweder schon heute atomfrei oder aber auf dem Weg dorthin ist. In Belgien (dem Land mit dem höchsten Atomstromanteil pro Kopf in Europa), den Niederlanden, Schweden, Deutschland und Litauen ist der Ausstieg gesetzlich verbrieft. In Bulgarien und der Slowakei werden die Kapazitäten reduziert. In der ganzen erweiterten EU betreiben nur noch Finnland, Frankreich, Großbritannien und Rumänien eine aktive Atompolitik.[122]

Weltweit kommen nur sieben Prozent der kommerziellen Primärenergie aus Atomkraft. Fünf der 185 UNO-Länder produzieren 70 Prozent des gesamten Atomstroms.[123] Für viele Schwellenländer ist Atomkraft eine Frage des Prestiges, weniger der technischen Stromversorgung.

Eine Renaissance der Atomkraft zeichnet sich derzeit nirgends ab. Zwar gibt es in Mittelosteuropa acht geplante Reaktor-Neubauten, und drei weitere werden diskutiert; zwar will China seinen Atomkraftanteil bis 2020 verdreifachen. Aber trotz allem wird es 2015 weniger Atomkraftwerke in Europa und auf der Welt geben als 1990 – und dieser Trend setzt sich fort. Selbst im anscheinend atombegeisterten China würde der Anteil der Atomkraft selbst bei lückenloser Realisierung aller Pläne auf gerade vier Prozent steigen (heute liegt er bei 1,4 Prozent) – während erneuerbare Energien dann mit zwölf Prozent einen dreifach höheren Anteil abdecken würden.[124] Eine nukleare Renaissance, wie sie die Atomlobbyisten immer wieder gerne behaupten, ist das sicher nicht!

Am deutlichsten erkennt man das an den sehr präzisen Statistiken der Internationalen Atomenergie-Agentur (IAEA): Im Jahr 1990 wies die Statistik der IAEA noch 83 geplante Reaktorneubauten aus, im Jahre 2004 waren es nur noch 27. Nimmt man noch hinzu, dass unter diesen 27 Neubauprojekten eine ganze Reihe ist, die seit 15, einige seit 19 Jahren still liegen – was man in Deutschland als Bauruinen zu bezeichnen pflegt –, dann liegt es nahe, weniger von Renaissance als von einem sehr deutlichen Rückzug zu sprechen.[125]

Die siechende Atomindustrie fährt alle Geschütze auf, um sich vor dem Untergang zu retten. Die deutschen Energiemonopolisten, allen voran E.on, haben sich europaweit auf Standortsuche begeben, um atomare Großkraftwerke zu bauen und den ganzen europäischen Markt zu ihrem Einflussbereich zu machen. Mit Finanzspritzen aus den Staatssäckeln wollen sie eine Wiederbelebung der Atomkraft einläuten und versuchen, so auch die politische Stimmung in Deutschland wieder zu ihren Gunsten zu kippen.

Der Siemens-Konzern, Bauherr aller 18 deutschen Atomreaktoren, verwendet seit Jahren große Anstrengungen darauf, am Bau, der Nachrüstung und der Fertigstellung osteuropäischer Atomkraftwerke beteiligt zu sein. Mit Subventionierung durch die Kohl-Regierung erhielt Siemens z. B. den Auftrag für die Fertigstellung des Atomkraftwerks Mochovce in der Slowakei. Siemens baut auch eine Stromtrasse vom litauischen Atomkraftwerk Ignalina (vom Tschernobyl-Typ!) gen Westen. Im westrussischen Smolensk, wo bereits zwei Reaktoren des Tschernobyl-Typs stehen, plant Siemens den Bau eines EPR-Meilers und den Bau einer Stromtrasse über Warschau nach Berlin und Kassel.[126]

Trotz des europaweiten Trends zum Ausstieg aus der Atomenergie betätigt sich die Europäische Kommission als Handlanger für die um ihr Überleben kämpfende Atomindustrie. Unter dem Vorwand, Sicherheitsstandards in der erweiterten Union zu erhöhen, hat sie ein riesiges Hilfsprogramm für die unrentable osteuropäische Atomwirtschaft aufgelegt. Zur Beruhigung der Öffentlichkeit schlägt sie wachsweiche und undefinierte «Basisstandards» vor, statt den Betreibern strikte Sicherheitsprüfungen aufzuerlegen. Sogar eine Erhöhung der Euratom-Kredite für russische Schrottreaktoren vom Tschernobyl-Typ war geplant.

Der Europäische Rechnungshof urteilte 1998, dass über 966 Millionen Euro, die in angebliche Sicherheitsverbesserungen an osteuropäischen Atomkraftwerken investiert wurden, weitgehend wirkungslos verpufft sind. Die Kommissionsdirektionen seien darüber hinaus nicht in der Lage, die «Maßnahmen in zufrieden stellender Weise zu überwachen» oder «Probleme rasch zu behandeln». Das Europäische Parlament hat aber keine Möglichkeit, den Fluss der Euratom-Gelder zu stoppen – es ist von jeglicher Mitbestimmung in diesen Angelegenheiten ausgeschlossen.

Darüber hinaus versucht die Kommission, die Aufsicht über die Atomanlagen von den Mitgliedsstaaten auf die europäische Ebene zu ziehen – ungeachtet einer Untersuchung im Auftrag des Europäischen Parlaments, die zu dem Schluss kommt, dass die Kommission dazu weder personell noch finanziell in der Lage sei. In die Wiederaufbereitungsanlagen La Hague und Sellafield wurde während der gesamten Laufzeit des inzwischen ein halbes Jahrhundert alten Euratom-Vertrags nur ein einziges Mal eine Prüfkommission entsandt. Dort lagern immerhin 125 Tonnen Plutonium![127]

Die Atomindustrie droht wieder Fuß zu fassen, wenn wir nicht aufpassen. In Finnland wird bereits an einem neuen Reaktor gebaut, Frankreich erwägt ähnliche Pläne, in den USA wurden die Laufzeiten auf 60 Jahre verlängert. Auch in Deutschland mündet der «Atomkonsens» keineswegs in einen sicheren Ausstieg. Die Betreiber halten sich die Option offen, jederzeit wieder einzusteigen.

Der Atomkonsens vom Juni 2000 war in Wirklichkeit ein Konsens auf Kosten der Zukunft – kein Jubeltag für die Umweltbewegung, wie viele irrtümlich glauben. Dieser Atomkonsens sichert den betreffenden Unternehmen den jahrzehntelangen, von der Politik unbehelligten Betrieb der Reaktoren, bis diese am Ende so alt sind, dass man sie beim besten Willen nicht mehr halten kann. In Wirklichkeit ist der Atomkonsens eine Selbstverpflichtung der Politik, die Atomkonzerne nicht mit irgendwelchen neuen Gesetzen zu behelligen: «Die Bundesregierung wird keine Initiative ergreifen, mit der die Nutzung der Kernenergie durch einseitige Maßnahmen diskriminiert wird. Dies gilt auch für das Steuerrecht», so steht es dort schwarz auf weiß. Die Pfründe und Besitzstände der Atomindustrie sind damit unter vertraglichen Schutz gestellt. Der «Atomausstieg» macht's möglich.

Die ausgehandelten Restlaufzeiten sind nur verschönerndes Beiwerk. Denn die Atomkonzerne halten sich ohnehin alle Optionen offen. Einen Ausstieg habe man doch gar nicht mit Schröder vereinbart, heißt es aus nuklearen Kreisen. Otto Majewski, Vorstandschef der Bayernwerk AG (gehört zu E.on), amüsierte sich im Herbst 2000, die Grünen seien dem «drolligen Missverständnis» erlegen, dass der Atomkonsens eine Ausstiegsvereinbarung sei. Geregelt werden solle vielmehr der «reibungslose Betrieb der bestehenden Atomkraftwerke».[128] Der Energieriese RWE verkündete: «Mit dem erzielten Konsens zwischen Bundesregierung und den Energieversorgungsunternehmen sind Rahmenbedingungen geschaffen worden, die den Betrieb der Kernkraftwerke zukünftig ohne politisch motivierte Störungen ermöglichen.»[129] Der damalige E.on-Chef Hohlefelder legte im Juli 2002 nach: «Es gibt da offenbar ein grundlegendes Missverständnis: Über einen Ausstieg aus der Kernenergie haben wir uns mit der Bundesregierung keineswegs geeinigt.» Man habe sich lediglich auf einen Kompromiss zum Weiterbetrieb der bestehenden Anlagen verständigt.

Aus denen will man so viel Gewinn wie möglich einstreichen.

«Das Herausquetschen zusätzlicher Profite aus vorhandenen Atomkraftwerken verspricht in Nordamerika und Westeuropa derzeit mehr und ist weniger riskant, als sich auf eine neue Konstruktion einzulassen», offenbart das Branchenblatt *atomwirtschaft*. Im selben Artikel gesteht das Blatt übrigens auch ein, dass an günstigen Standorten die Stromerzeugung per Windkraft billiger kommt als durch neue Atommeiler.[130]

Der Ausstiegsschwindel kulminiert in der Einrichtung einer Monitoring-Arbeitsgruppe, die sich aus jeweils drei Vertretern der Regierung und der Konzerne zusammensetzt. Diese Arbeitsgruppe soll die Umsetzung der Vereinbarungen überwachen. Konkret bedeutet das: Die Atomkonzerne kontrollieren, dass die Politik ihnen künftig nicht mehr in die Quere kommt und sie unbehelligt ihre Reaktoren weiterlaufen lassen können.

Wir haben keinen Ausstiegsvertrag. Schröder hat den Atomkonzernen RWE, E.on, EnBW und Vattenfall vielmehr drei Geschenke gemacht:

1. die Durchsetzung neuer Zwischenlager für den über Jahrtausende tödlich strahlenden Atommüll und damit eine Scheinlösung eines der größten Probleme der Reaktorbetreiber;
2. die Zusicherung eines vom Gesetzgeber unbehelligten Betriebs von ca. 10–15 Atommeilern bis zu ihrem betriebswirtschaftlich-technischen K.o.;
3. Betäubung, Verwirrung und Schwächung der Anti-Atom-Bewegung, indem ein Ausstieg vorgegaukelt wird.

Im Gegenzug haben die Reaktorbetreiber das Versprechen abgegeben, ihre Kraftwerke nach 32 Jahren Betriebszeit abzuschalten. Dieses Versprechen brauchen sie nicht einzulösen und haben es wohl gar nicht vor. Einen Energiekonsens ausgerechnet mit den Energiekonzernen schließen zu wollen ist dasselbe, als ob man mit einer Gans über das Weihnachtsessen verhandeln würde.

Auf den Atomkonsens ist kein Verlass. Es wäre naiv zu glauben, die Atomindustrie werde sich auch unter veränderten Rahmenbedingungen in zehn oder 15 Jahren an die Abmachungen halten. Die Worte der Energiemanager könnten deutlicher nicht sein: «In der Politik ist nichts unumkehrbar», sagt Vattenfall-Chef Klaus Rauscher. «Jede neue Generation ist selbstbewusst genug, sich nicht vorschreiben zu lassen, auf welche Energieträger sie zu setzen hat und auf welche nicht», ergänzt der frühere E.on-Chef Walter Hohlefelder. Edmund Stoiber erklärte in einem Strategiepapier der bayerischen Staatsregierung, angesichts der Importrisiken bei Öl müssten «notfalls» neue Atomkraftwerke gebaut werden (das verstehe, wer will – denn dass die Autofahrer künftig an der Steckdose tanken, glaubt wohl niemand).[131]

Die Atomindustrie kämpft um ihr Überleben, mancherorts bedauerlicherweise mit einigem Erfolg. Das Argument der Atombefürworter, deutscher Atomstrom werde nach dem Ausstieg durch Billigstrom aus osteuropäischen Schrottreaktoren ersetzt, ist daher sehr ernst zu nehmen. Dass die grenzüberschreitenden Stromlieferungen in den letzten Jahren nicht merklich angestiegen sind, obwohl der Strom zu dieser Zeit schon frei gehandelt werden konnte, war hauptsächlich darauf zurückzuführen, dass die Netze noch nicht ausreichend miteinander gekoppelt sind. Doch werden die deutschen Energiekonzerne all ihre Macht einsetzen, um die Kontrolle über die osteuropäischen Märkte zu gewinnen und auf diesem Weg auch die Märkte in Westeuropa zu dominieren.

Zwar heißt Penetranz noch lange nicht Renaissance. Doch die Atomlobby versucht mit großen Anstrengungen, wieder auf die Beine zu kommen. Eine noch längere Nutzung der Atomkraft wäre aber nicht zu verantworten.

Die fossil-atomare Subventionsorgie

Die Gegner der Solarenergie scheuen sich zwar nicht, ein Loblied auf die erneuerbaren Energien zu singen, doch machen sie sofort den Vorbehalt, dass es an objektiven Möglichkeiten fehle und die Förderung schon allzu üppige Ausmaße angenommen habe. Die Subventionen seien mittlerweile so gestiegen, dass es einen Wildwuchs an Windrädern gebe, die zu reinen Gelddruckmaschinen für die Betreiber verkommen seien.

Wer so redet, der lügt sich in die Tasche. Er prangert zwar die Subventionen für die erneuerbaren Energien an, die erst seit der Regierung Schröder überhaupt nennenswerte Ausmaße angenommen haben, und spricht von «Grenzen der Belastbarkeit» und «wirtschaftsfremden Angelegenheiten». Aber die Subventionsorgie für die fossil-atomare Energiewirtschaft, für die jährlich allein in der Bundesrepublik etliche Milliarden Steuergelder in den Sand gesetzt werden, lässt er in der Regel tunlichst unerwähnt. Der petroindustrielle Komplex kassiert kräftig ab; auf Kosten des Steuerzahlers zementiert er seine verkrusteten Machtstrukturen und bekämpft gleichzeitig alle politischen Maßnahmen, die seine Marktmacht und seinen Profit gefährden könnten. Das fossil-atomare Energiesystem ist der größte Subventionsfall der Menschheitsgeschichte.

Sogar die Weltbank hat jüngst zum wiederholten Male festgestellt, dass sowohl in Industrie- als auch in Entwicklungsländern der weitaus größte Teil der Energiesubventionen in fossile Brennstoffe fließt. «Diese Subventionen führen zu Einbußen bei der Wirtschaftlichkeit. Sie haben aber auch äußerst schädliche Umweltfolgen, die sich zum Teil in höheren Kosten niederschlagen.» Auch die fossil-atomaren Energiesubventionen in Entwicklungsländern, die angeblich den Armen helfen, sollten nach Ansicht der Weltbank abgeschafft werden, da sie den Armen praktisch nichts nützen. Die Abschaffung fossil-atomarer Subventionen helfe nicht nur der Umwelt, sondern würde auch staatliche Mittel für andere Zwecke bereitstellen – «eine doppelte Gewinnchance», meint die Weltbank.[1]

Der fossil-atomaren Energiewirtschaft sind von Anfang an saftige Steuerprivilegien und Subventionen aus allen möglichen Töpfen zugeflossen. Die kaum über symbolische Beträge hinausgehenden Förderprogramme für solare Energien waren demgegenüber eher Ausdruck von *political correctness* und hatten kaum mehr als Alibifunktion.

Einfache Zahlenvergleiche lassen diese Ungleichbehandlung von fossil-atomaren und solaren Energien sofort ins Auge springen. Die folgende Aufstellung zeigt z. B. die Forschungsausgaben der Industrieländer, die gemeinsam die Internationale Energie-Agentur (IEA) unterhalten (entspricht etwa den OECD-Ländern).[2]

Energieforschungsausgaben der IEA-Länder 1974–2002

	Forschungsmittel
Atomkraft	137.529 Mio US-$ (47,3 %)
Fossile Energien	36.842 Mio US-$ (12,6 %)
Kernfusion	30.562 Mio US-$ (10,5 %)
Andere Technologien (Wasserstoff ...)	29.212 Mio US-$ (10,0 %)
Erneuerbare Energien	23.550 Mio US-$ (8,1 %)
Energiesparen	23.479 Mio US-$ (8,1 %)
Energiespeicherung	9.844 Mio US-$ (3,4 %)
Summe	291.018 Mio US-$ (100,0 %)

Quelle: IEA 2004

Nimmt man Kernspaltung, Kernfusion und Schnellen Brüter zusammen, so verfügt die Atomkraft über einen Anteil von mehr als zwei Dritteln an den gesamten Energieforschungsausgaben der IEA-Länder – bei einem Anteil der Atomkraft am Weltprimärenergieverbrauch von gerade einmal sieben Prozent.

Die Milliarden an Steuergeldern für den Schnellen Brüter und die Kernfusionsforschung wurden, wie bereits ausgeführt, sinnlos verpulvert. Die Forschungsmittel für Kohle, Öl und Gas hingegen brachten immerhin einige Verbesserungen z. B. in Sachen Effizienz und Schadstoffreinigung. Aber sie waren immer noch doppelt so hoch bemessen wie die Forschungsmittel für alle erneuerbaren Energien *zusammen* (d. h. Photovoltaik, Solarthermie, Windkraft, Wasserkraft, Geothermie, Biomasse usw.). Dass auf diesem Niveau keine durchschlagenden Forschungserfolge für die erneuerbaren Energien zu erreichen sind, ist klar. Dass Solarenergie und Energiesparen auf den beiden letzten Plätzen der Prioritätenliste rangieren, ist kennzeichnend für die Macht der fossil-atomaren Lobby und die Engstirnigkeit der Politik.

Die deutsche Bilanz der Forschungsausgaben hinterlässt immerhin einen besseren Eindruck. Nach einer Aufstellung des Bundeswirtschaftsministeriums sieht die Struktur der Gesamtausgaben des Bundes für Energieforschung derzeit folgendermaßen aus:[3]

Energieforschungsmittel des Bundes (2000)	
Kohle, andere fossile, rationelle Energieverwendung (Clean Coal ...)	117,1 Mio. € (22,4 %)
Kernfusion	112,1 Mio. € (21,4 %)
Beseitigung kerntechn. Anlagen	102,7 Mio. € (19,7 %)
Erneuerbare Energien	95,4 Mio. € (18,3 %)
Atomkraft	94,9 Mio. € (18,2 %)
Summe	522,2 Mio. € (100,0 %)

Quelle: BMWA 2004/Fell 2005

Das krasse Missverhältnis zu Lasten der Solarenergie wäre noch extremer ausgeprägt, würde man noch andere Forschungsausgaben für Technologien berücksichtigen, die auf der Nutzung fossiler Energie basieren. In den offiziellen Statistiken tauchen solche Ausgaben überhaupt nicht auf, obwohl sie das fossile Energiesystem massiv stützen. Beispiel: Meerwasserentsalzungsanlagen wurden vor allem für den Erdöleinsatz entwickelt, tauchen aber in den Energieforschungsstatistiken nicht auf, während solche Anlagen, die völlig energieautark mit einem Windrad laufen könnten, in der Kategorie «Erneuerbare Energien» aufgelistet werden. Auch industrielle und militärische Forschungsausgaben fehlen völlig in den Statistiken. Vor allem in den USA spielt die militärische Forschung eine kaum zu überschätzende Rolle. Auch die Forschungsgelder z. B. des Landwirtschaftsministeriums für nachwachsende Rohstoffe, die ebenfalls nicht in den herkömmlichen Energieforschungsstatistiken auftauchen, sorgen hier nicht annähernd für einen Ausgleich.

Brüssel setzt auf die reichlichen Geldgeschenke noch eins drauf: Unter dem Deckmantel des anachronistischen EURATOM-Vertrags fließen allein zwischen 2002 und 2006 insgesamt 1,23 Milliarden Euro aus dem EU-Topf in die Atomforschung. Für alle erneuerbaren Energien und die Energieeffizienz zusammengenommen investiert die Europäische Union gerade einmal 810 Millionen Euro.[4] Der Vertrag zur Förderung der Kohle, die Europäische Gemeinschaft für Kohle und Stahl (EGKS), lief im Juli 2002 nach 50 Jahren aus und mit ihm das EKGS-Forschungsprogramm. Die traditionellen Subventionen wurden allerdings umgehend in einen neu geschaffenen Fonds für die Forschung in den Bereichen Kohle und Stahl umgeleitet.[5]

Die Forschungsausgaben sind aber nicht einmal der Gipfel des Subventionsberges, sondern höchstens das Gipfelkreuz. Kaum eine Regierung, die nicht Millionen- und Milliardenbeträge in das fossile Energiesystem steckt. Nach Angaben des Entwicklungsministeriums summieren sich allein die direkten staatlichen Subventionen für das fossil-atomare Energiesystem auf weltweit – je nach Abgrenzung – etwa 150 bis 500 Milliarden Dollar jährlich.[6] Das UN-Entwicklungsprogramm beziffert die direkten Subventionen für fossil-atomare Energien auf 300 Milliarden Dollar im Jahr.[7]

Hinzu kommen indirekte Subventionen beispielsweise durch die globale Steuerbefreiung für Schiffs- und Flugverkehr, die insgesamt weitere 300 Milliarden Dollar ausmachen,[8] sowie die militärischen Sicherheitsaufwendungen etwa zum Schutz der Ölquellen im Nahen und Mittleren Osten, die von Verteidigungsfachleuten auf 30 bis 60 Milliarden Dollar jährlich veranschlagt werden (diese Zahl bezieht sich allein auf die Ausgaben der USA ohne Berücksichtigung des Afghanistans- und Irakkrieges).[9]

Insgesamt dürften sich die Privilegien des fossil-atomaren Energiesystems damit auf weit über eine Billion Dollar jährlich summieren, ohne dass die gewaltigen externen Kosten dadurch bereits gedeckt wären. Die Menschheit gibt jährlich hunderte Milliarden aus, um ihre eigene Zerstörung zu subventionieren. Die Förderung solarer Energien nimmt sich dagegen wie ein Tropfen auf den heißen Stein aus.

Die Weltbank geht bei der Subventionierung des fossilen Energiesystems in der Dritten Welt mit besonderer Verve voran. Seit 1960 ist die Weltbank der größte Einzelfinanzierer von Straßenbau, Kraftwerken, Ölförderung, Kohlebergbau und Staudämmen.[10] Im Zeitraum von 1961 bis 1993 bewilligte sie verbilligte Kredite in Höhe von 84,2 Milliarden Dollar an Entwicklungsländer für die Energieproduktion. Das entspricht etwa einem Fünftel aller in diesem Zeitraum vergebenen Weltbankkredite, deren Ziel es eigentlich ist, eklatante Armut und Krankheiten zu überwinden. Auch nach dem Rio-Gipfel stoppte die Subventionspumpe nicht. Zwischen 1992 und 1997 wurden nochmals Kredite, Garantien und Beteiligungen mit einem Umfang von 9,4 Milliarden Dollar für fossile Energieprojekte bewilligt: 51 Kohle-, Gas- und Ölkraftwerke, 20 Erdöl- und Erdgasprojekte, zehn Pipelines sowie 26 Kohlebergwerke. Darüber hinaus werden auch Großstaudämme kräftig bezuschusst, etwa der acht Milliarden Dollar teure Riesenstaudamm in Argentinien. Anfang 1996 wurde Russland ein Kredit von 10,2 Milliarden Dollar für die Modernisierung seiner Öl-Infrastruktur angeboten, unter der Bedingung, die Zölle auf Öl- und Gasexporte abzuschaffen.[11] Die Förderung von Solarenergie macht dagegen nur einen Bruchteil dessen aus. Die Förderpolitik der Weltbank ist besonders paradox, da sogar deren hauseigene Analysen durchgängig dokumentieren, dass solare Energien die bessere Alternative wären.

Zu dieser multilateralen «Entwicklungshilfe» kommen noch bilaterale Darlehen und Zuschüsse. In Deutschland ist dafür die Kreditanstalt für Wiederaufbau (KfW) federführend zuständig. Zwischen 1973 und 1993 flossen knapp sechs Milliarden Euro in den Energiesektor, nur ein verschwindender Teil davon ging an solare Energien. Die massive Subventionierung der fossil-atomaren geht dabei nicht nur zu Lasten der solaren Energien; sie geht auch zu Lasten der Wasserversorgung, der Bildung und Gesundheit, für die teilweise jeweils deutlich weniger aufgewendet wird als für Energie. Beispielsweise bewilligte die KfW 1996 rund 300 Millionen Euro Kredite für Energieprojekte, was 18 Prozent der gesamten Kreditsumme ausmachte. Demgegenüber wurden für Wasserversorgung nur 15 Prozent, für Bildung zehn Prozent und für Gesundheit drei Prozent der gesamten Kreditsumme zur Verfügung gestellt.[12]

Subventionen haben eigentlich den Sinn, Innovationen zu fördern und neue Technologien anzuschieben – die fossilen Subventionen haben diesen Sinn schon lange nicht mehr. Sie sind zu reinen Bestandssubventionen verkommen, die verkrustete Strukturen zementieren. Es gibt keinen seriösen Ökonomen, der sich für die Beibehaltung dieser Subventionen ausspricht. Alle großen deutschen Wirtschaftsforschungsinstitute, die OECD und international renommierte Wirtschaftsexperten fordern einmütig deren Auslaufen.

Für Altbundespräsident Richard von Weizsäcker ist der Abbau

dieser «falschen Anreize» überfällig. «Diese Art Subventionsabbau stärkt nicht nur die deutsche Wirtschaft und schafft wieder Gestaltungsspielraum für die Haushaltspolitik, sondern schützt auch die Umwelt und unsere Nachwelt.» Die fossile Subventionspolitik habe ihren Ursprung oft in schlechter Klientelpolitik, sagt der CDU-Mann und fordert Mut von den Entscheidungsträgern. «Das Volk will mutige Politiker. Mut an der richtigen Stelle ist noch immer honoriert worden. Beim Abbau umweltschädlicher Subventionen werden zusätzlich die künftigen Generationen dankbar sein.»[13]

Die deutsche Subventionslandschaft begünstigt unzweifelhaft den fossil-atomaren Machtkomplex. Rund 35 Prozent der Subventionen hierzulande, so bescheinigt die OECD hochoffiziell, besitzen eindeutig umweltschädlichen Charakter, mit oft zweifelhafter Beschäftigungswirkung, während sich lediglich zwei bis drei Prozent ökologisch positiv auswirken.[14] Von den 145 Milliarden Euro Subventionen in Deutschland, die das Kieler Institut für Weltwirtschaft aufgelistet hat, sind nach Ansicht der Energie-Enquete-Kommission des Bundestages etwa 43 Milliarden als ökologisch problematisch einzustufen.[15]

Der größte Brocken der Subventionen wird für die planwirtschaftliche Agroindustrie verwendet, die ökologisch zerstörerisch, ökonomisch und sozial kontraproduktiv wirkt. Aufgrund der EU-Richtlinien lässt sich ein Ab- oder Umbau dieser falsch strukturierten Subventionen kaum durchführen. Trotzdem können einige veraltete nationale Subventionen aus der Welt geschafft werden. So ist z. B. die 400 Millionen Euro teure Gasölverbilligung durch Rot-Grün endlich verbannt worden. Die 85 Millionen Euro umfassende Kfz-Steuerbefreiung für Zugmaschinen, die 1935 als «Anpassungsmaßnahme» zur «Förderung der Motorisierung und Rationalisierung der Land- und Forstwirtschaft» eingeführt wurde, wäre der nächste Kandidat. Nach sieben Jahrzehnten ist die avisierte Anpassung wohl als erreicht zu bezeichnen.

Sofort auf den Prüfstand gehören auch die Pfründe der fossilen Verkehrs- und Transportlobby. Allein die Steuerbefreiung für Flugzeug- und Schiffstreibstoff kostet den deutschen Steuerzahler 5,2 Milliarden Euro.[16] Weitere 500 Millionen Euro Ausfälle entstehen durch die Mehrwertsteuerbefreiung im grenzüberschreitenden Flugverkehr.[17] Auch die Grundsteuerbefreiung für Flugplätze, die 35 Millionen schwere Förderung des Flugzeugbaus sowie die Zu-

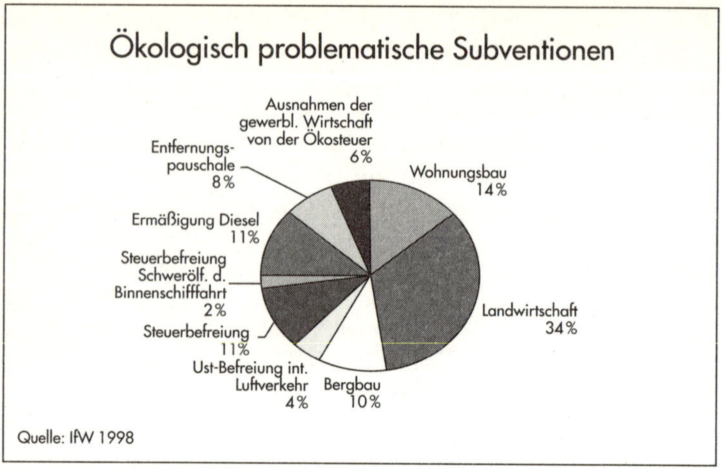

schüsse für Flughafenbauten und -anbindungen (z.B. ICE-Anbindung Flughafen Köln-Bonn für 450 Millionen Euro) sollten dem Rotstift zum Opfer fallen.[18]

Genauso ist die umstrittene Entfernungspauschale – eine sechs Milliarden teure Privilegierung des Straßenverkehrs – zügig abzubauen.[19] Die dahingehenden Pläne der schwarz-roten Bundesregierung sind unbedingt zu begrüßen. Diese Pauschale hilft Pendlern, ihre Kosten für den Weg zwischen Wohnung und Arbeitsplatz zu erleichtern. Durchschnittlich 200 Euro pro Arbeitnehmer lässt sich der Fiskus diese Förderung der Zersiedelung der Landschaft kosten. Eine Bagatellgrenze gibt es nicht – anspruchsberechtigt ist jeder, auch wenn er nur täglich zwei oder drei Kilometer fahren muss. Genauso wenig unterscheidet das Steuerrecht zwischen Luxuspendlern und Notpendlern: Die Fahrt in der Luxuskarosse vom Starnberger See nach München und zurück wirkt ebenso steuermindernd wie der Arbeitsweg eines Pendlers in Oberfranken, wo die Menschen immer weiter fahren müssen, um nicht ohne Job dazustehen. Hier allerdings zu differenzieren, würde zu bürokratischem Aberwitz führen.

Die Entfernungspauschale wird oft sozial begründet, doch das Deutsche Institut für Wirtschaftsforschung (DIW)[20] verwirft diese Argumentation: Das größte Stück vom Kuchen erhalten Besserverdiener. Sie haben im Durchschnitt längere Wege zur Arbeit und können deshalb größere Beträge geltend machen. Mehr als die Hälfte der Erwerbstätigen profitiert gar nicht oder nur in zu vernachlässigender Weise von der Pendlerpauschale, weil die Betroffenen wenig verdienen oder ihre Wege zur Arbeit so kurz sind.

Weil die Streichung der Pauschale aber auch die 170 000 Geringverdiener mit langen Arbeitswegen träfe, sollten für diese Gruppe zeitlich begrenzte Härtefallregelungen gefunden werden. Mittelfristig muss sie ganz verschwinden. Mit welchem Recht schließlich soll der Staat ausgerechnet jene, die preiswert draußen im Grünen wohnen, mit der Pendlerpauschale belohnen? Mit gleichem Recht könnten andere einen Ausgleich für die höheren Mieten in der Stadt verlangen.

Auch die Steuerermäßigung für Diesel, die mit weiteren sechs Milliarden Euro Kosten zu Buche schlägt, hat keine Existenzberechtigung mehr.[21] Die Dieselvergünstigung im Vergleich zum Normalbenzin wurde im Laufe der Jahre, übrigens genauso wie die Entfernungspauschale, immer weiter hochgeschraubt und beläuft sich heute auf 18 Cent pro Liter. Die Ermäßigung wurde ursprünglich zur Stärkung des gewerblichen Güterverkehrs eingeführt – angesichts der dramatischen Wachstumszahlen des Güterverkehrs ist diese Begründung nicht mehr haltbar. Die Ermäßigung begünstigt außerdem auch die steigende Zahl der Diesel-Pkws, ohne dass es dafür einen logischen Grund gibt.[22]

Aus Umwelt- und Gesundheitsgründen ist die Bevorzugung von Diesel ebenfalls nicht zu rechtfertigen. Zwar hat Diesel gegenüber Benzin energetische Vorteile, aber er emittiert mehr Stickoxide, Rußpartikel und krebserregende Stoffe. Die Umweltbilanz von Diesel-Fahrzeugen (insbesondere Lkw) fällt daher insgesamt ungünstiger aus als von Benzinern: Eine Studie des Umweltbundesamtes bescheinigt, dass die Emissionen der Dieselmotoren gegenüber vergleichbaren Ottomotoren eine mindestens zehnmal höhere krebserregende Wirkung haben.[23] Grund genug, hier sechs Milliarden einzusparen.

Ein weiterer Bereich falsch gesetzter Präferenzen: Seit Kriegsende steckten die Regierungen ununterbrochen mehr Geld in den Straßenbau als in den Ausbau des Schienennetzes. Erst Rot-Grün versprach im Verkehrswegeplan eine Angleichung der Investitionen in Straße und Schiene bis 2015.[24]

Der drittgrößte Posten, nach Landwirtschaft und Verkehr, auf der Liste der ökologisch fragwürdigen Subventionen ist der Wohnungsbau. Die große Koalition hat bereits beschlossen, die Eigenheimzulage abzuschaffen – zu Recht. Diese Subvention kostet im privaten und gewerblichen Wohnungsbau jeweils (!) gut sechs Milliarden Euro.

Besonders fatal schlägt zu Buche, dass Altbauten nur halb so stark gefördert werden wie Neubauten. Diese Regelung bevorzugt Neubauten auf der grünen Wiese, obwohl dadurch weitere Flächen versiegelt werden, die Zersiedelung der Landschaft mit dem entsprechenden Verkehrsaufkommen gefördert wird und schlecht wärmegedämmte Altbauten unsaniert bleiben. Wegen der niedrigeren Bodenpreise auf dem Land ist die faktische Begünstigung für Neubauten sogar noch höher als statistisch ausgewiesen. Gerade in einer Zeit, in der das vorhandene Angebot an Wohnraum die Nachfrage übersteigt, macht dies einfach keinen Sinn mehr.

Als Ersatz für die Streichung der Eigenheimzulage könnte man eine Solarprämie für Altbautensanierung und Neubauten einführen; auf diese Weise ließen sich nennenswerte Einsparungen erzielen, ohne dem Baugewerbe zu schaden, und obendrein Investitionen in die energetische Modernisierung des Häuserbestandes lenken. Die Sanierung von Altbauten, die derzeit unnötig Energie verschlingen, könnte damit zügig vorangetrieben werden. Vom heutigen Gesamtvolumen der Eigenheimzulage in Höhe von ca. elf bis zwölf Milliarden Euro ließen sich auf diese Weise trotzdem noch mehr als zwei Milliarden Euro einsparen. Durch Umschichtung der Fördermittel zur Bestandsnutzung könnten beim sozialen Wohnungsbau darüber hinaus noch einmal vier Milliarden Euro eingespart werden.[25]

Paradebeispiel für einen anderen alten Subventionszopf, der endlich abgeschnitten gehört, ist die milliardenschwere Förderung des heimischen Steinkohlebergbaus. Deutsche Kohle kostet dreimal so viel wie qualitativ gleichwertige Kohle aus Polen, Australien oder Südafrika, weil die Kohle hierzulande nun einmal geologisch ungünstig liegt. Jede Tonne heimische Kohle müssen die deutschen Steuerzahler mit 100 Euro bezuschussen, um den Bergbau am Leben zu erhalten. Allein 2003 kassierte der Kohlekonzern RAG für die letzten zehn Bergwerke, die es hier noch gibt, fast 3,3 Milliarden Euro aus der Staatskasse. Der Subventionsbericht der Bundesregierung weist den Steinkohlebergbau als größten Empfänger von Finanzhilfen aus. Für den Zeitraum zwischen 2006 und 2012 haben der Bund und die Kohleländer Nordrhein-Westfalen und Saarland knapp 16 Milliarden Euro weitere Zuschüsse vereinbart. Zusätzliche 500 Millionen Euro jährlich müssen ausgegeben werden, um zu verhindern, dass Teile des Ruhrgebiets in die ausgehöhlten Kohle-Stollen sacken.

Die Beschäftigungswirkung des Kohlebergbaus ist dabei mehr als zweifelhaft. Gerade einmal 40 000 Menschen bringt der Bergbau noch in Lohn und Brot; bis zum Jahr 2012 soll die Hälfte der Jobs abgebaut werden. Mit 70 000 Euro Subventionsspritze pro Beschäftigtem wird der Bergbau künstlich am Leben gehalten. Die Kumpels müssen oft mit 50 in Rente gehen, weil sie körperlich ausgezehrt sind. Das bringt weitere Belastungen für die Sozialversicherungen.

Die Ausrede der Kohle-Lobby kommt prompt: Hinzuzurechnen seien natürlich noch alle Arbeitsplätze bei den Zulieferern beispielsweise im Maschinenbau. Dadurch kommt man dann auf die wundersame Zahl von über 100 000 Jobs durch die Kohle. Richtig daran ist nur so viel, dass es etwa 120 Unternehmen in Deutschland gibt, die Bergbaumaschinen herstellen und zusammen 15 000 Menschen beschäftigen. Die Branche setzt 900 Millionen Euro im Jahr um, davon allerdings 600 Millionen im Ausland – und nicht in den heimischen Kohlegruben. Die deutschen Bergwerke halten lediglich als Übungsplatz für die Maschinen der Bergbau-Industrie her und bescheren den Unternehmen Profite zu Lasten der Steuerzahler und der solaren Energien.[26]

Dass angesichts dieser Subventionsberge die deutsche *Stein*kohle unrentabel ist, hat man inzwischen eingesehen. Doch die fossile Machtlobby beharrt immer noch darauf, dass die *Braun*kohle ein rentabler, subventionsfreier Energieträger sei. Ein Gutachten des Wuppertal Instituts aus jüngster Zeit weist allerdings nach, dass auch die – übrigens noch klimaschädlichere – Braunkohle mit knapp einer Milliarde Euro jährlich begünstigt wird, nämlich durch Ausnahme von der Besteuerung (590 Millionen Euro) und Freistellung von Wasserentnahmeentgelten (200 Millionen Euro). Zusätzlich fallen noch 3,3 Milliarden Euro externe Kosten für Gesundheits- und Umweltschäden an.[27]

Diese Bestandssubventionen für einen veralteten Wirtschaftszweig müssen verschwinden. Da verfängt auch der Hinweis auf den Kohlehunger der Chinesen nicht, denen man doch saubere, deutsche Kraftwerkstechnologie liefern müsse. Doch dafür braucht man weder eigene Kohlegruben noch einen großen Kraftwerkspark auf Kohlebasis. Ohnehin wäre es besser, wir liefern den Chinesen gleich saubere, moderne Solarenergietechniken, anstatt wieder die Energieträger von gestern zu fördern.

Fossile Subventionen (Auswahl)	
Subvention	*Volumen*
Steuerbefreiung von Schiffstreibstoff	0,5
Steuerbefreiung von Flugtreibstoff	4,7
MwSt-Befreiung von Flugtickets	0,5
Entfernungspauschale	6,0
Steuerermäßigung Diesel	6,0
Eigenheimzulage	11,0
Sozialer Wohnungsbau (nur Reform)	4,0
Kohlebergbau	3,3
Ausnahme von Kernbrennstäben und Kohle von der Besteuerung bei der Stromerzeugung	2,5
Mineralölsteuerbefreiung für Eigenverbrauch der Ölindustrie («Herstellerprivileg»)	0,9
Mineralölsteuerbefreiung für nichtenergetischen Verbrauch	1,7
Steuerfreiheit der Rückstellungen der Atomindustrie	0,8
Ausnahmeregelungen bei der Energiesteuer (Ökosteuer) für die Industrie	3,5
Summe	*ca. 45 Mrd.*

Quelle: eigene Zusammenstellung

Die unsinnigen Kohlesubventionen sind das beste Beispiel für eine rückwärts gewandte, fehlgeleitete Subventionspolitik. Ihre sozialpolitische Begründung ist kurzsichtig und letztlich unhaltbar. Würde man mit dem Geld keine Kohlegruben, sondern Solarzellen fördern, würden auf diese Weise sehr viel mehr Arbeitsplätze entstehen. Die ehemaligen Kohlereviere könnten zu Innovationsregionen für Wind- und Solarkraft umgerüstet werden, die auf der ganzen Welt Beachtung fänden – und tausende sichere Jobs böten. Doch dafür fehlt den Politikern entweder der Mut oder die Einsicht.

Dass gerade die Pro-Kohle-Fraktion die «Subventionsmentalität» in der Windenergie-Branche geißelt und behauptet, wegen der Einspeisevergütungen für Windstrom würde die ganze Republik mit stillstehenden Windrädern vollgepflanzt, grenzt an eine Farce. Um künftig in den Genuss einer Förderung zu kommen, sollen sich die Betreiber an einem Ausschreibungsverfahren beteiligen – ein bürokratisches und abschreckendes Hindernis, das in Großbritannien die Windindustrie zum Erliegen brachte.

Die Wahrheit sieht ganz anders aus: In *keinem einzigen* Bundes- oder Länderhaushalt fließt auch nur *ein einziger* Cent im Rahmen des so gescholtenen Erneuerbare-Energien-Gesetzes (EEG) an die Windrad-Betreiber. Wer den Staatshaushalt per Kürzung der Windkraft-Vergütungen sanieren will, redet also schlicht an der Realität vorbei, weil der Staat die Windkraft gar nicht subventioniert. Die Einspeisevergütungen bezahlen die Stromkonzerne, die Kosten werden über die Strompreise an die Kunden umgelegt, also an diejenigen, die den Strom auch verbrauchen. Der Staat gibt keinen Cent dazu. Die Vergütungssätze sinken jährlich und laufen nach 20 Jahren automatisch ganz aus. Das Palaver, aufgrund der EEG-Förderung würden selbst dort Windräder gebaut, wo gar kein Wind wehe, ist Unsinn, weil der Betreiber nur für den ins Netz gespeisten Strom die Vergütung erhält. Ohne Wind kein Geld. So einfach ist das. Auch der Europäische Gerichtshof hat jüngst geurteilt, dass die EEG-Vergütung keine Subvention ist, sondern nur eine allgemeine Kaufverpflichtung für emissionsfreien Strom.

Im Jahr 2004 wurden insgesamt netto (nach Abzug des Börsenpreises) EEG-Vergütungen in Höhe von knapp 2,5 Milliarden Euro ausgezahlt.[28] Pro Privathaushalt sind das 1,60 Euro im Monat und damit kaum merklich. Berücksichtigt man auch noch die externen Kosten für die Umwelt- und Gesundheitsschäden, die durch das EEG vermieden werden, kommt man zu noch positiveren Ergebnissen: Eine Studie im Auftrag des Umweltbundesamtes hat berechnet, dass durch das EEG jährlich volkswirtschaftliche Kosten in Höhe von knapp 1,3 Milliarden Euro eingespart werden.[29] Übereinstimmend kommt auch das Deutsche Zentrum für Luft- und Raumfahrt zu dem Schluss, dass «ausgehend vom heutigen Stand des Wissens zur Berechnung externer Kosten [davon] ausgegangen werden [kann], dass die durch die Nutzung erneuerbarer Energien vermiedenen externen Kosten in der gleichen Größenordnung wie die Aufwendungen zur Förderung durch das EEG liegen. Unabhängig von verschiedenen anderen Zielen, die mit dem EEG verfolgt werden, ‹lohnt› sich also die Förderung erneuerbarer Energien allein aufgrund der vermiedenen Umweltschäden und des damit verbundenen volkswirtschaftlichen Nutzens.»[30]

Auch ein direkter Vergleich der EEG-Kosten mit den Subventionen für Kohle und Atom straft alle Don Quijotes Lügen, die behaupten, die Windkraft würde ungeheure Summen verschlingen: Umgerechnet muss der Durchschnittsbürger etwa 30,50 Euro pro Jahr für die Markteinführung aller erneuerbarer Energien aufwenden. Allein die Subventionen für die Kohleverstromung kosten den deutschen Bürger aber ca. 43,60 Euro im Jahr, und die Steuerfreiheit für die Rücklagen der Atomindustrie schlägt mit ca. 9,80 Euro pro Jahr zu Buche, ganz abgesehen von etlichen anderen Subventionen für die alten Energien. Und im Gegensatz zu den fossil-atomaren Subventionen gibt es das EEG erst seit kurzer Zeit.

Die fossilen Besitzstandswahrer betreiben weiter Panikmache: Würden die solaren Energien erst einmal ausgebaut, so sagen sie, würden die EEG-Kosten in unermessliche Höhen anwachsen. Das ist schon insofern falsch, als die Vergütungssätze durch einen im Gesetz verankerten Automatismus kontinuierlich sinken. Die tatsächlichen Kosten bleiben daher praktisch konstant. Dies wurde inzwischen auch von einer Studie des Rheinisch-Westfälischen Instituts für Wirtschaftsforschung nachgewiesen.[31]

Diesem Gutachten zufolge hält sich auch der zusätzliche Bedarf an «Regelenergie» (d. h. Reservekapazitäten für unerwartete Windausfälle) in Grenzen: Für die Windenergie errechnen die Experten einen zusätzlichen Bedarf an Regelenergie von 6,5 Prozent der installierten Windleistung im Jahre 2010. Die Stromwirtschaft argumentiert dagegen immer, der Bedarf liege bei 80 Prozent. Wörtlich heißt es in dem Gutachten: «Trotz einer Erhöhung der eingespeisten EEG-Menge um mehr als 15 TWh von 2004 bis 2010 erhöhen sich die Zusatzbelastungen auch unter Berücksichtigung von Ausgleichsenergie nur geringfügig, da durch eine Erhöhung der Strompreise auf dem Wettbewerbsmarkt bei gleichzeitiger Absenkung der durchschnittlichen EEG-Einspeisevergütung (real in Preisen von 2003) die Mengenerhöhung kompensiert wird.» In Wahrheit bedarf es also gar keiner größeren Ersatzkapazitäten, wenn mehr Windkraft installiert wird.

Die Kritik der fossilen Energiekonzerne an der Unterstützung der neuen Energien mutet schon deshalb verlogen an, weil sie aus einer anderen Regulierung mit Subventionscharakter – der gesetzlichen Festlegung von Gebietsmonopolen für Strom, die bis 1998 galt – eine jährliche Subventionsrente von 4,9 Milliarden Euro eingestrichen haben.[32] Damals hat sich niemand aus der Reihe der Energiekonzerne über die hohe Mehrbelastung für den Verbraucher beklagt. Noch heute hortet die fossil-atomare Machtlobby etliche weitere Pfründe zu Lasten der Menschen: Die Ausnahme von Kernbrennstäben und Kohle von der Besteuerung der Stromerzeugung summiert sich auf 2,7 Milliarden,[33] die Mineralölsteuerbefreiung für den Eigenverbrauch der Ölindustrie (das sog. Herstellerprivileg) frisst weitere 850 Millionen, die Mineralölsteuerbefreiung für den nichtenergetischen Verbrauch (v. a. in der Chemieindustrie) kostet noch einmal 1,7 Milliarden. Rund 820 Millionen Euro an Mehreinnahmen würde es bringen, wenn man die bislang steuerfreien Rückstellungen der Atomindustrie, die sich mittlerweile auf immerhin 35 Milliarden Euro aufaddieren und für die Entsorgung des Atommülls und der verschrotteten Reaktoren gedacht sind, endlich besteuern oder in einen öffentlichen Fonds überführen würde.[34] Die aufwändige Sanierung der deutschen Uranbergwerke in Wismut belastete die öffentlichen Kassen schließlich mit 6,6 Milliarden Euro.[35] Das alles wird von der fossil-atomaren Industrie gern verschwiegen.

In über 50 Jahren milliardenschwerer Subventionierung aus den Taschen der Steuerzahler hat es die fossil-atomare Energiewirtschaft nicht geschafft, wettbewerbsfähig zu werden. Dass Strom aus Kohle, Öl, Gas und Atom billig ist, ist ein Trugbild, das sich nur durch kräftige Finanzspritzen auf Kosten der hart arbeitenden Bevölkerung halten kann.

Solare Energien sind kein Subventionsloch. Im Gegensatz zu den fossilen und atomaren Energien brauchen die erneuerbaren Energien keine ewigen Milliardengelder aus der Steuerkasse. Solare Subventionen sind überschaubar: Das 100 000-Dächer-Programm zur Förderung der Photovoltaik z. B. kostete in fünf Jahren nur 125 Millionen Euro und ist 2003 ausgelaufen.[36] Das Marktanreizprogramm für erneuerbare Energien, das es seit 1999 gibt, finanziert sich ausschließlich aus den Stromsteuereinnahmen von erneuerbaren Energien (derzeit ca. 200 Millionen Euro jährlich). Weitere Maßnahmen wie Forschungsausgaben, Förderung nachwachsender

Rohstoffe, CO_2-Gebäudesanierungsprogramme, das Programm «250 MW Wind», Steuerbefreiung für Biokraftstoffe, Steuerermäßigungen für effiziente Kraftwerke, Erdgasfahrzeuge, Bahn usw. belaufen sich auf insgesamt ca. 2,3 Milliarden.[37]

Schon an den Fördervolumina erkennt man, dass die ökologischen Subventionen es so nicht schaffen können, die fatale Wirkung der ökologisch schädlichen Subventionen aufzuwiegen. Das Deutsche Institut für Wirtschaftsforschung rechnet, ähnlich wie die OECD, nur ein bis drei Prozent der Subventionen dem Umweltschutz zu.[38] Die fossilen Subventionen bewegen sich dagegen in Größenordnungen, die um mindestens den Faktor 10 höher liegen.

Zieht man die externen Kosten des Energieverbrauchs mit ins Kalkül, bewegt sich der fossile Subventionsberg gar in astronomische, kaum mehr bezifferbare Höhen. Die gegenwärtigen Preise für den Energieverbrauch geben nämlich keineswegs dessen tatsächliche Kosten wieder, wie es die marktwirtschaftliche Theorie postuliert. Die Preise sind viel zu niedrig, da die ökologischen und sozialen Folgekosten des Energieverbrauchs (Luft-, Gewässer- und Bodenverunreinigung, Unfälle, Lärm, Gesundheitsschäden, Klimaveränderungen usw.) vom Markt nicht erfasst werden – sie sind «externalisiert». Das bedeutet: Nicht der Verursacher, sondern der jeweils vom Schaden betroffene Bürger oder der Staat trägt die nicht gedeckten Kosten, wenn die entstandenen Schäden überhaupt beseitigt werden bzw. beseitigt werden *können* (z. B. lässt sich der Tod eines Menschen durch einen Verkehrsunfall, Strahlenbelastung oder Lungenkrankheiten schwerlich in Geld aufwiegen).

Laut eines umfangreichen, im Auftrag des damaligen FDP-Bundeswirtschaftsministers Jürgen Möllemann erstellten Gutachtens des Prognos-Instituts aus dem Jahr 1995 belaufen sich diese externen Kosten für den Energiebereich auf 287 Milliarden Euro jährlich, das sind mehr als zehn Prozent des Bruttoinlandprodukts. Der gegenwärtige Umgang mit Energie, so die Prognos-Ökonomen, sei «ganz und gar unakzeptabel», die Situation «heillos». Ob Überschwemmungen, Dürren, Waldschäden, Ölpest oder Lärm – die von energiebedingten Umweltschäden Betroffenen seien «Opfer eines verdeckten kollektiven Enteignungsprozesses». Die Ignorierung der externen Kosten des Energieverbrauchs gefährde «den Kern des Effizienzanspruchs einer Marktwirtschaft».[39]

Die externen Kosten des fossil-atomaren Energieverbrauchs liegen damit nochmals um mehrere Größenordnungen über den staatlichen Subventionen für die fossil-atomare Energiewirtschaft. Nur diese doppelte krasse Privilegierung verhindert den wirtschaftlichen Kollaps des alten Energiesystems. Die fossil-atomare Hydra kann nur durch Parasitismus überleben – sie enteignet die Menschheit und ignoriert ihre Opfer. Das fossil-atomare Energiesystem kommt uns teuer zu stehen.

Manchmal werden in der Politik gute Ideen so miserabel umgesetzt, dass die Idee darunter leidet. Wenn ich behaupte, dass es sich so bei der Energiesteuer («Ökosteuer») zugetragen hat – deren Ziel es war, die externen Kosten des Energieverbrauchs in den Preis zu internalisieren –, ist das eher noch eine Untertreibung. In Wahrheit führt kein Weg daran vorbei, dass Energie teurer werden muss. In Wahrheit brauchen wir diese Steuererhöhung sogar dringend, um Arbeitsmarkt und Wirtschaft wieder in Gang zu bringen. In Wahrheit ist der Gedanke, Energie zu verteuern und dafür die Bürger an anderer Stelle zu entlasten, bei Politikern und Wirtschaftswissenschaftlern kaum umstritten. Auch Merkel, Schäuble & Co. waren einmal starke Befürworter der Energiesteuer, was sich erst änderte, als sie die Energiesteuer als Pfeilspitze gegen den politischen Gegner entdeckten. Wer hingegen das CDU-Grundsatzprogramm oder Schäubles Buch *Und sie bewegt sich noch* liest, könnte an einigen Stellen glauben, er blättere gerade in einem Positionspapier von Greenpeace.

Dennoch sehen leider viele Menschen die Energiesteuer ausgesprochen skeptisch. Sie lesen an der Tanksäule die Aufkleber der Öllobby, wie hoch der Steueranteil am Benzinpreis ist, und fühlen sich als Melkkühe der Nation. Mit ihrem teuer erbrachten Obolus für die Umwelt werden dann auch noch die Löcher in der Rentenkasse gestopft statt Umweltschutzprojekte finanziert. Man fühlt sich ausgebeutet und schiebt der Energiesteuer die Schuld in die Schuhe. Zu Recht, sagt die Industrielobby, zu Unrecht, sagt die Wirtschaftswissenschaft in ungewohnter Einigkeit.[40]

In der öffentlichen Debatte hingegen hat sich die Energiesteuer-Diskussion einzig und allein auf den Benzinpreis verengt, obwohl es um weit mehr geht. Zum anderen fehlt es an Verständnis volkswirtschaftlicher Kreisläufe und Zusammenhänge. Zu Energiesteuern gibt es keinerlei sichtbare adäquate Alternative. Denn ihr Ziel ist es, die Umweltbelastung einer Volkswirtschaft auf ein tragbares Niveau zu senken. Wer Energiesteuern ablehnt, muss ein politisches Mittel anbieten, das mindestens ebenso wirksam ist. Weder Selbstverpflichtungen noch Ordnungsrecht sind dafür ausreichend. Wer die globale Umweltkrise ernst nimmt, kommt um das Instrument der Energiesteuern nicht herum.

Für Energiesteuern spricht allein schon das Verursacherprinzip: Wer eine Scheibe einwirft, muss sie auch zahlen; wer die Umwelt belastet, muss auch für die Folgekosten haften. Doch für die schädlichen Auswirkungen beispielsweise des Autoverkehrs kommt gegenwärtig hauptsächlich der Staat auf. Allein für den Straßenverkehr belaufen sich die Umwelt- und Gesundheitskosten laut INFRAS-Institut auf über 130 Milliarden Euro. Darin sind die Kosten für Straßenbau und -unterhalt noch gar nicht enthalten. Die Mineralölsteuer bringt gleichzeitig nur 41 Milliarden Euro ein – womit die gesamten Folgekosten des Autoverkehrs bei weitem nicht zu bezahlen sind.[41]

Die Marktwirtschaft bringt es nicht zustande, diese erheblichen

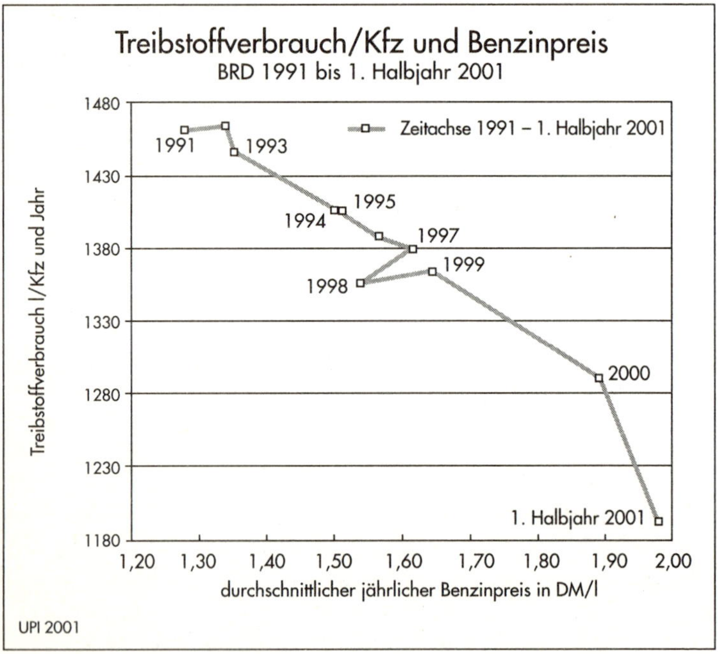

Kosten in den Preisen wiederzugeben. Eine Energiesteuer muss eingreifen, um diese Kosten in die Preise zu internalisieren. Steigen die Preise für Energie, wird sparsamer mit ihr umgegangen. Diese ökologische Lenkungswirkung ist empirisch einwandfrei nachgewiesen. Sowohl nach den Erfahrungen bisheriger Preisverteuerungen in Deutschland als auch aufgrund internationaler Vergleiche kann es keinen Zweifel daran geben, dass höhere Preise den Energieverbrauch mindern. Die Grafik auf Seite 128 zeigt den Zusammenhang zwischen Treibstoffverbrauch und Benzinpreis ziemlich anschaulich.

Aber wird Energie nicht ohnehin schon sehr hoch besteuert? Ein Blick in die Statistik macht deutlich, welcher Faktor in Deutschland wirklich künstlich teurer gemacht wird: Arbeit. Etwa zwei Drittel der gesamten Steuern und Abgaben stammen aus dem Faktor Arbeit, nur jeweils acht Prozent sind den Faktoren Natur und Kapital zuzuordnen.[42]

Das Problem ist nicht, dass die Arbeit im Ausland billiger wäre (was sie – unter Berücksichtigung der Produktivität – in unseren wichtigsten Konkurrenzländern gar nicht ist); das wirkliche Problem ist der Verdrängungswettbewerb zwischen den Produktionsfaktoren Arbeit und Energie. Arbeit ist im Vergleich zum Produktionsfaktor Energie stark belastet, deswegen hängt ständig das Damoklesschwert der Verdrängung durch Maschinen über ihr. Man rationalisiert lieber Menschen als Kilowattstunden, weil man dort am leichtesten einsparen kann. Entsprechend werden Massenentlassungen an den Börsen honoriert, im Gegensatz zu Energiesparmaß-

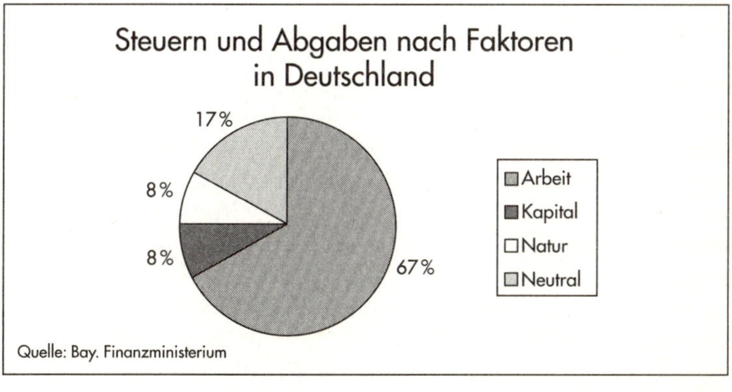

nahmen, die kaum Beachtung finden. Sinn und Zweck der Energiesteuer ist es, dieses Ungleichgewicht zu korrigieren, um gleichzeitig die Umwelt zu schützen und Arbeit zu schaffen.

Doch was tun mit den Einnahmen aus der Energiesteuer? Energiesteuern schützen generell die Umwelt, weil sie über den Preis die Umweltbelastung senken. Sie sind also schon von vornherein ökologisch, selbst wenn die Einnahmen nicht in Umweltschutz investiert werden. Auf der Suche nach der sinnvollsten Verwendung für die Steuermilliarden hat der Schweizer Ökonom Hans Christoph Binswanger 1979 das klassische Energiesteuer-Konzept begründet: In seinem Werk *Wege aus der Wohlstandskrise* schlägt er vor, das Steueraufkommen in die Sozialversicherungen zu stecken, um so die Lohnnebenkosten zu senken und damit den Faktor Arbeit zu verbilligen.

Die Energiesteuer kann und soll also nicht nur der Umweltzerstörung Einhalt gebieten, sondern mit der Arbeitslosigkeit auch das gravierendste soziale Problem aus dem Weg räumen: Sie nützt doppelt, nämlich ökologisch *und* ökonomisch/sozial. Das genau meint die Rede von der «doppelten Dividende» oder dem Win-win-Effekt der Energiesteuer. Die viel geschmähte Energiesteuer avanciert so vom Abkassierinstrument zur wahren Steuerreform für Arbeit und Umwelt. (Ob die Lohnnebenkostensenkung wirklich der sinnvollste Weg ist, sei hier nicht näher erörtert. Dem Deutschen Institut für Wirtschaftsforschung folgend,[43] glaube ich, dass – in Kombination mit einer Lohnnebenkostensenkung – ein an die Bevölkerung pro Kopf auszuzahlender «Ökobonus» die Binnenkonjunktur beleben würde und damit positivere Effekte auf Arbeitsmarkt und soziale Gerechtigkeit hätte.)

Die wirtschaftlichen Auswirkungen einer solchen Steuerreform wurden in zahlreichen Studien durchgerechnet. Das Deutsche Institut für Wirtschaftsforschung (DIW) erwartet eine halbe Million zusätzliche Arbeitsplätze innerhalb von zehn Jahren. Das DIW wörtlich: «Eine solche ökologische Steuerreform ist keineswegs mit erheblichen Beeinträchtigungen für Wirtschaft und Gesellschaft verbunden. Vielmehr lassen sich zusätzliche Belastungen der privaten Haushalte und der Unternehmen ... weitgehend ausgleichen. Gleichzeitig können Nachteile abgebaut werden, die das bestehende Abgabensystem verursacht. ... Die Studie zeigt, dass eine solche Steuerreform auch im nationalen Alleingang möglich und wirtschaftlich positiv zu beurteilen ist. Gesamtwirtschaftlich ist selbst bei vorsichtiger Schätzung nach zehn Jahren mit bis zu einer halben Million zusätzlicher Beschäftigter zu rechnen. Durch die Reform wird ein ökologischer und beschäftigungsfördernder Strukturwandel ausgelöst. ... Eine Gefährdung der Wettbewerbsfähigkeit der deutschen Volkswirtschaft insgesamt ist durch die ökologische Steuerreform nicht zu befürchten.»[44]

Die Regierung Schröder leitete nach Amtsantritt 1998 eine fünfstufige ökologische Steuerreform in die Wege und folgte damit dem guten Beispiel von Japan, Großbritannien, Norwegen, Finnland, Schweden, Dänemark und den Niederlanden, die schon seit Jahren ökologische Lenkungssteuern kennen. Dass wir Deutschen uns gerne einbilden, die Vorreiter in Sachen Umweltschutz zu sein, ist heute leider in großen Teilen Legende: Eine aktuelle OECD-Analyse der Steuersysteme von 30 Industrienationen zeigt, dass hierzulande Umweltsteuern eher gering sind. Während im Schnitt der EU-15-Staaten Umweltsteuern einen Anteil von 2,84 Prozent des Bruttoinlandprodukts erreichen, sind es in Deutschland gerade 2,58 Prozent.[45] Wir Deutschen sind damit also keinesfalls Vorreiter in Sachen Umweltschutz, sondern vielmehr hinteres Mittelfeld.

An der rot-grünen Energiesteuer gab es viel Kritik, und einiges davon ist sicherlich richtig. Doch sie zeigte ihre Wirkung: Der Benzinverbrauch sank erstmals seit Jahren, der öffentliche Personennahverkehr sowie die Bahn legten zu, und neue Arbeitsplätze entstanden.[46] Die rot-grüne Energiesteuer ist also zumindest ein Einstieg in eine viel versprechende Steuerwende. Trotz der dringenden Notwendigkeit der Weiterentwicklung: Die Energiesteuer ist weit besser als ihr Ruf.

Die Öljunta des George Walker Bush

«Ich denke, dass diese Regierung die schlimmste in der mehr als 200-jährigen Geschichte der USA ist. ... Für die Bevölkerung ist die Zeit gekommen, zivilen Ungehorsam zu leisten.»

George Akerlof, US-Wirtschaftsnobelpreisträger[1]

Als George Walker Bush – zwar nicht gewählt, aber vom Obersten Gerichtshof unter sehr dubiosen Umständen zum Präsidenten gekürt – ins Oval Office einzog, knallten im petroindustriellen Komplex von der Öl- bis zur Automobilindustrie die Champagnerkorken. Mit der Bush-Junta hat die fossile Energieindustrie ein halbes Kabinett voll von loyalen Gehilfen. Diese Administration ist nicht etwa Handlanger des fossilen Industriekartells, sie ist selbst das fossile Industriekartell.

Die Vita von Bush junior zeigt diese Verquickung par excellence: Schon sein Vater George Bush senior, ebenfalls von Beruf Ölmanager, sagte am Tag vor seiner Inauguration: «Die Leute haben einen Präsidenten der Vereinigten Staaten bekommen, der aus der Öl- und Gasindustrie kommt und das Geschäft kennt – und zwar gut kennt.»[2] Eine Karriere, die sein Sohn fortsetzen sollte: Bush junior war Chef der Ölfirmen Arbusto/Bush-Exploration (1978–1984) und Harken (1986–1990).

Auch die Biographien der Mitglieder seines Minister- und Beraterstabs lesen sich wie Lebensläufe von Ölmanagern – was sie nämlich auch sind. Beispielsweise Richard B. Cheney: Der heutige Vizepräsident Amerikas war zuvor Chef des weltgrößten Öldienstleisters Halliburton (1995–2000) und kollaborierte u.a. mit dem Irak, dem Iran und Libyen. 1998 machte Halliburton Geschäfte mit Saddam Hussein, was Cheney im Wahlkampf leugnete. Nach der Wahl nahm er seine politische Immunität in Anspruch, um eine gerichtliche Untersuchung zu unterbinden.[3] Nach Außenministerin Condoleeza Rice ist gar ein Öltanker benannt, wohl als Erinnerung an ihre sicherlich fruchtbare Tätigkeit im Vorstand und Aufsichtsrat des Ölkonzerns Chevron (1991–2000). Die Liste setzt sich fort:[4]

- Don Evans, Handelsminister (bis 2005), war über 20 Jahre lang Chef des Öl- und Gasunternehmens Tom Brown.
- Spencer Abraham, Energieminister (bis 2005), erhielt als Senator von Michigan mehr Geld von der Autoindustrie als jeder andere Abgeordnete, insgesamt 700 000 Dollar.
- Samuel W. Bodman, Energieminister (seit 2005), war seit 1987 Direktor und Vorstandsvorsitzender des Chemiekonzerns Cabot Corporation.
- Gale Norton, Innenministerin, war Rechtsanwältin bei der Mountain States Legal Foundation, die von der Ölindustrie finanziert wird, und vertrat und beriet dort Energieunternehmen. Außerdem war sie Mitbegründerin und Vorsitzende der Coalition of Republic Environmental Advocates, einer Umweltgruppe der Republikaner, die von Ford und BP gegründet wurde und von der Bergbau- und Chemiewirtschaft gesponsert wird.
- Elaine Chao, Arbeitsministerin, saß im Vorstand der Fluggesellschaft Northwest Airlines.
- Norman Y. Mineta, Verkehrsminister, wurde als Kongressabgeordneter im Wahlkampf von den Fluggesellschaften Northwest Airlines und Greyhound und dem Flugzeughersteller Boeing gesponsert und arbeitete vor seinem Ministerjob bei Lockheed Martin, einem der weltgrößten Rüstungskonzerne.
- Alphonso Jackson, Minister für Wohnungsbau und Stadtentwicklung (seit 2005), war unmittelbar vor seiner Ernennung zum Minister Präsident des texanischen Energieunternehmens American Electric Power-TEXAS.
- Andrew H. Card Jr., Stabschef im Weißen Haus, war Cheflobbyist von General Motors sowie Vorstandsvorsitzender des Autokonzernverbandes American Automobile Manufacturers Association.

Die Wahlkampfausgaben der fossilen Ressourcenwirtschaft haben sich offensichtlich gelohnt. Der Energiekonzern Enron war der größte Spender von Bush-Vater und Bush-Sohn. «Eine solche Beziehung zwischen einer präsidialen Dynastie und einem Großkonzern hat es in der amerikanischen Geschichte nie zuvor gegeben», so der Publizist und Republikaner Kevin Phillips.[5]

Nur ein paar Monate brauchte Bush-Sohn, um seinen Freunden

aus der Ölindustrie einen ganzen Sack an Wahlgeschenken zu machen und ihnen für ihre großzügige Unterstützung auf dem Weg zur Präsidentschaft zu danken. Die Klima- und Energiepolitik unter Bush II. ist eine unendliche Geschichte voller Tragikomik. Nachdem er bereits im März 2001 erklärt hatte, das Kyoto-Klimaschutzprotokoll sei ein Vertrag mit «verhängnisvollen Defekten» und würde der amerikanischen Wirtschaft schaden, stieg Bush einige Monate später aus dem Kyoto-Protokoll aus. Der Ölmann Bush behauptete im Widerspruch zu jeder wissenschaftlichen Erkenntnis, der Treibhauseffekt sei Schwachsinn und «Kohlendioxid kein Klimakiller». Er tilgte Kohlendioxid aus der Liste der umwelt- und gesundheitsgefährdenden Chemikalien und ließ ein ganzes Kapitel über die Erderwärmung aus dem Jahresbericht der Umweltbehörde verschwinden. Er bestritt diejenigen Aussagen des UN-Klimabeirats IPCC, die ihm nicht in den Kram passten, und setzte einen eigenen Ausschuss aus ausgewählten hochkarätigen Wissenschaftlern ein, der ihm bescheinigen sollte, dass die fossile Energieverbrennung keine Klimakatastrophe auslöst. Als ihm sein eigener Ausschuss aber attestierte, dass das IPCC Recht hat,[6] gab Bush klein bei und gestand ein, dass Kohlendioxid nun doch das Klima belaste. Inzwischen bestreitet er diese Erkenntnis schon wieder. Jüngst enthüllte die *New York Times*, dass Bushs Chefumweltratgeber Philip Cooney, selbst Ex-Lobbyist der Energiebranche, mehrfach bereits von den zuständigen Wissenschaftlern geprüfte Berichte manipulierte und Aussagen zum Klimawandel strich.[7]

Die Leugnung und Verächtlichmachung wissenschaftlicher Klimaforschung ist exemplarisch für die Zensur, Manipulation und Gleichschaltung, die unter dem Bush-Regime betrieben wird. Unbequeme Wissenschaftler werden gefeuert und unerwünschte Erkenntnisse aus offiziellen Dokumenten gestrichen. Dieser Vorwurf wiegt schwer, wird er doch von vielen der angesehensten amerikanischen Wissenschaftler erhoben. «Die Regierung Bush», heißt es in einem Protestschreiben der US-Forschungselite, «hat im Gegensatz zu früheren Regierungen bei ihrer Politikfindung neutralen wissenschaftlichen Rat ignoriert. Sie untergräbt Amerikas Zukunft.» Bush ordne das staatliche wissenschaftliche Beratungssystem «seinen politischen Zielen unter». Wissenschaftliche Berater würden in «sensiblen Fragen» immer häufiger «mit Maulkörben versehen». Das Weiße Haus habe wiederholt «wissenschaftliche Erkenntnisse unterdrückt oder verzerrt» – auf eine «der Sicherheit und dem öffentlichen Wohl abträgliche Weise».

Zu den Unterzeichnern der Erklärung gehören auch hochrangige Mitglieder der republikanischen Partei, darunter Russell Train, Direktor der nationalen Umweltbehörde unter Nixon und Ford. Die Bush-Regierung, so Train, sei derart «diktatorisch», dass sich viele gute Köpfe aus den Behörden zurückziehen. «Viele hoch qualifizierte Wissenschaftler wurden aus Beratergremien entfernt ... Ihre Plätze wurden anschließend von Vertretern der Industrie übernommen. Die Zensur und Verfälschung wissenschaftlicher Erkenntnisse zu politischen Zwecken muss jetzt ein Ende haben.» Keine Regierung habe «je so tief in die Strukturen eingegriffen», klagt Donald Kennedy, Chefredakteur von *Science*. Der Princeton-Physiker und Nobelpreisträger Val Fintch alarmiert: «Ich kann mich nicht erinnern, dass es je so eklatant war. ... Nach und nach werden die Fakten verfälscht.» Ein Institutsleiter bei der NASA monierte, zahlreiche Klimastudien seines Instituts seien von der Regierung geschönt oder auffällig lange verschleppt worden. Inzwischen wurde die Protesterklärung von über 5000 amerikanischen Wissenschaftlern unterzeichnet, darunter 48 Nobelpreisträger, 62 Träger der Nationalen Wissenschaftsmedaille und 135 Mitglieder der National Academy of Sciences – ein einmaliger Fall in der Geschichte der Vereinigten Staaten.[8]

Gestützt auf handverlesene Ideologen, setzt die Bush-Regierung wider alle Moral und wissenschaftliche Vernunft ihre fossil-nukleare Energiepolitik durch. Was ihr an Grausamkeiten vorschwebt, zeigt der im Mai 2001 vorgelegte Nationale Energieplan.[9] Der Bericht war in der zweiten Woche nach Amtsantritt (!) vom Präsidenten in Auftrag gegeben worden und wurde von einem 15-köpfigen Team, darunter das halbe Washingtoner Kabinett, unter Vorsitz des Vizepräsidenten und Ex-Ölfirmenchefs Cheney erarbeitet. Wie der Entscheidungsprozess innerhalb der Cheney-Arbeitsgruppe ablief, wird von der Bush-Regierung bis heute gesetzeswidrig geheim gehalten.

Der Cheney-Report konstatiert zunächst eine handfeste Energiekrise: «Amerika im Jahr 2001 sieht sich konfrontiert mit der ernsthaftesten Energieverknappung seit den Ölembargos der 1970er Jahre. ... Ein fundamentales Ungleichgewicht zwischen Versorgung und Bedarf macht unsere nationale Energiekrise aus. ... Dieses

Ungleichgewicht wird, wenn es sich weiter fortsetzt, unsere Wirtschaft, unseren Lebensstandard und unsere nationale Sicherheit unabwendbar untergraben. Aber es liegt nicht jenseits unserer Macht, dies zu korrigieren.»

Innerhalb der nächsten 20 Jahre werde der US-Ölverbrauch um 33 Prozent steigen, der Gasverbrauch um über 50 Prozent, der Stromverbrauch um 45 Prozent. Selbst wenn die amerikanische Energieproduktion weiter so steige wie in den 1990er Jahren, werde die Lücke zwischen Verbrauch und Bedarf immer größer. Um 2020 werde Amerika daher fast zwei Drittel seines Öls importieren müssen – «ein Zustand wachsender Abhängigkeit von ausländischen Mächten, denen nicht immer Amerikas Interessen am Herzen liegen».

Der Report empfiehlt daher, die Energieversorgung zum zentralen Punkt der Außen- und Handelspolitik zu machen. Die Golfregion werde nämlich bald 54 bis 67 Prozent des Weltölbedarfs bestreiten, die Macht der OPEC dementsprechend wachsen. «Diese Region wird vital für US-Interessen bleiben.» Welche Folgen diese Analyse für die Außenpolitik der Bush-Regierung hatte, bedarf hier keiner weiteren Erläuterung.

Außerdem fordert der Report ein gewaltiges fossiles Energiegewinnungsprogramm, um die USA von einer «unfreundlichen ausländischen Macht» unabhängig zu machen. In den nächsten 20 Jahren sollen demnach 1300 bis 1900 neue Kraftwerke gebaut werden, d. h. durchschnittlich jede Woche ein neues. Außerdem ist der Bau von 38 000 Meilen neuen Gaspipelines und 55 000 Meilen neuen Strommasten vorgesehen. Im Mittelpunkt steht der Neubau einer Pipeline von Alaska in die anderen US-Staaten.

Im Mix der fossilen Energieträger soll Kohle den Hauptanteil stellen, der Erdgasanteil soll wachsen. In Alaska, den Rocky Mountains und Florida sollen Naturschutzgebiete für die Ölförderung zugänglich gemacht werden, Vorschriften beim Genehmigungsprozess gestrichen werden. Die Atomenergie soll wiederbelebt werden, bestehende Reaktoren sollen wieder ans Netz gehen bzw. ihre Laufzeiten verlängert werden. Die Entsorgung des Atommülls wird im Bericht nicht geklärt.

Als sich Stromkonzerne bei der angeblichen Energiekrise in Kalifornien im Winter 2000/2001 – bei der die Konzerne nachweislich den Strommarkt vorsätzlich manipulierten und auf diese Weise für

Blackouts sorgten, um sich anschließend durch massive Preissteigerungen zu bereichern – blieb die Bush-Regierung untätig. Der US-Starökonom Paul Krugman wunderte sich in der *New York Times* über das Desinteresse an dem Skandal und glaubt gar an eine groß angelegte Vertuschungskampagne: «Immerhin handelt es sich um den spektakulärsten Fall von Marktmanipulation seit den Tagen der frühen Industrialisierung, und die Bundesregierung hat nichts dagegen unternommen.»[10]

Nun ja, *fast* nichts wurde unternommen: Die angebliche Energieknappheit war der ideale Anlass für den Start des von der Cheney-Arbeitsgruppe erarbeiteten Energieprogramms. Die politischen Maßnahmen folgten auf dem Fuße: Gesetze für höhere Effizienzstandards und saubere Energie wurden beschnitten, die Kontroll- und Sicherheitsvorschriften für Kraftwerke und Bohrrechte aufgeweicht.[11] Über 30 Milliarden Dollar neue Subventionen und Steuererleichterungen für die Energiekonzerne wurden noch obendrein spendiert – zu einer Zeit, als ansonsten mit Hinweis auf die Haushaltslage überall gekürzt wurde. «Es scheint, dass viele Prinzipien unserer Regierung eine Sonderklausel enthalten, wenn es um Öl geht», meint der Princeton-Ökonom Paul Krugman.[12] Die Londoner Zeitung *The Independent* zur Bush-Politik: «Der zum Präsidenten gewordene Ölmann gibt nun zu erkennen, was er immer gewesen ist: ein zuverlässiger Verbündeter des großen Geldes im Allgemeinen und der Energiewirtschaft im Besonderen.»[13]

Dieses Füllhorn an Sonderklauseln produzierte schließlich den Enron-Skandal, dessen krasse Ausmaße sogar die überzeugtesten Antikapitalisten verblüfften. Einst war Enron der führende Energiekonzern der USA. Doch die korrupten Manager fälschten Bilanzen derart drastisch, dass die Enron-Aktien ins Bodenlose sanken, als die Fälschungen aufflogen – «der größte Konkursfall der Wirtschaftsgeschichte» (Joseph E. Stiglitz). Die Topmanager des Konzerns kamen dabei gut weg: Sie verkauften ihre Aktien früh genug und kassierten dafür 1,1 Milliarden Dollar. Die Mitarbeiter des Konzerns aber wurden arbeitslos und verloren Renteneinlagen in Höhe von einer Milliarde Dollar.[14]

Die Rolle der Bush-Regierung bei dem Skandal ist ziemlich unrühmlich, obgleich typisch: Enron-Chef Kenneth Lay und das halbe Kabinett Bush sind alte Freunde. Obendrein war Enron der größte Einzelspender für die Wahlkämpfe der beiden Bushs. Das half bei einem der größten Korruptionsfälle der amerikanischen Geschichte: Enron-Boss Lay soll dem Leiter der verantwortlichen Regulierungsbehörde zu verstehen gegeben haben, er solle sich gefälligst kooperativer zeigen, wenn er seinen Job behalten möchte; der blieb allerdings beharrlich – und wurde prompt gekündigt. Für Enron erließ man gar die «Enron exemption» – eine gesetzliche Sonderregelung, die den Energiekonzern vor Prüfung und Strafverfolgung schützte. Die Ehefrau des für diese Regelung zuständigen Senators Phil Gramm saß zufällig zu der Zeit im Vorstand des Konzerns. Was tat Gramm nach Auffliegen des Skandals? Er trat als Senator zurück und wechselte zur Energiefirma UBS Warburg – just jenem Unternehmen, das den Enron-Geschäftsbereich Energiehandel zu Spottpreisen aufkaufte.[15]

Enron ist der «Inbegriff aller Übel», sagt der Ökonomienobelpreisträger und frühere Chef des US-Wirtschaftssachverständigenrats Joseph E. Stiglitz und zählt auf: «Selbstbereicherung in den Vorstandsetagen, Bilanzfälschung, Vorteilsnahme, Bankenskandale, Deregulierung und blinde Marktgläubigkeit. Die Auslandsaktivitäten von Enron stehen beispielhaft für die dunklere Seite der Globalisierung US-amerikanischen Gepräges, für Amigo-Wirtschaft und dafür, wie US-Konzerne ihre Macht im Ausland missbrauchten.»[16]

Ohnehin kennt sich George W. Bush «mit abgewirtschafteten Energieunternehmen und Bilanzunregelmäßigkeiten vermutlich besser aus als je ein CEO [Vorstandsvorsitzender, W.G.] vor ihm», sagt Chuck Lewis vom Center for Public Integrity. Er spielt damit auf die Affäre der Harken Energy an, die nie richtig untersucht wurde. Dass dabei Korruption im Spiel war, ist offensichtlich. Bush saß 1989 im Vorstand und im Prüfungsausschuss des Energieunternehmens; an die beiden Posten nebst einem großzügig bemessenen Aktienpaket kam Bush, als Harken zu einem Preis von zwei Millionen Dollar das kleine, unrentable und überschuldete Energieunternehmen Spectrum 7 übernahm – mitsamt dessen Vorstandsvorsitzendem, und das war kein Geringerer als George W. Bush. Was er mit dem Aufkauf eigentlich bezwecke, wurde der Harken-Chef gefragt. «Na ja, wissen Sie, der Mann hieß doch George Bush!», war die lapidare Antwort.

Auch Harken ging es finanziell immer schlechter. 1989 konnte man die Verluste noch durch den Verkauf einer Tochterfirma, der

Aloha Petroleum, auffangen. Die Börsenaufsicht erklärte den Verkauf aber für unzulässig. Grund: Käufer war eine Gruppe von Harken-Insidern, und die Kaufsumme wurde ihnen von Harken selbst geliehen.

Kurz bevor die illegalen Bilanzfälschungen bei Harken aufflogen und die Harken-Aktien ihren Tiefflug antraten, verkaufte Bush zwei Drittel seiner Anteile für 848 000 Dollar – ein eindeutigeres Insidergeschäft gibt es nicht. Obwohl das Gesetz die sofortige Meldung von Insidergeschäften vorschreibt, informierte Bush die Börsenaufsicht erst über ein halbes Jahr später. In einem internen Papier stellt die Börsenaufsicht zwar fest, dass Bush gegen das Gesetz verstoßen und sich damit illegal bereichert hat, doch es wurde nie Klage erhoben. Eben zu dieser Zeit war Bush-Vater Präsident. «Angesichts dieses Hintergrundes», merkt der Princeton-Wirtschaftsprofessor Paul Krugman sarkastisch an, «darf man feststellen, dass diese Regierung wahrlich prädestiniert ist, um Wirtschaftsverbrechern zu Leibe zu rücken. Schließlich besitzen Bush & Co. reichlich Erfahrung aus erster Hand.»[17]

Kontakte zur Bush-Öljunta waren auch nach der energiepolitisch motivierten Okkupation des Irak hilfreich. Wer Bush freundlich gesinnt war, wurde mit lukrativen Aufträgen in Milliardenhöhe versorgt. Allein Kellogg Brown & Root erhielt Aufträge mit einem Volumen von 2,3 Milliarden Dollar – der fetteste, der überhaupt vergeben wurde. Die Ölfirma ist eine Tochter des weltgrößten Öldienstleisters Halliburton, deren früherer Chef kein Geringerer ist als Vizepräsident Cheney.[18]

So sieht die Energiepolitik einer Regierung aus, die mit der fossilen Energiewirtschaft identisch ist. Der petroindustrielle Komplex wird von der Öljunta um Bush II. geschützt, so gut es nur möglich ist. Ein Kabinett, das aus Ölmanagern besteht, steht an der Spitze der größten Militärmacht und des größten Energieverbrauchers der Welt. Diese Öljunta kennt keine Skrupel, ihre fossilen Rohstoffinteressen rund um den Erdball knallhart durchzusetzen. Amerika ist ein Land, dessen Demokratie arm dran und dessen Energiehunger riesig groß ist.

Der blutige Schacher um die Rohstoffe

Meist unbeachtet von der Weltöffentlichkeit, ohne Massendemonstrationen und ohne Sondersendungen der ARD, werden tagtäglich Kriege um Rohstoffe geführt. Blut für Öl ist eine bittere Realität, nicht nur eine kulturkritische Formel oder ein pessimistisches Zukunftsszenario. Der blutige Schacher um die Rohstoffe hat schon begonnen, wird weltweit ausgetragen und mit der Zuspitzung der Rohstoffverknappung in naher Zukunft noch radikaler ausgefochten werden.

Der industrialisierte Norden ist vom Öl abhängig wie ein Junkie von der Nadel und agiert daher notfalls kriminell, um sich ausreichend Nachschub zu beschaffen, an dem sein Leben scheinbar hängt. Der größte Ölverbraucher der Welt hat unter Führung einer Big-Oil-Dynastie mithilfe von Bibel und Bombe eine globale Ressourcendiktatur aufgebaut, innerhalb deren der privilegierte Zugang zu den globalen Rohstoffreserven militärisch durchgesetzt wird. Die Kriege auf der arabischen Halbinsel hätten nicht stattgefunden, wenn dort Pflanzenöl angebaut statt Erdöl gefördert würde.

Die fossilen Rohstoffvorräte sind an wenigen Plätzen der Erde konzentriert. Doch die Verteilung der Vorräte stimmt nicht mit den Verbrauchsmustern überein: Unter den zehn ölreichsten Ländern, die zusammen über fast 90 Prozent der Weltreserven verfügen, befindet sich kein einziges Industrieland. Den zehn erdgasreichsten Nationen mit ebenfalls fast 90 Prozent Anteil an den Weltreserven gehören als einziges Industrieland die USA an.[1]

Über drei Viertel der Weltölvorräte werden vom OPEC-Kartell kontrolliert, nur ein knappes Zehntel entfällt auf die Industrieländer der OECD. Gleichzeitig verbraucht jedoch die OECD rund 60 Prozent des geförderten Erdöls, die OPEC hingegen nur acht Prozent. Da die OECD ihre eigenen spärlichen Vorräte schneller aus dem Boden holt als die vergleichsweise üppig ausgestatteten OPEC-Länder, ist sicher, dass die Macht des OPEC-Kartells in Zukunft stark steigen wird.[2] Von seiner Schwäche in den 1980er Jahren hat sich das Ölkartell gut erholt. Aufgrund der sich verknappenden Reserven nimmt seine Macht unweigerlich zu.

Regionale Verteilung der Erdölreserven

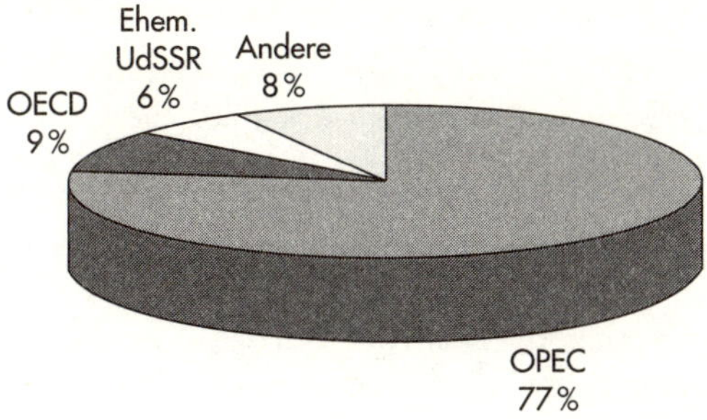

Quelle: Stahl 1998

Der durch diese asymmetrische Verteilung sowie durch die Verknappung der Energieressourcen gefährdete sichere Zugang zu Energieressourcen war und ist Ursache für zahlreiche Kriege und bewaffnete Auseinandersetzungen innerhalb und zwischen Staaten. Es kann keinem Beobachter internationaler Politik verschlossen bleiben, dass sich nahezu alle größeren militärischen Interventionen der jüngeren Geschichte in der Region am Kaukasus abspielten. Viele der Kriege in Afrika, die drei Golfkriege, die Tschetschenienkriege und der Afghanistankrieg sind Vorboten der blutigen Schlachten um Rohstoffe, die noch kommen werden. Selbst Bürgerkriege um Energieressourcen sind keineswegs nur ein weit entfernter Alptraum oder ein theoretisches Schreckensszenario. Wir können sie hier und heute erleben, im Sudan, in Nigeria oder in Südamerika.

Sicherlich vereinfacht die gängige Formel «Blut für Öl», weil Rohstoffinteressen von einem komplexen Geflecht von politischen und ökonomischen Interessen und auch moralischen Motiven überlagert werden, was zu vertrackten und zum Teil widersprüchlichen Politikformen führt. Dennoch ist die darin enthaltene Betrachtung nicht falsch. Seit Öl energetisch nutzbar geworden ist, spitzt sich der Konflikt um diesen Rohstoff immer weiter zu. Die Kontrolle der Energieressourcen spielt eine strategisch entscheidende Rolle im Poker um Macht und Einfluss. Mit der Kontrolle der Energieressourcen stehen und fallen ganze Nationen, werden Kriege gewonnen oder verloren, halten sich Regierungen im Amt oder werden gestürzt. «Öl bestimmt schon seit Jahrzehnten – seit der Wende zum 20. Jahrhundert – die Außen- und Sicherheitspolitik», erklärte der US-Energieminister a.D. Bill Richardson. «Es führte zur Aufteilung des Nahen Ostens nach dem Ersten Weltkrieg; es brachte Deutschland und Japan dazu, Ansprüche auf Gebiete jenseits ihrer Grenzen zu erheben; dann folgten das arabische Ölembargo, der Iran-Irak-Krieg und der Golfkrieg. Dies alles liegt klar auf der Hand.»[3]

Schon in den beiden Weltkriegen wurde ums Öl gekämpft – nicht als übergeordnetes Kriegsziel, aber als kriegsentscheidende strategische Ressource, mit deren Kontrolle sich der Kriegsausgang bestimmen ließ. Kohlegeheizte Schiffe konnten wegen ihrer dicken Rauchwolken noch in 20 Kilometer Entfernung gesehen werden und brauchten außerdem zehn Tage zum Beladen mit dem Brennstoff. Erdölbetriebene Schiffe dagegen konnten an nur einem halben Tag vollgetankt werden und zogen keine Rauchwolke hinter sich her. Sie waren schneller, banden weniger Männer im Maschinenraum und konnten notfalls auch auf hoher See betankt werden. Die frühzeitige Umrüstung der Schlachtschiffe auf Ölfeuerung sicherte den Briten die Vorherrschaft auf den Weltmeeren.

Seit dem Kriegsbeginn 1914 setzten die Alliierten aufs Öl als entscheidenden Rohstoff, während Deutschland sich noch auf die heimische Kohle konzentrierte – letztlich eine folgenschwere militärische Fehlplanung. Wer siegen wollte, brauchte Blut und Öl. Ohne Erdöl rollen keine Panzer, starten keine Bomber, fehlt der Nachschub. Der damalige französische Ministerpräsident gab den Kommentar ab: «Jeder Tropfen Öl ist einen Tropfen Blut wert.»[4] Der französische Kriegsminister Clemenceau schrieb 1917 an US-Präsident Wilson: «Ein Ausfall in der Ölversorgung wird unsere Armeen unmittelbar auflösen ... Wenn die Alliierten den Krieg nicht verlieren wollen, dann dürfen sie Frankreich für den Fall einer deutschen Großoffensive nicht das Öl vorenthalten, das auf den Schlachtfeldern von morgen so unentbehrlich wie das Blut ist.» Der britische Außenminister Lord Curzon meinte zum Kriegsausgang: «Die Alliierten wurden auf einer Welle von Öl zum Sieg getragen ... Seit Beginn des Krieges eroberten sich das Öl und seine Produkte die Führungsposition unter den Kampfstoffen, mit denen die Alliierten den Krieg führen und gewinnen konnten. Wie hätten sie ohne Öl die Beweglichkeit der Flotte, den Transport der Truppen oder die Herstellung der Sprengstoffe ermöglichen sollen?» Und der Direktor des französischen Generalkomitees zur Ölbeschaffung, Henry Bérenger, wusste: «Öl war das Lebensblut für den Sieg. Deutschland legte zu viel Wert auf seine Überlegenheit bei Kohle und Stahl und hat unsere Überlegenheit in der Ölversorgung zu wenig in Rechnung gestellt.»[5]

Unter Historikern gilt die Entscheidung der Briten, ihre Flotte auf Erdöl umzustellen, als ausschlaggebend für den Sieg der Alliierten im Ersten Weltkrieg. Die Alliierten schnitten die Deutschen von den Ölfeldern im Osten ab, während die Vereinigten Staaten als damals größter Ölproduzent für den Ölnachschub der Alliierten sorgten. Als die Deutschen am 11. November 1918 kapitulierten, hatte die deutsche Armee nur noch Treibstoff für wenige Tage.[6]

Die Rolle der Energierohstoffe für die Kriegsführung wurde danach von allen Strategen erkannt, auch und vor allem von Hitler. Nazi-Deutschland war vollkommen von sowjetischen und rumänischen Ölimporten abhängig und daher verwundbar. Einziger heimischer Energieträger war die Kohle. Hitler startete deshalb Programme zur Gewinnung von Treibstoffen aus Kohleverflüssigung für die deutsche Kriegsmaschinerie. 1936 eröffnete er ein Projekt zur Produktion synthetischer Kraftstoffe aus Kohle und sprach von dem soldatischen Ernst, mit dem dieses Projekt durchgeführt werden müsse – weil jeder zukünftige Krieg davon abhänge.[7] Im vorletzten Kriegsjahr deckten Treibstoffe aus Kohle 57 Prozent des militärischen Bedarfs und sogar 92 Prozent des Flugtreibstoffs.[8] Daher war, wie der berühmte John Keynes konstatierte, «das Deutsche Reich eher auf Kohle und Eisen aufgebaut denn auf Blut und Eisen».[9]

Adolf Hitlers Versuche, die kaukasischen Erdölreserven in seine Hände zu bringen, sind von Historikern gut dokumentiert. Die Herrschaft über die Ölfelder sollte Deutschland nach Willen des Führers «unbesiegbar» machen.[10] Doch bei ihrem Einmarsch in die Sowjetunion ging den deutschen Soldaten das Öl aus; die Fahrzeuge lagen teilweise tagelang fest, auch der Nachschub ließ wegen Treibstoffmangels auf sich warten. Als die deutsche Armee 1942 die Ölfelder von Maikop im Kaukasus erreichte, fand sie die Raffinerien gesprengt vor. Ohne Treibstoff waren die deutschen Truppen bewegungsunfähig und ausgeliefert.[11] Als im Winter 1942/43 die Sechste Armee in Stalingrad eingekesselt wurde, lehnte Hitler es ab, die Einheiten am Kaukasus zur Verstärkung zu schicken. Zur Begründung sagte Hitler gegenüber Feldmarschall Erich von Manstein: «Es ist eine Frage des Besitzes von Baku – wenn wir das Öl von Baku nicht bekommen, ist der Krieg verloren.»[12]

Der deutsche Angriff auf die Sowjetunion wurde laut Zbigniew Brzezinski, dem ehemaligen Nationalen Sicherheitsberater der USA, hauptsächlich wegen des Konflikts um die Kontrolle der Ölvorräte am Kaspischen Meer unternommen.[13] Seine Analyse deckt sich mit den Aussagen des deutschen Reichsministers für Bewaffnung und Munition, Albert Speer, bei seinem Verhör 1945, wonach das Öl im Kaukasus das Hauptmotiv für den Angriff auf Russland gewesen sei.[14] Dass Hitlers Versuche scheiterten, den Ölnachschub zu sichern, und die deutschen Soldaten im sowjetischen Winter krepierten, war letztlich der entscheidende Grund für die deutsche Niederlage.

Es war auch die Ölknappheit, die General Rommel in Nordafrika zu Fall brachte. Zuvor hatte er an Hitler geschrieben: «Der tapferste Mann nützt nichts ohne Kanone, die beste Kanone nützt nichts ohne viel Munition, und Kanone und Munition nützen im Bewegungskrieg nicht viel, wenn sie nicht durch Fahrzeuge mit genügend Benzin bewegt werden können.» Ab dem vorletzten Kriegsjahr konnten viele deutsche Flieger nicht mehr starten, weil Treibstoff fehlte. Die letzte deutsche Offensive in den Ardennen wurde im Dezember 1944 zurückgeschlagen – es fehlte der Treibstoff.[15]

Der japanische Überfall auf Pearl Harbor war wie der deutsche Angriff auf Russland primär von der strategischen Abhängigkeit vom Erdöl angetrieben. Japan war aufgrund seiner Großmachtambitionen in die Mandschurei und China einmarschiert. Um seine imperiale Politik fortsetzen zu können, war das rohstoffarme Japan allerdings auf Rohstoffimporte und speziell auf Erdöl angewiesen. Japan besetzte daher ab Sommer 1940 den Süden Indochinas mit seinen wertvollen Ölquellen. Doch die USA, die Briten und Niederländisch-Indien (das heutige Indonesien) verhängten ein Handelsembargo, das auch Ölimporte einschloss, um Japan wirtschaftlich in die Knie zu zwingen.

Japan stand vor der Wahl, sich entweder aus den besetzten Gebieten zurückzuziehen oder aber einen Krieg mit den USA zu beginnen. Der Überraschungsangriff auf Pearl Harbor fiel vernichtend aus, doch amerikanische Bomber versenkten ab 1944 mehr japanische

Tanker, als neue gebaut werden konnten, und schnitten die Insel völlig von Ölimporten ab – und entschieden so den Kriegsausgang für sich. Der Ausgang des Zweiten Weltkriegs lässt sich, auch was Japan anbelangt, wesentlich darauf zurückführen, dass die Alliierten 86 Prozent der weltweiten Erdölvorkommen kontrollierten.[16]

Kurz nach Kriegsende wurde ein entscheidender Punkt erreicht, der den Start für die Errichtung einer globalen Ressourcenhegemonie markieren dürfte: «Bis einschließlich 1947 exportierte Amerika mehr Öl, als es importierte. Doch dann kehrte die Bilanz sich um; 1948 übertraf die Einfuhr von Rohöl und Ölprodukten erstmals die Ausfuhr», so der Harvard-Historiker Daniel Yergin in seiner mit dem Pulitzer-Preis bedachten Abhandlung über die Geschichte der Ölindustrie. «Diese Verschiebung verlieh der leidigen Frage der Versorgungssicherheit eine neue Dimension. Die Lektionen aus dem Zweiten Weltkrieg, die wachsende wirtschaftliche Bedeutung des Öls und die Größe der Vorkommen im Nahen Osten trugen vor dem Hintergrund des beginnenden Kalten Krieges mit der Sowjetunion dazu bei, den gesicherten Zugang zu diesem Öl zu einem Kernelement des amerikanischen, britischen – und westeuropäischen – Sicherheitsdenkens werden zu lassen. Öl war der Punkt, an dem Außenpolitik, internationale Wirtschaftsbestrebungen, nationale Sicherheit und Unternehmensinteressen konvergierten. Im Brennpunkt lag der Nahe Osten. Dort waren die Firmen bereits mit dem raschen Ausbau der Förderung und der Ausarbeitung neuer Arrangements zur Sicherung ihrer Positionen beschäftigt.»[17] Künftig sollten Kriege nicht nur mit, sondern ums Öl geführt werden.

Als Hauptgewinner des Zweiten Weltkriegs wollten die USA die britisch kontrollierten Ölquellen im Nahen Osten übernehmen. Der britische Botschafter Lord Halifax wurde daher von Roosevelt zu Verhandlungen ins Weiße Haus geladen. Um einen Kompromiss vorzuschlagen, zeigte Roosevelt dem Botschafter eine grobe Skizze der Region. «Das persische Öl», bedeutete er, «gehört Ihnen. Das Öl im Irak und Kuwait, das teilen wir uns. Und was das saudische Öl betrifft, das gehört uns.»[18]

Gleichzeitig rückte der sowjetische Expansionsdrang den Nahen Osten ins Blickfeld der Weltpolitik. Die Sowjets strebten nach Kontrolle des Öls in der Region, doch die Amerikaner hatten sich den Großteil der Vorräte in der saudischen Monarchie bereits gesichert. Riad versprach Öl, Washington versprach Dollars, Waffen und militärischen Schutz. Im Oktober 1950 schrieb Präsident Truman an König Ibn Saud: «Ich möchte Eurer Majestät gegenüber die schon mehrfach in der Vergangenheit gegebene Versicherung erneuern, dass die Vereinigten Staaten an der Erhaltung der Unabhängigkeit und territorialen Integrität Saudi-Arabiens interessiert sind. Es kann keine Bedrohung des Königreichs geben, von der nicht auch die Vereinigten Staaten unmittelbar betroffen wären.»[19] Bis heute währt die Freundschaft Amerikas mit den saudischen Despoten.

Die Suezkanal-Krise ist ein weiteres Kapitel im sich zuspitzenden Schacher um die Ressourcen. In Ägypten hatte sich 1954 General Nasser erfolgreich gegen den korrupten König Farouk an die Macht geputscht. Nasser galt als Günstling der USA, doch dies änderte sich schrittweise, als er sich der Sowjetunion annäherte, um dem Westen mehr Privilegien abzuringen, und einen verstärkt antiisraelischen Kurs fuhr. Schließlich froren die USA ihre Finanzierungszusage für den von Ägypten geplanten Assuan-Staudamm ein. Nasser verstaatlichte hierauf die britisch-französische Suezkanal-Gesellschaft, um auf diesem Weg den Bau des Staudamms zu finanzieren. Rund 70 Prozent der westeuropäischen Öleinfuhren durchliefen damals den Kanal, was die Verwundbarkeit des Westens deutlich erhöhte und zugleich der Macht der Briten und Franzosen fühlbar zusetzte. London und Paris planten einen Militärschlag, doch US-Präsident Eisenhower drängte auf eine friedliche Lösung, da die Situation nicht ernsthaft genug sei, um einen Krieg vom Zaun zu brechen. Die Briten und Franzosen überredeten stattdessen Israel – dem von Ägypten der Zugang zum Roten Meer und die Nutzung des Kanals versperrt worden waren – zu einer Invasion, um damit einen Vorwand zu haben, selbst militärisch einzugreifen. Details über diese «Operation Musketier» wurden erst später bekannt. Die israelische Invasion begann im Oktober 1956. London und Paris stellten ein Ultimatum an beide Parteien, ihre Truppen von den beiden Seiten des Kanals abzuziehen. Als Nasser dies verweigerte, rückten die alliierten Truppen gegen Ägypten vor und eroberten den Kanal.

Die USA enthielten sich jeder Rückendeckung für die Nato-Partner. Im Gegenteil: Eisenhower glaubte, die Aktion werde nur antiwestliche Stimmungen anheizen und vom sowjetischen Einmarsch in Ungarn ablenken, was der Position der USA im Kalten Krieg schaden würde. Zudem drohten die Sowjets, Ägypten militärisch zu unterstützen, was eine Eskalation in Gang hätte setzen können. Die

USA verhängten daraufhin ein Ölembargo gegen Frankreich und Großbritannien und drohten mit dem Verkauf britischer Währungsreserven. London entschloss sich zum Rückzug, Paris und Jerusalem folgten.[20]

Auch in der Irankrise der 1950er Jahre waren die USA der Bedenkenträger gegen einen Krieg, obgleich sie sich beileibe nicht allein friedlicher Mittel bedienten. Anfang der 1950er Jahre hatte der demokratisch gewählte iranische Premier Mohammed Mossadegh die bis dato britischen Ölkonzerne gegen Abfindungen in staatliches Eigentum überführt. Als der Westen mit einem Boykott des iranischen Öls reagierte, drohte Mossadegh, sich dem Kommunismus zuzuwenden, wenn der Boykott nicht beendet werde. London fasste einen Militärschlag ins Auge, doch die USA lehnten ein militärisches Vorgehen ab, um den Sowjets keinen Vorwand zu bieten, im Norden des Iran einzufallen. Auf Betreiben der Briten lancierte 1953 die CIA den Sturz Mossadeghs und reinstallierte den korrupten Resah Schah Palevi. Unter dem Diktat amerikanischer Konzerne wurde die Ölindustrie reprivatisiert.

In den folgenden 20 Jahren – verstärkt nach dem Rückzug der britischen Kolonialtruppen aus der Golfregion 1967 – rüsteten die Amerikaner das Schah-Regime auf, das die inländische Opposition brutal unterdrückte und Demonstranten zu Hunderten erschießen ließ. Trotz der Skepsis des Kongresses hatte Präsident Nixon dem Schah einen Blankoscheck ausgestellt, ihm alle Waffensysteme zu liefern, die er wollte.[21] Im Jahr 1964 ließ der Schah ein Gesetz verabschieden, das US-Soldaten im Iran vor Verhaftung und Bestrafung schützte.

Die Ölkrise der 1970er Jahre war der Anfang vom Ende der Schah-Monarchie. Die Ölprofite explodierten, doch der korrupte Despot verschwendete die Petrodollars für Prunkbauten und Waffenkäufe. Das erneute Versiegen der Öleinnahmen legte den Grundstein für die antiamerikanische Khomeinische Revolution von 1979.

Die US-dominierte globale Ressourcenhegemonie wurde mit dem Aufstand der ölproduzierenden Staaten (OPEC) in den beiden Ölkrisen erschüttert. Die erste Ölkrise entstand im Zuge des vierten arabisch-israelischen Krieges: Am 6. Oktober 1973, dem jüdischen Jom-Kippur-Fest, marschierten ägyptische und syrische Streitkräfte in Israel ein, um die von Israel im Sechstagekrieg von 1967 besetzten Gebiete zurückzuerobern. Bald gewann das israelische Heer

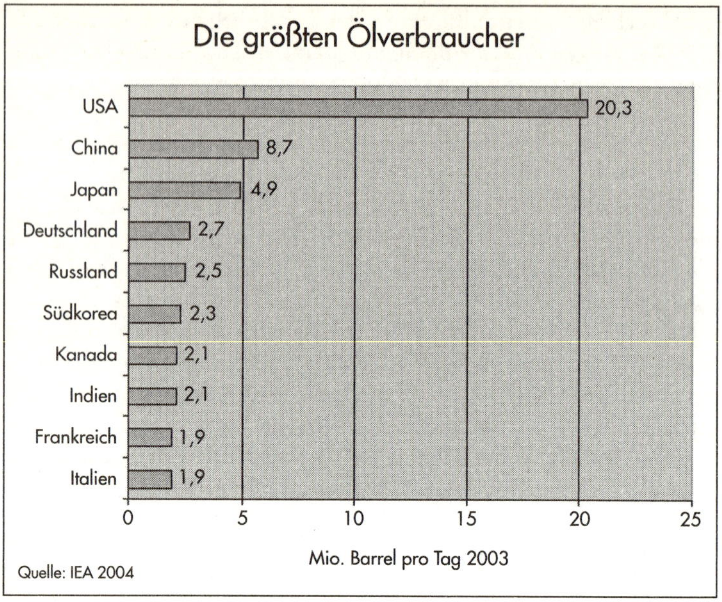

Die größten Ölverbraucher
USA
China
Japan
Deutschland
Russland
Südkorea
Kanada
Indien
Frankreich
Italien
20,3
8,7
4,9
2,7
2,5
2,3
2,1
2,1
1,9
1,9
0
5
10
15
20
25
Mio. Barrel pro Tag 2003
Quelle: IEA 2004

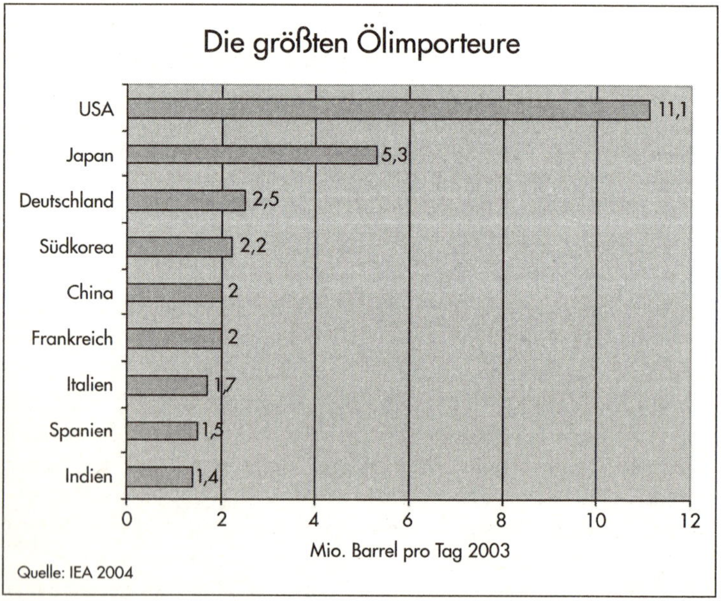

Die größten Ölimporteure
USA
Japan
Deutschland
Südkorea
China
Frankreich
Italien
Spanien
Indien
11,1
5,3
2,5
2,2
2
2
1,7
1,5
1,4
0
2
4
6
8
10
12
Mio. Barrel pro Tag 2003
Quelle: IEA 2004

die Oberhand, drängte die Angreifer zurück und setzte seinerseits zum Gegenangriff an. Am 22. Oktober trat ein von den Vereinten Nationen ausgehandelter Waffenstillstand in Kraft.

Nach Scheitern des Krieges griffen die arabischen OPEC-Mitglieder zur Ölwaffe: ein Lieferstopp gegen alle Staaten, die Israel unterstützten. Proisraelischen Nationen, vor allem den USA und den Niederlanden, drehte die OPEC den Ölhahn zu und forderte den Abzug der Israelis aus sämtlichen besetzten Gebieten. Der Ölpreis vervierfachte sich binnen Wochen von drei auf zwölf Dollar pro Barrel.

Quasi über Nacht stürzte diese erste Ölkrise die Weltwirtschaft in eine Rezession. Durch das hastige Auflegen von Energiesparprogrammen, dem Anzapfen von Notreserven und das Ausweichen auf alternative Nachschubländer konnte sich der Westen vor dem Zusammenbruch retten. US-Außenminister Kissinger drohte mit einer militärischen Intervention im Nahen Osten als Notfalloption.[22] Auf massiven Druck hin gab Israel nach und leitete einen Teilrückzug aus den besetzten Gebieten ein. Der Krieg um Öl wurde verhindert.

Nach der Machtergreifung Khomeinis im Iran 1979 entschied sich die OPEC für eine zweite «Preisanpassung», die den Ölpreis auf über 30 Dollar pro Barrel beförderte. Die Industriestaaten erlebten die zweite Ölkrise und stürzten nochmals in eine Rezession. Durch die Diversifizierung der Importstruktur und das gegenseitige Ausspielen der Lieferländer konnte die Krise aber glimpflicher als beim ersten Mal überwunden werden.

Eine andere Form der Ölwaffe wurde von den USA im Kalten Krieg eingesetzt. Neben anderen Faktoren – Gorbatschows Perestroika und Reagans Totrüstungspolitik – wurde der Kalte Krieg auch durch die amerikanisch-saudische Ölpolitik entschieden. Die USA drängten 1985 ihren Verbündeten, den saudischen König Fahd, dazu, den Markt mit Öl zu überschwemmen. Durch das Überangebot fiel der Ölpreis auf einen Tiefstand, was zum Einbruch der auf den Ölexport ausgerichteten sowjetischen Deviseneinnahmen führte – und damit der sowjetischen Wirtschaft erheblichen Schaden zufügte. Als Gegenleistung erhielt König Fahd von seinen amerikanischen Freunden Überwachungs- und Spionageabwehrgeräte, um die Opposition im eigenen Land kontrollieren zu können.[23]

Seit den Ölkrisen weiß der Westen, wie verwundbar er durch

seine Importabhängigkeit ist. Für verfeindete Regimes oder Gruppierungen ist es ein Leichtes, den Westen mitten ins Herz zu treffen, indem man seine Energieversorgung lahm legt. Experten rechnen daher mit einer Zunahme zielgerichteter Anschläge terroristischer und separatistischer Bewegungen auf die Energieversorgungsstruktur, von den Förderpumpen über die Tanker, Öl- und Erdgaspipelines bis hin zu Raffinerien und großen Stromleitungen.

Durch die Unterbrechung wichtiger Lieferrouten wären ganze Volkswirtschaften vom Ölnachschub abgeschnitten, und der Ölpreis würde sich drastisch verteuern. Allein durch die Straße von Hormus, eine Seeroute durch den Persischen Golf, werden täglich 15 Millionen Barrel verschifft, das entspricht einem Drittel der weltweiten Ölexporte. Dort patrouilliert seit Jahren die fünfte Flotte der US Navy, um die Öllieferungen militärisch zu sichern. Auch wenn der Nahe Osten für die deutsche Versorgung derzeit keine Schlüsselrolle spielt, würden durch die Engpässe Preisturbulenzen auf dem Weltmarkt ausgelöst, die auch Deutschland erheblichen Schaden zufügen könnten.[24]

Aufrüstung zum Rohstoffkrieg

In der Strategischen Ellipse im Nahen Osten lagern 65 Prozent der weltweiten Erdgas- und 70 Prozent der weltweiten Erdölreserven.[25] Ein industrialisierter Norden, der sich dem fossilen Energiesystem verschrieben hat, muss diese Region kontrollieren. Experten sprechen von einer neuen geostrategischen Großregion, von einem transkaukasischen Korridor mit dem Iran und der Türkei in einer Schlüsselrolle als Schnittstelle zwischen Kaspischem Meer und Persischem Golf. Der weltweite Schacher um die Rohstoffe erfordert die Aufrüstung zum globalen Rohstoffkrieg.

Armeen dienen nicht mehr der Selbstverteidigung, sondern der gewaltsamen Durchsetzung des nationalen Interesses überall auf der Welt. Die alte Verteidigungsarmee wird zu mobilen Interventionstruppen umgerüstet, die jederzeit an jedem beliebigen Ort der Welt eingreifen können, um Störungen der Rohstoffversorgung abzuwenden. Eine Reihe offizieller Papiere belegt diese Ansicht. Spätestens seit dem Ende des Warschauer Paktes kennen offizielle politische Erklärungen und militärstrategische Papiere die Option von Rohstoffkriegen.

In der «Erklärung von Rom über Sicherheit und Zusammenarbeit», mit der sich die Nato 1991 ihr Neues Strategisches Konzept gab, ist zu lesen, dass «Sicherheitsinteressen des Bündnisses durch andere Risiken wie die Unterbrechung der Zufuhr lebenswichtiger Ressourcen ... berührt werden können». Acht Jahre später, im April 1999, feierte das Bündnis sein fünfzigjähriges Jubiläum und bekräftigte diese Strategie. Als Antwort auf die Bedrohung westlicher Interessen beschloss die Nato die Bildung von «Sofort- und Schnellreaktionsverbänden der Land-, Luft- und Seestreitkräfte, die in der Lage sind, auf ein breites Spektrum von vielfach unvorhersehbaren Eventualfällen zu reagieren». Auch ohne UN-Mandat werde die Nato eigenständig alle Kriege führen, die sie für nötig halte.

In den nächsten Jahren sollen die Ostblockstaaten in die Nato aufgenommen werden, um westliche Interessen besser durchsetzen zu können. Nicht ohne Hintergedanken wird von den USA auch der Beitritt Russlands aktiv vorangetrieben, um auf diese Weise ein wirtschaftlich schwaches Land, dessen einziger Reichtum in seinen Rohstoffen liegt, an die westliche Welt zu binden und den Einfluss auf die Ölländer am Kaukasus zu verstärken, die heute schon in ihrer Mehrzahl den Status von Nato-Kooperationspartnern haben. Auch die geplante EU-Aufnahme der Türkei wird von den USA offen unterstützt, um die Türkei als Transitland für Öl politisch untrennbar an den Westen zu binden.

An die Stelle des Kalten Krieges ist der heiße Krieg um Rohstoffe getreten. Die Weizsäcker-Kommission zur Zukunft der Bundeswehr analysierte: «Deutschland ist eng in das globale System gegenseitiger wirtschaftlicher Abhängigkeit verflochten. Es ist angewiesen auf die kontinuierliche Einfuhr vieler Güter, insbesondere jener Rohstoffe, die für das Funktionieren unserer Wirtschaft und damit für das normale Leben unentbehrlich sind. Störungen sind am ehesten bei der Lieferung von Erdöl vorstellbar, da die Hälfte der Weltproduktion und 60 Prozent der heute bekannten Ölvorkommen in der geopolitischen Turbulenzzone rund um den Persischen Golf konzentriert sind. Von innerstaatlichen Auseinandersetzungen wie von zwischenstaatlichen Konflikten im Nahen und Mittleren Osten werden die Interessen Europas unmittelbar berührt.»[26] Bei einer Konferenz zur Nato-Osterweiterung in Washington erklärte der damalige Nato-Generalsekretär Javier Solana, Europa könne nicht wirklich sicher sein, wenn der Kaukasus nicht in seine Sicherheitszone einbezogen werde.[27]

Hatte der damalige Verteidigungsminister Rühe in seinen Verteidigungspolitischen Richtlinien von 1992 noch die «Aufrechterhaltung des freien Welthandels und des ungehinderten Zugangs zu Märkten und Rohstoffen in aller Welt» als Aufgabe der Bundeswehr angesehen, so lautet die Formulierung in den neuen Verteidigungspolitischen Richtlinien von 2003 schon subtiler: «Die deutsche Wirtschaft ist aufgrund ihres hohen Außenhandelsvolumens und der damit verbundenen besonderen Abhängigkeit von empfindlichen Transportwegen und -mitteln zusätzlich verwundbar.» Was das konkret heißen soll, bleibt im Unklaren.

Die aktuelle Reform der Bundeswehr gibt die alte Aufteilung in Verteidigungsarmee und Einsatzkräfte auf. Die Bundeswehr soll komplett zu einer global operierenden «Armee im Einsatz» umgebildet werden, die weltweit Angriffskriege führen können soll.

EU-Strategen bereiten inzwischen gemeinsame europäische Militäreinsätze zur Sicherung der Rohstoffversorgung vor. Die Europäische Sicherheitsstrategie *Ein sicheres Europa in einer besseren Welt* definiert klar die Ölabhängigkeit der EU als Sicherheitsrisiko. Die «Energieabhängigkeit» Europas wird dort als «Grund zur Besorgnis» gesehen.

Auf Basis dieses Dokuments erstellte der wichtigste EU-eigene Think Tank, das Institute for Security Studies (ISS) in Paris, auf Anweisung der EU-Regierungen das *European Defence Paper*, um Szenarien für mögliche künftige EU-Kriege auszuarbeiten. Das Papier deklariert handfest die «ökonomische Überlebensfähigkeit» Europas als «vitales Interesse». Die dazu notwendige «Mission» sei der «Stabilitätsexport zum Schutz von Handelsrouten und dem Fluss von Rohstoffen». Dazu werden militärische Schläge, auch präventiv, propagiert. Die Vermeidung der Proliferation von Massenvernichtungswaffen wird als Vorwand gebraucht, um Ölinteressen militärisch durchzusetzen: «Eine Nuklearisierung des höchst instabilen Mittleren Ostens hätte direkte Konsequenzen für Europa. ... Manche mögen argumentieren, dass diese Proliferationsrisiken keine direkte militärische Gefahr für die Union als solche darstellen, aber da 50 Prozent des europäischen Energiebedarfs aus dieser Region kommen, sind sie eine direkte Bedrohung.»

Das Papier diskutiert schließlich fünf Szenarien, wie künftige

Kriege aussehen könnten. Neben «humanitären Interventionen», Blauhelmtruppen, Präventivkriegen gegen den Terror und Militäreinsätzen innerhalb der EU geht es im umfassendsten Szenario um Regionalkriege zur Verteidigung europäischer Interessen: «Künftige regionale Kriege könnten europäische Interessen tangieren ..., indem europäische Sicherheit und europäischer Wohlstand direkt bedroht werden, zum Beispiel durch die Unterbrechung der Ölversorgung und/oder eine massive Erhöhung der Energiekosten, [oder] die Störung der Handels- und Warenströme.» Konkret wird folgendes Szenario erörtert, das stark an den Golfkrieg von 1991 erinnert: «In einem Land x, das an den Indischen Ozean grenzt, haben antiwestliche Kräfte die Macht erlangt und benutzen Öl als Waffe, vertreiben Westler und greifen westliche Interessen an.» Ziel müsse deshalb sein, «das besetzte Gebiet zu befreien und die Kontrolle über einige der Ölinstallationen, Pipelines und Häfen des Landes x zu erhalten».[28]

Mehr als jedes andere Land rüsten die USA als weltweit größter Ölverbraucher zum globalen Kampf um die Ressourcen. Die Amerikaner wissen genau um die Bedeutung der Kontrolle der Energie für ihre planetare Hegemoniestellung. Schon während des Kalten Krieges spielten Rohstoffinteressen eine strategische Schlüsselrolle in der sicherheitspolitischen Konzeption Washingtons. Die Reagan-Doktrin, von den Sowjets gefährdete autoritäre Regime militärisch zu unterstützen, ist neben dem grundsätzlichen Motiv der Eindämmung sowjetischer Expansion im Wesentlichen rohstoffpolitisch zu werten, sagt der Politikwissenschaftler und Amerika-Experte Christian Hacke: «Reagan ging es vor allem um geopolitische Interessen wie die Aufrechterhaltung der Zugangswege zu den Rohstoffen und Stützpunkten oder die Offenhaltung der Seeverbindungen.»[29]

Mit Argusaugen beobachten die USA die politische Entwicklung in den Ölförderregionen. Da ihre eigenen Ölvorräte in absehbarer Zeit zur Neige gehen und der Höhepunkt der heimischen Ölförderung bereits überschritten ist, gewinnt der dauerhafte und privilegierte Zugriff auf die Ölreserven am Golf und am Kaukasus noch mehr strategisches Gewicht. 13 Lieferunterbrechungen allein aus dem Nahen Osten hat das US-Energieministerium seit 1950 registriert. Das US-Handelsministerium spricht mit Blick auf die Ölabhängigkeit von einer «Bedrohung der nationalen Sicherheit».[30] Vizepräsident Cheney bemerkte 1998, als er noch Chef des weltgrößten

Öldienstleisters Halliburton war: «Ich kann mich nicht an eine Zeit erinnern, als eine Region so plötzlich derart strategisch bedeutsam geworden ist wie die kaspische.»[31]

Im März 2001 – wohlgemerkt vor den Todesflügen von New York – veröffentlichte die Generalstabsakademie in Fort Leavenworth die Studie *Fundamentals of Operational Warfighting*. Darin erarbeiteten die Generalstabsoffiziere detaillierte Pläne für den «Weg in den Krieg bis 20XX» im Nahen Osten. Sogar fiktive UN-Resolutionen und Terroranschläge werden besprochen. Vor allem gliedert das Papier die Interessenlage in der Region in zehn Punkte: Auf dem ersten Platz rangiert die «Sicherung des freien weltweiten Zugangs zum südwestasiatischen Öl». Auf Platz fünf steht die «Förderung der Menschenrechte/der freien Marktwirtschaft/des demokratischen Prozesses», auf Platz sieben die «Verhinderung der Verbreitung von Massenvernichtungswaffen». Erst auf dem vorletzten Platz liegt die «Verminderung der terroristischen Bedrohung».[32]

Vor diesem Hintergrund erscheint die gegenwärtige Kriegspolitik Washingtons in neuem Licht. Für die militärische Absicherung der Ölquellen im Nahen und Mittleren Osten gaben die USA schon vor den so genannten Antiterrorkriegen über 60 Milliarden Dollar jährlich aus, was rund 100 Dollar pro in die USA geliefertem Barrel Öl entspricht – etwa das Doppelte dessen, was ein Barrel Öl am Markt kostet.[33] Im Jahr 2003 lag der amerikanische Rüstungsetat bei 379 Milliarden Dollar, das sind 29 Prozent mehr als noch drei Jahre zuvor und 25-mal (!) mehr als sämtliche Militärausgaben aller sieben so genannten «Schurkenstaaten» zusammen. Rund zwei Drittel der weltweiten Militärausgaben entfallen auf die Nato und deren Verbündete.[34]

Die US-amerikanische Ressourcendiktatur ist eine Reaktion auf die sehr konkrete Gefährdung der amerikanischen geostrategischen Rohstoffinteressen, die schon seit Jahren von US-Strategen in ihrer zunehmenden Brisanz erkannt wird. Zbigniew Brzezinski, der ehemalige Chef des Nationalen Sicherheitsrates der USA, bezeichnet in seinem Buch *The Grand Chessboard* die US-Interessen in Innerasien als von «entscheidender Bedeutung» für die «globale Vormachtstellung» der Vereinigten Staaten.[35] «Hier geht es um Amerikas Sicherheit der Energieversorgung, die davon abhängt, weltweit unsere Bezugsquellen für Öl und Gas zu diversifizieren», wusste

Clintons Energieminister Bill Richardson. «Es geht auch darum, strategischen Einfluss derjenigen [Länder] zu verhindern, die unsere Werte nicht teilen. Wir versuchen, die neuen unabhängigen Länder zum Westen hinzubewegen. Wir möchten, dass sie sich auf westliche wirtschaftliche und politische Interessen ausrichten, statt andere Wege zu gehen. Wir haben politisch erheblich in die kaspische Region investiert, und für uns ist es sehr wichtig, dass die Pipelinekarte und die Politik zusammenpassen.»[36]

Deutliche Ankündigungen des globalen Feldzugs um die Ressourcen und ein Vorgeschmack auf die blutigen Gefechte, die uns noch bevorstehen, gibt es seit langem: so die Carter-Doktrin von 1980, wonach «der Versuch einer auswärtigen Macht, die Kontrolle des Persischen Golfes zu übernehmen, als Angriff auf die vitalen Interessen der USA betrachtet und mit allen Mitteln einschließlich militärischer Gewalt zurückgewiesen wird»;[37] die Worte seines Verteidigungsministers Harald Brown 1979: «Der Schutz der Ölversorgung aus dem Nahen Osten zählt fraglos zu unseren vitalen Interessen. Und zur Verteidigung dieser vitalen Interessen werden wir alle geeigneten Maßnahmen ergreifen – einschließlich militärischer Einsätze»,[38] die unmissverständliche Feststellung des damaligen Energieministers James Schlesinger 1989 auf der Weltenergiekonferenz in Montreal: «Welche Großmacht auch immer die Kontrolle über die Energieressourcen in der Golfregion erringt, sie wird dadurch in großem Ausmaß auch die Entwicklung der Welt beherrschen. Ein dritter Weltkrieg, sollte er stattfinden, würde wahrscheinlich um die Energiequellen in der Golfregion geführt werden»;[39] die Aussage des späteren Präsidenten George H. Bush von 1990: «Unsere Wirtschaft, unsere Lebensart, unsere Freiheit und die Freiheit befreundeter Länder auf der ganzen Welt, alles würde leiden, wenn die Kontrolle über die großen Ölreserven der Welt in die Hände Saddam Husseins fielen»;[40] oder auch die Äußerung des damaligen US-Verteidigungsministers William Cohen aus dem Jahr 1999: «Die Vereinigten Staaten sind zum unilateralen Einsatz militärischer Macht verpflichtet, um lebenswichtige Interessen zu verteidigen», wozu er «den ungehinderten Zugang zu Energievorräten und strategischen Ressourcen» zählte.[41]

Laut George Soros folgt das amerikanische Hegemoniestreben dem Muster einer Spekulationsblase am Aktienmarkt. Erst werde die Realität in den Köpfen der Akteure durch eine falsche Sichtweise verzerrt. Die Kluft zwischen den Hoffnungen der Akteure und der tatsächlichen Realität wachse, bis die Wahrheit ans Licht kommt und die Stimmung kippt. Für Soros ist die Spekulationsblase der amerikanischen Politik schon geplatzt, als die Menschen erkannten, dass die Massenvernichtungswaffen des Diktators eine Erfindung ihres Präsidenten waren.[42]

Der angebliche Kreuzzug gegen den Terror dient in Wahrheit der US-Ressourcendiktatur. Der 11. September 2001 lieferte nur einen Vorwand, unter dem Deckmantel der Terrorbekämpfung den strategischen Zugriff auf die Ölvorkommen am Kaspischen Meer mit militärischer Gewalt durchzusetzen.

Zwei bedeutende Dokumente belegen diese Aussage: erstens Cheneys Energiereport, der eine nationale Energiekrise und eine wachsende Importabhängigkeit von feindlichen Nationen konstatiert und empfiehlt, die Sicherung der Energielieferungen ins Zentrum der Außen- und Sicherheitspolitik zu stellen; zweitens die neue US-Militärdoktrin, mit der sich die USA selbst ermächtigen, präemptive Schläge gegen jeden zu führen, den sie für gefährlich halten.[43] Diese beiden Papiere müssen im Zusammenhang gesehen werden, um die Politik der Bush-Administration verstehen zu können.

Vielfach wird behauptet, die Bush-Regierung sei ohne große außenpolitische Vorstellungen ins Amt gekommen und habe auf die Attentate schlicht überreagiert. Hingegen zeigen die investigativen Reportagen von Bob Woodward bestechend klar, dass das Gegenteil richtig ist: Ein neokonservativer Flügel hatte längst detaillierte Strategiepapiere für eine Militarisierung der Außenpolitik in der Schublade, eindeutig fixiert auf den Irak. Terror, das war nur ein Vorwand für einen Feldzug für Öl und Macht aus Sendungsbewusstsein.

Die im Zuge der Kriegspolitik identifizierte «Achse des Bösen» besteht im Wesentlichen aus Ländern, die für diese Ressourcenstrategie von Bedeutung sind. Unter den sieben Staaten, die Bush-Sohn als Schurkenstaaten ausgemacht hat (Nordkorea, Kuba, Irak, Iran, Libyen, Sudan und Syrien), sind fünf Ölproduzenten, darunter drei der wichtigsten für den Weltmarkt (Libyen, Iran und Irak).

Das Argument der Terrorbekämpfung klingt schon deswegen unglaubwürdig, weil Washington selbst die größten Terrorregime an die Macht gebracht oder durch Geld und Waffen an der Macht gehalten hat (und oft bis heute nicht davon ablässt), egal, wie mörderisch diese Regimes gegen ihre Bevölkerung vorgingen. Solange die amerikanische Führung glaubte, auf diese Weise den Zugriff auf die Ölvorkommen kontrollieren zu können, paktierte man bereitwillig auch mit dem Teufel. Saddam Hussein, die Taliban oder die saudi-arabische Prinzenbande waren lange Zeit engste Verbündete der Amerikaner. In Bagdad hat man jetzt zwar ein Verbrecherregime beseitigt; doch mit Riad kollaboriert Washington bis heute, und in Pakistan stützen die USA eine islamistische Militärdiktatur, die nuklear bewaffnet ist und am Rande eines Krieges mit seinem östlichen Nachbarn steht. Dieser Widersinn macht selbst gemäßigte pakistanische Kreise zu Feinden Amerikas.

Als Papst Urban II. zu Beginn des vergangenen Jahrtausends zum Kreuzzug gegen die ungläubigen Muslime aufrief, hatte er zwei Motive: Sendung und Beute. Als Präsident George Bush II. zu Beginn dieses Jahrtausends zum Kreuzzug gegen den Terror der Muslime aufrief, waren die Motive genau dieselben. Weil aber beide Motive als Einheit zu betrachten sind, hat der renommierte Historiker Paul Kennedy durchaus Recht, wenn er erklärt, den Irakkrieg «lediglich als Krieg ums Öl zu beschreiben, scheint mir eine zweitrangige Erklärung zu sein»; die Regierung werde vielmehr von «einer bestimmten Geisteshaltung, ... von ihrer Vision für Amerikas Rolle in der Welt, von einer Art Sendung» angetrieben.[44]

Ein neokonservativer Zirkel aus führenden Politikern – Donald Rumsfeld, Paul Wolfowitz, Richard Perle u. a. – hat schon lange vor dem 11. September den Krieg im Irak geplant. Erst das Trauma von Ground Zero brachte die öffentliche und internationale Unterstützung und die Legitimation für die amerikanische Okkupation der Ölregion.

Enduring Freedom (Infinite Justice)

Im Afghanistankrieg wendeten sich die USA gegen ein Regime, das sie zu Recht des Terrorismus bezichtigten, an dessen Taten sie aber selbst eine erhebliche Mitschuld trugen. Die USA gehörten von 1994 bis 1998 zu den massivsten Unterstützern der Taliban. Diese

Unterstützung war zweckgebunden an den Bau einer Pipeline durch Afghanistan. Die Unterstützung setzte sich in geringerem Maße noch bis 2000 fort und ließ dann nach. Die Gespräche mit den Taliban wurden dabei möglichst heimlich geführt, da deren Brutalität gegen Frauen den Unmut der amerikanischen Frauenbewegung geweckt und zu medienwirksamen Protesten gegen den Schmusekurs Washingtons geführt hatte.

Afghanistan verfügt über keine nennenswerten Rohstoffvorkommen. Doch sein Gewicht als Transitland für Erdöl und Erdgas aus der Region am Kaspischen Meer ist kaum zu überschätzen. «Wir müssen die strategische Bedeutung Afghanistans begreifen», hatte schon US-Präsident Carter nach der sowjetischen Okkupation des Landes erklärt. «Ein von den Sowjets besetztes Afghanistan bedroht sowohl Iran als auch Pakistan und ist ein Sprungbrett zur Herrschaft über ein Gutteil des Erdöls in der Welt.»[45]

Die Kontrolle von Pipelines durch Afghanistan spielt für die fossile Energieversorgung in diesem Jahrhundert eine Schlüsselrolle. Von diesen Pipelines hängen der strategische Zugriff auf die Ölreserven am Kaspischen Meer und in Zentralasien ab und damit die Verteilung von Macht und Geld. Das Fachblatt *Oil & Gas International* schreibt beispielsweise: «Wer die Öltransportwege aus Zentralasien heraus beherrscht, wird alle zukünftigen Transportwege und -mengen beeinflussen und ebenso die Verteilung der Einkünfte aus der neuen Produktion.» Weiter: «Afghanistans Bedeutung in Energiefragen ergibt sich aus seiner geographischen Lage als potenzielle Transitstrecke für Öl- und Erdgasexporte von Zentralasien bis zum Arabischen Meer. Zu diesem Potenzial gehört auch die mögliche Errichtung von Öl- und Erdgaspipelines für den Export über Afghanistan.»[46] Im Jahr 1999 verabschiedete der amerikanische Kongress ein Gesetz mit dem Ziel der «Unterstützung der amerikanischen Wirtschaftsinteressen und Investitionen in der [zentralasiatischen] Region». Im Protokoll des Kongresses hieß es zur Begründung: «Die aus dem südlichen Kaukasus und Zentralasien bestehende Region könnte genügend Öl und Erdgas produzieren, um die Abhängigkeit der Vereinigten Staaten von Energie aus der instabilen Region am Persischen Golf zu verringern.»[47]

Grundsätzlich wären auch andere Routen denkbar, um das Öl auf die Weltmärkte zu bringen. Doch diese müssten entweder den Iran oder Russland durchqueren – zwei Länder, denen man in Washington nicht traut. Russland gehört bereits zu den großen Förderländern und soll nicht noch mehr Einfluss gewinnen; und die theokratische Diktatur in Teheran begegnet Washington mit offener Feindseligkeit. Eine Pipeline von Turkmenistan über Afghanistan nach Pakistan und die anschließende Verschiffung durch den Indischen Ozean ist die einzige Strecke, die keines der beiden Länder passieren muss. Frühzeitig haben sich daher der US-Ölkonzern Unocal und mit ihm das Weiße Haus unter Clinton und später Bush junior auf die Route durch Afghanistan festgelegt.

Nach der Machtübernahme durch die Taliban 1994 nahmen die Clinton-Regierung und Unocal Gespräche mit den Taliban auf. Die diplomatischen Beziehungen entwickelten sich prächtig. Als Bush-Sohn noch Gouverneur in Texas war, kamen im Dezember 1997 Delegierte der Taliban in seinen Staat, um mit Bushs Ölfreunden von Unocal über eine Pipeline durch Afghanistan zu verhandeln. Der Ölkonzern rollte den roten Teppich für eines der grausamsten Regimes der Welt aus. Anschließend trafen sich die Taliban in Washington, D.C., mit einem Staatssekretär des Außenministeriums und besuchten später die Universität von Nebraska, die Afghanen im Pipelinebau schulte. Die Reise wurde komplett von Unocal finanziert. Auch Präsident Clinton hofierte die Taliban, weil er die Pipelineidee unterstützte.[48]

Eine Pressesprecherin der Taliban in New York erklärte, Unocal habe bei der Organisation eines Treffens des Taliban-Industrieministers mit Angestellten des US-Außenministeriums mitgewirkt. Verschiedene amerikanische und französische Firmen seien «am Bau von Gaspipelines durch Zentral- und Südafghanistan interessiert, durch das Gebiet, das die 23 von den Taliban kontrollierten Landesteile umfasst».[49] Die *International Herald Tribune* berichtete im Sommer 1998, dass die «Clinton-Administration mit den Taliban über potenzielle Pipelinestrecken für Öl und Erdgas verhandelt, die von Turkmenistan über Afghanistan und Pakistan zum Indischen Ozean führen sollen».[50]

Die rohstoffpolitische Begründung der talibanfreundlichen Haltung der US-Administrationen unter Clinton und anfangs auch unter Bush junior ist ein offenes Geheimnis. «Die USA erhofften sich von dieser mörderischen Besatzungsmacht ... stabile politische Verhältnisse, um ungestört quer durch Afghanistan eine Erdgasleitung von Turkmenistan bis zum Indischen Ozean bauen zu können», weiß der

Afghanistanexperte und langjährige CDU-Entwicklungsexperte Jürgen Todenhöfer.[51] Der angesehene *Pakistan Observer* berichtet: «Die US-Regierung wollte, dass Unocal die Öl- und Gaspipelines von den zentralasiatischen Staaten über Afghanistan nach Pakistan führt. Das Ziel war, die riesigen und bisher noch unberührten Öl- und Gasreserven aus der zentralasiatischen und kaspischen Region zu den Märkten auf dem indischen Subkontinent, nach Südostasien und in den fernöstlich-pazifischen Raum zu bringen.»[52] Das *Wall Street Journal* schrieb im Mai 1997, das Hauptinteresse der US-Regierung bestehe darin, Afghanistan zu «einem Transferland für den Export der riesigen Öl- und Gasvorkommen sowie anderer Bodenschätze Zentralasiens zu machen. ... Die Taliban sind die Akteure, die in Afghanistan zum gegenwärtigen Zeitpunkt am ehesten für Frieden sorgen können.»[53] Und die *New York Times* meldete: «Die Clinton-Regierung ist zu der Überzeugung gekommen, dass ein Sieg der Taliban ... für ein Gegengewicht zum Iran sorgen ... und neue Handelswege eröffnen würde, die den russischen und iranischen Einfluss in der Region schwächen könnten.»[54]

Auch Pakistan, das auf Energielieferungen angewiesen ist, unterstützte – als Schutzmacht der Taliban – die Pipelinepläne. «Pakistan wollte mit den Taliban Afghanistan kontrollieren, damit die Pipeline gebaut und nach pakistanischen Vorstellungen genutzt werden konnte», so der heutige afghanische Aufbauminister Abdul Taqwa. Die erwarteten 300 bis 500 Millionen Dollar für Zölle und Transitgebühren hätten die Taliban an ihre pakistanische Schutzmacht weitergereicht. Taqwa: «Im Bürgerkrieg haben die Taliban und die Nordallianz auch um diese Profite aus der geplanten Pipeline gekämpft, das ist doch klar.»[55]

Währenddessen hatten Russland und der Iran nahe liegende Gründe, die Pipelinepläne zu torpedieren – ihr Einfluss auf die Region wäre durch eine neue Route geschwächt worden. UN-Generalsekretär Kofi Annan warnte Ende 1998 vor einer «tieferen Regionalisierung des Konflikts», in dem Afghanistan zur «Bühne für eine neue Variante des ‹Great Game›» verkomme.[56]

Mit Blick auf die eigenen Rohstoffinteressen vergaßen die Amerikaner schnell die Brutalität ihrer Verhandlungspartner. Michael Bearden, CIA-Experte in Afghanistan während des Kriegs gegen die Sowjets, meinte lapidar: «Diese Typen [d. h. die Taliban] waren nicht einmal die Schlimmsten, etwas hitzige junge Leute, aber das war immer noch besser als der Bürgerkrieg. Sie kontrollierten das gesamte Gebiet zwischen Pakistan und den Erdgasfeldern Turkmenistans. Vielleicht war das doch eine ganz gute Idee, dachten wir, wenn wir eine Erdölpipeline durch Afghanistan bauen und das Gas und die Rohstoffe auf den neuen Markt befördern können. Alle wären zufrieden.» Unocal-Vizepräsident Chris Taggert bezeichnete den Taliban-Vormarsch 1996 gar als «positive Entwicklung» und erklärte, die Pipeline könne jetzt realisiert werden, weil die US-Regierung die Taliban unterstütze.[57]

Gleichzeitig wurde die US-Militärpräsenz in der Region ausgebaut. 1996 unterzeichneten die USA erst mit Usbekistan, dann mit Kasachstan und Kirgisistan das «Central Asia Bataillons»-Abkommen, das amerikanische Truppenmanöver und Militärstützpunkte in der Region vorsieht. Nach Abschluss des Vertrags rückte US-Militär in die Zone ein. Seit 1997 führten US-Sondereinsatztruppen gemeinsame Manöver mit den Militärs vor Ort durch. Die als Vertrauensbildungsmaßnahmen deklarierten Übungen fanden vor allem in den Gebirgen nördlich von Afghanistan statt. Nach einem Bericht des Russlandexperten Stephen Blank vom Institute for Strategic Studies des US Army War College in Carlisle hatten diese Manöver einzig und allein die Funktion, der Welt zu demonstrieren, dass «US- und Nato-Truppen überall stationiert werden könnten. ... Ganz offensichtlich steht hinter der aktuellen Politik der Anspruch, die Nato (unter amerikanischer Führung) in Transkaspien zum internationalen Polizisten und Hegemon zu machen. Sie wird auch die Grenzen für die russische Teilhabe am bevorstehenden Ölboom in der Region ziehen.»[58] Gleichzeitig trieb Washington die Nato-Asienerweiterung um die Kaukasusrepubliken Georgien, Kasachstan und Aserbaidschan und die zentralasiatischen Staaten Usbekistan, Turkmenistan und Tadschikistan dezidiert voran. Auf Betreiben der Amerikaner wurde diesen Ländern auf dem Nato-Gipfel von 1999 der Status von «Partnerschaftsländern» zuerkannt.

Die gute Stimmung in den amerikanisch-afghanischen Beziehungen blieb ungetrübt, bis Al Qaida 1998 zwei US-Botschaften in Kenia und Tansania sprengte. Das Terrornetzwerk operierte dabei von Afghanistan aus. Zur Vergeltung ließ Clinton ein verlassenes Al-Qaida-Camp in Afghanistan und eine Aspirinfabrik im Sudan bombardieren (die man irrtümlich für eine Waffenfabrik gehalten hatte). Mehrere unschuldige Menschen starben. Zwei Tage später legte Unocal das Pipelineprojekt notgedrungen vorerst auf Eis.

Fortan suchte die Clinton-Administration nach anderen Möglichkeiten, die Hegemonie in der Region auszubauen. Um die Taliban unter Druck zu setzen, wurden Kriegsvorbereitungen begonnen und Sanktionen verhängt. Sowohl die diplomatischen Beziehungen als auch die Pipelineplanungen Unocals wurden dennoch fortgesetzt. Involviert war auch der Ölkonzern Enron, der die Machbarkeitsstudie für die Gaspipeline ausarbeitete. «Enron gab den Taliban Millionen von Dollars», berichtet der *National Enquirer*, und zwar «im Bestreben, beim Pipelinebau in Afghanistan mit allen Mitteln ins Gespräch zu kommen – während die Taliban bereits Osama bin Laden Unterschlupf gewährten.» Enron unterhielt engste Kontakte zu den Taliban, einschließlich mehrerer Treffen u.a. in den USA. Der Bau der Pipeline sei eines der wichtigsten Projekte des Unternehmens gewesen, so der Bericht. Enron habe 400 Millionen für die Machbarkeitsstudie zur Pipeline ausgegeben, ein Großteil davon als Zahlungen an die Taliban.[59]

Die heimliche Unterstützung Clintons für die Taliban, selbst als deren Duldung Al Qaidas nach 1998 offensichtlich geworden war, wurde sogar im US-Kongress offen thematisiert. Der führende US-Außenpolitiker und republikanische Kongressabgeordnete Dana Rohrabacher sagte im April 1999 vor dem Außenpolitischen Unterausschuss des Senats zu Südasien aus: «Ich behaupte, dass diese Regierung [Clinton] eine heimliche Politik der Unterstützung der Talibanherrschaft über Afghanistan betreibt und seit geraumer Zeit betrieben hat. ... Diese unmoralische Politik beruht auf der Annahme, dass die Taliban in Afghanistan für stabile Verhältnisse sorgen würden und den Bau von Ölpipelines aus Turkmenistan über Afghanistan bis nach Pakistan zulassen würden.»[60]

Der Flirt mit den Taliban wurde trotz der Anschläge auf die US-Botschaften heimlich fortgesetzt. Anfang 2000 berichteten US-Nachrichtenagenturen von mehreren Gesprächen mit den Taliban und anderen afghanischen Gruppierungen in Islamabad, Washington und New York. Ziel sei ein politischer Kompromiss gewesen, um den Bürgerkrieg in Afghanistan zu beenden und einen Rahmen für Stabilität und Sicherheit zu schaffen. Unter Bush junior wurden diese Verhandlungen verstärkt. Im Februar 2001 kamen Delegierte der USA und der Taliban mehrmals in Washington, Berlin und Islamabad zusammen. Das letzte dieser Gespräche fand noch im August 2001 statt – wenige Wochen vor den Anschlägen auf das Welthandelszentrum. Damals traf sich die Leiterin der Zentralasien-Abteilung im US-Außenministerium mit dem Taliban-Botschafter in Pakistan.[61] Der ehemalige pakistanische Außenminister Niaz Naik erklärte in einem Fernsehinterview, bei einem Treffen in Berlin im Juli 2001 zwischen Russland, den USA und sechs zentralasiatischen Nachbarn Afghanistans sei hauptsächlich über «die Bildung einer Regierung der nationalen Einheit» in Afghanistan gesprochen worden. «Hätten die Taliban diese Koalition akzeptiert, hätten sie sofort internationale Wirtschaftshilfe erhalten. Und die Pipelines aus Kasachstan und Usbekistan über Afghanistan wären gebaut worden.» Zugleich habe der US-Delegierte Tom Simons deutlich eine militärische Operation angedroht.[62] Bush sah in den Verhandlungen – ebenso wie Clinton – die Chance, dass die Taliban unter militärischem Druck und wirtschaftlichen Sanktionen einem neuen Regime gemeinsam mit anderen Gruppierungen zustimmen würden und das Land befriedet werden könne.

Solange die US-Regierung noch an einen Erfolg des Pipelineprojekts glaubte, wurden sogar FBI-Ermittlungen gegen Bin Laden zurückgestellt. Der zuständige Abteilungsleiter und FBI-Vizechef John O'Neill trat deswegen im August 2001 aus Protest zurück: «Das größte Hindernis für die Ermittlungen gegen den islamischen Terrorismus waren die Interessen der amerikanischen Ölkonzerne.»[63] O'Neill starb einen Monat später tragischerweise in den Trümmern des Welthandelszentrums.

Frederick Starr, Leiter des Instituts für Zentralasien und den Kaukasus an der Nitze School for Advanced International Studies der Johns-Hopkins-Universität in Washington, schrieb im Dezember 2000 in der *Washington Post*, dass «sich die Vereinigten Staaten in aller Stille mit denjenigen Kräften in der russischen Regierung zusammentaten, die militärisches Eingreifen in Afghanistan forderten und mit der Idee eines neuerlichen Militärschlags spielten, um bin Laden auszuschalten. Unter dem Druck vor Ort zog man die Pläne zurück, ging aber vorher so weit zu prüfen, welches Land in der Region sein Territorium für einen solchen Zweck öffnen würde.» Starr berichtet außerdem, Ende 2000 hätten Treffen zwischen amerikanischen, russischen und indischen Diplomaten stattgefunden, «um zu erörtern, welche Art von Regierung die Taliban ersetzen sollte. ... Die Vereinigten Staaten sprechen inzwischen über den Sturz eines Regimes, das fast das gesamte Land beherrscht.»[64] Der britische *Guardian* meldete, dass im Sommer 2001 «das Bush-Team einen neuen Plan zum Sturz des afghanischen Regimes ausgearbeitet hatte».[65] In einem Interview mit der BBC erklärte der ehemalige pakistanische Außenminister Niaz Naik, amerikanische Diplomaten hätten ihm im Juli 2001 mitgeteilt, dass die USA einen Krieg gegen Afghanistan für Mitte Oktober planten. Dabei sollten Bin Laden und der Talibanführer Mullah Omar getötet oder gefangen genommen und ein neues, gemäßigtes Regime eingesetzt werden. Nach Informationen der NBC wurden Präsident Bush am 9. September 2001 detaillierte Pläne für einen Krieg in Afghanistan vorgelegt, die zum Sturz des Regimes führen sollten.[66] Es fehlte nur noch ein geeigneter Anlass. Die Gräueltaten des 11. September boten die passende Gelegenheit. Der geplante Krieg gegen Afghanistan war nach kurzer Zeit siegreich beendet.

Als Chef der neuen Übergangsregierung setzten die USA den früheren Unocal-Berater Hamid Karsai ein, der 2001 für Unocal die Pipelinegespräche mit den Taliban geführt hatte. US-Sonderbeauftragter für Afghanistan wurde der Ex-Unocal-Berater Zalmay Khalilzad, der schon bei den Verhandlungen 1997 zusammen mit den Taliban diniert hatte und eine Risikoanalyse für die Pipeline erarbeitet hatte. Am 27. Dezember 2001 unterzeichneten Afghanistan, Turkmenistan und Pakistan einen Vertrag über den Bau einer Pipeline.[67]

Als Rohstoffkrieg war die amerikanische Invasion in Afghanistan effektiv. Als Antiterrormaßnahme war der Krieg ein Desaster. Zwar sind die Taliban abgesetzt, aber sie haben die Anschläge auf das Welthandelszentrum weder geplant noch ausgeführt. Weder Mullah Omar noch Osama bin Laden sind gefasst, das Terrornetzwerk Al Qaida ist nicht zerschlagen, es blüht der Mohnanbau und damit die Finanzquelle der Kriegsfürsten und Al-Qaida-Sympathisanten in Afghanistan und Pakistan. Bomben gegen Zivilisten können keinen Terror besiegen, sondern züchten nur eine neue Terroristengeneration heran.

Es wurde nicht einmal der Versuch unternommen, Bin Laden ohne Krieg habhaft zu werden. Die Taliban waren zwar ein abscheuliches Regime, hatten aber mit den Anschlägen selbst nichts zu tun. Darüber hinaus war ihr Rückhalt in der Bevölkerung deutlich geschwunden, da sie nicht annähernd im Stande waren, das Land halbwegs geordnet zu regieren. Große Teile der Paschtunen, der größten Volksgruppe in Afghanistan, standen offen gegen die Taliban.

Eine friedliche Lösung wäre möglich gewesen. Doch Washington schickte keinen einzigen Vermittler. Im Pentagon wollte man Krieg. Mit dieser Regierung werde nicht verhandelt, erklärte George W. Bush. Noch drei Jahre vorher jedoch war diese Regierung Ehrengast in Washington gewesen. Über Pipelines wurde verhandelt; über Krieg und Frieden nicht. Über 6000 unschuldige Kinder, Frauen und Männer starben durch amerikanische Bomben im Namen von Infinite Justice – unbegrenzter Gerechtigkeit – und gaben ihr Blut für Öl.

Desert Storm

Ein Blick zurück: Im Juli 1990 beschuldigte Saddam Hussein Kuwait, das irakische Ölfeld Rumeila, das quer zur gemeinsamen Grenze liegt, unrechtmäßig anzuzapfen sowie durch Fälschung seiner OPEC-Förderquoten den Ölpreis zu verbilligen und dadurch den Irak finanziell zu schwächen. Am 2. August 1990 marschierten irakische Truppen in Kuwait ein und eroberten das Scheichtum. Die Vereinten Nationen verhängten Sanktionen und forderten einen sofortigen Rückzug. Als die Sanktionen erfolglos blieben, beauftragte der UN-Sicherheitsrat eine US-geführte Koalition mit einer militärischen Intervention zur Befreiung Kuwaits. Im Januar 1991 begann die alliierte Luftschlacht gegen Saddam. Einen Monat später zogen sich die Irakis planlos zurück und hinterließen verwüstetes Land und brennende Ölfelder.

Die Welt schien von dem irakischen Angriff überrascht. Doch hätte man es besser wissen können. Seit langem hatte Washington eine strategische Zusammenarbeit mit Bagdad aufgebaut, die man zwar verständlicherweise zu verheimlichen suchte – ein Diktator lässt sich eben nur schwer als Partner vorzeigen –, die aber schon damals ein offenes Geheimnis war. In der Tat war sich der Despot seiner Schutzmacht auf der anderen Seite des Atlantiks so sicher, dass er den folgenschweren Fehler beging, die kuwaitischen Ölquellen zu annektieren.

Der Westen hatte Saddam lange Zeit als einen Stabilisator im Nahen Osten und als Bollwerk gegen den religiös-fundamentalistischen

Iran gesehen und machte mit ihm gute Geschäfte. Am aktivsten waren die Vereinigten Staaten, aber auch andere Nationen wollten auf die profitablen Handelsbeziehungen nicht verzichten (die Bundesrepublik eingeschlossen).

Vor allem in den 1980er Jahren flossen Geld, Waffen und Satellitenbilder in den Irak, um ihn im Rohstoffkrieg gegen den revolutionären Iran (1980–1988) zu unterstützen, in dem fast eine Million Soldaten ihr Leben ließen. Offizieller Kriegsgrund für diesen Ersten Golfkrieg waren Grenzstreitigkeiten am Schatt el Arab, wo Euphrat und Tigris zusammenfließen; dies war der einzige und dazu sehr schwierige Zugang des Iraks zum Meer. Für ein Ölland mit eindeutigen Ambitionen nach Vorherrschaft im arabischen Raum war dies ein unerträglicher Zustand, dem der Irak nun auf militärischem Wege Abhilfe verschaffen wollte. Bereits der Erste Golfkrieg war demzufolge – neben den Auseinandersetzungen um die Führungsrolle in der arabischen Welt – vor allem ein Hegemonialkrieg «um die Vorherrschaft über die an Energievorräten reiche Golfregion, und zu diesem Zweck suchte der Irak durch Land- und Einflussgewinne seine geostrategische Position zu verbessern», so Herfried Münkler, einer der führenden Kriegsforscher.[68]

In diesem Krieg unterstützten die USA zunächst beide Parteien mit umfangreichen Waffenlieferungen, mit dem Ziel, dass keines der beiden Länder zum unangefochtenen Hegemon in der Region aufsteigen konnte. Die USA strebten eine Art Gleichgewicht zwischen Irak und Iran an. Es bedurfte erst iranischer Angriffe auf kuwaitische und saudische Erdöltransporte, um die USA ab Frühjahr 1987 zu einer dezidiert proirakischen Haltung zu bewegen, die in der Räumung von Seeminenfeldern und in Geleitschutz für Öltanker sichtbar wurde.[69] «Im Iran-Irak-Krieg haben wir Saddam geholfen, weil er uns als das kleinere Übel erschien», so der einflussreiche Präsidentenberater Richard Perle.[70]

Schon ab Mitte 1982 hatten sich die USA dem Baath-Regime angenähert. Im Dezember 1983 schickte Präsident Reagan seinen engen Berater Donald Rumsfeld (den heutigen Verteidigungsminister) nach Bagdad, um Saddam seine herzlichen Grüße auszurichten und umfangreiche Waffenlieferungen zuzusagen.[71] Er hielt sein Versprechen. Ein Bericht des britischen Unterhauses listet auf: «Die US-Regierung lieferte für ‹Unkraut-Sprühaktionen› Hubschrauber (die daraufhin 1988 für die chemischen Angriffe auf die Kurden eingesetzt wurden), verschaffte dem Irak Zugang zu Geheimdienstinformationen, die es ihm erlaubten, seine Senfgasangriffe auf iranische Truppen zu ‹präzisieren› (1984), stellte Air-Force-Offiziere für die Zusammenarbeit mit ihren irakischen Kollegen zur Verfügung (ab 1986), genehmigte Technologieexporte an die irakische Raketenbeschaffungsagentur zum Zweck der Reichweitensteigerung (1988) und blockierte Anträge zur Verurteilung des Irak in Kongress (1985) und Senat (1988).»[72]

Nach einem Bericht des US-Senats aus dem Jahr 1994 verkauften amerikanische Konzerne – mit ausdrücklicher Genehmigung durch das Weiße Haus – zwischen 1985 und 1990 ein ganzes biologisches Waffenarsenal nach Bagdad: Bacillus Anthracis, Clostrodium Botulinum, Histoplasma Capsulatum, Brucella Melitensis, Clostrodium Perfringens, E.coli-Bakterien sowie menschliche und bakterielle DNS. Zwei der genannten Bakterienstämme, Anthrax und Botulinum, bildeten später die Grundlage für das irakische Biowaffenprogramm. Welche Waffen vor 1985 an Saddam verkauft wurden, lässt sich laut Senatsbericht nicht mehr rekonstruieren. CIA-Chef Casey kümmerte sich persönlich darum, dass Saddams militärische Macht ausreichend war, den Krieg gegen den Iran nicht zu verlieren.[73]

Auch Europäer und Sowjets halfen, das Baath-Regime zu stärken. Der französische Staatspräsident Chirac unterstützte eifrig Saddams Atomprogramm, für das offiziell 15 000 Menschen arbeiteten, bis israelische Flugzeuge den irakischen Atomreaktor noch während des Baus zerstörten. Die französischen Rüstungslieferungen umfassten ferner u. a. Kampfflugzeuge, Lenkraketen und Kampfhubschrauber. Deutsche Firmen exportierten Anlagen zur Giftgasproduktion und Material für die Scud-Raketen, die Saddam 1991 für seine Vergeltungsschläge gegen Israel einsetzte.[74]

Selbst die Giftgasattacken 1988 gegen die aufständischen Kurden im Nordirak, denen 182 000 Menschen zum Opfer fielen, konnten den Westen nicht davon abbringen, Saddam Hussein zu umgarnen. Als Saddam seine schlimmsten Massaker verübte, waren die USA seine treuesten Verbündeten. Ein Jahr nach dem Giftgasangriff verdoppelten die USA ihre Hilfen auf eine Milliarde Dollar.[75] Obwohl Saddam chemische Waffen im Krieg gegen den Iran einsetzte und an Atomwaffen arbeitete, kam George H. Bush dem Votum des Kongresses, die Beziehungen zum Irak zu überprüfen, nicht nach. Stattdessen stellte er noch im Januar 1990 dem Diktator einen

Blankoscheck aus, indem er anordnete, dass Bankkredite an den Irak nicht gestoppt werden dürften. Bush schaute tatenlos zu, als Saddam einen britischen Journalisten wegen «Spionage» hinrichten ließ und Scud-Raketen im Westirak postierte, um Israel zu bedrohen. Die militärische Kooperation wurde so eng, dass noch im Juli 1990 gemeinsame Manöver amerikanischer und irakischer Streitkräfte für Ende des Jahres geplant wurden. Gleichzeitig beschuldigte der irakische Außenminister Assis ungestraft das Scheichtum Kuwait und die Vereinigten Arabischen Emirate, die zulässige Ölproduktion zu überschreiten, und sprach die Drohung aus: Falls Worte nicht wirken würden, müssten andere Maßnahmen ergriffen werden. Die US-Botschafterin in Bagdad, April Glaspie, versicherte Saddam noch am 24. Juli 1990: «Wir haben keine Meinung zu innerarabischen Konflikten wie dem Grenzkonflikt zwischen Irak und Kuwait.» Obwohl die CIA vor einer irakischen Aggression gegen Kuwait warnte, blieb das Weiße Haus untätig.[76] Am 1. August 1990 lieferten die USA dem Irak militärische Kommunikationsgeräte im Wert von 695 000 Dollar.[77] Tags darauf rollten irakische Panzer über die kuwaitische Grenze.

Kurzum: Die USA sahen tatenlos zu, wie Saddam Hussein seine blutige Herrschaft ausbaute, und suggerierten ihm, einer Besetzung Kuwaits nicht im Wege zu stehen – mit dem bekannten Ergebnis. «Dieser Hintergrund erklärt, warum der irakische Diktator seine rhetorischen Attacken auf Kuwait schließlich in die Tat umsetzte», so der Politikwissenschaftler und Amerikaexperte Christian Hacke. «Er glaubte, der strategische Partner USA würde ihm freie Hand lassen und nicht eingreifen.»[78] Dieser fatale Irrtum Saddams resultierte aus seiner Verkennung der Ressourceninteressen Amerikas. Hinter der Einverleibung Kuwaits standen machtstrategisch-ökonomische Überlegungen. Durch die Hochrüstung für den Iran-Krieg war der Irak finanziell ausgeblutet. Der Einmarsch in Kuwait war ein Beutezug, um die akute Finanzlage des Landes zu kurieren. Mit der Besetzung brachte Saddam nicht nur die hochlukrativen Ölförderanlagen des Scheichtums unter seine Kontrolle (die Förderanlagen im Irak waren hoffnungslos veraltet) und konnte damit über die bloßen Ölrenditen hinaus seinen Einfluss auf die Ölpreisbildung am Weltmarkt verstärken, sondern entledigte sich auf einen Schlag auch seiner Schulden bei Kuwait. Die irakische Invasion ist daher als Rohstoffkrieg zu sehen. «Desert Storm» war nur dessen konsequente Fortsetzung mit dem Ziel der Wiederherstellung des ressourcenhegemonialen Status quo ante.

«Die Kontrolle von dann insgesamt 20 Prozent der globalen Ölförderung und eines Viertels der weltweiten Reserven hätte den Irak nicht nur zur dominierenden Macht in der Region erhoben, sondern Hussein auch mit den notwendigen Finanzmitteln für weitere Aggressionen versorgt», stellt der Politikwissenschaftler und Amerikaexperte Stephan Bierling fest. «Obwohl die USA weniger als ein Drittel ihrer Ölimporte aus dem Nahen Osten bezogen, konnten sie ein solches Szenario nicht tolerieren. Ein durch die Invasion gestärkter Irak gefährdete die Stabilität in der Region und bedrohte insbesondere die den USA freundlich gesinnten Staaten. Vor allem das militärisch schwache, aber über die größten Ölvorräte der Welt verfügende Saudi-Arabien zeigte sich über den Aufmarsch irakischer Truppen an der gemeinsamen Grenze alarmiert und bat um amerikanische Hilfe.»[79]

Mit der Annexion Kuwaits hatte Saddam Hussein sich ein wichtiges, prowestliches Ölland einverleibt und den sicheren und billigen Ölnachschub für die durstigen Industrienationen gestört. Er verfügte nun über ein Fünftel der Weltölreserven und stand vor den Grenzen des saudischen Königreichs, das ein weiteres Viertel besaß. Das konnte der Westen unter keinen Umständen dulden. «Unsere Wirtschaft, unsere Lebensart, unsere Freiheit und die Freiheit anderer Länder auf der ganzen Welt, alles würde leiden, wenn die Kontrolle über die großen Ölreserven der Welt in die Hände Saddam Husseins fielen», warnte Präsident George H. Bush.[80] Der damalige Verteidigungsminister Cheney (heute US-Vizepräsident) erklärte: «Natürlich spielte die Frage der Ölreserven, und wer sie kontrolliert, eine wichtige Rolle. Das sollte jedenfalls nicht Saddam Hussein sein.»[81]

Es ging dabei also nicht um billiges Öl, sondern um die strategische Frage, wer die Ölvorräte kontrolliert – um eine Machtfrage. «Hierin lag die wirkliche Signifikanz des ‹Ölfaktors›», so der Harvard-Historiker Daniel Yergin. «Die Kritik, die der Bush-Administration vorwarf, dass sie einen Krieg für ‹billiges Öl› führen wolle, erfasste nicht den ganzen Kontext: dass nämlich Öl in Geld, in politische und ökonomische Macht übersetzt werden würde und in Waffen. Saddam Hussein marschierte in Kuwait ein, weil er das Öl wollte. ... Wenn er Kuwait behalten konnte, würde der Irak zur dominanten Ölmacht der Welt werden, und die anderen Förderländer würden sich seinem Diktat beugen müssen. ... Es würde dann nicht allzu lange dauern, bis Saddam Hussein den Irak in eine starke Regionalmacht mit Nuklearwaffen verwandelt hatte – und dann wäre es vielleicht zu kostspielig und zu gefährlich, ihn aufzuhalten. In einem Wort, Öl lag in der Tat der Krise zugrunde, nicht ‹billiges Öl›, sondern Öl als entscheidendes Element im globalen Machtgleichgewicht – was es seit dem Ersten Weltkrieg gewesen war. Dies ist eine der großen Lehren des 20. Jahrhunderts.»[82]

Dieser Lehre waren sich die handelnden Akteure durchaus bewusst. Amtliche Dokumente strafen die Behauptung Lügen, nach der die Beweggründe für die Befreiung Kuwaits humanitäre gewesen seien. Am 15. Januar 1991 unterzeichnete Präsident Bush die *National Security Directive 54*. Sie beginnt unmittelbar mit einer Analyse der Prioritätenlage, der es an Deutlichkeit nicht mangelt: «Der Zugang zum Öl des Persischen Golfes und die Sicherheit von befreundeten Schlüsselstaaten in der Region sind entscheidend für die nationale Sicherheit der USA. ... Der Irak ist, aufgrund seiner unprovozierten Invasion Kuwaits am 2. August 1990 und der anschließenden brutalen Besetzung, unverkennbar eine unseren Interessen feindliche Macht.» In derselben Direktive befahl der Präsident Militärschläge gegen den Irak.[83]

Dass Saddam nicht von den einrückenden US-Truppen aus seinen Palästen vertrieben wurde, hat er nach Aussagen des ehemaligen ranghohen UN-Diplomaten und Irakexperten Hans von Sponeck dem Umstand zu verdanken, «dass man sich in Washington darüber klar wurde, dass ein geschwächter, aber lebender, durch Wirtschaftssanktionen und Abrüstungsauflagen der UNO in seiner Macht und seinem Aktionsradius begrenzter und kontrollierter Diktator Saddam Hussein eine viel bessere Rahmenbedingung war für die weitere politische und militärische Präsenz der USA in der Golfregion und für ihr Ziel, die dortigen Energieressourcen zu kontrollieren. Ein geschwächter Saddam im Käfig war besser als gar kein Saddam Hussein.» Der UN-Diplomat weiter: «Im Rückblick glaube ich nicht, dass es mehr als ein Jahrzehnt lang eine amerikanische Militärpräsenz in Saudi-Arabien gegeben hätte, wenn man nicht dieses Feindbild Saddam Hussein aufrechterhalten hätte. Zudem konnten die USA unter Verweis auf die angeblich fortgesetzte Bedrohung der Region durch das Regime von Saddam Hussein in den letzten zwölf Jahren Waffen für über hundert Milliarden US-Dollar an Israel, Saudi-Arabien, die Golf-Emirate und andere Länder verkaufen.»[84]

In Washington setzte sich die Auffassung durch, dass man Saddam weiter als Stabilisator in der Region brauchte. Man sah die Gefahr, dass der ethnische Flickenteppich Irak nach dem Verschwinden Saddams zerfallen könnte. In Washington fürchtete man, dass sich die Schiiten dem Iran anschließen könnten, was sämtliche irakischen Ölhäfen in die Hand einer verfeindeten Theokratie gebracht hätte. Auch die verbündeten Ölscheichs in Riad fürchteten einen proiranischen, schiitischen Südirak – oder gar eine totale schiitische Machtübernahme in Bagdad – mehr als einen geschwächten Saddam. Und das prowestliche Öltransitland Türkei sah kurdische Autonomiebestrebungen aufleben, sollte sich nach dem Verschwinden des Diktators ein Machtvakuum ergeben. Bagdad nicht einzunehmen, sei eine «Frage des Gleichgewichts» gewesen, erklärte Bush senior.[85]

Ein weiterer Grund, warum die USA nicht nach Bagdad einmarschierten, war die Furcht vor einem blutigen Städtekampf, der dem Vietnam-Trauma neue Nahrung geben und viele Amerikaner das Leben kosten könnte. «Das amerikanische Volk will seine Jugend nicht für einen Dollar fünfzig pro Barrel Öl dahinsterben sehen», begründete der damalige Generalstabschef Colin Powell (der spätere US-Außenminister) damals den Rückzug der Koalitionstruppen.[86]

Die USA, so erklärte der damalige US-Energieminister James Schlesinger auf dem Kongress des Weltenergierats 1992 in Madrid, haben aus dem Krieg eine Lehre gezogen: «Das, was das amerikanische Volk aus dem Golfkrieg gelernt hat, ist, dass es wesentlich leichter und wesentlich lustiger ist, den Leuten im Vorderen Orient in den Hintern zu treten, als Opfer zu bringen und die Abhängigkeit Amerikas im Hinblick auf das importierte Öl zu begrenzen. ... Diejenigen, die mich gut kennen, werden verstehen, dass ich es niemals wagen würde, einen Ausdruck zu verwenden, wie eben von mir getan, wenn dieser nicht auf höchster Regierungsebene so akzeptiert würde.»[87]

Unter dem Vorwand des Antiterrorkreuzzugs beseitigte im Frühjahr 2003 eine amerikanisch-britische Koalitionsarmee die Baath-Diktatur und installierte ein proamerikanisches Interimsregime. Die von Bush ins Feld geführten Begründungen wechselten: Saddam Hussein bastle an Massenvernichtungswaffen (die es nicht gab); er sei eine Gefahr für Amerika und die Welt (obwohl er militärisch am Boden lag); er sei ein blutrünstiger Diktator (den die Amerikaner selbst aufgerüstet hatten); er unterstütze Al Qaida (was er bestimmt nicht tat); er habe versucht, seinen Daddy zu töten (was stimmen mag).

Der Irakkrieg war bereits vor den Terroranschlägen von langer Hand geplant und vorbereitet worden. Die alte Garde um den Präsidenten hegte derartige Pläne seit Jahren. Dass man im Zweiten Golfkrieg vor den Toren Bagdads Halt machte, galt in ihren Augen als *unfinished business*.

Geheimdokumenten aus dem Weißen Haus zufolge, die Bushs Ex-Finanzminister Paul O'Neill veröffentlichte, beschäftigten sich Experten bereits in den ersten drei Monaten nach Bushs Amtseinführung mit Militärstrategien gegen den Irak. Über Gründe für den Sturz Saddams sei weder im Kabinett noch im Nationalen Sicherheitsrat jemals diskutiert worden, es sei nur um das *Wie* gegangen. «In den 23 Monaten, die ich dort war, habe ich nie etwas gesehen, das ich als Hinweis auf Massenvernichtungswaffen charakterisieren würde», so der Ende 2002 zurückgetretene Minister über seine Erfahrungen im Kabinett Bush. Als O'Neill im Januar 2004 die geheimen Dokumente gesetzwidrig publik machte, leitete das Weiße Haus Ermittlungen gegen ihn ein und versuchte, ihn öffentlich zu diskreditieren.[88]

O'Neills Schilderungen decken sich mit Aussagen des früheren Nato-Oberbefehlshabers und ranghohen US-Generals Wesley Clark, wonach die Invasion im Irak bereits im Oktober 2001 konkret im Pentagon geplant wurde.[89] Übereinstimmend berichtete auch der Terrorexperte Richard Clarke nach seinem Rücktritt aus dem Nationalen Sicherheitsrat, dem er unter vier Präsidenten angehört hatte, dass er von Bush persönlich unmittelbar nach den Anschlägen des 11.9. dezidiert aufgefordert worden sei, «jeden kleinsten Hinweis» für eine Mittäterschaft Saddams zu finden, obwohl er dem Präsidenten erklärt habe, einen solchen Zusammenhang gebe es nicht. Ebenso sprechen die Reportagen des berühmten Enthüllungsjournalisten Bob Woodward eine klare Sprache: Der Irakkrieg, so der Watergate-Aufklärer und intime Kenner der politischen Szene Washingtons, sei unmittelbar nach den Attacken auf das Welthandelszentrum vom Kabinett Bush beschlossen worden, weil man den Irakfeldzug jetzt als Maßnahme gegen den Terror ausgeben könne.[90]

Unmittelbar nach dem Anschlag forderten Verteidigungsminister Donald Rumsfeld und sein Stellvertreter Paul Wolfowitz im Nationalen Sicherheitsrat, den ersten Schlag gegen den Irak zu führen, da der Zeitpunkt jetzt günstig sei. Vizepräsident Cheney unterstützte den Vorschlag. Erst danach sollte Afghanistan ausgehoben werden; dass dennoch zuerst die Taliban beseitigt wurden, ist allein dem Umstand zu verdanken, dass sich ansonsten der gesamte Kreuzzug gegen den Terror von Anfang an unglaubwürdig gemacht hätte. Im Januar 2002 offenbarte Bushs Rede zur Lage der Nation, dass der Irak nach Afghanistan nächstes Ziel sein würde.[91] Spätestens von da an war die Invasion im Irak fest geplant und hätte auch durch keinen noch so kühnen diplomatischen Erfolg verhindert werden können.

Um den Rohstoffkrieg im Irak als Antiterrormaßnahme tarnen zu können, wurde von höchster Stelle im Weißen Haus die Devise ausgegeben, Saddam Hussein in Verbindung zum religiös-fundamentalistischen Terror zu bringen. Wenige Stunden nach den Flugzeuganschlägen richtete Donald Rumsfeld ein neues Pentagon-Geheimbüro namens «Office of Special Plans» ein, mit dem Auftrag, Beweise gegen Saddam zu finden – oder zu fingieren.

Unter Umgehung der offiziellen Kanäle bei den Geheimdiensten, die unseriöse Informationen frühzeitig aussortiert hätten, maßschneiderte dieses «Gestapo-Büro» (Powell)[92] Horrormeldungen über den Irak. Der Irak wurde beschuldigt, mit Al Qaida zu kollaborieren und an Massenvernichtungswaffen zu arbeiten. Anhand gefälschter Dokumente und falscher Aussagen wurde das militärisch ausgeblutete und ökonomisch bankrotte Land zur Gefahr Nr. 1 für die Supermacht USA hochstilisiert.

Nachdem im Irak keine Massenvernichtungswaffen gefunden werden konnten, fühlte sich der damalige Vizeverteidigungsminister Paul Wolfowitz, der als Architekt des Irakkriegs gilt, veranlasst, öffentlich kundzutun, die Massenvernichtungswaffen seien lediglich «aus bürokratischen Gründen» als Kriegsziel gewählt worden, weil «das der einzige Grund war, auf den sich alle einigen konnten». Auch die Demokratisierung sei definitiv nicht das Motiv gewesen. Die «kriminelle Behandlung des irakischen Volkes» sei zwar eine der Sorgen der Regierung, aber das sei «kein Grund, amerikanische Leben zu riskieren». Der eigentliche Kriegsgrund habe darin bestanden, nach einem Sieg im Irak auf die Stationierung von Truppen in Saudi-Arabien verzichten zu können; dieser Grund sei «fast unbeachtet, aber riesig», andere Kriegsgründe seien nur vorgeschoben gewesen.[93]

Schon im Jahr 1998 hatten Paul Wolfowitz, Donald Rumsfeld, Richard Cheney und weitere Vertreter der neokonservativen Denkfabrik «Project for a New American Century» einen offenen Brief an Präsident Clinton gerichtet und ihn aufgefordert, Saddam Hussein durch einen militärischen Feldzug abzusetzen. Sie beriefen sich dabei nicht auf Verquickungen zwischen Bagdad und Al Qaida, sondern auf die Befürchtung, der Diktator könne in den Besitz von Massenvernichtungswaffen gelangen, womit er «die Sicherheit der amerikanischen Truppen in der Region, unserer Freunde und Verbündeten, das heißt Israels und der gemäßigten arabischen Staaten, sowie der Energieversorgung der Welt» bedrohen würde.[94] Schon Jahre vor der Invasion war die radikale außenpolitische Agenda, mit dem Ziel der Sicherung der Energieversorgung, formuliert worden.

Die Importabhängigkeit Amerikas, so konstatierte der Cheney-Report, werde von heute 55 Prozent auf 70 Prozent im Jahr 2025 steigen; in dieser Lage von einem instabilen Regime in Riad abhängig zu sein, dessen Loyalität zudem in Frage steht, bedeutete für die USA eine Frage nationaler Sicherheit. Die von Cheney beim Baker Institute for Public Policy in Auftrag gegebene Studie *Strategic Energy Policy Challenges for the 21st Century* vom April 2001 wird deutlicher: Der Bericht empfiehlt, den Schutz der «Freiheit der Ölmärkte» zu einem der Hauptziele der US-Außenpolitik zu machen. Der Irak unter Saddam wird als Hauptfeind identifiziert: «Der Irak hat sich zu einem Produzenten entwickelt, der den Ölhahn auf- und zudreht, wenn er das Gefühl hat, solches Handeln diene seinen strategischen Interessen. ... Der Irak übt weiter einen destabilisierenden Einfluss auf alle US-Verbündeten im Mittleren Osten aus, auf die Ordnung der Region wie auf die Weltordnung und auch auf den Ölfluss aus dem Mittleren Osten auf die internationalen Märkte.

Saddam Hussein hat zudem seine Bereitschaft demonstriert und damit gedroht, die Ölwaffe einzusetzen und sein eigenes Exportprogramm dazu zu benutzen, die Ölmärkte zu manipulieren. ... Deshalb sollten die Vereinigten Staaten gegenüber dem Irak sofort eine Politik einschlagen, die militärische, energiepolitische, ökonomische und politische/diplomatische Maßnahmen beinhaltet.» Eine Eindämmung von Saddams Einfluss sei dringend notwendig, einschließlich einer möglicherweise «notwendigen militärischen Intervention».[95]

Der 11.9. machte diese Intervention zur Sicherung der Rohstoffinteressen möglich. Das glaubt auch Ex-CIA-Chef James Woolsey: «Öl ist die Lebensader aller Industrienationen. Zwei Drittel der bekannten Ölvorräte liegen am Persischen Golf. Als Saddam 1990 in Kuwait einmarschierte und sich den saudi-arabischen Ölfeldern näherte, war er lediglich einige hundert Kilometer davon entfernt, knapp die Hälfte aller weltweit nachgewiesenen Ölreserven unter seine Kontrolle zu bringen... Wir müssen dem Nahen Osten die Ölwaffe wegnehmen. ... Wir haben den Nahen Osten lange als unsere Tankstelle betrachtet. Einer der Gründe, weshalb die Demokratie in der arabischen Welt keinen Fortschritt gemacht hat, ist unsere Fixierung aufs Öl.» Der Irakkrieg sei erst der Anfang einer langen Schlacht um die Ressourcen. Der ganze Nahe Osten solle von außen demokratisiert werden, um ihn brauchbar für die westlichen Ölgeschäfte zu machen.[96] Auch der UN-Irakexperte Hans von Sponeck sagte auf die Frage, ob es denn beim Irakkrieg nur ums Öl gehe: «Natürlich geht es nicht nur um die fünf Prozent der Weltölproduktion – das ist der Beitrag des Iraks im Augenblick –, es geht der Bush-Administration vielmehr darum, die volle Kontrolle über die Energiequellen im Mittleren Osten und ihre Nutzung zu erlangen. Energiequellen, die natürlich auch für Europa und für Japan von erheblicher Bedeutung sind. Die Kontrolle über diese Energiequellen ist eine der Hauptinteressen der amerikanischen Politik in dieser Region. Und dabei ist Saddam Hussein ein Hindernis.»[97]

Der Präsident selbst hatte im Januar 2003 vor dem Kongress erklärt, man dürfe die Ressourcen des Irak nicht dem gegenwärtigen Regime überlassen. Deshalb sei ein Krieg notwendig. In seiner Rede 48 Stunden vor Kriegsbeginn setzte er Saddam ein Ultimatum, das Land zu verlassen, damit die amerikanischen Militärs ohne Krieg das Land besetzen könnten. Die Besetzung des Irak verschafft den USA die Kontrolle über die zweitgrößten Ölvorräte der Welt und gibt ihnen die Möglichkeit, ihre akute Abhängigkeit von Saudi-Arabien zu verringern. «Den USA geht es in Wahrheit darum, ihren Ölnachschub zu sichern und einen neuen Militärstützpunkt im Mittleren Osten zu gewinnen, nachdem der bisherige Verbündete Saudi-Arabien wegfällt», so der führende norwegische Konfliktforscher Johan Galtung.[98]

Der einzige Zusammenhang zwischen dem 11.9. und dem Irakkrieg besteht darin, dass selbst dem Weißen Haus nun klar geworden ist, dass man der saudischen Prinzenbande nicht vertrauen kann. Die Ölfreundschaft mit Saudi-Arabien hat eine über sechzigjährige Vorgeschichte. Das saudische Königreich besitzt mit ca. 35 Milliarden Tonnen die weltweit größten Ölreserven und ist zugleich größter Ölproduzent der Welt. Der 1945 geschlossene «imperiale Pakt» läutete eine lange Phase militärischer und wirtschaftlicher Kollaboration ein, die bis zum heutigen Tage andauert: Die Amerikaner versprachen Schutz vor innerer und äußerer Bedrohung, die Saudis garantierten im Gegenzug privilegierten Zugang zu dem Erdöl des Landes.

Diese Politik der «Sicherheit gegen Erdöl» wurde jahrzehntelang intensiv praktiziert. Washington schickte militärische Ausbildungskräfte und lieferte u.a. F-15-Kampfflugzeuge, AWACs-Aufklärungsflugzeuge, Blackhawks, Patriot- und Hawks-Luftabwehrraketen, Abrams-Panzer und Infanteriefahrzeuge. In den 1990er Jahren belief sich der saudische Militäretat auf 18 Milliarden US-Dollar. Davon machten Rüstungskäufe zwölf Milliarden Dollar aus, die zur Hälfte an die USA gingen. Amerikas wichtigster Luftwaffenstützpunkt der Region, die Prince Sultan Air Base, steht in der saudischen Wüste. Als Gegenleistung darf das US-Ölkonsortium Aramco gegenwärtig knapp acht Millionen Barrel Erdöl täglich aus dem Wüstensand pumpen; ein Drittel davon wird in die USA geliefert.[99]

Doch die Beziehungen zu Riad waren seit einigen Jahren belastet. In dem Königreich am Golf nehmen die Instabilitäten zu: Die Bevölkerung vermehrt sich rapide (eine Verdopplung allein in den letzten 20 Jahren), die Arbeitslosigkeit wächst, die Öldollars werden von der korrupten Prinzenbande verschwendet, soziale, ethnische und religiöse Spannungen verschärfen sich, die Fundamentalisten gewinnen an Boden, und antiamerikanische Tendenzen nehmen zu.

Die Monarchie in Riad bröckelt, und im schlimmsten Fall könnten islamische Fundamentalisten an die Macht kommen, die dem verhassten Amerika den Ölhahn zudrehen. Der saudische König drängte bereits auf Abzug der massiven US-Präsenz, weil diese Wasser auf die Mühlen der antiwestlichen Opposition sei, die dem Regime Verrat am islamischen Glauben und Parieren gegenüber den Ungläubigen vorwerfen. «Durch die Öffnung der arabischen Halbinsel für die Kreuzritter hat das Regime gegen die Botschaft Gottes gehandelt», verkündete etwa Osama bin Laden, verbunden mit dem Aufruf an seine Anhänger, sie sollten sich das heilige Land zurückerobern, einen islamischen Gottesstaat errichten und den Ölpreis auf 144 Dollar pro Barrel anheben. Die US-Militärpräsenz sei der «größte Diebstahl der Geschichte», weil sie den Ölpreis gewaltsam niedrig halte.[100] Mit dem saudischen Erdöl hätten religiöse Fanatiker eine wirksame Waffe in der Hand, dem Islam seinen früheren Status als Weltmacht zurückzugeben.

Schon länger waren die USA deshalb bemüht, ihre Importe aus der Krisenregion zu drosseln. Den Ausschlag für eine grundlegende Wende im Verhältnis zu Riad gaben allerdings erst die Mörderflüge von New York: 15 der 19 Attentäter waren saudische Staatsbürger, ebenso deren Spiritus Rector Osama bin Laden. Schon vor den Anschlägen in New York war es ein offenes Geheimnis, dass Saudi-Arabien den islamischen Terror finanzierte; die fundamentalistische wahhabitische Auslegung des Koran ist saudische Staatsreligion.

Trotz ihrer unleugbaren Verbindung zu Al Qaida und ungeachtet der Unterdrückung des saudischen Volkes steht aber die brutale Terrordiktatur in Riad nicht auf der Abschussliste der «Achse des Bösen», sondern ist Mitglied in der amerikanischen Antiterrorkoalition – wohlgemerkt ein Land, in dem Frauen nicht Auto fahren dürfen, Kinofilme und Alkohol verboten sind, es keine gewählte Regierung gibt, Hochzeiten und Scheidungen vor dem Religionsgericht entschieden werden, Demonstrationen verboten sind und Demonstranten regelmäßig erschossen werden und das den islamischen Terror mitfinanziert! Diversifizierung der Importe hin oder her, die Saudis allein sind so mächtig, dass sie den Ölmarkt entscheidend beeinflussen können, und ihre Macht wird sich durch die globale Ölverknappung in den nächsten Jahrzehnten ausweiten – der Cheney-Report spricht da klare Worte. An einen Krieg gegen Saudi-Arabien auch nur zu denken, war und ist schlicht absurd.

Der 11.9. hat aber ultimativ klar gemacht, dass eine stärkere Abhängigkeit von der saudischen Monarchie nicht riskiert werden kann. Saudi-Arabien fällt als Verbündeter aus. Daher muss eine neue Basis im Mittleren Osten gefunden werden, um die amerikanische Hegemoniestellung in der Ölregion aufrechtzuerhalten und auszubauen. Mit Oman, Kuwait, Bahrain und Katar haben die USA prowestliche Staaten auf ihrer Seite. Doch besitzen sie alle nicht das Gewicht, als Zentrum der US-Präsenz am Golf fungieren zu können, und sind langfristig auch nicht annähernd in der Lage, Saudi-Arabien als größten Ölproduzenten vollwertig zu ersetzen.

Einzig der Irak verfügt über das Potenzial, den rohstoffpolitischen Super-GAU nach einem zu befürchtenden Bruch mit Riad zu verhindern. Im Irak lagern mit elf Prozent die – nach dem saudischen Königreich mit 25 Prozent – zweitgrößten Ölreserven der Welt. Nur mit einem amerikanisch kontrollierten Irak, in einer Doppelrolle als Öllieferant und US-Rückgrat für die ganze Golfregion, kann die sich auftuende Lücke dauerhaft geschlossen werden. Weder Russland, derzeit zweitgrößte Fördernation mit nur 4,6 Prozent der Reserven, noch irgendein anderes Land ist dazu in der Lage.[101]

Allerdings hatten amerikanische Ölkonzerne praktisch keinen Zugang zum irakischen Erdöl. Bagdad hatte Verträge zwar mit russischen, französischen und chinesischen Unternehmen geschlossen, nicht aber mit amerikanischen. Hinzu kamen die Wirtschaftssanktionen, die eine legale Ölausfuhr in größerem Rahmen unmöglich machten. Auch fehlte unter dem Willkürregime jegliche Rechtssicherheit. Gerade einmal zwei Millionen Barrel am Tag wurden im Vorkriegsirak gefördert, die Infrastruktur war hoffnungslos veraltet.[102]

Nach dem Sturz Saddams können nun amerikanische Ölkonzerne im Irak in Förderanlagen investieren, die zweitgrößten Ölreserven der Welt aus dem Boden holen und damit die Wirtschaft in der freien Welt «schmieren». Wäre hingegen eine friedliche Einigung zustande gekommen, wären die Förderrechte an die Franzosen, Russen und Chinesen gegangen; auch dies erklärt den Kriegskurs der Bush-Administration, die von vornherein auf eine militärische Besetzung festgelegt war. Im Mai 2003 verabschiedete der Weltsicherheitsrat auf amerikanische Initiative eine Resolution, in der den Amerikanern und Briten die Kontrolle über die Öleinnahmen des Irak übertragen wird und die Sanktionen aufgehoben werden. Aufträge für die Ölinfrastruktur des Landes wurden danach größtenteils amerikanischen Konzernen zugesprochen. Mit den Einnahmen aus dem irakischen Öl wolle man das Land wiederaufbauen, hatte der damals stellvertretende und heutige Vorsitzende des Auswärtigen Ausschusses des Senats, Richard Lugar, vor dem Krieg angekündigt: «Wir werden das Ölgeschäft in die Hand nehmen. Wir werden dafür sorgen, dass es gut läuft. Wir werden Geld machen. Und das wird helfen, den Irak wieder aufzubauen. Denn dort gibt es Geld.»[103]

Nach dem Fall Saddams wurden sämtliche öffentlichen Gebäude – Krankenhäuser, Paläste, Ministerien, Hotels – vor den Augen der US-Militärs von den Irakis geplündert. Nur ein einziges Gebäude blieb verschont: das Ölministerium. Im Nationalmuseum raubten Plünderer antike Kulturgüter, während US-Soldaten zusahen und trotz vehementer Bitten von Einheimischen keinen Finger rührten; vor dem Ölministerium aber fuhren Panzer auf. Kaum etwas könnte symptomatischer für die Pläne der US-Administration sein als dieses Verhalten.

Die Kontrolle über den Irak gibt den USA die Möglichkeit, die Macht Saudi-Arabiens zu schwächen, den Einfluss der Ölexporteure Russland, Mexiko und Venezuela zu verringern und auch potenzielle Gegner wie China abhängig zu machen. Ohne den privilegierten Zugang zum irakischen Erdöl und ohne die Nutzung des Irak als Militärstützpunkt wäre dieser Ausbau der US-Hegemoniestellung undenkbar gewesen. «All das macht die Ansicht recht glaubhaft, dass die Regierung Bush die Invasion wollte, um das irakische Öl in die Hände zu bekommen», schreibt der britisch-amerikanische Soziologe Michael Mann, der an Elite-Unis in London, Yale und Cambridge lehrt. «Es ist ganz offensichtlich, dass Öl eine Rolle spielte, eine große sogar. Hätte der Irak kein Öl, wäre er nicht zum Kandidaten einer Invasion geworden.»[104]

Ein Irak unter Saddam Hussein jedoch konnte die Vorstellungen der US-Strategen nicht erfüllen. Es schien daher unausweichlich, Saddam abzusetzen und ein prowestliches Regime im Irak zu installieren. «Es geht um dessen Ölvorräte», so der Politikwissenschaftler Ernst-Otto Czempiel von der Hessischen Stiftung für Friedens- und Konfliktforschung. «Nach einem Regierungswechsel in Bagdad würde die türkisch-israelische Entente, in der beide Staaten seit 1995 militärisch zusammenarbeiten, um den Irak verstärkt werden können. Westlicher Einfluss erstreckte sich dann bis zum Nordufer des Persischen Golfs und der Nordgrenze Saudi-Arabiens. Syrien wäre isoliert und der Iran zwischen Irak und Afghanistan eingekreist.»[105]

Auch die Haltung der Europäer zum Irakkonflikt lässt sich teilweise auf Ressourceninteressen zurückführen. Großbritannien unterstützte die USA auch deswegen, weil zwei der fünf größten Erdölkonzerne britische Unternehmen sind und sich keines davon lukrative Verträge mit Bagdad sichern konnte. Spanien und Polen schlossen sich der Kriegskoalition an, weil auch sie an der Erschließung und am privilegierten Zugang zum Erdöl beteiligt werden wollten: «Wir haben nie einen Hehl daraus gemacht, dass wir [mit unserer Beteiligung am Irakkrieg] der polnischen Ölindustrie einen Zugang zu Energierohstoffen verschaffen wollen», erklärte der polnische Außenminister Wlodzimierz Cimoszewicz öffentlich. «Dies ist unser vorrangiges Kriegsziel.»[106] Frankreich und Russland waren u. a. deswegen gegen den Krieg, weil die lukrativen Ölverträge französischer und russischer Ölkonzerne mit Saddam durch den Regimewechsel wertlos wurden. Außerdem hatte Saddam seine Ölrechnungen in Euro umgestellt; infolgedessen dachte auch der Iran offen über einen Wechsel zum Euro nach, was im Interesse der Europäer und Russen lag. Nach der Invasion im Irak werden nun die Geschäfte wieder in Dollar abgerechnet.

Solange sich die Welt nicht vom fossilen Energiesystem befreit, wird das Great Game um die Rohstoffe in der Golfregion andauern. Als Bestandteil der US-amerikanischen Strategie zur Sicherung des Zugriffs auf die fossilen Energieressourcen war der militärische Eingriff im Irak unausweichlich notwendig. Doch dieser Krieg markiert nicht das Ende des blutigen Schachers um die Ressourcen.

Die Tschetschenienkriege

Schon als Russland 1994 militärisch gegen die Separatisten in der abtrünnigen Provinz Tschetschenien vorging, war es zu einfach, von einem Antiterrorkrieg Russlands oder von einem Befreiungskampf einer unterdrückten Minderheit zu sprechen. Nach offizieller Auffassung Moskaus könne man nicht dulden, dass sich eine Region einfach unabhängig erklärt; doch während in Tschetschenien russische Soldaten einmarschierten, versorgte Moskau die abtrünnigen Abchasier in Georgien bereitwillig mit russischen Reisepässen.

Damals, genauso wie beim erneuten Aufflammen des Konflikts im Jahr 1999, ging es hauptsächlich um die Frage, wer die direkt durch Grosny verlaufende Erdölpipeline kontrolliert. Denn wer die Pipeline in Händen hat, kassiert nicht nur den lukrativen Wegzoll, sondern sichert sich auch den strategischen Zugriff auf die enormen Ölvorkommen am Kaspischen Meer. «Dies ist kein Krieg wegen einiger hunderttausend Menschen», erklärte Michail Gorbatschow. «Dies ist ein Krieg um die Ressourcen.»[107]

Die Tschetschenen erklärten 1991 ihre Unabhängigkeit. Der Islam spielte damals praktisch keine Rolle. Lange blieb die deklarierte Abspaltung ohne Konsequenz. Erst drei Jahre später, im Dezember 1994, marschierten russische Truppen ein und stürmten Grosny – und setzten eine Spirale der Gewalt in Gang, die im Juni 1995 zum ersten spektakulären tschetschenischen Terroranschlag führte und den Grundstein für das bis heute andauernde gegenseitige Gemetzel legte. Auf beiden Seiten sind Vergewaltigungen, Folter und willkürliche Ermordungen keine Einzelfälle. In diesem Umfeld rekrutieren islamistische Extremisten, die anfangs kaum Einfluss hatten, ihre Anhänger.

Als Schlüsselereignis für die verspätete russische Invasion kann das Abkommen gelten, das am 10. September 1994 von der Kaukasusrepublik Aserbaidschan und dem westlichen Ölkonsortium AIOC (Exxon, Amoco, Delta Hess, Itochu, BP, Socar, Pennzoil) unterzeichnet wurde. In diesem «Jahrhundertvertrag» bekam die AIOC das Recht auf die Ausbeutung der Ölvorkommen rund um die aserbaidschanische Hauptstadt Baku für einen Zeitraum von 30 Jahren. Der Vertrag ermöglichte erstmals westlichen Firmen, die Ölreserven des Landes anzuzapfen.

Moskau hatte heftig gegen die Abmachung protestiert – mit der Begründung, die Eigentumsfrage der kaspischen Ölreichtümer sei bislang ungeklärt. Um den russischen Kontrahenten zu besänftigen, wurde dem halbstaatlichen Ölkonzern Lukoil im Nachhinein und nach unnachgiebigen Verhandlungen ein kleiner, allerdings unbedeutender Anteil zugestanden.

Einzige Möglichkeit, trotzdem beim Great Game um die strategischen Rohstofflager am Kaspischen Meer die Hand mit im Spiel zu haben, ist die Rolle Tschetscheniens als Transitland für die Pipeline von der Ölregion um Baku zum russischen Schwarzmeerhafen Noworossiyk. Eine russische Route um Tschetschenien herum ist kaum realisierbar. Die Kontrolle über das kaspische Öl setzt die Kontrolle über die abtrünnige tschetschenische Teilrepublik voraus. Drei Monate nach Abschluss des «Jahrhundertvertrags» von 1994 fielen dann auch russische Truppen in Tschetschenien ein.

Der Krieg endete in einem Blutbad mit tausenden Opfern. Als der öffentliche Widerstand gegen die Massaker immer größer wurde, schloss der Kreml im Jahr 1996 einen Waffenstillstand. Der Krieg ums Öl endete ergebnislos; Terrorattacken blieben von nun an weitgehend aus, in Tschetschenien kehrte relative Stabilität ein, es blieb aber weiter unselbstständig.

Anfang 1999 unterzeichnete der damalige US-Präsident Bill Clinton mit der Türkei, Aserbaidschan und Georgien ein Abkommen über den Bau einer neuen Pipeline von Baku bis ins türkische Ceyhan. Auch die Ölländer Kasachstan und Turkmenistan sicherten zu, ihr Öl über diese Westroute und nicht mehr über Grosny zu liefern. Russland wäre vollends aus dem Spiel um die Ressourcen am Kaspischen Meer gewesen.

Der russische Präsident Jelzin konnte zwar die neue Route nicht verhindern. Aber er konnte dafür sorgen, dass die eigene Pipeline wieder verfügbar gemacht wurde, indem die Hindernisse dafür, insbesondere die abtrünnigen Tschetschenen, ausgeschaltet wurden.

«Was gegenwärtig in Tschetschenien stattfindet, erscheint als Aufflackern des politischen Islamismus. Doch das ist geschürt», sagte der SPD-Bundestagsabgeordnete und Politikwissenschaftler Hermann Scheer der Zeitung *Die Welt*. «Solche Stimmungen sind von Nutzen bei dem Vorhaben, die kaukasischen und transkaukasischen Erdöl- und Erdgasquellen privilegiert zu erschließen – unter Ausgrenzung der russischen Interessen.»[108] Vier Monate nach Inbetriebnahme der Westroute begann der Zweite Tschetschenienkrieg. Grosny wurde zerbombt und die Rebellen vernichtend geschlagen. Anfang 2001 erklärte der Kreml die Region offiziell für befriedet. Doch bis heute hält sich der erbitterte Widerstand.

Nach Ansicht vieler Beobachter ging auch die Ermordung von Ahmed Kadyrow, tschetschenischer Präsident von Moskaus Gnaden, im Mai 2004 nicht auf das Konto der Terroristen, sondern von russischen Geheimdienstlern. Kadyrow hatte zuvor auf mehr Autonomie für die Teilrepublik bestanden – und verlangt, dass die Ölrendite künftig nach Grosny fließen solle.[109]

Die Kritik des Westens an der russischen Tschetschenienpolitik findet derweil nur im Flüsterton statt. Als Gegenleistung für seine Zusammenarbeit in der Antiterrorkoalition erhielt Putin einen Freibrief für seinen Krieg gegen die «islamischen Terroristen» in Tschetschenien. Auch die Europäer, die an den russischen Öl- und Gasreserven und profitablen Investitionsperspektiven interessiert sind, schweigen.

Jenseits der Weltöffentlichkeit

Der unter dem Deckmantel eines Kreuzzugs gegen den Terror geführte Krieg um Öl wird weitergehen. Die Diktaturen am Kaspischen Meer werden zu treuen Bündnispartnern in diesem Krieg werden; eine Neuauflage der Politik «Öl gegen Sicherheit» deutet sich an. Seit Jahren existieren militärische Kooperationen zwischen USA/Nato und den zentralasiatischen Staaten. Unter dem Vorwand der Terrorbekämpfung werden diese Kooperationen ausgebaut. Vor dem 11.9. behinderten die niedrigen Ölpreise und das Njet Moskaus das Engagement westlicher Konzerne. Nach dem 11.9. erfolgte eine Neuausrichtung der Beziehungen Washingtons zu Moskau. Russland akzeptierte vorläufig die Präsenz amerikanischer Truppen in Zentralasien; im Gegenzug wird Russland bei der Erschließung der Ölreserven am Kaukasus eingebunden und erhält einen Freibrief für die Aktionen in Tschetschenien. Für die Kaukasusrepubliken eröffnet sich damit das große Schachspiel:

Kasachstan. In Kasachstan liegt der größte Teil der Ölvorräte der Region. Seit einigen Jahren sind dort US-Truppen stationiert, macht Kasachstan Geschäfte mehr mit amerikanischen als anderen (z.B. chinesischen) Ölkonzernen. Die korrupte kasachische Diktatur finanziert sich größtenteils aus den Petrodollars, deren Summe man nur schätzen kann, weil sie zum Staatsgeheimnis deklariert wurde. Den Reichtum streicht die korrupte Elite ein, die Bevölkerung erntet nur Brosamen. Die Mehrheit lebt ohne Strom und fließendes Wasser. Als 1995 die Opposition dem Präsidenten Nursultan Nazarbajev Korruption im Ölsektor vorwarf, löste dieser das Parlament auf und ließ sich weit reichende Vollmachten geben. Seitdem ernennt er die Regierung, die Gouverneure, Bürgermeister und Richter. 1999 ließ er seine Amtszeit verfassungswidrig um sieben Jahre verlängern. Politische Gegner wurden verhaftet, unliebsame Zeitungen verboten, kritische Journalisten ermordet. Im Jahr 2000 sicherte ein Gesetz ihm und seiner Familie üppige Privilegien und Straffreiheit. In der Schweiz besitzt er mehrere Konten, auf denen mindestens 60 Millionen Dollar lagern, größtenteils Bestechungsgelder amerikanischer Ölkonzerne. Ein «Ölfonds» von insgesamt rund einer Milliarde Dollar ist auf ausländischen Konten deponiert. Kritik von Washington hat der Diktator nicht zu fürchten.[110]

Georgien: Nach Georgien wurde 2002 eine zunächst 200 Mann starke US-Truppenpräsenz entsandt, die im Laufe der Zeit anwachsen soll. Geplant ist der Bau einer Pipeline von Baku in Aserbaidschan durch Georgien bis zum türkischen Hafen Ceyhan, überwiegend finanziert von amerikanischen Ölkonzernen.

Turkmenistan: Im Reich des Diktators Saparmurat Nyazow (besser bekannt als «Turkmenbaschi» – «Führer aller Turkmenen») planen US-Ölkonzerne den Bau einer zwei Milliarden Dollar teuren Pipeline, die Erdgas von Turkmenistan quer durch Afghanistan bis zum pakistanischen Hafen Karachi transportieren soll. Der Bau der Pipeline wurde im Dezember 2002 vertraglich besiegelt; ähnliche Pläne des US-Ölkonzerns Unocal waren wenige Jahre zuvor gescheitert, weil die Taliban als unzuverlässig galten.[111] Die Willkür des Diktators macht Geschäfte zwar oft schwierig, doch versucht Turkmenbaschi mit aller Kraft, die Abhängigkeit von Moskau zu überwinden – und kooperiert dabei gerne mit ausländischen Mächten, wenn dies zweckmäßig erscheint.

Aserbaidschan: In Aserbaidschan macht Washington seit Jahren gemeinsame Sache mit dem Präsidenten Heydar Alijew. Meinungs-, Vereinigungs- und Versammlungsfreiheit gelten nur begrenzt, Oppositionelle werden verfolgt, Bürger misshandelt und gefoltert.[112] Der autoritäre Herrscher setzt alles daran, sich dem Einfluss Moskaus zu entziehen, und gerät dabei zwangsläufig unter den Einfluss Washingtons. Seit 1994 kollaborieren westliche Ölmultis und Regierungen mit dem korrupten Machthaber; mit ihm wurden der «Jahrhundertvertrag» von 1994 und ein Vertrag über eine neue Pipeline nach Ceyhan (1999) unterzeichnet. Nach Alijew und seinem Sohn ist der BP-Chef in Aserbaidschan der drittmächtigste Mann im Staat. Keine wichtige Entscheidung über Ölfragen läuft ohne Zustimmung des Chefs des mit Abstand größten Konzerns des Landes.[113] Mit seinem Nachbarn Iran befindet sich Aserbaidschan im Clinch um die Besitzansprüche am Kaspischen Meer. Im Sommer 2001 waren bereits BP-Schiffe von iranischen Kriegsschiffen zur Umkehr gezwungen worden. Der russische Sonderbeauftragte für die kaspische Region erklärte damals: «Wir müssen zu einer schnellen Lösung kommen, sonst können aus den Ansprüchen bald militärische Konflikte entstehen.»[114] Der sonst nicht für Horrorszenarien bekannte *Economist* sprach gar von einem «Szenario für einen Dritten Weltkrieg».[115]

Usbekistan: Das diktatorische usbekische Regime lässt Aufstände gewaltsam niederschlagen; erst im Mai 2005 gab es wieder 500 Tote. Doch die USA und Russland stützen die Regierung. Usbekistan gehört zu den Verbündeten im Antiterrorkampf und hat den USA Militärbasen zur Verfügung gestellt; die USA spendierten dafür

Kaukasus-Region

Entnommen: Bundesanstalt für Geowissenschaften und Rohstoffe, <http://www.bgr.de>

hunderte Millionen Dollar an Militär- und anderer Hilfe. Nach Berichten der *Financial Times* bringt die CIA Verdächtige in das Land, wo sie Folterungen unterzogen werden. Der frühere britische Botschafter in Usbekistan, Craig Murray, warf Washington vor, in Usbekistan vorsätzlich eine Diktatur zu unterstützen, um das Land als Vorposten in der Ölregion auszubauen.[116]

Der Antiterrorkreuzzug könnte die Aufmerksamkeit auch auf Regionen außerhalb der Strategischen Ellipse am Golf lenken, beispielsweise auf Afrika, wo seit Jahren blutige Gemetzel um Rohstoffe stattfinden. George W. Bush hat Nordafrika bereits als Rückzugsgebiet für Al Qaida ausgemacht. Zugleich ordnet der Cheney-Report Afrika als Interessensregion ein; der Kontinent sei eine der am schnellsten wachsenden Quellen für US-Ölimporte. Vor der Küste Westafrikas liegen zudem kaum erschlossene Ölfelder. Zukünftig werden die USA wohl ihr strategisches Engagement in Afrika ausbauen. Das ist wohl auch einer der Gründe dafür, warum die neu aufflammenden Konflikte im Sudan so minuziös vom Weißen Haus beobachtet werden.

Der Rohstoffreichtum vieler afrikanischer Staaten hat sich als ein Entwicklungshemmnis ersten Grades herausgestellt. Um die Rohstoffe werden Kriege geführt, und mit deren Verkauf werden Unterdrückung oder Rebellion, Militärapparate oder Guerillakämpfe finanziert, oft mit Unterstützung durch die öldurstigen Industrienationen oder ausländische Ölkonzerne.

Der Politikwissenschaftler und Kriegsforscher Herfried Münkler analysiert in seinem zum Grundlagenwerk avancierten Buch *Die neuen Kriege* die Kriegsführung der Warlords, die sich allein aus einer rohstoffgestützten Raubökonomie speisen könnten. In vielen Ländern «entwickelte sich eine Verbindung von informeller und krimineller Ökonomie, aus der die Warlords und ihre bewaffneten Gefolgschaften ihre Einkommen bezogen. ... Bodenschätze wie Eisenerze oder Ölvorkommen oder Tropenhölzer und seltene Mineralien, schließlich Gold und Diamanten sind dafür geeignet. Das bedeutet, dass ein innergesellschaftlicher Krieg tendenziell umso wahrscheinlicher ausbricht und umso länger dauert, je reicher ein Land an Bodenschätzen und anderen Rohstoffen ist, durch deren Ausbeutung und Verkauf die Ökonomien der Warlords und Milizenführer ‹angefüttert› und gestärkt werden können.» Es habe sich gezeigt, so Münkler, dass der «Handel mit strategischen Rohstoffen und zum Teil illegalen Gütern zu einer ständig wachsenden Einnahmequelle der Kriegsparteien geworden ist.»[117] Ohne die lokal gebundenen und begrenzt vorhandenen Rohstoffe würden Ursache und Finanzquelle bewaffneter Konflikte und die Existenzbasis diktatorischer Regime fehlen.

Auch wenn häufig ethnische oder historische Gründe für die Kriege in Afrika verantwortlich gemacht werden, so zeigt eine tiefere Analyse der Konfliktursachen, dass sich Kriege fast nie allein deswegen entzünden, weil es rivalisierende Volksgruppen in einem Land gibt. Münkler: «Das Scheitern des souveränen Territorialstaates ist dort [in Weltregionen außerhalb Europas] nämlich mit dem Aufflammen innergesellschaftlicher Kriege verbunden, in denen es keineswegs immer um das Selbstbestimmungsrecht nationaler Minderheiten geht, sondern ethnische und religiöse Konflikte oft nur ausgenutzt werden, um Kriegsherren und Gewaltunternehmern eine Legitimationsfassade zu verschaffen.»[118] Die Rückbesinnung auf religiöse und kulturelle Identitäten wird von den herrschenden Kräften bewusst instrumentalisiert, um auf diesem Weg möglichst viele Anhänger hinter sich zu versammeln und zusammenzuschweißen. Ruhende Rassen-, Religions- oder ethnische Konflikte werden so geweckt. Die Massaker in Ruanda etwa waren vor allem dem Zusammenbruch der Weltmarktpreise für Kaffee und dem Kampf um Ackerboden in einem dicht besiedelten Land geschuldet, ethnische Konflikte waren nur vorgeschoben.

Zu diesem Ergebnis gelangt auch eine aktuelle Studie der Weltbank.[119] Die Weltbankexperten untersuchten 52 Bürgerkriege zwischen 1962 und 1999. Ihr Fazit: Bürgerkriege wurzeln nur selten tatsächlich in ethnischen Spannungen oder historischen politischen Fehden. Viel häufiger sind Armut und die starke Abhängigkeit vom Export einheimischer Rohstoffe Anlass für blutige Auseinandersetzungen. Wenn die Bevölkerung verarmt ist oder das Wohl des Landes vom Export einiger weniger Bodenschätze abhängt, ist das Risiko für einen Konflikt ungleich höher. Nicht etwa «religiöse oder ethnische Spaltung», sondern «das Vorhandensein natürlicher Ressourcen und das Vorhandensein von extremer Armut und nicht dauerhaftem Wachstum» seien ausschlaggebend für Ausbruch und Dauer von Bürgerkriegen.

Die Weltbank weiter: «Es gibt Belege dahingehend, dass die Abhängigkeit von natürlichen Ressourcen die Wahrscheinlichkeit von

Konflikten erhöht. ... Der potenzielle Zugang zu Renten aus Ressourcen erleichtert Privatarmeen und Kriegsherren den Waffenerwerb, was zum Ausbruch von Bürgerkriegen beiträgt. Ähnliche Mechanismen können sich auf die Dauer und die Intensität von Konflikten auswirken. Ressourcenreichtum erleichtert schwachen Gruppen die Kriegsfortsetzung und verhindert vielleicht ihre Niederlage, und ihre Anführer könnten während eines Konflikts höhere Renten aus Ressourcen beziehen als in Friedenszeiten. Das Vorhandensein von natürlichen Ressourcen kann es auch erschweren, eine Friedensvereinbarung zu erzielen, weil Anführer ihre Untergebenen nur schwierig von Plünderungen abhalten können. Diese Mechanismen zeigten sich in 13 Bürgerkriegen in Ländern wie Angola, Sierra Leone und der Demokratischen Republik Kongo.»[120]

Insbesondere bedarf auch die kriminelle Rolle westlicher Ölkonzerne einer kritischen Durchleuchtung. «In keiner Branche werden Menschenrechte so mit Füßen getreten wie im Erdölbusiness», schreiben die Enthüllungsjournalisten Klaus Werner und Hans Weiss in ihrem viel beachteten *Schwarzbuch Markenfirmen.* «Für ihre Profite aus dem schwarzen Gold finanzieren unsere Treibstofffirmen Kriege, bezahlen Killertruppen und machen ganze Landstriche unbewohnbar.»[121] Wenn Ölmanager beklagen, die Erdölvorkommen befänden sich nun einmal in Ländern mit brutalen Militärregimes, und sie könnten schließlich nichts dafür, vergessen sie zu erwähnen, dass diese Regimes ohne die Petrodollars ihre Rüstungskäufe gar nicht finanzieren könnten. Fast überall, wo Krieg und Unterdrückung herrschen, sind Ölkonzerne und Regierungen aus dem Norden kritisch involviert:

Im *Tschad* unter Herrschaft des Diktators Idriss Déby planen die Ölkonzerne ExxonMobil, Chevron und Petronas die Ölförderung im Süden und den anschließenden Öltransport quer durch den Urwald bis zur kamerunischen Küste. In der Förderregion schwelen seit Jahren bewaffnete Auseinandersetzungen zwischen Militär und Rebellen. Amnesty befürchtet, dass die Ölförderung den Konflikt erneut schüren könnte. Kritiker des Ölprojektes werden verfolgt und verschwinden spurlos. Weiträumigen Gebieten, darunter touristisch attraktive Landschaften, droht die Zerstörung, die Lebensgrundlage zahlreicher Familien würde dadurch vernichtet. Entschädigungszahlungen sind nicht vorgesehen oder sehr gering.[122]

Als in *Indonesien* 1980 Separatisten Anschläge auf Förderanlagen des Ölkonzerns Mobil verübten, verhängte das Militärregime unter General Suharto das Kriegsrecht. Zahllose Menschen wurden verhaftet, gefoltert, hingerichtet oder verschwanden. Einige der Massaker ereigneten sich in direkter Nähe der Förderanlagen in der Provinz Aceh. Nach dem Sturz von Suharto im Jahr 1999 wurden dort Massengräber entdeckt. Mobil wies jede Schuld von sich, musste aber zugeben, den Soldaten Lebensmittel, Treibstoff und Ausrüstung geliefert zu haben. Mit einem Teil der Ausrüstung waren die Massengräber ausgehoben worden. Das Wirtschaftsmagazin *Business Week* warf Mobil 1998 «Komplizenschaft» mit dem damaligen Militärdiktator vor.[123]

In *Myanmar* (dem ehemaligen Burma) fördern seit 1996 die französische Total und die amerikanische Unocal Erdgas. Nach Angaben der Internationalen Liga für Menschenrechte duldeten die beiden Konzerne massive Menschenrechtsverletzungen, die sich während des Pipelinebaus in mehreren Dörfern zugetragen haben. Von mit Waffengewalt vorgenommenen Zwangsumsiedlungen, Sklaverei und willkürlichen Hinrichtungen im Fördergebiet wird berichtet. Mit Verweis auf die katastrophale Menschenrechtssituation haben sich mittlerweile mehrere Konzerne aus dem Land zurückgezogen, u. a. Heineken, Pepsi und Motorola. Total und Unocal bleiben. Nach Aussagen der Oppositionsführerin und Friedensnobelpreisträgerin Aung San Suu Kyi ist Total inzwischen zur «besten Stütze» der Diktatur geworden.[124]

In *Kolumbien* verstärken die USA ihre Militärhilfe für die ultrarechte militärnahe Regierung des Alvaro Vélez. Offizieller Grund ist der «Krieg gegen die Drogen», doch es ist ein offenes Geheimnis, dass der wichtigere Grund im Schutz der Pipelines und Ölanlagen vor Sabotageakten liegt.[125]

In *Venezuela* üben die USA Druck auf die demokratische Regierung von Hugo Chavez aus. Chavez unterstützt Kuba mit verbilligtem Erdöl und begann mit der Umstrukturierung der staatlichen Ölgesellschaft PDVSA, um die Korruption und Misswirtschaft der PDVSA-Manager zu beenden und verschachtelte Strukturen aufzubrechen. Er reduzierte Beteiligungen ausländischer Konzerne und beschloss, künftig keine solchen Verträge mehr mit privaten Ölkonzernen zu schließen, die Steuer- und Abgabenfreiheit für die Konzerne vorsehen – mit solchen Verträgen hatten ausländische Ölmultis die venezolanische Regierung immer wieder über den Tisch gezogen; von der Ölrendite blieben nur Brosamen im Land. Die USA beobachten diesen Prozess mit Argusaugen. Als die Opposition im Frühjahr 2002 gegen Chavez putschte und den Präsidentenpalast besetzte, begrüßten die USA den Putsch und erkannten die neue Regierung an – die nur Stunden später, dank der Loyalität des Militärs und einem Massenaufstand in den Armenvierteln, wieder den Stuhl räumen musste. Im Dezember desselben Jahres lancierte die Opposition einen Streik (den sog. Ölputsch), der die halbe Ölförderung lahm legte und die venezolanische Wirtschaft an den Rand des Abgrunds brachte. Nur durch die Loyalität des größten Teils der Armen und Teile der Arbeiterschaft der PDVSA konnte der Erfolg des Streiks verhindert werden.[126]

Shell und der Mord an Ken Saro-Wiwa

Schauplatz *Nigeria:* Am 22. Mai 1994 wurden der Schriftsteller und Nobelpreiskandidat Ken Saro-Wiwa und acht weitere Anhänger der Bewegung des Ogoni-Volkes vom Militärregime des General Sani Abacha ins Gefängnis geworfen. Am 10. November 1995 wurden sie nach einem Schauprozess gehängt.

Der Grund, warum Ken Saro-Wiwa sterben musste: Er hatte den Protest der Ogoni gegen die unmenschlichen und umweltzerstörerischen Folgen der Ölbohrungen von Shell auf dem Land der eine halbe Million Menschen zählenden Ogoni im Nigerdelta angeführt.

Die nigerianische Militärdiktatur bereicherte sich an den Ölgeldern des Shell-Konzerns und unterdrückte das Ogoni-Volk. Nigeria ist der größte Erdölproduzent Afrikas. Vier Fünftel der Exporteinnahmen stammen aus dem Öl, davon fördert über die Hälfte Shell. Die Ogoni sahen nichts von den sprudelnden Petrodollars, obwohl die Pumpen auf ihrem Land standen. Die meisten mussten ohne Wasser und Strom leben, während ein paar Schritte weiter hochmoderne Fördertürme die Landschaft prägten. Böden und Wasser wurden durch Lecks in den Pipelines und Reste bei der Bohrung vergiftet, Gasflammen erhitzten und verdarben die Luft, Obstbäume trugen keine Früchte mehr. Fischfang und Landwirtschaft als traditionelle Einkommensquellen der Ogoni wurden ruiniert, eine touristische Nutzung der Landschaft kam nicht mehr infrage. Die Lebensgrundlagen tausender Familien wurden unweigerlich zerstört. 1992 erklärten die UN das Mündungsgebiet des Niger zum ökologisch bedrohtesten Flussdelta der Welt.[127]

Als sich im Oktober 1990 die Menschen im Dorf Umuechem zu Protesten gegen Shell versammelten, rief Shell die Polizei zu Hilfe. Das Dorf wurde massakriert. Etwa 80 Menschen wurden ermordet, 495 Häuser dem Erdboden gleichgemacht.[128]

Im Jahr 1993 gelang es der Bewegung für das Überleben des Ogoni-Volkes, kurz Mosop (Movement for the Survival of the Ogoni People), unter Führung des angesehenen Schriftstellers Ken Saro-Wiwa, gewaltlose Massendemonstrationen zu organisieren. Zehntausende Menschen erhoben sich gegen die Umtriebe des Shell-Konzerns. Unter dem Druck der Weltöffentlichkeit musste Shell seine Ölförderung in Nigeria kurzfristig einstellen.

Der Abzug des Konzerns brachte das Regime unter Druck; ohne die Einnahmen aus dem Ölgeschäft konnte die Öljunta nicht überleben. General Abacha schlug brutal zurück. Nigerianisches Militär und Polizei gingen gegen den Schriftsteller und seine Bewegung vor. Mehrere hundert Demonstranten wurden verhaftet, zusammengeschlagen oder ermordet, Dörfer verwüstet. Ingesamt 2000 Menschen fielen Abachas Schergen zum Opfer, die Häuser von etwa 80 000 Menschen wurden in den nächsten Jahren zerstört.[129] In einem der Presse zugespielten Memo des nigerianischen Majors Paul Okuntimo ist zu lesen: «Shell-Operationen noch immer unmöglich, wenn nicht rigorose militärische Maßnahmen zur Gewährleistung reibungsloser wirtschaftlicher Aktivitäten ergriffen werden. … Empfehlungen: Operationen bei Zusammenkünften der Mosop und anderen Versammlungen rechtfertigen dauerhafte militärische Präsenz. Ziele quer durch Gemeinden und Führungskader, insbesondere vorlaute Einzelpersonen aus verschiedenen Gruppen.» Höhepunkt der Aktionen war zwei Jahre später die Hinrichtung der Mosop-Führungsspitze um Ken Saro-Wiwa.

Auch der US-Ölmulti Chevron bekam den wachsenden Unmut der Bevölkerung über die Vernichtung ihrer Lebensgrundlagen zu spüren: Im Mai 1998 besetzten aufgebrachte Demonstranten eine Ölstation des Konzerns, nachdem Chevron-Manager mehrmals nicht zu Verhandlungen erschienen waren. Die Besetzung wurde nach drei Tagen blutig aufgelöst. Ein nigerianisches Hubschrauberkommando landete auf der Plattform, erschoss zwei der Demonstranten und verletzte 30. Chevron bestreitet, für die Operation verantwortlich zu sein, räumt jedoch ein, die Transportmittel für Abachas Banden bereitgestellt zu haben.[130]

Das brutale Vorgehen des Militärdiktators gegen die Ogoni löste eine weltweite Boykott-Aktion gegen Shell aus. «Wenn man unter den gegebenen Bedingungen nigerianisches Öl kauft, ist es, als ob man Öl mit Blut bezahlt. Mit anderer Leute Blut, da die Todesstrafe an Nigerianern vollstreckt wird», so die südafrikanische Literaturnobelpreisträgerin Nadine Gordimer in der *New York Times* im Mai 1997.[131] Auf den internationalen Boykott reagierte Shell mit eiligst aufgelegten Freundschaftsprogrammen und Zeitungsanzeigen, in der die PR-Manager des Konzerns schilderten, wie Leid ihnen der Tod des Schriftstellers tue. Inzwischen musste Shell zugeben, im Jahr 1993 nigerianische Einheiten «gezwungenermaßen» in mindestens einem Fall direkt bezahlt zu haben.[132] Der nigerianische Shell-Manager Naemeka Achebe gestand: «Für ein Unternehmen, dass investieren möchte, ist vor allem Stabilität wichtig. Diktaturen garantieren diese Stabilität.»[133]

Shell investierte in der Folge mehrere Millionen Dollar in Krankenhäuser und Schulen. Tatsächlich aber «kommt von den Mitteln vor Ort praktisch nichts an», berichtet die Menschenrechtsorganisation Human Rights Watch. Das Geld fließt stattdessen in die Taschen korrupter Beamter.

Überhaupt sei der Konzern gar nicht an den Umweltzerstörungen schuld, erklärt Shell. Vielmehr führten Sabotage und Vandalismus zu Lecks in den Pipelines. Den Ausreden glaubt in Nigeria niemand; Sabotage kommt zwar vor. Die Pipelines werden aber kaum gewartet und lecken daher in dem feuchten Klima häufig einfach aus Gründen der Korrosion, stellt eine im Auftrag von Greenpeace erstellte Studie fest.[134] Man tut gut daran, dies lieber nicht offen auszusprechen: Als im Dezember 1998 mehrere hundert Menschen gegen die Unterstellung Shells protestierten, sie seien Saboteure und Terroristen, rückten nigerianische Einheiten gegen sie vor. Über 200 Menschen wurden ermordet, mehrere hundert verhaftet und gefoltert. Sogar zwölfjährige Mädchen wurden gefoltert und vergewaltigt.[135]

Shell hat sich inzwischen aus dem Ogoni-Land zurückgezogen, fördert aber an anderen Orten weiter. Wenig hat sich verändert. Noch immer treiben Ölfilme und Öllachen auf dem Meer, in den Flüssen und Bächen, mal, weil tatsächlich Saboteure oder Schwarzhändler die Pipelines anzapfen, mal, weil die kaum gewarteten Leitungen lecken. Das Erdgas, das bei der Ölforderung aus dem Boden strömt, wird ungenutzt verbrannt – das gibt es an fast keinem anderen Ort der Welt. Hitze und Luftschadstoffe setzen der Gesundheit der Menschen schwer zu. Die Bevölkerung macht nach wie vor Shell für die Vernichtung der Lebensgrundlagen tausender Familien verantwortlich. Wer protestiert, muss mit Einschüchterungen rechnen. Im Oktober 2000 wurden zehn Demonstranten ermordet, die gegen die italienische Ölfirma Agip protestiert hatten. Als der heutige Mosop-Vorsitzende Ledum Mitee im Frühjahr 2000 Shell zur Wiedergutmachung aufforderte, wurde sein Haus abgefackelt, und zwei Mordanschläge wurden auf ihn verübt.[136]

Immer noch werden keine angemessenen Entschädigungen an die betroffenen Familien gezahlt. Schätzungen zufolge förderte Shell bislang nigerianisches Öl im Wert von 35 Milliarden Euro. Allein die dabei angerichteten Umweltschäden werden auf vier Milliarden Euro veranschlagt. Die nicht einmal 60 Millionen Euro, die der Konzern nach eigenen Angaben für soziale Projekte in Nigeria ausgibt, sehen im Vergleich dazu wie ein Unterposten im Werbeetat aus.[137] Die deutsche Aktivistin Laura Ehling, die mit mir im Jugendbündnis Zukunftsenergie arbeitet, berichtete direkt aus Nigeria: «Nach dem Prinzip ‹divide et rule› unterstützen die Ölgesellschaften einige wenige, aber wichtige Persönlich-

Greenpeace-Protest gegen Shell

Foto: © Greenpeace/Melanie Kemper

keiten, und der Rest kann sehen, wo er bleibt. Besonders erschreckend war auch, zu erfahren, dass weniger als 0,1 Prozent der dort ansässigen Bevölkerung tatsächlich von den Ölfirmen angestellt sind.» Die Gewerkschaften haben Shell gar zum Nationalfeind erklärt und damit vielen Nigerianern aus dem Herzen gesprochen.

Seit die Militärdiktatur im Jahr 1999 beseitigt wurde und sich eine labile Demokratie entwickelt, hat die Aufarbeitung der Verbrechen begonnen. Früher unvorstellbar: Ein Gericht verurteilte im Juni 2000 den Shell-Konzern zu einer Strafe von umgerechnet 41 Millionen Euro für die Folgen eines Erdölaustritts im Jahr 1970. Shell verweigerte die Zahlung und ging in Berufung. Der Prozess kann noch zehn Jahre dauern; bis dahin sind die Betroffenen tot.[138]

Was wir in Angola erleben

Seit der Unabhängigkeit im Jahr 1975 herrscht in Angola praktisch ununterbrochen Bürgerkrieg. Die Regierung des José Eduardo dos Santos und seine MPLA-Partei finanzieren ihren Krieg gegen das eigene Volk durch die üppigen Einnahmen aus dem Ölexport. In den letzten zehn Jahren hat das angolanische Regime jährlich zwei bis drei Milliarden Dollar – fast 90 Prozent des Staatshaushalts – am Ölgeschäft verdient.[139] Die Rebellenbewegung Unita finanziert ihren Guerillakampf währenddessen durch die Ausbeutung von Diamantenminen.

Schon zur Zeit der portugiesischen Kolonialherrschaft etablierten sich US-Ölkonzerne wie Gulf Oil, der spätere Chevron-Konzern. Nach der Unabhängigkeit 1975 lancierte Portugal die Machtübernahme der kommunistischen MPLA-Partei. Im Süden formierten sich die antikommunistischen Widerstandskämpfer der Unita unter Führung von Doctor Jonas Savimbi.

Die Ölkonzerne sahen ihre Produktionsanlagen durch die Rebellen bedroht und zahlten Abgaben an die MPLA, verbunden mit der Forderung, die Lage unter Kontrolle zu bekommen. Die MPLA rief daraufhin den kubanischen Staatschef Fidel Castro zu Hilfe, der 30000 Soldaten über den Atlantik schickte – bezahlt durch die Öldollars von Gulf Oil. «Nur diesen Subventionen des US-Konzerns war es zu verdanken, dass die prowestliche Aufstandsbewegung Unita des Doctor Jonas Savimbi, die ihrerseits über engste Kontakte zur amerikanischen CIA verfügte und sogar aus Washington und

Pretoria Geld und Waffen erhielt, in Schach gehalten wurde», so Peter Scholl-Latour in seinem Buch *Afrikanische Totenklage.* «Es entstand jenes bluttriefende militärische Patt zwischen den Bürgerkriegsparteien, das bis zum heutigen Tag andauert.»[140]

So paradox es klingt: Während der US-Konzern die MPLA finanzierte, unterstützte die US-Regierung die aufständische Unita ab 1985 mit Waffen und Geld – im Kalten Krieg konnte ein kommunistisches Regime schließlich nicht geduldet werden. Ronald Reagan empfing sogar den Unita-Befehlshaber Savimbi, hofierte ihn nach allen Gepflogenheiten der Staatskunst und stellte ihm 15 Millionen Dollar zur Verfügung.[141]

Nach dem Fall des Eisernen Vorhangs waren solche ideologischen Geplänkel überflüssig. Die MPLA schwor dem Kommunismus ab und bekannte sich zum Kapitalismus. Rebellenführer Savimbi mutierte vom Protegé zum Feind der USA. Savimbi wurde von Washington, wo er kurz zuvor noch als tapferer Kämpfer gegen die rote Bedrohung empfangen worden war, kurzerhand zum Terroristen erklärt, im Jahr 2002 mit Hilfe von Satelliten ausfindig gemacht und mit 15 Kugeln getötet.

Mit hochmodernen Streitkräften, Hubschraubern, Kampfflugzeugen und Panzern, finanziert durch ihre Ölgeschäfte, geht die MPLA noch heute gegen die Rebellen vor. Mit Petrodollars bezahlte Söldnerfirmen, angolanische Soldaten und US-Einheiten schirmen die Ölfelder gegen die Unita ab.

Die USA versprachen dem angolanischen Diktator jüngst sogar offiziell Unterstützung für seine Militäraktionen, nachdem er zugesagt hatte, US-Ölkonzerne vor der europäischen Konkurrenz zu bevorzugen – v.a. gegenüber der französischen TotalFinaElf. Immerhin acht Prozent ihrer Ölimporte beziehen die USA mittlerweile aus Angola. Peter Scholl-Latour berichtet, dass auch die Franzosen ähnlich skrupellos vorgehen und den angolanischen Machthaber mit der Drohung unter Druck setzen, die Unita-Rebellen zu unterstützen, wenn er ihnen keine Förderrechte verschaffe. Angeblich bot Paris auch beträchtliche Bestechungssummen auf, davon soll ein Großteil persönlich an den Militärdiktator geflossen sein.[142]

Frankreich spielte schon einmal eine ziemlich unrühmliche Rolle in Angola. Während die USA im Kalten Krieg mit der MPLA auf Kriegsfuß standen, suchte die ihr Heil in Frankreich. Als Vermittler fungierte dabei Jean-Christophe Mitterrand (der Sohn des inzwischen verstorbenen französischen Präsidenten). Dessen Verhaftung im Dezember 2000 enthüllte, dass Frankreich mit Waffenhändlern kooperierte, die Rüstungsgüter im Wert von über einer halben Milliarde Dollar an die MPLA lieferten, während die USA noch die Rebellen unterstützten. Mitterrand wurde für seine Vermittlertätigkeit ein Honorar von 1,8 Millionen Dollar auf ein Schweizer Konto überwiesen. «Dank französischer Hilfe hat [die MPLA unter Führung von] dos Santos jetzt die besseren Karten», so der Journalist Ulrich Wickert. «Die Länder des Westens drängen sich plötzlich dem Chef der Öldiktatur auf. Denn die Ölvorkommen, die US-Firmen vor der Küste Angolas entdeckt haben, versprechen unglaubliche Profite. So ist der Kampf zwischen Frankreich und Amerika eigentlich der zwischen zwei Ölfirmen – der französischen Elf und der amerikanischen Chevron. Es geht um Milliarden.»[143]

Von den mehreren hundert Millionen Dollar, die von den Ölkonzernen an die MPLA gezahlt wurden, wurde mehr als die Hälfte offiziell für Kämpfe gegen die Rebellen verwendet. Ein weiterer Teil dient der persönlichen Bereicherung der korrupten Staatselite.[144] Ohne die Petrodollars wäre das angolanische Militär nicht so schlagkräftig, ohne CIA-Hilfe die Unita nicht so hochgerüstet gewesen. So wurde von außen ein Bürgerkrieg am Laufen gehalten, der tausende Menschen das Leben kostete und der immer noch lodert. Der Westen paktiert mit einer brutalen Diktatur, um mit Waffengewalt seine Ölinteressen durchzusetzen. Angola wurde zum Protektorat der fossilen Ressourcendiktatur.

Völkermord im Südsudan

Die Situation im Sudan erinnert auf den ersten Blick an die Religionskriege des europäischen Mittelalters: Die muslimische Regierung im Norden führt seit über 20 Jahren Krieg gegen die heidnischen, zum Teil oberflächlich christlich missionierten Stämme im Süden, die sich in der Sudanesischen Volksbefreiungsarmee SPLA/M organisiert haben. Etwa 2,5 Millionen Menschen starben bis heute durch Krieg und Vertreibung. Im April 2004 wurde ein Friedensvertrag geschlossen; seine Wirkung bleibt abzuwarten.

Der Völkermord im Sudan ist aber keineswegs religiöser oder ethnischer Natur. Schon seit Existenz des Sudans werden dort zwar Konflikte zwischen Volksgruppen mit Waffengewalt ausgetragen.

Aber der *casus belli* macht sich seit Jahren an der Aufteilung der Ölrenditen fest; die Ölfelder liegen im nichtarabischen Süden des Landes.

Seit den ersten Ölfunden 1978 wird mit wachsender Bitterkeit um die Inbesitznahme der Ölfelder gekämpft. Die Aufnahme der Ölförderung lange danach, 1998/1999 – nach und parallel zu «ethnischen Säuberungen» der Gebiete rings um die Lagerstätten –, hat die Lage endgültig eskalieren lassen.

Die islamistische Militärdiktatur finanziert ihren Krieg gegen die Separatisten durch die Einnahmen aus dem Ölexport. Hassan Al Turabi, Chef der regierenden Nationalen Islamischen Front, erklärte im April 1999 öffentlich, die Erdöleinnahmen würden für Rüstungskäufe verwendet.[145] Auch Amnesty-Berichte sehen klare Verbindungen zwischen Ölexport und Rüstungskäufen. So sind an dem Tag, als die ersten Ölfässer den Sudan verließen, polnische Waffen dort eingetroffen. Weitere Lieferungen aus China und Bulgarien sind dokumentiert.[146] Die Ölquellen und Pipelines sind deshalb bevorzugtes Angriffsziel der Rebellen.

Nordtruppen haben rund um die Fördergebiete Raketen und Flakstellungen aufgebaut. Die Menschen im Ölfördergebiet werden ermordet oder vertrieben. Amnesty berichtet von Massakern, Vergewaltigungen und Folter. Ernten werden vernichtet, Viehherden getötet, Siedlungen mit Bombenteppichen überzogen.[147] Die Gesellschaft für bedrohte Völker spricht von einer «systematische[n] Vertreibung von Zivilisten aus der Ölregion im Südsudan. Um diese für westliche Konzerne ‹sicher› zu machen, fliegen Antonow-Bomber und Kampfhubschrauber der Regierung Angriffe gegen die unbewaffnete Bevölkerung. ... Total/Fina (Frankreich), Agip (Italien), Lundin Oil (Schweden) und die Österreichische Mineralöl Verwaltung OMV (Österreich) haben neue Probebohrungen vorgenommen oder Förderkonzessionen erworben. Sie machen Geschäfte mit dem Regime des Generals Omar Al-Bashir, dem die Förderung des Terrorismus islamischer Fundamentalisten, die Versklavung von Schwarzafrikanern und das gezielte Auslösen von Hungerkatastrophen im Südsudan und den Nubabergen vorgeworfen werden. ... Täglich eine Million Dollar – genau der Betrag, der durch den Ölexport bald pro Tag in die Kasse der Militärjunta fließen soll – gibt diese für den Krieg im Südsudan aus.»[148]

Ein Bericht der Hilfsorganisation Ärzte ohne Grenzen warnte

2002, dass die Bevölkerung in der Region «unweigerlich» im Aussterben begriffen sei. Die Verweigerung des Zugangs zu Hilfe gehöre «zur Kriegstaktik». Der Report spricht von «Luftangriffen, Abbrennen von Häusern sowie Zwangsdeportation», die sich in der Ölförderregion konzentrieren. Humanitäre Hilfe wird massiv behindert. Mindestens ein Drittel der Provinzbevölkerung – mehrere hunderttausend Menschen – ist an Seuchen gestorben, die wegen der Sperrung für Hilfsorganisationen nicht behandelt werden konnten.[149]

Die Ölkonzerne sind die «Komplizen in der systematischen Entvölkerung großer Teile des Landes sowie in Gräueltaten gegen Zivilisten, von denen Zehntausende getötet oder von den Gebieten rund um die Ölfelder vertrieben wurden», so die britische Hilfsorganisation Christian Aid im Januar 2001. Die Konzerne seien in den Krieg involviert und paktierten mit dem Diktator. Als Gegenleistung schützten die Nordtruppen die Ölanlagen der Konzerne; dabei gingen sie mit äußerster Brutalität vor.[150] Die Menschenrechtsorganisation Human Rights Watch meldet, alle Ölfirmen im Sudan «sind unlösbar verflochten mit den Regierungsverstößen; die Verstöße wiegen schwer; die Firmen nähren und erleichtern mit ihrer Präsenz die Verstöße oder profitieren davon.»[151]

Der UN-Sonderberichterstatter für den Sudan, der deutsche FDP-Politiker Gerhart Baum, bestätigt: «Die Ölförderung ist eng verknüpft mit dem Konflikt ... Es handelt sich um einen Krieg um Ressourcen, also um Macht. ... Öl hat den Krieg ernsthaft verschlimmert und die Menschenrechtslage verschlechtert. [Die] Ölförderung verursacht weiterhin großflächige Vertreibungen.»[152]

Amnesty-Berichte zu den Massakern lassen es dem Leser kalt den Rücken herunterlaufen: Hubschrauberkommandos haben mit Maschinengewehren wahllos Zivilisten rund um die Stadt Bentiu erschossen, die mitten im Ölfördergebiet liegt. Männer sind in Massenhinrichtungen exekutiert, Frauen und Kinder an Bäume genagelt worden. In anderen Dörfern wurde Kindern die Kehle aufgeschlitzt, Männern wurden Nägel in den Kopf gerammt. Nicht minder brutal verhalten sich die Rebellen im Kampf um die Ölfelder. Ein Rebellenführer gab zu, dass seine Milizen zahlreiche Zivilisten ermordet, Frauen vergewaltigt und ganze Dörfer eingeäschert haben. Amnesty: «Ausländische Unternehmen sehen einfach weg, wenn die Regierungstruppen im Namen der Sicherheitsinteressen in den Ölfördergebieten Menschenrechte verletzen.»[153]

Die österreichische Ölfirma OMV wies alle Vorwürfe von sich und erklärte im März 2001, es gebe keine Hinweise darauf, dass die «Zivilbevölkerung durch Regierungstruppen oder verbündete Milizen in diesem Gebiet vertrieben wurde, um dem Explorationsgebiet zu weichen».[154] Die kanadische Ölfirma Talisman leugnete ebenfalls eine Verstrickung in die Kämpfe, sprach von «Stammesfehden» und tat UN-Berichte als «Hörensagen» ab.[155]

Inzwischen sind die westlichen Konzerne unter öffentlichem Druck abgezogen. Die Unternehmen Chevron, Talisman, OMV und Lundin verkauften ihre Förderlizenzen 2002/2003 an asiatische Konkurrenten. Nur der chinesische staatliche Ölkonzern CNCP, die malaysische Petronas und die indische Videsh sind heute im Sudan engagiert.

Dabei hatten die westlichen Regierungen alles darangesetzt, ihren Ölmultis ein sicheres Umfeld zu schaffen, und paktierten mit dem Verbrecherregime. Im Kalten Krieg hatten v. a. die USA die zunehmend religiös-fundamentalistische Einstellung der antikommunistischen Diktatur ignoriert und einseitig die Rebellen als Störfaktor verurteilt; der Norden wurde mit Entwicklungshilfe bedacht, der Süden ausgehungert. Kurz vor dem Fall des Eisernen Vorhangs putschte sich 1989 ein neues, offen fundamentalistisches Regime an die Macht, das den USA nicht mehr wohlgesinnt war. Washington wechselte die Seiten und tat sich mit den christlichen Glaubensbrüdern im Süden zusammen. Entwicklungs- und Militärhilfe wurden umgeleitet, heftige Kämpfe entbrannten.

Solange noch Hoffnung auf eine Beteiligung an der Ölförderung bestand, unterstützten auch andere Industrienationen die sudanesische Militärdiktatur. Frankreich z. B. lieferte als Dank für die Förderkonzessionen Daten seiner Luftaufklärung.[156] Erst nach Verschlimmerung der Lage wechselten die westlichen Industrienationen die Seite. China und andere östliche Nationen paktieren immer noch mit den Völkermördern.

Im Mai 2004 unterzeichneten die sudanesische Regierung und die Separatisten auf westlichen Druck einen Friedensvertrag. Der Vertrag garantiert dem Rebellenchef die Herrschaft im Süden sowie den Posten des stellvertretenden Regierungschefs. Der Süden erhält außerdem die Hälfte der Öleinnahmen. Nach einer Übergangszeit von sechs Jahren wird im Süden eine Volksbefragung über Verbleib im Sudan oder die Abspaltung durchgeführt.

Der Friedensvertrag war entscheidend für die Wiederaufnahme der Ölgeschäfte durch den Westen. Westliche Firmen planen bereits den Wiederaufbau des Südsudans. Das deutsche Gleisbau-Unternehmen Thormählen hat mit dem Rebellenchef inzwischen einen Vorvertrag über den Bau einer Eisenbahnlinie von den Ölfeldern bis an die kenianische Küste geschlossen. Später soll eine Pipeline hinzukommen. Die USA und Großbritannien haben Interesse am Bau signalisiert.[157] Auch Ölkonzerne werden vermutlich wieder einsteigen.

Ein Transport des Öls über den Nordsudan wäre mit den neuen Transportrouten nicht mehr nötig, die Regierung im Norden würde Macht und Rendite einbüßen – und damit würden auch die Chinesen ihre Vormachtstellung im Sudan (ihrem größten Ölprojekt in Übersee!) verlieren, die USA hingegen könnten ihre globale Ressourcenhegemonie ausbauen. Die USA forcierten daher den Friedensvertrag und drängten im UN-Sicherheitsrat auf scharfe Resolutionen, während China und Russland – die ausgeprägte Waffen- und Ölbeziehungen zum Sudan pflegen[158] – die Resolutionen zunächst mit ihrem Veto blockierten und erst in einer zweifach abgeschwächten Version duldeten. Der CDU-Außenpolitiker Egon Jüttner: «China, der größte Investor in Sudans Ölindustrie, hat aus rein wirtschaftlichen Interessen ein entschlossenes Handeln der Vereinten Nationen blockiert. Diese Blockadehaltung sollte China ebenso wie der größte Waffenlieferant Russland endlich aufgeben.»[159]

Solar for peace statt Blut für Öl

Jetzt, da die globale Ölförderung ihren Scheitelpunkt erreicht, die Macht der OPEC wächst und sich die Kurve sinkender Förderkapazitäten mit der Kurve der wachsenden Nachfrage kreuzt, ist die Schlacht um die Rohstoffe entbrannt. Sobald auch die physische Verfügbarkeit an ihre Grenzen stößt, was in wenigen Jahrzehnten der Fall ist, wird der globale Kampf um die Ressourcen vollends eskalieren. Die in Anzahl und Ausmaß zunehmenden Rohstoffkriege und die Ölpreisverteuerungen der letzten Jahre sind Indizien, die einen leisen Vorgeschmack darauf geben, was uns noch blüht.

Gleichzeitig zur physischen Verknappung der Weltenergiereserven kollidieren die Interessen des Westens mit dem wachsenden Energie-Importbedarf Chinas und Indiens, die beide jeweils mehr als eine Milliarde Menschen zu versorgen haben und deren Nachfrage mit rasender Geschwindigkeit zunimmt. Die beiden größten Volkswirtschaften der Erde werden nicht kampflos hinnehmen, vom Zugriff auf das letzte bedeutende Ölreservoir unweit ihrer Grenzen abgeschnitten zu werden. Und sie werden versuchen, Russland als dritte Atommacht und Rohstoff- und Waffenlieferant auf ihre Seite zu ziehen.

Eine chinesisch-indisch-russische Entente zeichnet sich ab. Moskau pflegt traditionell enge Beziehungen zu Neu-Delhi und Peking. Russland ist heute wichtigster Waffenlieferant Indiens und hilft – unter Ignorierung des Atomwaffensperrvertrags – bei der «friedlichen» Nutzung der Atomenergie.[160] Mit Peking schloss Moskau 2001 einen Freundschaftsvertrag, in dem Russland umfangreiche Rüstungslieferungen versprach. Russland hat mit der Niederlage im Kalten Krieg seine Weltmachtrolle verloren. Dieser Verlust ist noch nicht verkraftet; mit der Nato-Osterweiterung reicht die Einflusszone ihres früheren Erzfeindes bis vor die eigene Haustür. Dazu haben sich die USA eine massive Militärpräsenz in Zentralasien aufgebaut, das bis vor kurzem noch traditionelles Einflussgebiet Moskaus war. Die russischen Interessen sind dadurch ernsthaft betroffen. «Es kommt der Punkt, an dem wir unsere nationale Sicherheit gefährdet sehen», so der russische Botschafter in Teheran, Alexander Maryasow. «Das US-Militär hat Terroristen in Afghanistan als Vorwand genutzt, um in Zentralasien einzudringen. Den Amerikanern geht es um wirtschaftliche Interessen, besonders um das kaspische Öl.»[161] Der Vorstoß Putins, die zentralasiatischen Staaten sollten zusammen mit Russland eine «eurasische Allianz von Gasproduzenten» bilden und ähnlich der OPEC Preise und Fördermengen festlegen, zeugt von den Bestrebungen Moskaus, die Oberhand über die Region zu gewinnen.[162]

Die USA bilden obendrein die wesentliche Barriere für Chinas Ambitionen im Südchinesischen Meer. Die Anrainerstaaten sind über das chinesische Engagement in der Region alles andere als begeistert, sie beanspruchen den potenziell öl- und gasreichen Meeresgrund für sich und bauen auf die US-Militärpräsenz, um diesen Ansprüchen Geltung zu verschaffen. Gleichzeitig haben die USA und die übrige Welt ein vitales Interesse an der Kontrolle der Meerengen der Region (Straße von Malakka), die zu den meistbefahrenen Seerouten und Transportstrecken für Öl gehören.

Namhafte US-Strategen befürchten daher eine Allianz Moskaus mit Peking und Neu-Delhi gegen die amerikanische Hegemonie. Der bedeutende amerikanische Politologe Robert Kagan schreibt in seinem einflussreichen Essay *Power and Weakness*: «Zwar hielten nur wenige einen Krieg mit China in naher Zukunft für wahrscheinlich – es sei denn, als eine unbeabsichtigte Folge einer Taiwankrise –, aber viele waren der Ansicht, dass irgendeine Konfrontation mit China angesichts seines wachsenden Militärpotenzials und seiner zunehmenden geopolitischen Ambitionen in den nächsten 20 Jahren immer wahrscheinlicher würde. Diese Sorge in Bezug auf China war eine der Triebfedern hinter der Forderung nach einer technologischen Modernisierung der amerikanischen Streitkräfte; sie war im Stillen auch eines der Motive der Kampagne für ein neues Raketenabwehrsystem. In einem allgemeinen Sinne war sie bereits zu einem Ordnungsprinzip der strategischen Planung der USA geworden. Die Auffassung, China sei die nächste große strategische Herausforderung, setzte sich schon unter Clinton im Pentagon fest und wurde von Präsident Bush offiziell sanktioniert, als er vor und nach seiner Wahl unverblümt erklärte, China sei kein strategischer Partner, sondern ein strategischer Konkurrent der USA.»[163]

Daraus droht sich ein neuer Ost-West-Konflikt zu entwickeln, der um die Frage des Zugangs zu Rohstoffen entbrennt. Wenn es einen Dritten Weltkrieg gibt, dann wird er um die fossilen Ressourcen geführt werden.

Seit dem 11.9. bemühen sich die USA um diplomatischere Töne zu Moskau und dulden Russland als Teilhaber bei der US-geführten Erschließung der kaukasischen Energieressourcen. Als Gegenleistung lässt Moskau eine vorübergehende militärische US-Präsenz in Zentralasien zu. Moskau weiß, dass es vom so genannten Antiterrorkrieg auch profitieren kann. Denn die exsowjetischen Republiken sind gewillt, sich von der Hegemonie Moskaus zu lösen – und kollaborieren mit westlichen Konzernen und Regierungen; daher muss Moskau kooperativ erscheinen, um seinen Einfluss im «nahen Ausland» nicht noch stärker einzubüßen. Zweckbündnisse mit den Amerikanern können dabei hilfreich sein.

Die einzige Möglichkeit, dem globalen Schacher um die Ressourcen ein Ende zu setzen, sind die Sprengung des fossilen Energiesystems und der Einstieg in ein solares Zeitalter. Die Alternative heißt Solar for Peace statt weiter Blut für Öl. Das fossile Energiesystem kann nicht ohne Blutzoll existieren. Ein solares Energiesystem kann es, wie schon der Friedensnobelpreisträger und frühere US-Präsident Jimmy Carter[164] erkannte: «Energiesparen und erneuerbare Energien sind die moralische Alternative zu einem Krieg.»

Der fossile Imperialismus

Jahrhundertelang haben die Industrienationen ganze Kontinente besetzt, unterworfen, ausgebeutet und versklavt, bis Bürgerkriege und Aufstände die Aufgabe dieses offenen Kolonialismus erzwangen. An seine Stelle ist eine neue, subtilere Form des «Neokolonialismus» (José Lutzenberger)[1] getreten, der wesentlich auf einer neuen Phase des fossilen Imperialismus fußt.

Die globale Massenarmut und, dazu symmetrisch, der Wohlstand einer privilegierten Minderheit – der Nord-Süd-Konflikt – sind eine direkte Folge dieses Mechanismus.

Bereits in der klassischen Kolonialzeit pflanzte der Norden dem Süden sein fossiles Energiesystem ein. Straßen, Schienen und Häfen wurden gebaut, um Rohstoffe erschließen zu können. Da die Ausbeutung weltweit vorangetrieben wurde, entstand ein Angebotsüberhang, mit der Folge eines Preisverfalls der Rohstoffe. Für viele Entwicklungsländer war dies das Ergebnis der Weltarbeitsteilung.

Bis in die 1970er Jahre hinein konnten sich die Entwicklungsländer mit der westlichen Vorstellung einer Weltarbeitsteilung noch recht gut abfinden. Sie glaubten, ihre Armut sei lediglich ein Relikt aus der Kolonialzeit und könne jetzt durch die wiedererlangte Selbstständigkeit überwunden werden. Als dann 1973 die OPEC die Ölpreise erhöhte und die Industrienationen beinahe in die Knie zwang, glaubten viele Politiker und Meinungsführer in den Entwicklungsländern, mit der Rolle als Rohstofflieferant eine goldene Karte ausspielen und den Norden durch Drehen an der Rohstoffschraube an der kurzen Leine halten zu können.

Doch dann kam alles ganz anders. Die Industrieländer erschlossen die heimischen Rohstoffreserven, verbesserten ihre Technologien und diversifizierten ihren Lieferantenkreis. Die erhoffte Abhängigkeit des Nordens vom Süden war damit wieder dahin, denn der Süden brauchte die Devisen des Nordens, die er sich nicht anders beschaffen konnte als durch Rohstoffverkäufe. Drei Jahrzehnte nach der Ölkrise sind die Entwicklungsländer immer noch in einer prekären wirtschaftlichen Situation. Die Brosamen aus dem Rohstoffexport werden von einer korrupten Oberschicht abgeschöpft, die oft von Konzernen aus den Industrieländern und ihren Regierungen gestützt wird.

Dieser fossile Energie-Imperialismus speist sich aus

- der Ausnutzung der Abhängigkeiten der rohstoffexportierenden Länder;
- der gezielten Schaffung solcher Abhängigkeiten durch den Schuldendienst;
- der Vergabe von Krediten zum Aufbau einer die Ausbeutung forcierenden Infrastruktur;
- der Korrumpierung loyaler Lieferregierungen und der wirtschaftlichen Abstrafung illoyaler Regierungen;
- militärischen Interventionen bei Störungen des Energienachschubs;
- dem Export der vom Energiehunger der Industrienationen verursachten Umweltschäden in die Entwicklungsländer.

Ohne diese subtile Form des Kolonialismus wären weder die heutige Form der Globalisierung noch die heutige Verteilung des globalen Reichtums möglich gewesen. Dass diese Zusammenhänge selbst von vielen Experten der Entwicklungstheorie unterschätzt werden, ist ein Symptom dafür, wie sehr sich die fossile Energiewirtschaft bereits in den Köpfen festgefressen hat.

Fossile Energiestrukturen als Triebkraft der Globalisierung

Die gegenwärtig zu beobachtende Globalisierung der Weltwirtschaft, die sich hauptsächlich durch den starken Anstieg des internationalen Austausches von Waren und Dienstleistungen auszeichnet, hat neben den Möglichkeiten moderner Kommunikationstechnologien in erster Linie die Möglichkeit billiger und schneller Transporte über lange Strecken hinweg zur unmittelbaren Voraussetzung. Die Bereitstellung solcher Transportkapazitäten hat die Zunahme des Welthandels und den Konzentrationsprozess der Weltwirtschaft erst ermöglicht – ohne Transport keine Globalisierung. Die durch Transport ermöglichte Ausweitung von Handel und Produktion ist jedoch untrennbar verbunden mit einer erheblichen Zunahme von Energieverbrauch, etwa durch Schiffs-, Flugzeug- und Lkw-Treibstoffe. Parallel stoßen die zentralistischen Strukturen des fossil-atomaren Energieversorgungssystems in immer größere Gebiete vor und machen sie sich untertan. «Globalisierung fand historisch gesehen im Energiesektor zuerst statt und ist dort wohl auch am weitesten fortgeschritten», berichtet die Energie-Enquete-Kommission des Deutschen Bundestags. «Die Tatsache, dass die Orte des Energieverbrauchs, der Energieumwandlung und der Energiegewinnung zum Teil geographisch sehr weit auseinander liegen, sorgte zwangsläufig für eine intranationale und internationale Arbeitsteilung».[2]

Der erste moderne multinationale Konzern war Rockefellers Standard Oil, der Ende des 19. Jahrhunderts ein nahezu weltweites Erdölmonopol erreicht hatte, ehe er von US-Gerichten zerschlagen wurde.[3] Heute ist mehr als die Hälfte der hundert weltgrößten Unternehmen hauptsächlich oder wesentlich im fossil-atomaren Ressourcengeschäft tätig.[4] Konzerne wie BP, Shell, Exxonmobil oder General Motors haben jeweils einen Umsatz, der das Bruttoinlandsprodukt von Dänemark übersteigt.[5] Die fossile Energiewirtschaft ist damit die wesentlichste Triebkraft der Globalisierung.

Die größten Unternehmen der Welt

Unternehmen	Branche	Stammsitz	Umsatz (in Mrd. $)
1. Wal-Mart-Stores	Lebensmittelhandel	USA	285,22
2. BP	Öl und Erdgas	GB	285,06
3. Royal Dutch/ Shell Group	Öl und Erdgas	Niederlande/ GB	265,19
4. ExxonMobile	Öl und Erdgas	USA	263,99
5. General Motors	Automobil	USA	193,45
6. Daimler/Chrysler	Automobil	Deutschland	192,75
7. Ford Motor	Automobil	USA	170,84
8. Toyota Motor	Automobil	Japan	165,68
9. General Electric	Konglomerat	USA	152,36
10. Chevron Texaco	Öl und Erdgas	USA	142,90
11. Total	Öl und Erdgas	Frankreich	131,64
12. Volkswagen Group	Automobil	Deutschland	120,71
13. ConocoPhillips	Öl und Erdgas	USA	118,72
14. Allianz Worldwide	Versicherungen	Deutschland	112,35
15. Citigroup	Bankwesen	USA	108,28

Quelle: Forbes 2005

«Die Globalisierung ist das Endstadium der Ära fossiler Brennstoffe», schreibt der angesehene US-Soziologe Jeremy Rifkin. Bislang, kritisiert Rifkin, werde «noch kaum versucht, die entscheidenden Auslöser der Globalisierungstendenz mitsamt den erbitterten Reaktionen darauf zu analysieren. Man kann sich dem Thema von verschiedenen Blickwinkeln nähern, aber vor alles andere schiebt sich die Energiegleichung. Wir vergessen mitunter, dass die Globalisierung ohne fossile Brennstoffe – Kohle, Öl, Erdgas – nicht stattgefunden hätte. Die Nutzung der Energieträger aus grauer Vorzeit verkürzte Fertigungszeiten und Transportwege, und sie schuf so den globalen Beschaffungsmarkt für Rohstoffe und Arbeitskräfte ebenso wie den globalen Absatzmarkt für Endprodukte und Dienstleistungen.»[6] Ohne James Watt wäre Adam Smith zur Bedeutungslosigkeit verdammt geblieben. Ohne fossile Energie wäre die Geschichte der Industrialisierung komplett anders verlaufen. Ohne fossil betriebene Dampfmaschinen, Dampfloks, Autos, Lastwagen und Flugzeuge hätte das Industriezeitalter heute ein anderes Gesicht.

Die zu billige fossile Energie – deren Preise die Kosten der Umweltzerstörung ausblenden – haben zu einer verzerrten Art von Globalisierung mit unheilvollen Folgen geführt. Die derzeitige Explosion des Freihandels ist durch die zu billigen Preise für Energie und Transport überhaupt erst möglich geworden. Die Unfähigkeit des Marktes, die externen Kosten des Energieverbrauchs in den Preisen auszudrücken, und zusätzlich die massive direkte und indirekte staatliche Subventionierung des Transports und der fossilen Energiestrukturen haben die Globalisierung in diesem Maße und in diesen Mustern erst bewirkt. Insgesamt dürften sich die weltweiten staatlichen Subventionen, die den Welthandel zu Lasten regionaler Wirtschaftskreisläufe privilegieren, auf deutlich über eine Billion Dollar jährlich belaufen,[7] ohne dass in dieser Summe die gewaltigen externen Kosten der fossil-atomaren Energiewirtschaft berücksichtigt sind. Marktversagen gekoppelt mit Politikversagen ist verantwortlich für die heutige Form der Globalisierung.

Solange dieser Widersinn anhält, ist sämtliches Gerede vom wohlstandsbringenden Freihandel à la Ricardo schlicht Makulatur. Denn es ist anzunehmen, dass die internationalen Handelsströme bei den gegenwärtigen Mobilitätsstrukturen gesamtwirtschaftlich mehr Schaden als Nutzen erzeugen. Die Risiken der Globalisierung, die neben der Expansion des fossil-atomaren Energiesystems insbesondere in der Gefahr des Umwelt- und Sozialdumpings zu sehen sind, drohen die Chancen, etwa die schnellere Verbreitung umweltverträglicher Technologien und das Aufbrechen verkrusteter Strukturen, deutlich zu überwiegen.

Eine Re-Regionalisierung der Weltwirtschaft ist daher nicht nur aus ökologischer Sicht, sondern auch und gerade aufgrund gesamtwirtschaftlicher Überlegungen geboten. Transportkosten müssen endlich ihren wahren Preis reflektieren, was automatisch und bürokratiefrei zur Regionalisierung der Handelsströme führen und die sozial und ökologisch negativen Folgen einer fehlgesteuerten Globalisierung abpuffern würde.

Die Abhängigkeit vom Rohstoffexport

Im Zuge der zwangsweise global organisierten fossilen Energiewirtschaft werden zahlreiche rohstoffreiche Entwicklungsländer und Reformstaaten zu reinen Extraktionsökonomien degradiert. Ihre Aufgabe in der Weltarbeitsteilung: Sie sollen billige agrarische, metallische und energetische Rohstoffe für den Weltmarkt produzieren. Zusätzliche Industrie interessiert nicht, die Technologie liefert schließlich gern der reiche Norden.

Eine Wirtschaft, die auf der Ausbeutung fossiler Rohstoffe beruht, wirkt entwicklungshemmend statt -fördernd. Amerikanische Ökonomen haben in einer empirischen Analyse zu den Wechselwirkungen zwischen Rohstoffbesitz und Wirtschaftswachstum herausgefunden, dass Rohstoffreichtum klar dem Wirtschaftswachstum abträglich ist: Unter den 18 Entwicklungsländern mit den höchsten Wachstumsraten konnten nur zwei (Malaysia und Mauritius) einen nennenswerten Naturreichtum aufweisen.[8]

Die Gründe dafür sind vielfältiger Natur:

- Rohstoffreichtum begünstigt Korruption und liefert streitenden Bürgerkriegsparteien Nachschub für ihre Kriegskassen;
- die Weltmarktpreise sind extremen Schwankungen ausgesetzt und sinken teilweise tendenziell;
- die Handelsbedingungen mit den Industrieländern verschlechtern sich;
- die Rohstoffförderung ist zentral gebunden und wird von wenigen, meist internationalen Konzernen kontrolliert;

- die Gewinne kommen nicht den ländlichen Regionen zugute, auf die es in der Dritten Welt ankommt, sondern werden von Konzernen und korrupten Machthabern abgeschöpft.

Rohstoffförderung ist kein Ausgangspunkt für Entwicklung, dessen Gewinne gleichsam zu den Armen «durchsickern». Der Nobelpreisträger und Ex-Chefvolkswirt der Weltbank Joseph Stiglitz sagt: «Eine Investition in ein Bergwerk – etwa in einer entlegenen Region des Landes – trägt, abgesehen von den Ressourcen, die es generiert, kaum etwas zur Entwicklung bei.»[9] Oft komme es zu einer «dualen» Volkswirtschaft, d. h. zu Wohlstandsinseln inmitten einer sonst unterentwickelten Volkswirtschaft. Eine solche Struktur hemmt aber die Entwicklung, weil sich dadurch die Währung des Landes verteuert und der ganze Exportsektor Schaden nimmt – die vielfach analysierte so genannte «holländische Krankheit».

Über die Hälfte der afrikanischen Exporte (insgesamt 100 Milliarden Dollar) sind energetische und metallische Rohstoffe, ein weiteres Viertel sind Agrarerzeugnisse. Gleichzeitig muss Afrika insgesamt Waren im Wert von 133 Milliarden Dollar importieren, insbesondere Maschinen, Nahrungsmittel, Erdöl und Chemikalien. Die meisten Entwicklungsländer sind wirtschaftlich vom Export von nur wenigen oder nur eines einzigen Rohstoffs extrem abhängig. Insgesamt erhalten etwa 80 Entwicklungsländer mehr als die Hälfte ihrer Exporteinnahmen aus Bergbau- und Agrarprodukten.[10]

Die Weltmarktpreise für die meisten Rohstoffe (z. B. Kakao, Kaffee, Bananen, Baumwolle, Kupfer, Aluminium) fallen tendenziell und unterliegen starken Schwankungen. Gleichzeitig verteuern sich im Vergleich dazu wichtige Einfuhren, z. B. Dünger und Maschinen: Das Preisverhältnis von Export- zu Importgütern («terms of trade») verschlechtert sich.[11]

Der Preisverfall kommt vor allem dadurch zustande, dass viele Länder die gleichen Rohstoffe exportieren wollen und dadurch ein Überangebot entsteht, das die Preise in den Keller treibt. Zugleich leiden diese Länder unter einer hohen Auslandsverschuldung, die sie zum rascheren Abbau der Ressourcen zwingt, um die Zinszahlungen leisten zu können. Versuche von Entwicklungsländern, sich zusammenzuschließen und faire Preise durchzusetzen, sind regelmäßig gescheitert, weil die Förderländer von den Nehmerländern gegeneinander ausgespielt und Kredite verweigert werden können.

Anteil von Rohstoffen am Gesamtexport bei ausgewählten Ländern		
Algerien	97 %	Kohlenwasserstoffe
Angola	96 %	Erdöl, Diamanten, Erdgas
Brunei	93 %	Erdöl, Erdgas, Mineralölerzeugnisse
Benin	81 %	Baumwolle, Erdöl
Sambia	80 %	Kupfer, Kobalt
Syrien	77 %	Erdöl, Textilien, Baumwolle
Botsuana	72 %	Diamanten, Kupfer-Nickel-Konzentrate
Kamerun	70 %	Erdöl, Kakao, Holz, Kaffee, Aluminium
Bolivien	62 %	Zink, Gold, Soja, Zinn, Holz, Erdgas, Silber
Ägypten	62 %	Erdöl, Garn, Textilien
Bahrain	60 %	Erdöl
Chile	48 %	Bergbauerzeugnisse (v. a. Kupfer)

Quelle: Fischer Weltalmanach 1999

Massenarmut, Bevölkerungswachstum und Energieknappheit

Die globale Massenarmut und das anhaltende Bevölkerungswachstum wurzeln wesentlich in den verfehlten fossil-atomaren Energiestrukturen, die den Bedürfnissen der Menschen in den Entwicklungsländern nicht angepasst sind. Die UNESCO glaubt daher, dass «erneuerbare Energiequellen wahrscheinlich die einzige wirkliche Lösung darstellen, um die Lebensbedingungen für diese Bevölkerung zu verbessern».[12]

Als ich auf dem Weltgipfel der Vereinten Nationen in Johannesburg eine Diskussionsrunde des UN-Bevölkerungsprogramms besuchte, lernte ich zufällig Werner Fornos kennen, den Direktor des Population Institute in Washington. Ich fragte Werner Fornos nach der Bedeutung der Energiefrage im Kontext der Bevölkerungspolitik, worauf er antwortete: «Haben Sie nicht gerade die UN-Statistiken gesehen? Diese Daten sind doch der einleuchtendste Beweis dafür, dass heutige Großkraftwerke es nicht schaffen, die Menschen mit Energie zu versorgen – und dadurch die Armut verewigt wird, die das Bevölkerungswachstum antreibt. Wenn wir wirksam etwas gegen Armut und Bevölkerungswachstum tun wollen, dann reicht es nicht, Kondome zu verteilen. Dann müssen wir die Energiekrise überwinden.»

Die Daten, die von den Vereinten Nationen in Johannesburg vorgestellt wurden, belegen in der Tat, dass Energiemangel weitgehend gleichbedeutend ist mit hohem Bevölkerungswachstum, niedriger Lebenserwartung, niedrigem Nationalprodukt, hohem Anteil landwirtschaftlicher Produktion, hoher Analphabetenrate und mangelhafter Wasserversorgung.[13] Ebenso lässt sich ein enger Zusammenhang zwischen Armut und der Nutzung traditioneller Biomasse nachweisen.[14] «Das Beispiel ‹energiebedingte Armut› macht deutlich, dass Energiepolitik im globalen Maßstab weit über die klassischen Ziele der Energiepolitik hinausreicht», weiß denn auch die Forschungsabteilung der Deutschen Bank.[15]

Man mag zu Recht fragen, ob die dargestellten Armutsindikatoren nun Folge oder Ursache der Energieknappheit sind. Sie sind in der Tat beides. Doch wird man die Armut nicht beseitigen können,

Zusammenhang von Energieverbrauch und Wirtschaftsentwicklung (1990)

	Energieverbrauch	Lebenserwartung	BSP pro Kopf in $	Landw. Produktion (in % BSP)	Landbevölkerung	Analphabeten
High Human Development	4930	74,5	17017	k. A.	k. A.	k. A.
Medium Human Development	1061	66,2	1998	13	42	21
Low Human Development	160	55,2	384	28	71	46
Least Human Development	63	51	237	40	78	55

Energieverbrauch in kg Öl-Äquivalent per capita
Landbevölkerung und Analphabeten in Prozent der Gesamtbevölkerung

Quelle: Scheer 1999

solange Energiemangel herrscht. In einer Untersuchung über den Zusammenhang zwischen Sozialstandards und Stromverbrauch ermittelte das Electric Power Research Institute einen Schwellenwert, unter dem Menschen um ihr tägliches Überleben kämpfen müssen. Erst ab Überschreiten dieser Schwelle des Stromverbrauchs lässt sich von Lebensqualität reden, auf deren Basis sich dann Einkommen bilden kann.[16]

Freilich sind auch noch andere politische Maßnahmen nötig, wie die Sicherstellung von Schulbildung. Aufgrund meiner Arbeit für die Millenniumsziele der UN zur Armutsbekämpfung weiß ich dies aus erster Hand. Doch die Bedeutung der Energiefrage für nachhaltige Entwicklung ist kaum zu überschätzen. Will man der Armut Herr werden, muss man Energiepolitik betreiben. Unterentwicklung und Überbevölkerung sind die direkten und unmittelbaren Folgen von Energiemangel. Energiemangel aber ist die direkte und unmittelbare Folge des fossilen Energiesystems, das nicht kompatibel mit der Sozial- und Wirtschaftsstruktur der Dritten Welt ist.

Entwicklungsländer sind von ihrer Gesellschafts- und Wirtschaftsstruktur her stark agrarisch geprägt und benötigen daher eine dezentrale Energieversorgung. Dennoch implementiert man ihnen, samt den Techniken der sekundären und tertiären Ökonomie, eine zentralisierte Energieversorgungsstruktur, welche die heutigen Industrienationen erst in mehreren Jahrhunderten industrieller Entwicklung sukzessive aufgebaut haben und die den realen sozioökonomischen Bedingungen in den Ländern der Dritten Welt in keiner Hinsicht gerecht wird. Dadurch werden ihre Chancen auf eine angepasste Entwicklung massiv eingeschränkt. Trotzdem unterstützen die Weltbank und der Internationale Währungsfonds diesen fatalen Kurs nach Kräften, obwohl auch die hauseigenen Analysen der Weltbank den Irrsinn dieser Politik belegen.

Aufgrund der zwangsweise zentralistischen Ausrichtung der fossilen Energieversorgung auf Ballungsräume wurden die ländlichen Regionen in der Dritten Welt vernachlässigt, obwohl die große Mehrheit der Bevölkerung auf dem Land lebt und die Landflucht und die unkontrollierte Urbanisierung zu den drückendsten Problemen überhaupt zählen. Etwa 2,4 Milliarden Menschen sind zur Deckung ihrer primitivsten Grundbedürfnisse auf traditionelle Biomasse (Holz, agrarische Rückstände, Dung) angewiesen, mit steigender Tendenz.[17] Die Hälfte der Menschheit kocht mit Dung,

Holz und Kohle am offenen Feuer. Diese Menschen verfügen über keinen Anschluss ans Stromnetz. Überlandleitungen und Verteilernetze sind aber der größte Kostenfaktor einer zentralisierten Strombereitstellung. Die zahlreichen kleinen Siedlungen in Entwicklungsländern können also aus Kostengründen gar nicht angeschlossen werden. Selbst wenn ein Anschluss erfolgen sollte, wäre der legale Kauf der Elektrizität für die Armen aus finanziellen Gründen nicht möglich.

Wer aber keinen Zugang zu Energie hat, ist von Informations- und Bildungsmöglichkeiten (Licht zum Lesen, Telefon, Radio, Fernsehen, Computertechnologie) abgeschnitten, ist Gesundheitsgefahren durch offene Feuerstellen ausgesetzt und muss viel Arbeitszeit in das Sammeln von Feuerholz investieren. Weil keine Kühlschränke betrieben werden können, verderben die Lebensmittel, und Medikamente können nicht kühl gelagert werden. Das Arbeiten am Abend wird durch das Fehlen ausreichender Beleuchtung erschwert. Ohne Energie kann kein kleiner Betrieb gegründet werden, ohne Treibstoffe kann man nicht mit Autos oder Lastwagen zu den Märkten fahren und keine Agrarmaschinen betreiben usw.

Das Kochen am offenen Feuer und das Sammeln von Brennholz wird in der Regel Kindern und Frauen überlassen – verbunden mit den entsprechenden Gesundheitsschäden. In Indien müssen täglich zwei bis sieben Stunden zum Brennstoffsammeln aufgewendet werden; in Afrika südlich der Sahara ist es nicht ungewöhnlich, dass Frauen täglich 20 Kilogramm Brennholz aus fünf Kilometer Entfernung heranschleppen. Dass die ständige Plackerei für den Gesundheitszustand der Frauen und Kinder nicht gerade förderlich ist und sie von Bildung und produktiver Tätigkeit abhält, braucht hier nicht ausgebreitet zu werden.

Offene Feuer gehören laut WHO-Statistiken zu den größten Gesundheitsrisiken weltweit. In den Entwicklungsländern ist die dadurch verursachte Luftverschmutzung das viertgrößte Gesundheitsrisiko – nach Unternährung, Geschlechtskrankheiten und verseuchtem Wasser. Fünf Prozent aller Krankheitsfälle in der Dritten Welt gehen auf das Konto offener Feuerstellen.[18] Jährlich sterben 2,5 Millionen Frauen und Kinder an Erkrankungen der Atemwege.[19] Das sind täglich fast 7000 Menschen – mehr, als an Malaria sterben. Viele weitere Millionen leiden an Augen- und Lungenkrankheiten wie chronischer Bronchitis, Asthma, Lungenkrebs oder

Tuberkulose, oder sie werden krank durch schlecht abgekochtes Essen.[20] Auch geringes Geburtsgewicht und das Kindersterben sind teilweise auf die Luftverschmutzung durch Feuer zurückführbar: Die häufigste Todesursache bei Kindern unter fünf Jahren sind akute Atemwegserkrankungen.[21] Da Kinder als Arbeitskräfte benötigt werden, ist eine hohe Kinderzahl nötig, was den Trend zur Überbevölkerung verfestigt. Der Energiemangel perpetuiert die Diskriminierung der Frau, verhindert den Schulbesuch, die privaten Weiterbildungsmöglichkeiten sowie die kindgerechte Entfaltung der Kinder und erhöht das Bevölkerungswachstum.

Mehr noch: Die fossile Energiekrise verschärft die Land-, Nahrungs- und Wasserkrise. Die im Raubbau betriebene Brennholzgewinnung in Afrika, die südlich der Sahara 85 Prozent des Energieverbrauchs stillt, führt zu einer jährlichen Entwaldung von zwei Millionen Hektar, mit dramatischen Folgen hinsichtlich Bodenerosion, Artenvielfalt und Mikroklima.[22] Aufgrund des Energiemangels werden in Subsahara-Afrika nur 20 Prozent des Bewässerungspotenzials genutzt, und durch unsachgemäße Lagerung (zu wenig Kühlung oder zu langsamer Transport) gehen in vielen Entwicklungsländern bis zu 20 Prozent der Nahrungsmittel verloren.[23]

Zugleich werden die regional knappen Wasserreserven durch den hohen Wasserverbrauch bei der Öl- und Kohleförderung, bei deren Weiterverarbeitung und bei den Kraftwerken belastet. Daher stößt auch der Ausbau des Kraftwerkparks in vielen trockenen Ländern bereits an Grenzen. Denn Kondensationskraftwerke – und das sind praktisch alle Großkraftwerke – haben einen Wasserbedarf von zwei bis drei Litern pro Kilowattstunde (weshalb beispielsweise in den USA die Kraftwerke vier Prozent des Wasserverbrauchs ausmachen; zum Vergleich: Alle US-amerikanischen Privathaushalte zusammen haben einen Anteil von sechs Prozent).[24] Die Zahl der Länder, die unter Wassermangel leiden, steigt an. Anstatt Wasser für Haushalte und Landwirtschaft zu verwenden, wird es zur fossilen Energiegewinnung verschwendet.

Wegen des Energiemangels auf dem Land wandern vor allem die jungen Menschen in die Städte ab. Dadurch veröden die ländlichen Räume, und die Metropolen der Dritten Welt wachsen unkontrolliert an. Auch wenn man davon ausgehen kann, dass der Lebensstandard in den Slums im Vergleich zu dem auf dem Land sogar etwas höher ist, wird dort sozialer Zündstoff erzeugt, der sich nur schwer kontrollieren lässt. In den Slums blühen Kriminalität und Prostitution. Es gibt keine ausreichende Wasserversorgung, Sanitäranlagen oder Müllentsorgung. Arbeitslosigkeit, Armut und Perspektivlosigkeit prägen das Bild. Die Eindrücke von meinem Besuchen in den Armutsvierteln in Johannesburg, die ich als Delegierter zum dort stattfindenden UN-Gipfel machen konnte, prägen mich bis heute.

Das zentralistische fossil-atomare Energiesystem ist strukturell nicht in der Lage, die Menschen der Dritten Welt mit ausreichend Energie zu versorgen. Das fossil-atomare Energiesystem verursacht dadurch Energieknappheit, und diese ist ein Entwicklungshemmnis ersten Grades, das die Armut von Milliarden Menschen verschuldet. Erneuerbare Energien sind – im Rahmen einer umfangreicheren Entwicklungsstrategie – das Patentrezept gegen Armut, Bevölkerungswachstum, Bodendegradation, Entwaldung, Bildungs-, Wasser- und Nahrungsmangel, Verödung ländlicher Räume, Gesundheitsschäden und Tod.

Schuldendiktat durch fossile Energie

Die meisten Entwicklungsländer sind dringend auf Kredite aus dem Norden angewiesen, um ihr Überleben zu sichern. Viele leben von der Hand in den Mund. Dass die Verschuldungskrise eine unmittelbare Folge des fossil-atomaren Energiesystems ist, ist unter Entwicklungsexperten längst bekannt, ohne dass dieser Zusammenhang vehement genug artikuliert wird. Unter seiner Schuldenlast werden dem Süden dann Reformprogramme diktiert, die mehr der Expansion des fossil-atomaren Energiesystems und den Interessen des Nordens dienen als der Bekämpfung der Armut.

Da die Länder der Dritten Welt vorwiegend dieselben Energieträger nutzen wie die Industrieländer, müssen sie diese genauso wie wir importieren (es sei denn, sie gehören selbst zu den wenigen Förderländern) und daher auch dieselben Weltmarktpreise zahlen wie die Industrienationen, obwohl sie über eine weitaus geringere Wirtschaftskraft verfügen. Die Kosten für Energieimporte im Verhältnis zu den Exporterlösen stiegen in den letzten Jahrzehnten deutlich an: Immer mehr muss exportiert werden, um den fossilen Energiehunger des Landes zu stillen. Energie ist Grundlage allen Wirtschaftens. Wird sie teurer, so werden alle Entwicklungsversuche im Keim erstickt. Die Energie(import)kosten fressen den wirtschaftlichen Ertrag aus dem Energieeinsatz von vornherein auf.

Die UN-Weltentwicklungsberichte weisen leider nur die Daten von 1960 bis 1985 aus, danach brechen die Datenreihen ab. Jedoch spricht alles dafür, dass der Energieimport seit 1985 noch größere Anteile der Exporteinnahmen absorbiert, v. a. wegen des gewachsenen Treibstoffbedarfs und des Flugverkehrs für den Tourismus. Dabei sind die zusätzlichen Kosten für den Import z. B. von Düngemitteln, Kraftwerken und Kraftfahrzeugen noch nicht einmal berücksichtigt. Der prozentuale Anteil der Energieimporte im Verhältnis zu den Exporteinnahmen nimmt zu, wie die Grafik zeigt.[25] Die Deviseneinnahmen werden vom Ölimport mehr und mehr aufgefressen.

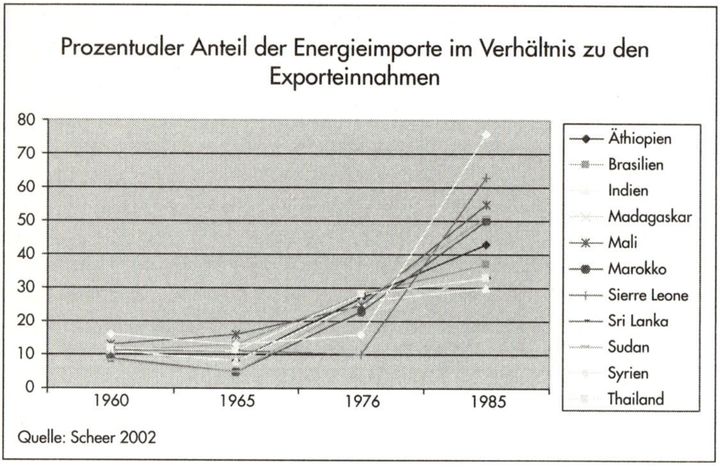

Einige Dritte-Welt-Länder müssen heute mehr Geld für Ölimporte ausgeben, als sie überhaupt an Exporten verbuchen können. Nach UN-Angaben machen die Ausgaben für Ölimporte in einer Reihe afrikanischer Länder über die Hälfte des Volkseinkommens aus.[26] Zur Verdeutlichung: Experten schätzen, dass allein durch die Ölpreisverteuerungen des Jahres 2004 den Entwicklungsländern jährliche Mehrkosten in Höhe von 60 Milliarden Euro entstehen. Das ist ungefähr so viel, wie weltweit insgesamt für Entwicklungshilfe ausgegeben wird.[27] Die Internationale Energieagentur errechnete exemplarisch für Länder wie China und Thailand, dass die Erdölimporte die Entwicklungshilfe um den Faktor 2,5 übersteigen.[28]

Dieser Importzwang für fossile Energien hat die Schuldenkrise der Dritten Welt entscheidend mit verursacht. «Hauptauslöser der Verschuldungskrise waren die Ölpreisschocks von 1973/74 und 1979/80», heißt es im *Afrika-Lexikon.*[29] Im Jahr 1980 mussten die Öl einführenden Länder elfmal mehr für Öl ausgeben als 1973. Von den 500 Milliarden Dollar Schulden, die zwischen 1973 und 1982 entstanden, können 260 Milliarden direkt der Verteuerung des Erdöls zugerechnet werden – ein Anteil von 52 Prozent der gesamten Schuldenlast.[30] Allein zwischen 1979 und 1982 stiegen die Auslandsschulden der Entwicklungsländer um 40 Prozent.[31] Die Ölpreiserhöhungen des Jahres 2000 führten zu neuen Belastungen für die Entwicklungsländer: Zwischen 1998 und 2001 haben sich die Ölrechnungen vieler Staaten, vor allem in Afrika, verdoppelt.[32] Kofi Annan warnte vor infolge der Ölpreiserhöhungen weiter steigenden Zinsen und damit einem noch höheren Schuldendienst, der die meisten Entwicklungsländer in den nächsten Jahren belasten werde.[33]

Die Ölkrisen der 1970er Jahre haben «die Schuldenkrise der Drittweltstaaten eskalieren» lassen, sagt der US-Soziologe Jeremy Rifkin. «Die Entwicklungsländer mussten auf dem freien Markt oder bei Institutionen Kredite in Milliardenhöhe aufnehmen, um die drastisch steigenden Kosten für Ölimporte und alle damit verbundenen Ausgaben bezahlen zu können. Der Schuldenberg türmte sich in den letzten Jahren noch höher auf, weil die Schwellenländer zur Modernisierung ihrer verarbeitenden Industrie und wegen der mit der Bevölkerungszahl gewachsenen Bedürfnisse noch abhängiger von Ölimporten wurden. Vor allem die Schlusslichter unter den Volkswirtschaften der Welt wenden mehr Gelder für den Schuldendienst als für die Grundversorgung ihrer Einwohner auf. Das führt zu einer unumkehrbaren Abwärtsspirale in wachsende Armut und Verzweiflung. ... Die Herrschaft über fossile Energieträger ist demnach nicht nur die treibende Kraft hinter dem Zusammenwachsen der Welt zum ‹globalen Dorf›, sondern vertieft gleichzeitig die Kluft zwischen den armen und den reichen Nationen auf unserem Planeten.»[34]

Eine weitere Ursache der Verschuldungskrise ist die Verschlechterung der Import- im Verhältnis zu den Exportpreisen von Rohstoffen (terms of trade). Für die gleiche Menge an Rohstoffen erhalten die Entwicklungsländer immer weniger Maschinen, Dünger

Ursachen der Verschuldungskrise

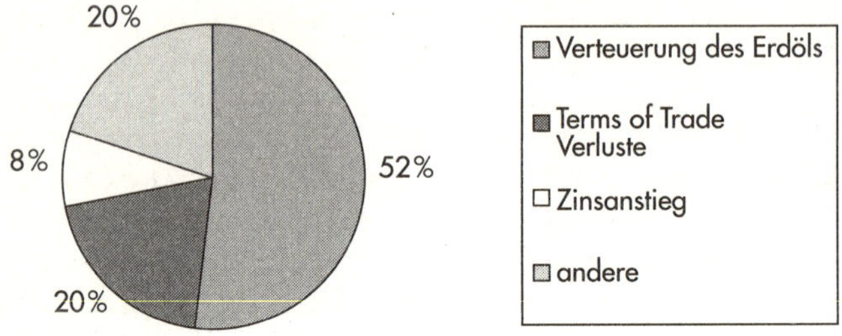

Quelle: Nuscheler 1996

usw., so dass sie auf Kredite angewiesen sind, um ihre Importe zu finanzieren.

Hinzu kommen gescheiterte fossil-atomare Infrastrukturprojekte, z. B. Kraftwerke, Flughäfen, Autobahnen, Straßen, Pipelines, Bergwerke, Stahlwerke etc. Derartige Großprojekte wurden den Dritte-Welt-Ländern von den Industrienationen oft als Entwicklungsstrategie empfohlen und auf Kredit finanziert. Der erhoffte Entwicklungsimpuls blieb allerdings regelmäßig aus, und die Länder blieben auf ihren Schulden sitzen. «Entwicklungskredite» dienten lange Zeit der besseren Erschließung und dem schnelleren Transport von Ressourcen oder der Ausbreitung des fossil-atomaren Energiesystems. Man wollte die Rohstoffe billig ausbeuten und Aufträge für die eigenen Konzerne einspielen. Die Infrastrukturkosten aber brummte man per Kredit den Ärmsten der Armen auf.

Fossile «Strukturanpassung» à la carte

Unter dem Joch der Schuldenlast sind die Entwicklungsländer den Diktaten des Internationalen Währungsfonds (IWF) und der Weltbank ausgesetzt. Diese beiden Institutionen legen dann ein «Strukturanpassungsprogramm» auf, das die Schuldnerländer zu wirtschaftspolitischen Reformen zwingt, wenn sie weiter Kredite erhalten wollen. Eine häufige IWF-Auflage ist die Liberalisierung des Energiemarkts. Was das für Entwicklungsländer bedeutet, zeigt das Beispiel Senegal. Der Staat war hoch verschuldet und musste, um den

Konditionen für einen Strukturanpassungskredit zu genügen, staatliche Unternehmen privatisieren. 1998 kaufte sich das französisch-kanadische Konsortium Elyo Hydro-Québec gegen massiven Widerstand der Gewerkschaften in das staatliche Stromunternehmen ein. Während die Gewinne ins Ausland abflossen, unterblieben neue Investitionen, und dank ausbleibender Instandhaltungsmaßnahmen häuften sich Stromausfälle. Zwei Jahre später übernahm der Staat wieder das Ruder, seitdem bessert sich die Lage. Selbst die Weltbank musste einräumen, dass sie mit ihren Empfehlungen falsch lag.[35]

Als Gegenleistung für die umgesetzten Strukturanpassungen erhalten die Entwicklungsländer Kredite und Zuschüsse für Autobahnen, Stahlwerke, Bergbau, Kraftwerke, sogar Atomreaktoren – also für dieselben fossil-atomaren Großprojekte, die schon in der Vergangenheit ihre Schädlichkeit und Kontraproduktivität deutlich unter Beweis gestellt haben. 70 Prozent der Entwicklungshilfe-Investitionen fließen in solche Großprojekte, die kaum Wachstum in Gang setzen, geschweige denn den Armen viel nützen und obendrein durch den notwendigen Unterhalt die Staatskasse belasten. Die Dorfbrunnen, die uns vom Fernsehen gerne vorgeführt werden, sind leider überhaupt nicht repräsentativ für staatliche Entwicklungshilfe und eher die Ausnahme als die Regel.[36]

Die staatliche Entwicklungshilfe kommt eher einer Selbstalimentierung des Nordens und einer Subvention der fossilen Konzerne gleich denn einer Hilfe für die Armen. 90 Prozent der Weltbank-Energieprojekte gehen an Energiekonzerne aus den sieben großen Industrienationen. Nur fünf Prozent des Budgets fließen in die ländlichen Räume der Entwicklungsländer, und nur drei Prozent werden in solare Energien investiert[37] – und das, obwohl selbst hauseigene Analysen der Weltbank zeigen, dass Solarenergie für Entwicklungsländer die geeignetste Energiequelle ist[38] und eine von der Weltbank selbst eingesetzte Reformkommission das Ende aller Kredite für Bergbau- und Ölprojekte forderte, weil diese kein wirkungsvoller Weg aus der Armutsfalle seien, und eine «aggressive Steigerung» der erneuerbaren Energien empfahl.[39]

Ein Musterschüler des Weltwährungsfonds ist Idriss Déby, der Staatschef des Tschad. Er hat den Markt in der nordafrikanischen Republik umfassend liberalisiert, Staatsunternehmen privatisiert, die Steuern gesenkt und Gesetze zum Schutz ausländischer Investitionen erlassen. Zum Dank hat die Weltbank im Tschad ihre größte

Investition auf dem gesamten Kontinent getätigt: Mit dreistelligen Millionenbeträgen subventioniert sie die Ölförderanlagen von Doba und eine tausend Kilometer lange Pipeline, die von dort quer durch den Tropenwald bis zur Atlantikküste Kameruns verläuft. Dass der Staatschef des Tschad eine blutrünstige Schreckensherrschaft über sein Land ausübt, politische Gegner in den Kellern seines Präsidentenpalastes foltern, willkürlich hinrichten oder «verschwinden lässt», stört IWF und Weltbank nicht, solange er sich nur ihren Diktaten unterordnet. Dass für die Pipeline eine Schneise quer durch die ökologisch hochsensiblen Tropenwälder geschlagen werden muss, interessiert die Bänker keinen Deut, ebenso wenig wie die dadurch bedrohte Existenz des Volks der Bagyeli-Pygmäen.

Die Profite aus solchen Projekten streichen zu drei Vierteln die Ölkonzerne aus dem Norden ein. Die Bevölkerung sieht allenfalls Brosamen. Der von der Weltbank eingerichtete «Erdöl-Sonderfonds zur Bekämpfung der Armut» untersteht der Verantwortung der Regierungen des Tschad und Kameruns, die damit anderes tun als die Armut zu bekämpfen. So entnahm Staatschef Déby im November 2000 rund 25 Millionen Dollar aus dem Fonds, angeblich um einer Hungersnot Herr zu werden; doch Dokumente belegen, dass der Großteil für Waffenkäufe ausgegeben wurde.[40]

Öl, Macht und Korruption

Rohstoffförderung begünstigt Korruption und Misswirtschaft. «Die kommerzielle Ausbeutung natürlicher Ressourcen ist besonders korruptionsanfällig», formuliert dies die Weltbank.[41] Ausländische Finanziers wollen sich die Förderkonzessionen möglichst billig beschaffen und bestechen daher systematisch Regierungsbeamte. Nobelpreisträger Stiglitz: «Die ausländischen Direktinvestitionen fließen nur um den Preis einer Unterminierung demokratischer Prozesse. Dies gilt insbesondere für Investitionen in den Bereichen Bergbau, Erdöl und anderen Bodenschätzen, wo es für Ausländer einen echten Anreiz gibt, Konzessionen zu niedrigen Preisen zu erhalten.»[42]

Dabei bringt Rohstoffförderung das Land, wie wir oben sahen, wirtschaftlich nicht einmal voran, da sie nur punktförmige Entwicklung begünstigt. Daten zum realen Pro-Kopf-BIP zeigen, dass zwischen 1960 und 1990 rohstoffarme Entwicklungsländer zweibis dreimal schneller wuchsen als rohstoffreiche Länder, wie in Weltbankstudien nachgelesen werden kann.

Entwicklungsforscher sprechen von einem «Fluch der Ressourcen» und haben einen Zusammenhang zwischen Rohstoffreichtum und Herrschaftssystem identifiziert. In ihrem Weltentwicklungsbericht 2003 zitiert die Weltbank Untersuchungen, in denen geprüft wurde, ob Erdöl und Mineralien die Entstehung demokratischer Institutionen behindern. Für eine Stichprobe von 113 Ländern wurde dies für den Zeitraum von 1971 bis 1997 bestätigt. Die Regierungen sichern sich autoritär die Verfügungsgewalt über die Rohstoffe und finanzieren aus den Rohstoffeinnahmen ihre Aktivitäten, ohne die Zustimmung der Bevölkerung einholen zu müssen. Dieser zentrale Mechanismus legt dem Aufbau demokratischer Institutionen Steine in den Weg, folgert die Weltbank.[43]

Die Einnahmen aus dem Ölexport sind insbesondere für die arabischen Gesellschaften ein Entwicklungshemmnis ersten Grades. Im Nahen und Mittleren Osten hat sich, so der Konfliktforscher Herfried Münkler von der Humboldt-Universität Berlin, «ein Typus des Rentiers- bzw. Allokationsstaates herausgebildet, der gesellschaftliche Entwicklungen blockiert und politischen Partizipationsforderungen die Spitze genommen hat». Denn die Petrodollars ermöglichen es den Regimen, die Staatsaufgaben ohne Steuern zu finanzieren und darüber hinaus «bestimmte Projekte und gesellschaftliche Gruppen nach eigenem Gusto und entsprechend ihrem politischen Wohlverhalten zu subventionieren».

Auf die Zustimmung der Bevölkerung ist der Staat nicht angewiesen, da er keine Steuern erheben muss und Gegner durch Alimentierung ruhig stellt. «So hat die Weitergabe von Teilen der Ölrente an die Bevölkerung autoritäre und nicht selten korrupte Regime stabilisiert und an der Macht gehalten», erklärt Münkler. «Zudem hat sie zu einem dramatischen Verfall des Arbeitsethos geführt, mit der Folge, dass die härteren und unangenehmen Tätigkeiten durch Arbeitsmigranten aus ärmeren Nachbarstaaten ausgeführt werden. Schließlich bringen Rentiersstaaten ein wirtschaftliches System hervor, in dem Kontakte und Beziehungen zu Angehörigen der Staatsklasse von größerer Bedeutung sind als unternehmerisches Handeln und Risikobereitschaft. Die Einnahmen aus dem Erdölexport sind die erste und wichtigste Ursache für die Selbstblockade der arabischen Gesellschaften.»[44]

Im Februar 2004 forderten sechs Friedensnobelpreisträger die Weltbank auf, die Subventionierung von fossilen Projekten einzustellen. Nobelpreisträgerin Jody Williams: «Krieg, Armut, Klimawandel, Gier, Korruption und anhaltende Menschenrechtsverletzungen – all diese Geißeln sind zu oft verbunden mit der Öl- und Bergbauindustrie.»[45] Wolle die Weltbank Armut bekämpfen, müsse sie erneuerbare Energien fördern statt Öl.

Die Mär vom gemeinsamen Boot

Die Industrieländer leben auf Kosten der Armen. Beschränkt ist das nicht nur auf ein Energiesystem, das die Dritte Welt strukturell verarmen lässt. Die Ausbeutung der Schwachen erfolgt ferner durch eine «dritte Stufe des Kolonialismus, in der wir die mit unserem Wohlstand verbundenen Umweltzerstörungen in die dritte Welt exportieren» (Klaus Meyer-Abich)[46] – die Armen bluten für die Umweltzerstörung der Reichen.

Der Treibhauseffekt, der in der Hauptsache vom massiven Energieverbrauch des Nordens verursacht wird, trifft am härtesten die armen Länder der Südhalbkugel. Denn das dortige Ökosystem reagiert empfindlicher auf Klimaveränderungen, und die Erwärmung ist in vielen Regionen des Südens stärker. Die armen Länder können sich keinen Schutz vor Naturkatastrophen leisten und die Schäden schlechter schultern. Millionen Menschen, die in Flussdeltas oder Inselstaaten leben, sind durch den Anstieg des Meeresspiegels und die Zunahme von Sturmfluten direkt in ihrer Existenz bedroht. Wir sitzen eben *nicht*, betont der Philosoph Klaus Meyer-Abich, in einem gemeinsamen Boot. Die Armen trifft der Klimawandel härter als die Reichen.

Australische Forscher sind darüber hinaus zu der Erkenntnis gekommen, dass die Luftverschmutzung aus der nördlichen Halbkugel in den 1970er und 1980er Jahren zu der damaligen Dürrekatastrophe in der Sahelzone geführt hat. Die Dürren, die seinerzeit hunderttausende Menschen zu Opfern von Hunger und Tod machten, seien wahrscheinlich Folge der Schwefelemissionen der Industrieländer gewesen, die aus der Verbrennung von Öl, Gas und Kohle stammen. Der Schwefel habe zur Wolkenbildung aus ungewöhnlich kleinen Tropfen geführt, dadurch sei der Regengürtel in den afrikanischen Tropen nach Süden verschoben worden, und der Regen im Sahel blieb aus. Als in den achtziger Jahren Filteranlagen in den

Kraftwerken installiert wurden, schwächten sich die Dürren ab. Die Vegetation im Sahel erholt sich seitdem wieder langsam. Die Reichen klauen den Armen also sogar den Regen.[47]

«Ausbeuterisches Verhalten» nennt das Klaus Töpfer, Direktor des UN-Umweltprogramms. «Nehmen Sie Afrika: Der ganze Kontinent hat einen Anteil an der Weltbevölkerung von knapp 14 Prozent, trägt aber bloß 3,2 Prozent zum klimaschädlichen CO_2-Ausstoß bei. Dennoch leidet Afrika schon jetzt am stärksten unter dem Klimawandel. Dass wir die Lebensbedingungen der Menschen dort verschlechtern, weil wir negative Umwelteffekte aus unserer Wohlstandskalkulation einfach ausklammern, ist eine ökologische Aggression – und wird auch zunehmend so verstanden.»[48]

Auf der Internationalen Regierungskonferenz für Erneuerbare Energie in Bonn wurden dem Jugendbündnis Zukunftsenergie als der Stimme der weltweiten Jugend fünf Minuten Redezeit am Eröffnungstag zugestanden (immerhin die Hälfte der zehn Minuten, die der Bundeskanzler erhielt). Die junge afrikanische Aktivistin Yongamele Mbopa hielt auf unser Bitten die Rede, und ich darf behaupten, es war die klarste der ganzen Konferenz. Vor Vertretern von über hundert Regierungen machte Yongamele deutlich, dass Energie nicht nur eine ökologische Frage ist, sondern unmittelbar das Leben und Überleben von Millionen Menschen betrifft: «Erneuerbare Energien sind die Lösung für die Umweltkrise. Sie werden massenhaft Beschäftigung schaffen. Sie werden Licht bringen, wo Verzweiflung herrscht. Ich weiß das aus eigener Erfahrung, denn viele leben immer noch ohne Strom, und sie leiden unter den Folgen der Produktion von etwas, von dem sie nicht profitieren. Wir in Afrika werden unter den schlimmsten Fluten und Dürren leiden müssen. Schaffen wir die fossilen Energien ab! Ich bin überzeugt, 100 Prozent erneuerbare Energie werden Arbeit für die Arbeitslosen schaffen, die Ungebildeten bilden, im Kampf gegen HIV und Aids helfen. In Südafrika haben Sie alle Möglichkeiten. Warum helfen Sie nicht in dem Kampf, diese Nation zu retten?»[49]

Ein Solarer Weltmarshallplan

Im Januar 2002 traf ich mich in Hamburg mit knapp zwei Dutzend Unternehmern, Wissenschaftlern und Studenten, um gemeinsam die Stiftung Weltvertrag aus der Taufe zu heben. Kurz nach der

Gründung riefen wir die Global Marshall Plan Initiative ins Leben. Ziel der Initiative ist, dass sich Europa an die Spitze einer weltweiten Bewegung für einen ökosozialen Global Marshall Plan setzt. Meine Überlegungen in diesem Kapitel stützen sich wesentlich auf die jahrelangen intensiven Diskussionen bei der Global Marshall Plan Initiative (www.globalmarshallplan.org).[50]

Inzwischen wird unsere Initiative von einer Reihe renommierter Persönlichkeiten unterstützt, darunter Ernst Ulrich von Weizsäcker, Rita Süßmuth, Heiner Geißler und Hans-Dietrich Genscher. Die langfristige Perspektive hinter der Idee eines Weltmarshallplans ist eine Ökosoziale Weltmarktwirtschaft, die Märkte und Wettbewerb mit hohen Standards zum Wohl aller Menschen verknüpft. Ein Schlüssel für einen Konsens zur Durchsetzung solcher Standards, zugleich auch ein Schlüssel zur Überwindung der weltweiten Armut, sind weitere Marktöffnungen und Co-Finanzierungsmaßnahmen der reichen Länder zugunsten der sich entwickelnden Länder mit dem Ziel geeigneter Ordnungsbedingungen. Auf Seiten der ärmeren Länder erfordert dies im Gegenzug die Bereitschaft, entsprechende Standards umzusetzen, obwohl sie dadurch ihre heutigen Wettbewerbsvorteile in Teilen aufgeben müssen. Dieses Vorgehen entspricht der Logik der EU-Erweiterungsprozesse, der Logik des Marshallplans der USA für Europa nach dem Zweiten Weltkrieg und den zentralen Forderungen der sich entwickelnden Länder auf allen Weltgipfeln der letzten Jahrzehnte. Angesichts weltweit drohender sozialer Verwerfungen und Umweltkatastrophen ist dies auch im wohlverstandenen Interesse der Industrienationen. «Insightful selfishness» sollte insofern ein starker Motor für die Idee eines Weltmarshallplans sein.

Elementarer Bestandteil davon muss ein Solarer Weltmarshallplan sein, mit dem Ziel der Konversion der globalen Energiestrukturen. Ohne solare Energie wird es keine Bekämpfung der Armut geben. Naturkatastrophen, Bevölkerungswachstum, Analphabetismus, Entwaldung, Bodendegradation, Wasser- und Nahrungsmangel, Luftverschmutzung, Krankheiten, Landflucht, Slumbildung, Schuldenkrise, Korruption, Kriege und Unterdrückung – dies alles sind Probleme, die nur dann einer schnellen Lösung zugeführt werden können, wenn sich die Energiepolitik radikal ändert. Es gibt keine Perspektive für die Dritte Welt ohne die Perspektive des Solarzeitalters.

Solare Energie muss deshalb zu einer Schlüsselaufgabe der Entwicklungspolitik werden. Mit den Entwicklungshilfegeldern muss der positive Technologietransfer gestärkt werden, sprich die breite Einführung umweltverträglicher, dezentral und regional angepasst einsetzbarer Technologien, beispielsweise effizienter Heizsysteme, Solarkocher, brennstoffsparender Dampfdruck-Kochtöpfe und Küchenöfen, Photovoltaik («Solar Home Systems»), solarer Kühl- und Trocknungssysteme, des umweltverträglichen Anbaus von Biomasse etc. Eine Internationale Solarenergie-Agentur (IRENA) sollte, analog zur Internationalen Atomenergie-Agentur (IAEA), diesen Technologietransfer durch Know-how, logistische Unterstützung und Kapital beschleunigen.[51] Die Weltbank muss ihre Förderung von fossilen auf solare Energien umstellen, wie jüngst auch vom Salim-Report gefordert.[52]

Nachzudenken ist ferner über die Erhebung internationaler Abgaben. Diese hätten in erster Linie den Zweck, Finanzmittel für Entwicklung zu generieren, und in zweiter Linie einen Lenkungseffekt. Nach einer jüngeren UN-Analyse (Zedillo-Report)[53] fehlen pro Jahr etwa 50 Milliarden Dollar zur Erreichung der UN-Millenniumsziele. Weitere 20 Milliarden Dollar werden für die Bereitstellung globaler öffentlicher Güter benötigt. Die internationale Entwicklungshilfe beträgt dagegen nur 56 Milliarden Dollar und ist unbedingt auf das 1970 von den UN vereinbarte Ziel von 0,7 Prozent des Bruttoinlandprodukts der reichen Nationen zu erhöhen. Weitere Möglichkeiten bestehen z. B. in der Besteuerung grenzüberschreitender Devisentransaktionen (Tobin-Steuer),[54] der Kerosinbesteuerung, einer Abgabe auf den Rohölhandel oder der Erhebung von Nutzungsentgelten für globale Gemeinschaftsgüter wie den internationalen Luftraum und die hohe See.[55]

Nur durch einen solchen Solaren Marshallplan kann die Entwicklungskrise der Dritten Welt überwunden werden. Nur eine solare Energieversorgung bietet «die Hoffnung, den Ohnmächtigen Macht zu verleihen und den Marginalisierten neuen Anschluss zu bieten» (Jeremy Rifkin).[56] Solare Energie ist der Schlüssel zur Bekämpfung von Armut und Umweltzerstörung. Solare Energie ist die conditio sine qua non für einen Balanced Way.

Die Zerstörung von Demokratie und Marktwirtschaft

In den Industrieländern hat sich ein petroindustrieller Komplex herausgebildet, der sich aus der Rohstoff-, Chemie-, Strom- und Automobilwirtschaft mit einem Anhang aus Agrarindustrie, großen Bauunternehmen und einigen privaten Müllentsorgern zusammensetzt. Dieser petroindustrielle Komplex verfolgt gemeinsame Interessen. Er hat sich einen Besitzstand aus Pfründen, Privilegien und Subventionen aufgebaut, die er zu schützen versteht – gegen Konkurrenz aus dem Markt ebenso wie gegen progressive Politiker, die gegen diese Pfründe angehen wollen. Die Drohungen, Arbeiter zu entlassen, den Standort zu wechseln oder öffentlich Panikmache zu betreiben, sind von erschreckender Wirksamkeit. So schaltet der petroindustrielle Komplex Demokratie und Marktwirtschaft aus.

Die fossil-atomare Industrie ist in wenigen Konzernen vereint, die monopolähnliche Verhältnisse aufgebaut haben und durch Dumpingpreise neue Konkurrenten vom Markt fegen. Mittlerweile stoßen die Stromkonzerne sogar schon in andere Wirtschaftsbereiche vor, mit denen sie eigentlich gar nichts zu tun haben. Die Telekommunikation und die elektronischen Medien generell geraten bereits schleichend unter die Kontrolle der Energiekonzerne. Es liegen Pläne in der Schublade, das Stromnetz für Datenübertragung zu nutzen. Mit den Finanzpolstern aus dem Ressourcengeschäft dringen die Stromkonzerne in die Kommunikationsnetze ein und erobern die politische Informations- und Meinungsmacht. Mit der Chemiewirtschaft als natürlichem Verbündeten hat der petroindustrielle Komplex die Landwirtschaft und damit die Ernährungsgrundlage des Landes an die fossile Kette der Dünge- und Pflanzenschutzmittel gelegt. Die fossile Agroindustrie ist dabei, durch die Patentierung von Genen und die Sterilisierung von Saatgut die Bauern endgültig abhängig zu machen, und monopolisiert die Verfügungsmacht über unsere Nahrung.

Der petroindustrielle Komplex breitet sich im Müllentsorgungsgeschäft aus, will außerdem mit Druck die Liberalisierung der Wassermärkte durchsetzen und die Wasserversorgung in seine Hände bekommen. Dies alles unter Rückendeckung der Großbanken, die daran interessiert sind, die Abzahlung ihrer Millionenkredite für den fossilen Kraftwerkspark zu sichern. Der petroindustrielle Komplex ist also im Begriff, alle öffentlichen Güter – Strom, Wärme, Mobilität, Information und Kommunikation, Ernährung, Entsorgung, Wasser – in Fesseln zu legen. Das ist die Zerstörung von Demokratie und Marktwirtschaft.[1]

Die Energieindustrie ist die größte und mächtigste Industrie der Welt. Mit einem jährlichen Umsatz von knapp einer Billiarde (!) Dollar und teilweise zweistelligen Milliardenbeträgen beim Betriebsergebnis ist die Ölindustrie die mächtigste Branche weltweit. Der petroindustrielle Komplex verdichtet sich immer stärker und baut seine Macht aggressiv aus.

Noch 1975 analysierte der britische Publizist Anthony Sampson, wie ein Oligopol aus sieben global agierenden Ölmultis nach der totalen Marktmacht strebte und den Wettbewerb aushebelte. Die «sieben Schwestern», die Sampson identifizierte, waren Exxon, Shell, BP, Gulf, Texaco, Mobil und Chevron.[2] Aus den sieben Schwestern sind mittlerweile vier geworden: 1984 wurde Gulf von Chevron aufgekauft. 1998 schlossen sich Exxon und Mobil zum seitdem weltgrößten Ölkonzern zusammen, gefolgt von Shell. Zwischen 1998 und 2000 verleibte sich BP drei andere Unternehmen ein (und fusionierte mit Amoco) und wurde auf diese Weise die Nummer drei. Chevron und Texaco fusionierten 2001 und eroberten den vierten Platz.

Durch die feindliche Übernahme der französischen Elf erstritt sich die ohnehin schon fusionierte französisch-belgische Total-Fina den fünften Platz. Die beiden US-Ölkonzerne Conoco und Philips bestiegen nach ihrer Fusion 2002 Rang sechs. Auf den Plätzen sieben und acht landen die italienische ENI und die spanische Repsol, die der Größe nach mit ihren Schwestern nicht mithalten können.

Die Ölschwestern haben in den letzten Jahren mit den großen Stromkonzernen sieben Geschwister bekommen: die französische EdF, die deutschen Konzerne E.on und RWE, die französisch-belgisch-holländische Suez, die italienische Enel, die spanisch-italienische Endesa, die finnische Fortum und die schwedische Vattenfall. Diese Konzerne haben sich zu Zeiten der staatlichen Strommonopole unter der schützenden Hand des Gesetzgebers eine wettbewerbsblockierende Marktmacht aufgebaut. Die Liberalisierung der Strommärkte konnte ihnen nichts anhaben. Im Gegenteil, sie haben ihre

Die größten Ölmultis (2001)				
Unternehmen	*Umsatz (Mrd. $)*	*Reserven (Mrd. Fass Öl)*	*Produktion (Mio. Fass Öl-Äquivalent pro Tag)*	*Raffinerie-kapazität (Mio. Fass pro Tag)*
Exxon Mobil	213	20,7	4,3	5580
Royal Dutch Shell	177	19,1	3,6	4230
BP	175	15,0	3,2	2790
Chevron Texaco	106	11,6	2,8	2850
TotalFinaElf	95	10,4	2,2	2540
ConocoPhilips	67	8,7	1,7	2668
ENI	44	6,7	1,2	–
Repsol	40	4,8	1,0	–
Summe	*917*	*97*	*20*	*20658*

Quelle: Steve Thomas 2003, nach Mez 2004

Die größten Stromkonzerne (2002)				
Unternehmen (Land)	*Umsatz (Mrd. €)*	*Strom-Umsatz (Mrd. €)*	*Strom-erzeugung (TWh)*	*Strom-absatz (TWh)*
EdF (F/D)	48,4	48,4	558	525
RWE (D)	46,6	24,3	183	268
Suez (F/B/NL)	46,1	23,7	115	133
E.on (D)	37,1	24,0	191	286
Enel (I)	31,2	28,4	136	202
Endesa (E/I)	17,2	17,2	113	133
Fortum (FIN)	11,1	4,2	51	59
Vattenfall (S/D)	11,0	11,0	166	188
Summe	*248,7*	*181,2*	*1513*	*1794*

Quelle: Geschäftsberichte, PwC/Enerpress 2003, nach Mez 2004

dominierende Stellung noch ausgebaut und expandieren auf den europäischen und weltweiten Gas-, Wasser- oder auch Müll- und Telekommunikationsmärkten.

Diese sieben Brüder kontrollieren drei Fünftel der Stromerzeugung und vier Fünftel der Stromnetze in Europa. Sie sind damit auch für 70 Prozent der Kohlendioxid-Emissionen im europäischen Stromsektor verantwortlich.

Die Beziehungen zu ihren Schwestern aus dem Ölbusiness gedeihen hervorragend. E.on und RWE haben bereits strategische Bündnisse mit den europäischen Ölkonzernen vereinbart. RWE und Shell ordneten ihre Ölgeschäfte gemeinsam neu, im Gegenzug arbeitet E.on mit BP zusammen.[3]

Im Jahr 2003 verleibte sich E.on das Erdgasunternehmen Ruhrgas ein (der Steinkohle-Chemie-Konzern RAG erhielt im Austausch dafür dessen Chemietochter Degussa) und stieg damit zum größten Energieversorger Europas auf. Das deutsche Kartellamt hatte die Fusion untersagt, weil es eine Schädigung des Wettbewerbs diagnostizierte. Aber Wirtschaftsminister Müller setzte die Fusion gegen das Veto des Kartellamtes per Ministerweisung durch. Gegenleistung des Konzerns: Als er nach den Wahlen sein Büro räumte, wurde er mit dem Posten des Vorstandsvorsitzenden der RAG belohnt.

Wir haben keinen freien Strommarkt. Das ist eine Legende. Die Liberalisierung des Strommarkts im April 1998 hat nicht zu mehr Wettbewerb und mehr Marktwirtschaft geführt. Das Gegenteil ist eher der Fall. Nur wenige neue Anbieter haben die Schikanen und Dumpingpreise der Ex-Monopolisten überlebt. Seit der Liberalisierung schwappte eine riesige Fusions- und Konzentrationswelle über den deutschen Energiemarkt. Statt dass eine Fülle von Newcomern den alten Konzernen das Leben schwer machte, fusionierten die Ex-Monopolisten untereinander. Die Zahl der regionalen Anbieter schrumpfte von über 60 auf nur noch 20, aus den ehemals acht Konzernen wurden vier: RWE kaufte VEW, aus VEBA und VIAG wurde E.on.

Allein RWE und E.on kontrollieren zwei Drittel aller Kraftwerkskapazitäten, 70 Prozent des Stroms und über die Hälfte des Stromnetzes. Das ist nicht mehr Wettbewerb zu nennen. Das sind die alten Monopole, faktisch perpetuiert. Das Bundeskartellamt spricht von einem «marktbeherrschenden Duopol» und «Wettbewerbslosigkeit»,[4] die Monopolkommission moniert «Marktstruk-

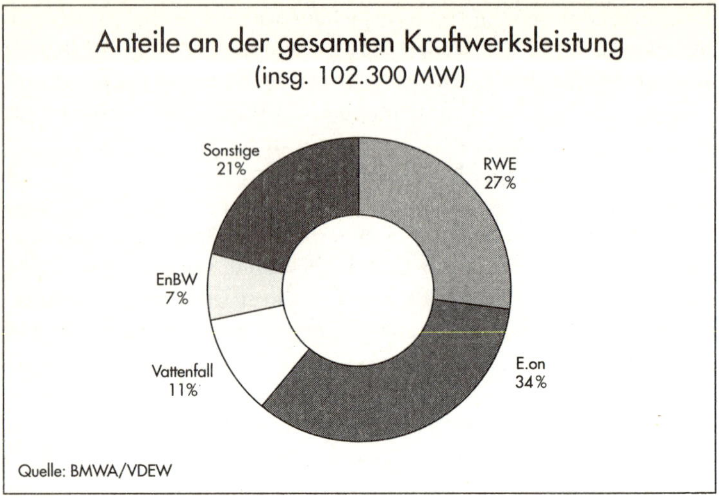

turen, die den rechtlich abgeschotteten Gebietsmonopolen vor der Liberalisierung ähneln».[5]

Vornehmliches Machtmittel der Energiekonzerne ist ihre Verfügungsgewalt über die Stromnetze. Um die Stromnetze nutzen zu dürfen, müssen konkurrierende Kleinanbieter zahlen – ein ideales Instrument, um alle unliebsamen Wettbewerber auszuschalten. Die Konzerne verlangen überteuerte Gebühren oder lassen eine Nutzung wegen angeblicher technischer Probleme nicht zu – und dies nicht im Einzel-, sondern im Regelfall. Schließlich haben die Konzerne ein «natürliches Interesse daran, Wettbewerber von deren Nutzung fern zu halten», weiß die Monopolkommission. Die exorbitanten Nutzungsgebühren, mit fünf bis acht Cent pro Kilowattstunde größter Brocken am privaten Strompreis, sind «das Haupthindernis für wirksamen Wettbewerb», konstatiert das Bundeskartellamt.[6]

Die überhöhten Gebühren kommen nur durch illusionäre Kostenkalkulationen zustande. Die fossilen Konzerne nutzen dabei «alle Tricks, um dem Netz sachfremde Kosten zuzuordnen», sagt Kartellamtschef Ulf Böge. So entdeckten die Wettbewerbshüter beispielsweise, dass die E.on-Tochter Teag in Thüringen Werbemaßnahmen und Personalkosten dem Netzbetrieb zurechnete, die damit eigentlich gar nichts zu tun hatten. Mehrere Verfahren wegen solch unlauterer Wettbewerbsmethoden sind bereits im Gange.[7]

Weil lange gesetzliche Spielregeln fehlten, hatten sich die Monopolisten nach der Liberalisierung eine freiwillige Selbstverpflichtung zurechtgezimmert, um sich quasi selbst zu kontrollieren. In dieser Verbändevereinbarung gestatteten sie sich selbst üppige Gebühren für die Nutzung der Stromleitungen – mehr, als zur Zeit der gesetzlichen Gebietsmonopole bis 1998 überhaupt genehmigungsfähig war, wie Wolfgang Pfaffenberger vom Bremer Energie-Institut errechnete. Rund 18 Milliarden Euro nahmen (und nehmen) die Konzerne jährlich über die überteuerten Netzgebühren von ihren kleinen Konkurrenten ein. Abzüglich der wirklichen Kosten für den Netzbetrieb bleibt ein Reingewinn von fünf Milliarden Euro, den sich die Konzerne auf Kosten der Bevölkerung in die Tasche stecken.

Obwohl dieses obskure Machwerk eine ungeheuere Belastung für den Mittelstand bedeutet, stellten sich die Industrielobbyisten vom Bund der Deutschen Industrie (BDI) beharrlich hinter die Verbändevereinbarung. Kein Wunder, wenn man sich ansieht, wer beim BDI mit am Präsidententisch sitzt: Wulf Bernotat, Harry Roels und Klaus Rauscher – die Bosse der drei größten Stromkonzerne E.on, RWE und Vattenfall.

Erst als die Konzerne in ihrer grenzenlosen Gier im Sommer 2004 horrende Preiserhöhungen durchsetzten, wetterte plötzlich selbst der BDI gegen die Strommonopolisten. BDI-Energiesprecher Werner Marnette kritisierte scharf, die Regierung habe es zugelassen, dass «vier eindeutige Monopole» sich «Besatzungszonen» geschaffen hätten, in denen sie die Preise diktierten.[8]

«Wir haben es mit einem Kartell zu tun», schließt sich der Präsident des Bundesverbandes der Mittelständischen Wirtschaft, Mario Ohoven, dieser Kritik an. «Die vier großen Energieversorger haben sich mit dem Segen der Politik den Markt aufgeteilt und zocken jetzt die Kunden ab.» Die von den Konzernen angeführten Gründe für die Preiserhöhungen seien «allesamt erfunden». Weder das Erneuerbare-Energien-Gesetz noch die Energiesteuer könnten als Begründung dienen. Im Gegenteil müssten die Konzerne noch 500 Millionen Euro zurückzahlen, die sie bei der Umlage für den Erneuerbare-Energien-Strom zu viel kassiert haben.[9]

Schuld an der Monopolisierung ist ausgerechnet die rot-grüne Regierung. Schröder hätte das fehlergespickte Liberalisierungsgesetz aus der Kohl-Ära nachbessern und eine Wettbewerbsbehörde schaffen können. Doch der damalige Wirtschaftsminister Müller lehnte alle Ansinnen, den Energiekonzernen eine Marktwirtschaft zu verordnen, kategorisch ab.

Damit aber nicht genug: Um die Konzerne vor rechtlichen Angriffen zu schützen, bescheinigte Müller der Verbändevereinbarung sogar per Gesetz «gute fachliche Praxis».[10] Kartellamtschef Ulf Böge beschwerte sich: Diese Verrechtlichung der Verbändevereinbarung sei ein «Schritt gegen den Wettbewerb», eine Missbrauchskontrolle sei «faktisch ausgeschlossen», das kartellrechtliche Instrumentarium «blockiert».[11] Doch auch beim neuen Wirtschaftsminister Clement stieß der Wettbewerbshüter auf taube Ohren.

Erst eine Anweisung aus Brüssel, die Bundesregierung möge doch endlich die EU-rechtlichen Normen erfüllen und für mehr Wettbewerb sorgen, veranlasste Schröder zur Novelle des Energiewirtschaftsgesetzes. Die EU-Kommission setzte eine Frist, doch in Clements Ministerium ließ man die Frist verstreichen und ermöglichte den Energiemultis so, noch mal kräftig an der Preisschraube zu drehen.[12] Deutsche Industriekunden bezahlen heute mehr als fast überall sonst in Europa, und die privaten Verbraucher müssen für ihre Stromrechnung tiefer in die Geldbörse greifen als vor der Liberalisierung, die doch eigentlich sinkende Preise verhieß. Verantwortlich ist die *Macht*wirtschaft auf dem deutschen Strommarkt, wo doch eigentlich *Markt*wirtschaft herrschen sollte.

Die Konservierung des fossilen Status quo wird von den großen Banken in Deutschland unterstützt. Ihre Rechnung ist einfach: Sie haben Millionenkredite für Kraftwerke vergeben, und die müssen sich erst einmal auszahlen. Also: Erhaltung der fossilen Strukturen, bis die Kraftwerke so veraltet sind, dass sich mit ihnen kein Profit mehr machen lässt. Ein erklecklicher Teil der Energiekonzerne gehört gar den deutschen Großbanken. Der Journalist Franz Alt recherchierte die Interessen der Banken am Beispiel des Stromunternehmens VEBA (heute zu E.on): «Mit 20 Prozent Stimmrechtsanteilen ist die Deutsche Bank an der VEBA beteiligt, die Dresdner Bank hält 23 Prozent. Zusammen mit der Hypo-Vereinsbank und der Commerzbank kommen die vier deutschen Großbanken auf über 50 Prozent. Im Aufsichtsrat der VEBA sitzen die Deutsche Bank, die Dresdner Bank, die Commerzbank und Siemens. Im Vorstand sitzen die Deutsche Bank, RWE und die Commerzbank. Eine Tochtergesellschaft der VEBA, die PreussenElektra, versorgt ein Drittel Deutschlands mit Energie.»[13]

Die Energie-Enquete-Kommission des Deutschen Bundestages hat die richtigen Worte für das Treiben der fossilen Energiewirtschaft gefunden: Die Kommission spricht von «ruinöse[m] Wettbewerb» und sieht «erhebliche Gefahren in der wieder stark zunehmenden Oligopolisierung der Märkte und dem damit verbundenen strategischen Verdrängungswettbewerb. ... Es besteht die Gefahr, dass sich in Europa oligopolistische Strukturen mit nahezu unkontrollierbarer Marktmacht herausbilden.»[14]

Die Expansion des petroindustriellen Komplexes in immer weitere Bereiche ist eine brandgefährliche Strategie, unser gesamtes Leben unter die Kontrolle einer Handvoll global agierender Großkonzerne zu bringen. Die Enquete-Kommission des Bundestages gibt sich besorgt: «Eine besonders aktive Rolle spielten und spielen dabei die großen europäischen Energieversorger (EdF, E.on, RWE, Vattenfall etc.), die sich teilweise auch auf den Querverbund der verschiedenen Energieträger sowie der Wasserversorgung ... hin orientiert haben. ... So sind auf einigen Märkten bereits erhebliche Konzentrationstendenzen erkennbar. Ein Ausbau der marktbeherrschenden Stellung einiger großer europäischer Versorger kann sich auch im Kontext der Privatisierungsverfahren in Mittel- und Osteuropa sowie der baltischen Staaten ergeben.»

Dass die Energiekonzerne dabei ihre Steuervergünstigungen missbrauchen, ist ein offenes Geheimnis. Die Atomkraftwerksbetreiber haben für die Entsorgung des Atommülls bisher über 32 Milliarden Euro an steuerfreien Rückstellungen angesammelt, die sie, so die Enquete-Kommission, «zum Verdrängungswettbewerb auf dem Strommarkt sowie zum Ankauf bzw. zur Beteiligung an Unternehmen etwa der Energie-, Wasser-, Informations- und Entsorgungsbranche verwenden».[15]

Der deutsche Energiekonzern RWE hat bereits alle typischen Branchen unter seinem Dach konzentriert: Strom, Wärme, Gas, Wasser. Durch den Kauf von Thames Waters (Großbritannien) und American Water Works ist der Energiemulti zum weltweit drittgrößten Wasserunternehmen aufgestiegen.[16]

Die chemische Industrie liegt traditionell zu einem Gutteil in den Händen der Energiekonzerne. Im Ranking der zehn größten Chemiemonopolisten finden sich an prominenter Stelle auch die Namen bekannter fossiler Unternehmen: Exxon, Mitsubishi, Shell und BP.[17]

Umsatz der zehn größten Chemiekonzerne

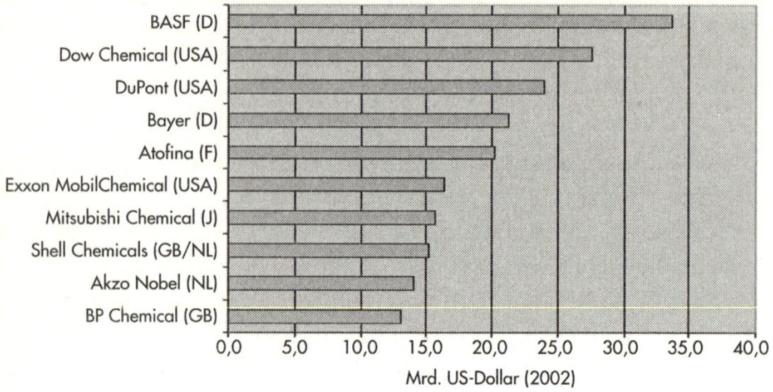

Quelle: Die Zeit Nr. 51/2003

Erdrückend ist die Konzentration auch im nichtenergiegebundenen Rohstoffgeschäft. Im Jahr 1996 stellten die jeweils 50 umsatzstärksten Konzerne über drei Fünftel der Weltproduktion an Bergbauprodukten, allein die jeweils fünf größten Konzerne erreichten schon knapp ein Viertel. Eine Untersuchung des Deutschen Instituts für Wirtschaftsforschung (DIW) im Auftrag des Bundeswirtschaftsministeriums ergab, dass bei sechs von zehn untersuchten Rohstoffmärkten eine «hohe bis sehr hohe Konzentration auf nur wenige Unternehmen vorliegt, so dass teilweise von Oligopolen gesprochen werden kann». Auch wenn das DIW derzeit keine eindeutige Marktkontrolle erkennt, warnt es, dass bei einem Anziehen der Konjunktur und steigender Nachfrage die Märkte zu Verkäufermärkten werden können, auf denen die Konzerne den Preis diktieren.[18]

Wo Marktmacht und Propaganda allein nicht ausreichen, bedient man sich anderer Mittel. Auch in Deutschland sind Korruption und Filz keine Ausnahmeerscheinungen. Verbindungen zwischen Wirtschaft und Politik bestehen freilich überall, nicht nur in der Energieindustrie. Doch «bei Energieversorgern ist die Verquickung mit der Politik traditionell besonders eng», weiß die *Financial Times*.[19]

Listenweise finden sich wundersame Karrierewege, die den Normalbürger in Staunen versetzen. Bemerkenswert ist etwa die Vita von Werner Müller (parteilos). Er war seit 1972 Manager bei RWE und VEBA (heute E.on), bis ihn Kanzler Schröder zum Wirtschafts-

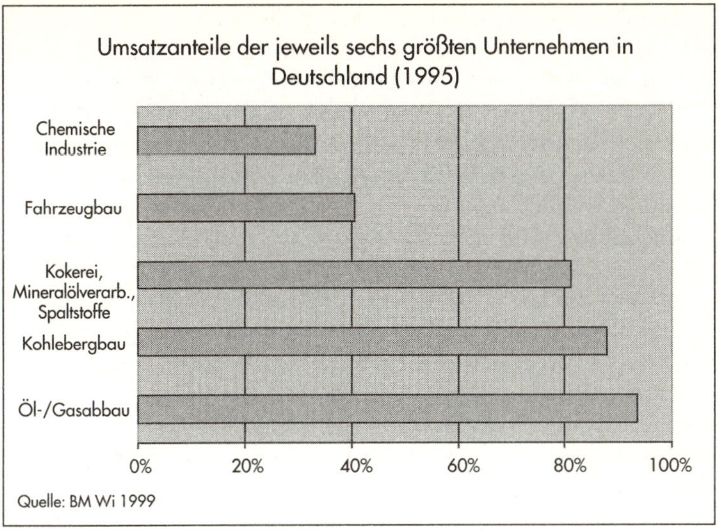

minister berief. In diesem Posten kämpfte er gegen erneuerbare Energien, Energiesteuer und Wettbewerb auf dem Strommarkt. 2002 wechselte er vom Ministeramt zurück in die Energiewirtschaft – und wurde Vorstandschef des Kohlekonzerns RAG.

Sein Staatssekretär Alfred Tacke (SPD) tat es ihm gleich und wurde 2004 Chef des Kohleunternehmens Steag, das «zufällig» zum RAG-Konzern gehört. Jetzt arbeitet Tacke wieder unter seinem alten Chef. Seine Aufgabe: Bau von fünf neuen Steinkohlekraftwerken, übrigens in Verhandlung mit dem Wirtschaftsministerium.[20]

Immer wieder tauchen neue «Verbindungen» auf. In jüngerer Zeit mussten CDU-Generalsekretär Laurenz Meyer und CDU-Arbeitnehmersprecher Hermann-Josef Arentz zurücktreten, weil sie «Sonderleistungen» vom Strommulti RWE erhalten hatten. Meyer hatte einräumen müssen, dass er monatelang Gehalt, Sonderzahlungen und Gratisstrom von RWE bezogen hatte. Insgesamt erhielt er 127 000 Euro von seinem ehemaligen Arbeitgeber. Auch Arentz stand auf dem Lohnzettel von RWE und erhielt kostenlosen Strom, ohne dafür zu arbeiten. «Der Verdacht liegt nahe, dass die Zahlung der politischen Landschaftspflege gedient hat. Entweder war die Abfindung eine Zuwendung ohne Gegenleistung, oder die Gegenleistung bestand in der Herstellung von Gewogenheit», sagte der renommierte Arbeitsrechtler Norbert Pflüger der *Financial Times*.[21] Nach Auffliegen der Affäre kündigte RWE das Arbeitsverhältnis und schenkte Meyer eine weitere Abfindung von 400 000 Euro. – Die Liste ließe sich fortsetzen. Die jüngste Entscheidung Gerhard Schröders, den Aufsichtsratvorsitz beim deutsch-russischen Pipelinekonsortium zu übernehmen, ist nur einer von vielen weiteren Fällen bemerkenswerter Karrieren.

In Frankreich läuft seit 2003 das größte gerichtliche Korruptionsverfahren, das je in einem westlichen Staat stattgefunden hat. Angeklagt: der Ölkonzern Elf. Über ein Jahrzehnt ermittelten Staatsanwaltschaft und Kriminalpolizei und konnten nur unter Polizeischutz arbeiten. Auf der Anklagebank sitzen Vorstandsmitglieder, Exminister, Staatssekretäre und ranghohe Parteifunktionäre. Vorwurf: Der Ölmulti schmierte systematisch und jahrzehntelang Politiker und Beamte derjenigen Staaten, deren Förderkonzessionen er benötigte oder von denen er andere Vorteile einkaufen wollte. Stammkunden der millionenschweren Schmiergeldzahlungen waren u. a. die Staatschefs von Gabun, Kongo und Kamerun. Außerdem floss Schmiergeld an führende französische Regierungspolitiker. Insgesamt belaufen sich die aufgedeckten Zahlungen auf 430 Millionen Euro; die Dunkelziffer wird auf ein Mehrfaches geschätzt. Hinzu kommen die rund 35 Millionen Euro, die von Elf als Honorar für den spottbilligen Aufkauf der ostdeutschen Leuna-Raffinerie und der Minol-Tankstellenkette an ungeklärte Empfänger im Umfeld des damaligen deutschen Regierungsapparats gezahlt wurden.[22]

Auch in Großbritannien stinkt es nach Filz und Korruption. Im Wahlkampf 1998 versprach Tony Blair den englischen Kohlearbeitern, für den Erhalt des Kohleabbaus einzutreten. Doch der US-Energiekonzern Enron ließ kräftig Parteispenden fließen und finanzierte u. a. ein Galadinner beim Labour-Parteitag. Nach der Wahl ersetzte Blair in seinem Energieprogramm die Kohle durch Erdgas und begünstigte damit Enron. Im Jahr 2000 wechselte Blairs Industrieminister Stephen Byers in die Privatwirtschaft und wurde Vorstandschef von Enron Europe. Enron-Wirtschaftsprüfer Andersen verkaufte an den britischen Schatzkanzler Gordon Brown eine Luxuswohnung, deren Wert auf mindestens 350 000 Pfund veranschlagt wird, zu einem Spottpreis von 130 000 Pfund. Im Gegenzug boxte Brown eine Initiative des Enron-Mannes zur Senkung der Gewinnsteuern durch.[23]

In Polen haben die Machenschaften der fossilen Potentaten gar eine Staatskrise ausgelöst. Das polnische Parlament setzte Ende 2004 einen Untersuchungsausschuss ein, um die «größte Affäre» Polens seit dem Ende des Sozialismus aufzuklären. Stein des Anstoßes waren Geheimdiensterkenntnisse über Kontakte zwischen Jan Kulczyk, dem mächtigsten Unternehmer in Polen, und dem früheren KGB-Agenten Wladimir Alganow. Im Sommer 2003 sollen sich die beiden getroffen haben, um sich über den Verkauf der staatlichen Danziger Raffinerie an den halbstaatlichen russischen Energiekonzern Lukoil auszutauschen. Für Lukoil wäre der Kauf der Raffinerie für den Eintritt in den westlichen Markt strategisch wichtig gewesen. Kulczyk habe dem KGB-Mann zu verstehen gegeben, er könne seinen Einfluss bei der polnischen Regierung geltend machen, vor allem dank seiner Kontakte zum «Ersten» – womit er, so versteht man es in Polen, nur den damaligen Präsidenten Alexander Kwasniewski gemeint haben konnte.

Versilbern lassen wollte sich Kulczyk den Deal mit fünf Millionen Dollar Bestechungsgeld. Indizien deuten darauf hin, dass der Kreml hinter dem Geschäft stand. Putin wolle die früheren Sowjetrepubliken über eine aggressive Energiepolitik an den Tropf der russischen Ökonomie binden und sich die Kontrolle über die Energieversorgung sichern. «Gestern Panzer, heute Öl!», erregte sich der Exchef des polnischen Geheimdienstes, Zbigniew Siemiatkowksi, lautstark bei seiner Anhörung im parlamentarischen Ausschuss. «Was Russland in Osteuropa treibt, ist neuer wirtschaftlicher Imperialismus.»[24]

Die CIA warnte mittlerweile vor einer stärkeren außenpolitischen Positionierung Russlands. Kremltreue Unternehmen würden wachsende Anteile am Energiesektor abgreifen und dadurch den Einfluss Moskaus stärken.[25] Bei den Umbrüchen im Winter 2004 in der Ukraine unterstützte Putin z. B. lange den autoritären prorussischen Herrscher Wiktor Janukowitsch, da für Putin die Ukraine von strategischer Bedeutung ist: erstens als Transitland nach Europa und zweitens als Raffineriestandort – fünf der sechs ukrainischen Raffinerien werden von russischem Kapital gesteuert. Zwei Drittel der ukrainischen Warenimporte aus Russland sind Brennstoffe.[26] Nicht zufällig ist der frühere sowjetische Minister für die Gasindustrie und frühere Vorstandschef des Monopolisten Gasprom, Viktor Tschernomyrdin, heute Botschafter in Kiew. Bei einem Machtwechsel in Kiew würde sich die Ukraine für westliche Konzerne öffnen und damit den russischen Interessen schaden. Bei einem Schwund der Kontrolle über die Ukraine würde Moskau gleichzeitig die Kontrolle über die Pipelines und Rohstoffproduktion des Landes einbüßen und müsste damit einen empfindlichen Machtverlust hinnehmen.

Öl und Gas sind auch die Gründe dafür, warum sich Kanzler Schröder – im Vergleich zu den USA etwa – zunächst nur sehr zurückhaltend zu dem Machtpoker in der Ukraine äußerte; denn Deutschland hängt am Tropf der russischen Öl- und Gaslieferungen. Russland ist der mit Abstand wichtigste Energielieferant der Bundesrepublik. Letztlich setzt sich aber doch die «Orangene Revolution» und eine neue, demokratische Regierung in der Ukraine durch.

Gleichzeitig verfolgt Putin eine aggressive Politik der Wiederverstaatlichung der Öl- und Gasindustrie in Russland. Nicht nur, dass sämtliche Vorstände der größeren Öl-, Gas-, Atom- und Luftfahrtunternehmen mit kremltreuen Aufpassern besetzt werden. In einer spektakulären Kampagne wurde der private Ölriese Yukos, der zweitgrößte russische Ölkonzern, zerschlagen und wiederverstaatlicht. Der Kreml warf Yukos-Chef Michail Chodorkowskij Betrug und Steuerhinterziehung vor und ließ den reichsten Unternehmer des Landes 2003 ins Gefängnis werfen und zu jahrelanger Haft verurteilen. Der gesamte Rest der Yukos-Führung ist aus Russland nach Amerika und Großbritannien geflohen. Der Europarat kritisierte den Schauprozess, dessen Ziel die «Schwächung eines potenziellen Konkurrenten» und die «Kontrolle über wichtige Rohstoffquellen» seien.[27] Angesichts der derzeitigen politischen Entwicklung in Moskau kann die wachsende Abhängigkeit Europas und Amerikas von Russland nur als gefährliche Tendenz gewertet werden.

Der amerikanische Soziologe Jeremy Rifkin beschreibt, warum die Energiekonzerne vor der Solarenergie zittern: «Minikraftwerke in unmittelbarer Nähe zur Verbrauchsstelle bedrohen die Vorherrschaft der Energiekonzerne, die sich im Zeitalter der Kohlenwasserstoffe aus der notwendig in Großkraftwerken zentralisierten Energieproduktion ergibt. Die Endverbraucher könnten ihren Strom selbst erzeugen, und wenn zahlreiche Kleinkraftwerke überschüssige Energie ins Netz speisen, könnten sie ihre Energie auch untereinander handeln – in einer Infrastruktur, deren Architektur dem World Wide Web ähnelt. Energy-Sharing auf Augenhöhe würde die Macht der Energiekonzerne für immer brechen.»[28]

Das fossil-atomare Energiesystem ist geprägt von oligopolischen

Machtstrukturen, die die Verbraucher in Ketten legen. Die zur Debatte stehende Privatisierung grundlegender Elemente der öffentlichen Daseinsvorsorge würde die Bürger noch stärker als bislang dem Diktat der Großkonzerne unterwerfen und auf diesem Wege die letzten Reste aktiver und demokratischer Selbstbestimmung ersticken. «Bürgerschaftliches Engagement, demokratische Zivilität und gemeinwohlorientiertes Handeln sind aber ohne echte Öffentlichkeit, und das heißt auch: ohne öffentliches Eigentum, nicht denkbar», schreibt der Politikwissenschaftler Johano Strasser. «Es wäre ein vielleicht entscheidender Schritt zur Ermöglichung von ziviler Selbsttätigkeit und mehr konkret erfahrbarer Demokratie, wenn wir täten, was wir um des Fortbestands der Biosphäre willen ohnehin tun müssen: den Wandel von der fossilen zur solaren Energiebasis einzuleiten.» Denn die Energieversorgung auf Basis regionaler solarer Energiequellen «wirkt revitalisierend auf die lokalen und regionalen Lebenszusammenhänge und stärkt ihre Autonomie».[29]

Bei der Energiefrage geht es um mehr als nur um Strom. Es geht um die Verteidigung der demokratischen Selbstbestimmung und des öffentlichen Raumes. Wenn ich meine Energie von meinem eigenen Dach ernte, dann kann sich niemand dazwischenklemmen und kassieren.

Mit dezentraler solarer Energie würde das Machtkartell des petroindustriellen Komplexes ins Wanken geraten, denn die Profitzwischenglieder in der Energieversorgung würden wegbrechen. Sonne, Wind, Wasser und Felder gibt es auch ohne Konzerne frei Haus. Die Menschen bekämen ihre Lebenswelt wieder in ihre eigenen Hände, dezentral, autonom, selbstständig und unabhängig von übermächtigen Konzernen. Sie würden nicht länger als ohnmächtige Konsumenten einem übermächtigen Anbieter gegenüberstehen, sondern können ihre eigenen Grundbedürfnisse selbst verwalten, über Gemeinschaftsanlagen mit Nachbarn und Freunden zusammenarbeiten, ihre Entscheidungen über ihre Energieversorgung selbst treffen und vor Ort umsetzen. An die Stelle der Logik des Kapitals träte die Prämisse der Zivilgesellschaft, die Erosion öffentlicher Räume könnte der aktiven Bürgergesellschaft weichen. Sonne, Wind und Wasser sind nicht privatisierbar. Es gibt keine RWE-Sonne und keine E.on-Sonne. Die Sonne gehört allen. Solarenergie ist Energie fürs Volk. Sie ist die einzige sozialdemokratische und die einzige christdemokratische Energie.

Neue Quellen braucht das Land

Alle großen Bedrohungen und Probleme der Menschheit sind hauptsächlich oder wesentlich auf das fossil-atomare Energiesystem zurückzuführen: Klimaveränderungen und Naturkatastrophen, Armut, Unterentwicklung und Bevölkerungswachstum, Raubbau an Wäldern und Rohstoffen, Wasser-, Nahrungs- und Landverknappung, Naturzerstörung und Artensterben, Arbeitslosigkeit, Konzernübermacht und Ausbeutung der Steuerzahler, Knechtung der Bauern, Flüchtlingstragödien, Korruption, Despotien, Kriege, Mord und Totschlag.

Dies ist die Energiefalle, in die wir uns hineinmanövriert haben, geschlagen mit einer als alternativlos erklärten neoliberalen, fossiltechnokratischen Ideologie. Wir stecken in einer evolutionären Krise.

Der Schriftsteller Michel Houllebecq spricht in seinem Roman *Elementarteilchen* von «metaphysischen Wandlungen», die das Denken der Menschen verändern und eine völlig neue Denkweise herbeiführen: «Sobald sich eine metaphysische Wandlung vollzogen hat, breitet sie sich, ohne auf Widerstand zu treffen, bis zur letzten Konsequenz aus. Ungerührt fegt sie die wirtschaftlichen und politischen Systeme, die ästhetischen Urteile und die sozialen Hierarchien hinweg. Keine menschliche Macht kann ihren Lauf aufhalten – keine andere Macht, es sei denn das Aufkommen einer neuen metaphysischen Wandlung.»

Nach Houllebecq ist eine solche metaphysische Wandlung eine Seltenheit in der menschlichen Geschichte. Die letzten 2000 Jahre erlebten die Entstehung und Verbreitung des Christentums und des Islam, der Aufklärung und der modernen Wissenschaft. Ich bin überzeugt: Eine weitere solche Wandlung steht uns unmittelbar bevor – die Solare Revolution.

Sie bedeutet nichts Geringeres als eine *solare Vollversorgung*, nichts Geringeres als ein Energiesystem, das sich zu *100 Prozent* aus solaren Quellen speist, eine Art energiepolitisches Reinheitsgebot: In meine Steckdose kommt nur, was die Sonne produziert. Wir brauchen eine komplette Energiewende. Nur ein paar Prozent mehr erneuerbare Energien, nur ein paar sparsamere Autos, nur ein bisschen bessere Wärmedämmung – das genügt nicht. Kosmetische Operationen am gegenwärtigen Energiesystem helfen uns nicht aus der Falle heraus. Mit jeder Tonne Kohle und mit jedem Fass Öl, das wir aus der Erde holen und verfeuern, geraten wir immer tiefer in die Energiefalle hinein, ein Entkommen wird immer schwieriger. Wir müssen umsteuern. Sofort und radikal.

Dieses neue strategische Ziel kann, politischen Willen vorausgesetzt, in jedem Land dieser Erde innerhalb weniger Jahrzehnte erreicht werden. Diese Solare Revolution wird alle Bereiche der Gesellschaft erfassen und grundlegend verändern. In hundert Jahren wird man ebenso selbstverständlich von der Solaren Revolution sprechen wie wir heute von der Industriellen Revolution und der Französischen Revolution. Es wäre ein neues, ein Zweites Solares Zeitalter.

Diese Vorstellung ist keine Utopie. Sie ist technisch machbar, und sie ist wirtschaftlich und finanziell möglich. Die Solare Revolution ist ein realer Pfad in die Zukunft – und der einzige realistische Pfad, wenn wir nicht bewusst Katastrophen ungeahnten Ausmaßes in Kauf nehmen wollen. Nur mit solaren Energien können wir die Weichen hin zu einer zukunftsfähigen Entwicklung stellen. Die Solare Revolution muss zum Jahrhundertprojekt der Menschheit werden.

Diese Solare Revolution basiert auf drei Säulen, die ineinander greifen. Alle drei dieser Wege müssen gleichzeitig und mit aller Entschiedenheit beschritten werden. Alle drei Wege sind unverzichtbar, soll die Solare Revolution gelingen:

1. Breiteneinführung solarer Energien: Wir werden die solaren Energieströme – Sonne, Wind, Pflanzen, Wasser sowie die anderen erneuerbaren Energien – kennen und schätzen lernen und sie überall einführen; wir werden in unseren Häusern, auf unseren Dächern, draußen auf den Feldern selbst Energie produzieren, anstatt sie aus dem Ausland einzuführen. Wir werden selber zu Energiewirten werden.
2. Effizienzrevolution: Wir werden in Zukunft mit viermal, ja zehnmal weniger Energie und Material den gleichen Wohlstand schaffen. Wir werden dazu hochmoderne, extrem sparsame Technologien und Verfahren anwenden, die unseren

Energieverbrauch auf ein Minimum zurückfahren und uns trotzdem mehr Lebensqualität bieten.

3. Suffizienzrevolution: Wir werden ein neues Bild davon entwickeln, was gutes Leben heißt, und wir werden zu einem bewussteren Konsum- und Lebensstil finden. Wir werden genauer darauf achten, was wir eigentlich konsumieren, und mehr Qualität einklagen. Wir werden durch andere Wohlstandsmodelle unseren Energieverbrauch senken, und trotzdem werden wir besser und bewusster leben können.

Dadurch wird eine solare Vollversorgung möglich; in der Öffentlichkeit ist diese Tatsache kaum bekannt und wird mit Unglauben aufgenommen. Doch 100 Prozent solare Energie sind kein Luftschloss, sondern ein zwar ambitioniertes, aber erreichbares Ziel. Die Sonne bietet der Menschheit mehr Energie, als wir je verbrauchen können: Jeden Tag schickt die Sonne 16 000-mal mehr Energie zur Erde, als die Menschheit weltweit verbraucht; Wellen-, Meeres- und Wasserenergie bieten uns 80-mal mehr Energie, die Winde enthalten 32-mal mehr Energie, und es wächst 16-mal mehr Biomasse, als wir weltweit für unseren Energiebedarf benötigen. Wir brauchen uns

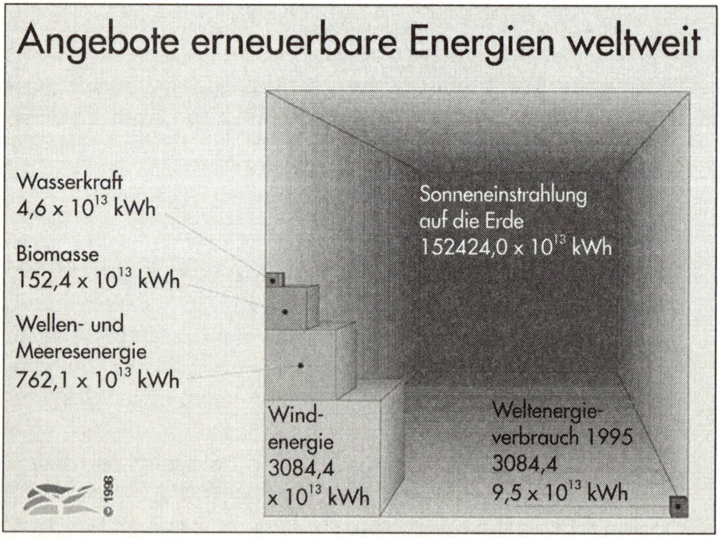

Entnommen: Bundesverband WindEnergie, <http://www.wind-energie.de>

nur einen winzigen Bruchteil der solaren Energieströme zunutze zu machen, und all unsere Energieprobleme sind gelöst. «Sehr oft werde ich gefragt, ob denn genügend Sonnenenergie zur Verfügung stünde», erzählte mir Hartmut Graßl, Direktor des Max-Planck-Instituts für Meteorologie. «Selten ist eine Frage so leicht zu beantworten. Ja, es reicht locker!»

Diese sonnigen Aussichten sind weit mehr als nur graue Theorie. Die hier und heute *technisch nutzbaren Potenziale* reichen aus, um den gesamten Energiebedarf der Menschheit mehrfach zu decken. Seit über 20 Jahren wird die Machbarkeit einer solaren Vollversorgung immer wieder durch wissenschaftliche Untersuchungen nachgewiesen. Erstmals 1978 wurde von der Groupe de Bellevue eine solche Vollversorgungsstudie für Frankreich vorgelegt. Es folgten Studien für die USA im Auftrag des US-Präsidenten Carter (1980), für die alte Bundesrepublik durch das Öko-Institut (1980), für Westeuropa durch das Internationale Institut für Angewandte Systemanalyse (1982), für Europa im Auftrag der EU-Kommission (1998), für Japan durch das Institute for Sustainable Solutions and Innovations (2004), für den Globus durch mehrere Enquete-Kommissionen des Bundestages und des Wissenschaftlichen Beirats der Bundesregierung für Globale Umweltveränderungen (1990, 2002, 2004).[1]

Keine der Studien wurde je widerlegt. Es machte sich erst gar niemand die Mühe. Solare Zukunftsentwürfe wurden und werden von den orthodoxen Energie-«Experten» einfach ignoriert, als ob es sie gar nicht gäbe. Hätten die Untersuchungen auch nur einen Funken Aufmerksamkeit beim Mainstream der so genannten Fachwelt gefunden – sie wären bekannt geworden, schon allein dadurch, dass man die Verrisse in den Zeitungen hätte lesen können. Doch indem man sie geflissentlich ignorierte, erhielt man sich sein Weltbild. Worüber man nicht spricht, das gibt es nicht.

Dabei kann sich jeder mit einer einfachen Hochrechnung vor Augen führen, dass 100 Prozent solare Energie machbar ist. Beispiel: Eine Windkraftanlage mit einer Leistung von 1,5 Megawatt – das ist technisch längst Standard – erzeugt in einer Region mit mittlerer Windgeschwindigkeit rund drei Millionen Kilowattstunden jährlich. Bei einem Stromverbrauch in Deutschland von rund 500 Milliarden Kilowattstunden wären also – rein rechnerisch – etwa 166 666 Windräder nötig, um den gesamten Strombedarf zu decken.

Dazu im Vergleich die Photovoltaik, mit der Sonnenstrahlung in Strom umgewandelt wird: Bei einer Sonneneinstrahlung von 1100 Kilowattstunden pro Quadratmeter und Jahr und einer technisch längst erreichten durchschnittlichen Jahresleistung von zehn Prozent ließe sich der gesamte deutsche Stromverbrauch auf einer Fläche von 5000 Quadratkilometern decken, was weniger als 1,4 Prozent der Landesfläche und knapp zwölf Prozent der überbauten Fläche Deutschlands entspräche.[2] Klar: Diese Rechnungen sind stark vereinfacht und berücksichtigen nur den Strombereich, doch sie zeigen anschaulich, dass 100 Prozent erneuerbare Energie kein Hirngespinst sind.

Es gibt immer noch viele so genannte Fachleute, die das alles bestreiten und dafür «objektive technische Gründe» nennen. Es gibt beispielsweise noch immer Architekten, die die Existenz und Funktionsfähigkeit von Plusenergie-Häusern bezweifeln – von Häusern also, die (durch Solarenergie, Blockheizkraftwerk und Wärmedämmung) mehr Energie erzeugen, als sie selbst verbrauchen; zumindest, so wird behauptet, gebe es keine solchen Häuser zu akzeptablen Preisen. Ein Besuch etwa bei dem Architekten Rolf Disch in Freiburg jedoch würde reichen, und diese Fachleute wären überzeugt, einfach dadurch, dass ihnen die Realität vor Augen geführt würde. Disch hat in ganz Deutschland zahlreiche Plusenergie-Häuser gebaut, und das zu Mehrkosten, die sich durch die eingesparte Energie größtenteils oder völlig amortisieren. Nicht nur in Freiburg, auch etwa bei mir in Amberg in der Oberpfalz haben sich Familien Plusenergiehäuser gebaut. Es ist ganz einfach, wenn man weiß, wie es geht. Es gibt keine objektiven Gründe gegen die Solare Wende, nur mentale Barrieren.

Die Solare Revolution kann nur in dezentralen Strukturen glücken. Ökologisch und ökonomisch zweifelhafte und administrativ aufwändige Großprojekte sind abzulehnen. Dazu gehören z. B. die solare Erzeugung von Wasserstoff in der Sahara und sein Transport per Pipelines und Tanker nach Europa, wovon selbst Umweltpolitiker schwärmen. Derartige Mammutprojekte würden wieder nur überkommene zentralistische Strukturen zementieren. Es wäre zwar immer noch besser, solaren Strom und Wasserstoff aus der Sahara zu importieren, als weiter Öl, Kohle und Gas zu verbrennen, aber es ist unsinnig, weil wir eine viel bessere Alternative haben: unsere Energie bei uns zu produzieren.

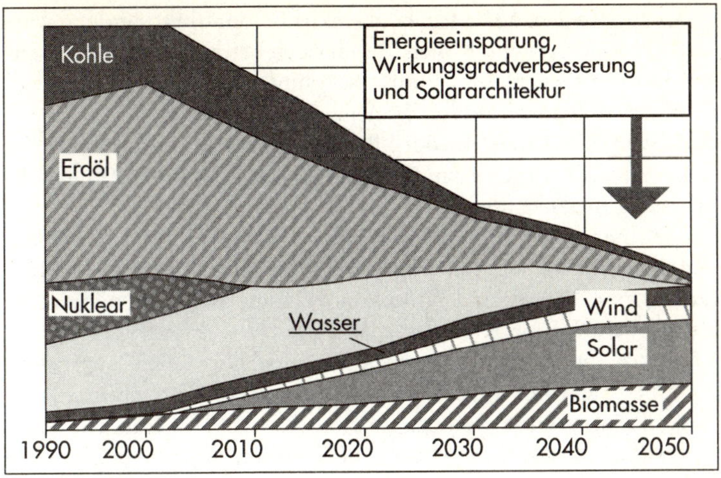

Solare Vollversorgung ist möglich, zeigt diese Grafik aus einer EU-Studie.

Die y-Achse zeigt den Primärenergieverbrauch Europas bezogen auf den Verbrauch im Jahr 1990 (100%). Bis zum Jahr 2050 kann der Primärenergieverbrauch durch Energieeinsparung, Wirkungsgradverbesserung und Solararchitektur auf ca. 45% verringert werden.

Entnommen: Solarenergie-Förderverein, <http://www.sfv.de>

Die Maxime lautet: So dezentral wie möglich, so zentral wie nötig. Die solare Energieversorgung im Jahr 2050 erfolgt aus einem intelligenten Mix der jeweils lokal verfügbaren Quellen, in regional weitgehend autonomen Verbünden. Ständig laufende Quellen wie Wasserkraft und Geothermie stellen, wo sie vorhanden sind, die Grundlast sicher. Mit Unterbrechungen laufende Quellen wie Windkraft, Wellen- und Gezeitenkraft und die verschiedenen Formen der Sonnennutzung bilden einen weiteren, je nach regionaler Verfügbarkeit der Quellen zusammengesetzten Sockel und gleichen sich in ihrer regionalen Kombination gegenseitig aus. Die Versorgungssicherheit wird durch Blockheizkraftwerke gewährleistet, die mit Biomasse betrieben werden. Dazu könnten alle Kleinkraftwerke bei einer Schaltstelle zu einem «virtuellen Kraftwerk» vernetzt werden. Zusätzlich wird die Versorgungssicherheit durch vielfältige Speichertechnologien wie Pumpspeicherkraftwerke, Warmwasserspeicher, neuartige Akkus, Pressluft, Wasserstoff sowie durch das überregionale Verbundsystem garantiert.

Bislang spielen in Deutschland einzig die Windkraft und die Wasserkraft nennenswerte Rollen. Bundesweit beträgt der Anteil erneuerbarer Energien an der Stromversorgung derzeit (2004) zehn Prozent, mit steil ansteigender Tendenz. Im Jahre 2010 sollen es, nach den Blaupausen der Schröder-Regierung, zwölf Prozent sein (es sieht so aus, als würden wir diese Zielvorgabe noch übertreffen können). Regional liegt der Anteil zum Teil schon viel höher.

Die Energiewende ist möglich. Noch vor kaum zehn Jahren ließen die großen Stromkonzerne in einer Anzeigenkampagne verlauten: «Sonne, Wasser und Wind können auch langfristig nicht mehr als 4 Prozent unseres Strombedarfs decken.»[3] Heute, zehn Jahre später, ist die Vierprozentmarke, die angeblich «auch langfristig» nicht hätte erreicht werden können, bereits weit überschritten, und es wird immer mehr. So viel zum Realitätssinn der Stromkonzerne. In anderen EU-Staaten ist der Anteil bereits viel höher. Teilweise liegt er bei einem Viertel des Primärenergiebedarfs.

Man darf sich von den Beschwichtigungen und Falschmeldungen der Energiekonzerne nicht in die Irre führen lassen. Da wird mit moralischer Besorgnis gefragt, ob man denn keinen Respekt vor Naturschutz habe und die ganze Natur mit Windrädern zupflastern wolle; da wird behauptet, solare Energien seien technisch schwierig, weil sie die Grundlast nicht decken könnten oder weil sie eine zu niedrige Energiedichte hätten – als Laie fällt man gern auf derlei technische Einwände herein; da wird erklärt, erneuerbare Energien seien eben zu teuer – doch dass die Konzerne dabei mit zweierlei Maß messen, das beachtet niemand.

Die Konzerne stellen Fragen nach der Wirtschaftlichkeit, der Grundlast oder der Versorgungssicherheit, um die Alternativlosigkeit des fossil-atomaren Systems zu suggerieren. Dadurch fressen sich grundfalsche Behauptungen in den Köpfen der Menschen fest, obwohl sie stark verzerrt, vielfach widerlegt oder technisch längst überholt sind, aber gern geglaubt werden. Diese «Gehirnwäsche» bewirkt, dass kaum einer in Deutschland die solare Vollversorgung, die meisten jedoch das fossil-atomare Energiesystem für «realistisch» halten – eine völlig verquere Situation. Vorurteile sind bekanntlich schwieriger zu spalten als Atomkerne, wie uns Albert Einstein gelehrt hat. Das Problem sind nicht Technologien oder Kosten, sondern strukturelle Rigiditäten und mentale Barrieren.

Der zentrale Mythos der fossil-atomaren Energiewirtschaft ist die eigene Unverzichtbarkeit. Ist eine solare Energieversorgung wirklich komplizierter, als zum Mars zu fliegen? Oder Atombomben? Oder Schnelle Brüter? Oder die Kernfusion? Alles ist machbar, nur die solare Energiewende angeblich nicht. Die fossile Gegenseite verhält sich systematisch selektiv technikpessimistisch. Die Energiekonzerne reden mit gespaltener Zunge.

Über die vielfach kritisierte Jammermentalität und Schwarzmalerei der Deutschen braucht man diejenigen, die im Bereich der erneuerbaren Energien tätig sind, wahrlich nicht zu belehren. Sie haben neue Märkte aufgetan, teilweise erst geschaffen. Diejenigen, die den fossilen Status quo konservieren wollen, reden dagegen immer nur von den Risiken einer Energiewende, nie von den Chancen. Sie sind die wahren Feinde der Innovation. Der BDI und die fossile Energiewirtschaft sprechen gerne vom Ruck, der durch Deutschland gehen muss, und verlangen Strukturreformen, zementieren aber gleichzeitig zu ihren Gunsten die überkommenen fossilen Strukturen. Die fossile Energieindustrie erweist sich als der größte, mächtigste und penetranteste Besitzstandswahrer, Reformblockierer und Fortschrittsbremser. Gegen den Strukturkonservatismus der deutschen Industrie ist jeder Solarunternehmer eine revolutionäre Kraft.

Die industrialisierten Volkswirtschaften sind heute noch hochgradig vom Import fossil-atomarer Ressourcen abhängig. Eine derart abhängige Volkswirtschaft setzt sich aber unausweichlich der Gefahr schwerer Erschütterungen durch Schwankungen der fossilen Rohstoffpreise aus, verbunden mit massiven sozialen Spannungen (wie geschehen z. B. 1973/74, 1979/80, 2000, 2004/05). Aufgrund der steigenden Rohstoffpreise wächst gleichzeitig die Kostenbelastung der Volkswirtschaft. Milliarden werden unserem Wirtschaftskreislauf entzogen und wandern in die Taschen der Ölmultis und korrupter Ölscheichs. Je länger wir am fossilen Energiesystem festhalten, desto tiefer geraten wir in die Falle der fossil-nuklearen Importabhängigkeit hinein, und desto härter wird uns die Ölwaffe dann treffen.

Bereits die heutige Massenarbeitslosigkeit, und mit ihr die Krise der sozialen Sicherungssysteme, ist ein Symptom der fossil-atomaren Energiekrise. Denn Großkraftwerke sind lediglich kapital-, nicht aber beschäftigungsintensiv. Das Ende des fossil-atomaren

Energiesystems wäre das Ende der Massenarbeitslosigkeit in ihren heutigen Dimensionen: Für jeden Arbeitsplatz, der dann in der atomar-fossilen Energiewirtschaft wegfällt, entstehen bei den erneuerbaren Energien fünf neue.[4] Während in der fossilen Energiewirtschaft seit 1997 insgesamt fast 90 000 Arbeitsplätze abgebaut wurden, sind in der Branche der erneuerbaren Energien rund 120 000 neue Jobs entstanden – mehr, als heute in der Kohle- und Atomindustrie zusammen vorhanden sind.[5] Man stelle sich erst die gewaltigen Arbeitsplatzeffekte vor, wenn die solaren Energien fünf- und zehnmal mehr Strom, Wärme und Treibstoff produzieren als heute!

Arbeitsplätze im Vergleich (Stand: 2001/2003)

Kohlenbergbau	65 000	Wind	53 200
Erdöl und Erdgas	5 500	Biomasse	29 000
Kokerei, Mineralölverarb., Herstellung von Spaltstoffen	29 500	Dienstleistungen	13 000
Energieversorgung	220 000	Wasserkraft	8 400
Summe	*320 000*	Solarthermie	6 700
		Photovoltaik	6 000
		Wärmepumpen	2 400
		Summe	*118 700*

Quellen: BMWA 2003, Bundesregierung 2004

Die Solare Energiewende bietet die Chance für ein gewaltiges Arbeits- und Wirtschaftswunder. Da wir heimische Energie vom Himmel ernten, statt ausländisches Öl zu importieren, bleiben unserer Volkswirtschaft Milliarden erspart. Handwerk, Bauwirtschaft, Maschinenbau, Autoindustrie – in etlichen Branchen entstehen durch die Wende neue Herausforderungen und neue Absatzmöglichkeiten.

Solare Energien stärken den Standort Deutschland und geben zahlreichen Branchen neue Impulse. So ist die Windkraftindustrie bereits heute der zweitgrößte Abnehmer der deutschen Stahlindustrie und gerade dabei, den Automobilbau vom ersten Platz zu verdrängen.[6] An die Stelle der Verschwendung wertvoller, unwiederbringlicher Naturschätze treten Investitionen, die Arbeit schaffen. Vorfahrt für Arbeit heißt Vorfahrt für Solar.

Diese neuen Jobs sind sicher vor der Globalisierung. Solaranlagen, Windräder und Biomasseöfen müssen dezentral errichtet und gewartet werden und sichern daher überall dauerhaft Arbeitsplätze, die lokal gebunden sind. Niemand kann mit Standortverlagerung drohen. Gerade für strukturschwache Regionen und die neuen Bundesländer birgt die Solare Wende ein ungeheures Entwicklungspotenzial.

Die Einführung effektiver Schadstoffsteuern auf fossile Energien würde zusätzlich eine halbe Million Arbeitsplätze innerhalb von zehn Jahren schaffen – so hat es das Deutsche Institut für Wirtschaftsforschung errechnet.[7] Die Verteuerung fossil-atomarer Energien ist schon lange zwingend notwendig. Sie ist das einzige probate Mittel, um die verkrusteten fossilen Energiestrukturen aufzubrechen und durch moderne, effiziente und solare Technologien zu ersetzen.

Als Rot-Grün im Herbst 1998 ins Amt gewählt wurde, wollte gerade der letzte Solarbetrieb aus Deutschland abwandern. Heute sind die deutschen Solarunternehmen Weltmarktführer. Die solaren Energien sind eine Erfolgsgeschichte. Mit 3,5 Milliarden Euro jährlich setzt allein die Windindustrie mehr um als z. B. alle Unternehmen der Bio- und Gentechnologie zusammen.[8] In Sachsen-Anhalt oder Schleswig-Holstein gehören Windradbauer zu den umsatzstärksten Betrieben. Die Windfirma Enercon wuchs beispielsweise in wenigen Jahren mit 2000 Jobs zum größten gewerblichen Arbeitgeber in Magdeburg – in einer Stadt mit 20 Prozent Arbeitslosigkeit. Am Stammsitz Aurich beschäftigt Enercon 1500 Menschen und ist damit nach dem VW-Werk der größte Arbeitgeber im ganzen deutschen Nordwesten.[9] Enercon-Chef Aloys Wobben gilt mittlerweile als ostfriesischer Bill Gates. Vor 20 Jahren tüftelte der Techniker noch mit drei Angestellten in einem Möbellager. Heute ist das Unternehmen ein Global Player mit Niederlassungen in 19 Ländern. Sein Windrad E-112 ist mit 4,5 Megawatt Leistung das stärkste Windrad der Welt. Rund um die Welt genießen deutsche Solar- und Windunternehmen einen ausgezeichneten Ruf. In Sachen Qualität, Kosten und Erfahrung sind wir den anderen meilenweit voraus.[10]

Solare Energien sind exzellente Ingenieurskunst made in Germany. Deutsche Wind-, Solar- und andere Umwelttechniken werden schon heute weltweit rege nachgefragt. Die deutsche solare Spitzentechnologie ist ein gigantischer Exportschlager mit riesigen Zukunftsmärkten. Deutschland hat die international besten Chancen, zum «Lead-Markt» (Martin Jänicke)[11] für erneuerbare Energien zu werden. Bei solarer Energiepolitik geht es um Technologieführerschaft im globalen Wettbewerb, um einzigartige Exportchancen und um den Wissenschafts- und Innovationsstandort Deutschland. Wer es ernst meint mit der «Innovationsoffensive», der muss die solaren Energien radikal fördern.

Es wäre fatal, die Energiedebatte den Technikern und so genannten Fachleuten zu überlassen. Diese sehen nur die Technik, nicht aber die Technikfolgen. Weil die Technikfolgen der fossilen-atomaren Energienutzung aber das Leben aller Menschen unmittelbar betreffen, brauchen wir eine gesellschaftliche Debatte, die Energie nicht als losgelöstes Einzelthema betrachtet, sondern ihre Implikationen mit den gravierendsten Weltproblemen thematisiert. Der Schweizer Literaturnobelpreisträger Friedrich Dürrenmatt bringt das in seinem Drama *Die Physiker* treffend auf den Punkt: «Der Inhalt der Physik geht die Physiker an, die Auswirkungen alle Menschen. Was alle angeht, können nur alle lösen. Jeder Versuch eines einzelnen, für sich zu lösen, was alle angeht, muss scheitern.»

Die Energiedebatte nicht nur den Technikern in ihrem naturwissenschaftlichen Elfenbeinturm zu überlassen, ist umso dringlicher, da die ganze gegenwärtige Physikergeneration – respektive deren orthodoxe Vertreter – durch die überholten fossilen Denkblockaden lahm gelegt zu sein scheint. In seiner Schrift *Technik und Wissenschaft als Ideologie* analysierte der Soziologe Jürgen Habermas äußerst treffend, wie Ideologien ganze Wissenschaftsgebiete, und zwar auch und vor allem die Naturwissenschaften, durchdringen und in den Köpfen der eigentlichen Fachleute zu geistigen Blockaden, methodisch unzulässigen Objektivierungen subjektiver Anschauungen und systematischen Denkfehlern führen.[12]

Leider ist auch die derzeitige energietechnische Fachwelt von diesen ideologischen Denkblockaden stark befallen. Das Festhalten am fossil-atomaren Energiesystem wird in der einschlägigen wissenschaftlichen Community als realistisch unterstellt, Zurückhaltung bei Forderungen nach höheren Anteilen solarer Energiequellen als seriös angenommen. Alternative Entwürfe werden als wissenschaftsferner Idealismus abqualifiziert, gleichwohl sie den Gesetzen der Physik nicht entgegenstehen, ja man sie aufgrund der Gesetze der Physik dringender braucht denn je.

Erst auf dieser Basis kann es überhaupt zu derart tragikomischen Trauerspielen kommen wie vor einigen Jahren bei der Diskussion über die Ausstattung des Berliner Reichstagsgebäudes mit Blockheizkraftwerken. Einer der verantwortlichen Gebäudeplaner, ein Fachmann von unbestrittener Kompetenz, wandte ernsthaft ein, es wäre unsinnig, solche Kleinkraftwerke zu installieren, weil in der Umgebung des Reichstages schließlich der dafür benötigte Biotreibstoff nicht angebaut werden könne. Als ob der Strom aus der Steckdose käme! Gibt es etwa Ölfelder, Kohlegruben und Uranminen am Reichstagsgelände? Jetzt gibt es im Reichstag ein Blockheizkraftwerk, das mit pflanzlichen Kraftstoffen von Bauern aus Brandenburg betrieben wird. Der Reichstag ist solar.

Nach einer Aussage Einsteins sind Probleme nicht mit derselben Denkweise zu lösen, mit der sie geschaffen wurden. Ein mentaler Klimawandel ist deshalb gefordert. Es gibt kein Wissens-, sondern ein Handlungsdefizit. Längst wissen wir alle alles über die ökologische Krise, die keine Zukunftsprognose mehr ist, sondern die wir am eigenen Leib zu spüren bekommen und mit unseren eigenen Augen sehen. Dass die Politik immer noch keine eindeutige Priorität für die solaren Energien setzt, ist offensichtlich mentalen Barrieren zuzuschreiben, die im Kulturverhalten verwurzelt sind. Dabei würde sich die Solare Revolution dazu eignen, ein attraktives politisches Konzept zu begründen:

- Die Solare Revolution bedeutet einen industriellen Quantensprung. Sie verspricht eine neue Phase nachhaltigen Wachstums, Millionen neue Arbeitsplätze in Deutschland und noch viele Hundertmillionen mehr weltweit, unglaubliche Exportchancen für die deutsche Industrie und einen unschätzbaren Zuwachs an Renommee für den Innovationsstandort Deutschland. Solare Energien haben das Potenzial zu einem Weltwirtschaftswunder.
- Solarenergie ist die Rettung der bäuerlichen Landwirtschaft. Durch Biomasse, Biogas, Windräder, Solarkollektoren und Photovoltaik können die Landwirte zu Energiewirten werden. Die Bauern von heute sind die Ölscheichs von morgen. Der primäre Sektor wird daher künftig deutlich mehr Anteile am Bruttoinlandsprodukt haben als heute. Die Verödung der ländlichen Räume wird eingedämmt, deren Humankapital er-

halten und damit deren Attraktivität für Tourismus und Industrie gestärkt.

- Erneuerbare Energien, insbesondere Windindustrie und Biomasseanbau, können zum vielleicht wertvollsten Beitrag zur Deutschen Einheit werden. Schon heute ist die Windkraft in vielen Regionen Ostdeutschlands ein tragender Pfeiler der Wirtschaft. Das Bild von den «blühenden Landschaften» kann Wirklichkeit werden.
- Solare Energien können den Subventionswust für fossil-atomare Energien beenden. Zig Milliarden Euro können jedes Jahr eingespart werden. Mit diesem solaren Sparkurs sparen wir nicht an der Zukunft, sondern für die Zukunft. Einen schlanken Staat gibt es nur ohne Kohle und Atom.
- Der fossilen Energiewirtschaft verdanken wir das größte Korruptionsverfahren, das je in einem westlichen Staat stattgefunden hat (Elf), und den größten Konkursfall der US-amerikanischen Geschichte (Enron). Öl, Kohle und Atom sind gleichbedeutend mit Filz, Korruption und Vetternwirtschaft. Machen wir Schluss damit.
- Mit einem solaren Energiesystem schaffen wir die Voraussetzung, dass auch künftige Generationen noch leben und wirtschaften können. Das Fördermaximum der fossil-atomaren Energiereserven wird in absehbarer Zeit unweigerlich überschritten sein. Die solaren Energiereserven sind dagegen unendlich.
- Mit heimischen, erneuerbaren Energien wird unsere Wirtschaft unabhängig von der Entwicklung der Weltmarktpreise für Öl und Gas. Die Ölwaffe kann uns nicht mehr treffen.
- Wenn die Welt nicht mehr am Tropf der arabischen Petrokratien hängt wie ein Junkie an der Nadel, eröffnet sich die Chance für Frieden und demokratische Entwicklung im Nahen Osten. Wer zu viel Öl importiert, tut sich schwer damit, Demokratie zu exportieren.
- Viele afrikanische Länder können ihre Armut nur überwinden, wenn sie ihre Abhängigkeit vom Öl überwinden und die Landflucht aus den marginalisierten ländlichen Räumen in die Slums der überfüllten Städte gestoppt wird. Die Lösung sind erneuerbare Energien. Die Sahelzone, heute noch das Armenhaus der Welt, könnte als Energieexporteur zu Wohlstand gelangen,

ohne seine Naturschätze zu plündern. Eine strategische europäisch-afrikanische Partnerschaft deutet sich an.

- Nur eine solare Energiewende kann den Treibhauseffekt eindämmen. Die Zunahme von Überschwemmungen, Jahrhundertstürmen und Dürrekatastrophen ist nur durch solaren Klimaschutz zu verhindern. Der Klimawandel erschwert vor allem das Leben der Armen, indem er Naturkatastrophen auslöst und Wasser-, Land- und Nahrungsmangel verschärft. Erneuerbare Energien sind daher die Schlüsselstrategie für die Überwindung der Armut. Solarenergie rettet unzählige Millionen Menschenleben und ist Voraussetzung für ein würdiges Dasein von Milliarden. Mit fossiler Energie ist das nicht zu schaffen.

Die Solare Wende ist damit alles andere als eine nostalgische «Rückkehr zur Natur». In der Tat ist die Solare Revolution eine höchste kulturelle Leistung, ein «Vorwärts mit der Natur». Solarenergie ist die Energie des Volkes und die Energie des Friedens. Sie gehört allen. Solarenergie zeigt den einzigen Weg aus dem Teufelskreis von Umweltzerstörung, Unterentwicklung und Krieg hin zu Umweltschutz, Entwicklung und Frieden. Das 21. Jahrhundert wird ein «Jahrhundert der Umwelt» (Ernst Ulrich von Weizsäcker)[13] werden, und zwar zwangsläufig auf die eine oder andere Art: entweder ein Jahrhundert der Umweltkatastrophen oder eines der Umweltpolitik und Umweltökonomie. Daran führt kein Weg vorbei.

Wir haben unendlich viel Energie. Die Politik muss eine Mission starten, diese himmlische Energie von oben nutzen zu lernen: uneingeschränkte Priorität für die Operation *Infinite Energy* statt uneingeschränkte Solidarität für Rohstoffkriege im Namen von *Infinite Justice*. Die Solare Wende muss alle Kräfte der Politik bündeln – historische Vorbilder kommen aus der amerikanischen Geschichte, etwa die New-Deal-Politik unter Roosevelt, das Manhattan-Projekt und der Marshallplan unter Truman oder das Apollo-Projekt unter Kennedy, die jeweils die Anstrengungen einer ganzen Nation forderten. Von der Idee am mustergültigsten aber ist das «Projekt Unabhängigkeit» unter Richard Nixon, der sich angesichts der Ölkrise am 7. November 1973 mit einer Rede an die alarmierte Nation wandte und zu einem ambitionierten Energieprogramm aufrief: «Lasst uns im Geiste des Apollo-Projekts und mit der Entschlossenheit des Manhattan-Projekts als unser nationales Ziel setzen, dass wir bis zum Ende dieses Jahrzehnts das Potenzial entwickelt haben, unseren eigenen Energiebedarf zu decken, ohne von ausländischen Energiequellen abhängig zu sein.»[14]

Diese Solarstrategie muss schwerpunktmäßig folgende Maßnahmen umfassen:

- eine Steuerreform für Arbeit und Umwelt, die Energie teurer macht und die Einnahmen zur Senkung der Lohnnebenkosten sowie für einen Pro-Kopf-«Öko-Bonus» verwendet (DIW-Modell 1994);
- Abschaffung sämtlicher Subventionen für das fossil-atomare Energiesystem;
- Start eines Solaren Zukunftsinvestitionsprogramms, finanziert durch die Einnahmen aus dem Subventionsabbau;
- Weiterführung und Verbesserung des Erneuerbaren-Energien-Gesetzes (EEG);
- massiver Ausbau der Forschung in Solar- und Effizienztechnologien;
- Durchsetzung umfassender Verbraucherschutzrechte, keine Liberalisierung des Wassermarkts, keine Fusionen großer Energiekonzernen;
- Integration von solarem Energiewissen in Schulunterricht, universitäre Lehre und berufliche Bildung;
- Abschalten der terrorgefährdetsten Atomreaktoren innerhalb von vier Jahren, Streichung der Haftpflichtgrenze für Atomkraftwerke, Überführung der steuerfreien Rückstellungen in einen öffentlich-rechtlichen Fonds;
- Start eines Solaren Weltmarshallplans einschließlich eines Zehn-Millionen-Hütten-Elektrifizierungs- und eines Zehn-Millionen-Solarkocherprogramms.

Die Durchsetzung dieses Programms ist ein politischer Kraftakt. Der petroindustrielle Komplex wird seine Entmachtung nicht kampflos hinnehmen. Wer die solare Wende durchsetzen will, muss mit einer Propagandaschlacht der Energiekonzerne rechnen.

Wäre jeder objektiv über das herrschende Energiesystem und die Möglichkeit der Alternative informiert, dann wären die Würfel schon längst zugunsten der Solarenergie gefallen. Entweder wir schaffen das fossile Energiesystem ab, oder dieses schafft uns ab.

Wir müssen heute die Weichen stellen für das Energiesystem von morgen, uns entscheiden für das Verharren in der fossil-atomaren Energiefalle oder den Aufbruch in ein Zweites Solares Zeitalter wagen. Diese beiden Optionen stehen zur Verfügung. Wir haben die Wahl. Lassen wir die Sonne aufgehen. Die Durchsetzung des Solarzeitalters ist unsere Jahrhundertaufgabe.

Die Zukunft existiert noch nicht.
Und ebendarin liegt unsere
große Verantwortung:
dass wir die Zukunft beeinflussen,
dass wir alles tun können,
um sie zu einer besseren zu machen.

Karl R. Popper

Kurzvorstellung YOIS

YOIS ist ein Kürzel für Youth for Intergenerational Justice and Sustainability (Jugend für Generationengerechtigkeit und Nachhaltigkeit).

Wir sind eine internationale Jugendbewegung, die sich für die Rechte und Interessen der heutigen Jugend und der künftigen Generationen einsetzt, um an einer besseren Welt zu arbeiten. Auf drei Kontinenten existieren YOIS-Landesverbände, und weltweit gibt es Unterstützer von YOIS.

Wir bieten die Möglichkeit zu politischem und gesellschaftlichem Engagement jenseits der Parteipolitik.

Die Herausforderungen der Gegenwart sind gewaltig. Sei es bei der Klimaerwärmung, bei der Globalisierung der Weltwirtschaft oder der Rentenreform: Das Handeln der heutigen Entscheidungsträger orientiert sich meist an kurzfristiger Gewinnmaximierung oder vierjährigen Wahlperioden und lässt die Zukunft außer Acht. Zugleich ist die Jugend von den Auswirkungen der heute getroffenen Entscheidungen am stärksten betroffen.

Wir erteilen dem von den Medien beschworenen Krieg der Generationen eine klare Absage. Die heute junge und die heute alte Generation müssen gemeinsam dafür sorgen, dass kommende Generationen ökologisch, wirtschaftlich und sozial intakte Lebensgrundlagen vorfinden. Wenn es Konflikte zwischen Jung und Alt gibt, müssen sie im Dialog und mit Solidarität zwischen und innerhalb der Generationen gelöst werden. In unserer demokratischen Gesellschaft sollte die Diskussionskultur von gegenseitigem Respekt und Achtung geprägt sein.

Wir möchten mit YOIS Einfluss nehmen und unsere Zukunft aktiv mitgestalten. Unser Ziel ist es, auf gleiche Chancen für alle Menschen in Gegenwart und Zukunft hinzuwirken, gleiche Rechte auf Ressourcen einzufordern und eine intakte Umwelt zu erhalten. Als Entscheidungsträgern von morgen kommt uns als der Jugend von heute eine große Bedeutung zu.

Wir beschäftigen uns auf Kongressen, in Arbeitskreisen und in Projektgruppen inhaltlich mit den Problemen unserer Zeit: mit

Umweltzerstörung, Staatsverschuldung, Jugendarbeitslosigkeit, der nachhaltigen Sicherung der Sozialversicherungen, Globalisierung, Bildung und Jugendpolitik. Wir bringen unsere Positionen in die Öffentlichkeit, sprechen mit Politikern und demonstrieren für unsere Anliegen. Und wir setzen unsere politischen Ziele auch ganz konkret im Kleinen um, etwa durch unsere Ökostrom-Kampagne. Unseren jugendlichen Elan und unsere Scharfzüngigkeit verbinden wir dabei mit wissenschaftlicher Seriosität.

YOIS gehört zu den Gründern des Jugendbündnis Zukunftsenergie. Das Jugendbündnis ist ein offenes Netzwerk von Jugendorganisationen und Einzelpersonen, deren gemeinsames Ziel die hundertprozentige Energieversorgung aus erneuerbaren Energien ist. Als Jugendliche ist uns besonders wichtig, dass erneuerbare Energien von Schulen und Universitäten endlich als Thema verstanden werden, Politiker nicht nur von Nachhaltigkeit reden, sondern mit Jugendlichen gemeinsam an ihrer Umsetzung arbeiten und die junge Bevölkerung besser über die Energieproblematik informiert wird.

YOIS hat offene Strukturen. Jede und jeder ist herzlich eingeladen mitzumachen. Alter ist für uns keine Frage von Lebensjahren, sondern der geistigen Einstellung. Alle Interessierten sind herzlich willkommen.

Mehr im Internet:
www.yois.de
www.zukunftsenergie.org
oder per Telefon: 040/82 29 04 20

Quellen und Anmerkungen

Die Solare Revolution

1 Rifkin 2002, S. 156
2 Hans-Peter Dürr: *Ökologie und Wirtschaft.* In: Greenpeace 1995, S. 59
3 Brigitte Young: *Charakter und Ursachen der Globalisierung aus US-amerikanischer Perspektive. Vortrag für die Enquete-Kommission des Deutschen Bundestages zur Globalisierung der Weltwirtschaft,* 3.4.2000
4 McNeill 2003
5 Hans Joachim Schellnhuber: *Nicht das Klima spielt verrückt, sondern der Mensch.* In: W. Kenntemich (Hg.): *Die Jahrhundertflut.* München 2002, S. 244
6 Z. n. Yergin 1991, S. 881 ff.
7 Frederick Soddy: *Matter and Energy.* London 1912, S. 245, z. n. Rifkin 2002, S. 56
8 Deutscher Bundestag 2001b, S. 81
9 Amery 2002, S. 135
10 Lovins/Hennicke 1999, S. 12, leicht und sinnwahrend verändert
11 Gore 1994
12 Z. n. Yergin 1991, S. 817

Wenn die Quellen versiegen

1 Aktuelle Daten der Grafiken aus: IEA: *World Energy Outlook* 2002; BMU: *Erste vorläufige Abschätzung zur Entwicklung der Erneuerbaren Energien 2004 in Deutschland.* Bonn 2005; ältere Daten z. B.: Fischer Weltalmanach 1999, Sp. 1107 f. bzw. Sp. 1114; UBA/Statistisches Bundesamt: *Umweltdaten Deutschland 2002.* Berlin/Wiesbaden 2002, S. 14
2 Knaus/Renn 1998, S. 21; Jörg Tremmel: *«Hilfe, wir schrumpfen!». Deutschland und die Welt im demographischen Wandel.* In: Generationengerechtigkeit! Nr. 1/2004, S. 19
3 Vereinte Nationen, 2004, <http://www.un.org/esa/population/publications/longrange2/longrange2.htm>
4 Walter Youngquist: *GeoDestinies: The Inevitable Control of Earth Resources Over Nations and Individuals.* Portland 1997, S. 167, und Joseph J. Romm und Charles B. Curtis: *Mideast Oil Forever?* In: The Atlantic Online, April 1996, beide z. n. Rifkin 2002, S. 33
5 Wolfgang Stahl: *Die weltweiten Reserven der Energierohstoffe: Mangel oder Überfluß?* Hannover 1998, S. 3

6 BMWA: *Reserves, Resources and Availability of Energy Resources 2002.* Hannover 2002, S. 26

7 Hilmar Rempel: *Erdgas im 21. Jahrhundert.* Vortrag auf der Frühjahrstagung 2001 des Fachbereichs Aufsuchung und Gewinnung der DGMK in Celle am 26.4.2001

8 Fritz Vorholz: *Griff nach dem Flüchtigen.* In: DIE ZEIT Nr. 18/2004, S. 33

9 Global Challenges Network 2003, S. 89 und 92

10 Ludwig-Bölkow-Systemtechnik, <http://www.energiekrise.de>

11 Jörg Schindler und Werner Zittel: *Öffentliche Anhörung von Sachverständigen durch die Enquête Kommission des Deutschen Bundestages «Nachhaltige Energieversorgung unter den Bedingungen der Globalisierung und der Liberalisierung» zum Thema «Weltweite Entwicklung der Energienachfrage und der Ressourcenverfügbarkeit». Schriftliche Stellungnahme zu ausgewählten Fragen der Kommission.* Ottobrunn 2000, S. 24

12 Georg Engelhard: *Ozeangas – ein neues fossiles Problem.* In: Solarbrief Nr. 3/2002, S. 81

13 Council on Environment Quality und US-Außenministerium 1980, S. 387f.

14 Rifkin 2002, S. 27 und 34f.

15 Ludwig-Bölkow-Systemtechnik: *Fossile Energiereserven (nur Erdöl und Erdgas) und mögliche Versorgungsengpässe aus Europäischer Perspektive. Endbericht.* Ottobrunn 2000; vgl. auch Jörg Schindler und Werner Zittel: *Öffentliche Anhörung von Sachverständigen durch die Enquête Kommission des Deutschen Bundestages «Nachhaltige Energieversorgung unter den Bedingungen der Globalisierung und der Liberalisierung» zum Thema «Weltweite Entwicklung der Energienachfrage und der Ressourcenverfügbarkeit». Schriftliche Stellungnahme zu ausgewählten Fragen der Kommission.* Ottobrunn 2000.

16 Global Challenges Network 2003, S. 22, S. 81 und S. 188

17 Interview mit Werner Zittel und Hilmar Rempel: *Wird Erdöl bis 2010 nun doch knapp?* In: Bild der Wissenschaft Nr. 2/2001, S. 92

18 Charles D. Masters et al.: *World Petroleum Assessement and Analysis.* In: Proceedings of the 14th World Petroleum Congress, 1994, S. 537, z. n. Rifkin 2002, S. 31

19 Interview mit Werner Zittel und Hilmar Rempel: *Wird Erdöl bis 2010 nun doch knapp?* In: Bild der Wissenschaft Nr. 2/2001, S. 91; Rifkin 2002, S. 29; Colin J. Campbell, Vortrag an der TU Clausthal-Zellerfeld im Dezember 2000

20 Ludwig-Bölkow-Systemtechnik 2000, a. a. O.

21 Interview mit Friedrich-Wilhelm Wellmer: *Billiges Öl ist passé.* In: DIE ZEIT Nr. 36/2004, S. 13

22 Paul Krugman: *The Third Oil Crisis?* In: The New York Times on the Web vom 9.4.2002, eigene Übersetzung; Rodriguez z. n. Reiner Luyken: *Ein kleiner Liter Öl auf großer Fahrt.* In: DIE ZEIT Nr. 36/2004, S. 12 und Jan Kai Dobelmann: *Es brechen stürmische Zeiten an.* In: Solarzeitalter Nr. 2/2002, S. 33; Klepper z. n. Interview mit Gernot Klepper: *Wirtschaftsforscher: Ökosteuer gerade wegen hoher Erdölpreise fortführen.* In: Berliner Zeitung vom 22.5.2004; Goldman Sachs z. n. Fritz Vorholz: *Falsche Feinde.* In: DIE ZEIT Nr. 43/2004, S. 26

23 Deutsche Bank Research: *Energieperspektiven nach dem Ölzeitalter.* Aktuelle Themen Nr. 309 vom 2.12.2004, S. 5, S. 8 f.

Es wird wärmer als je zuvor

1 Sinngemäß z. n. Der neue Tag vom 2.10.2000

2 Wallace S. Broecker: *Unpleasant surprises in the greenhouse.* Nature 328 (1987):123–126

3 Christian Schönwiese et al.: *Das «Treibhaus»-Problem: Emissionen und Klimaeffekte.* Berichte des Instituts für Meteorologie und Geophysik der Universität Frankfurt am Main, Nr. 96, 1994

4 Stefan Rahmstorf: *Flutkatastrophe.* In: Brockhaus-Jahrbuch 2002, S. 141; E-Mail von Prof. Dr. Hartmut Graßl vom 30.3.2005 an den Autor

5 IPCC: *Klimawandel 2001: Die wissenschaftliche Basis.* Schanghai 2001, S. 2 ff.

6 Natur&kosmos online vom 23.12.2002

7 IPCC: *Klimawandel 2001: Die wissenschaftliche Basis.* Shanghai 2001, S. 15

8 Andrew Marshall, Peter Schwartz und Doug Randall: *An Abrupt Climate Change Scenario and Its Implications for United States National Security.* Washington, D.C., Oktober 2003; Mark Townsend und Paul Harris: *Now the Pentagon tells Bush: climate change will destroy us.* In: The Observer vom 22.2.2004; BMU-Pressemitteilung vom 9.3.2004; Die Welt vom 23.2.2004; Michael Friedrich: *Sturmwarnung aus Hollywood.* In: Greenpeace-Magazin Nr. 4/2004, S. 38 f.

9 Der Standard vom 9.1.2004; Franz Alt, <www.sonnenseite.com>, 18.2.2004

10 Graßl/Klingholz 1990, S. 47

11 Michael Hagmann: *Eismann in den Tropen.* In: DIE ZEIT Nr. 3/2003, S. 24

12 Trittin 2002, S. 65; Greenpeace Magazin Nr. 3/2002; Bild der Wissenschaft online vom 19.7.2002

13 Graßl/Klingholz 1990, S. 164, S. 202

14 A. Ganopolski und S. Rahmstorf: *Rapid changes of glacial climate simulated in a coupled climate model.* Nature 409 (2001), S. 153–158.

Nach der Arbeit ist ein Kippen des Klimas durch «Abschalten des Golfstroms» nicht sehr wahrscheinlich. Es könnte aber sehr wohl sein, dass andere Mechanismen zur Destabilisierung des Klimas führen, siehe: M. Maslin, D. Seidov und J. Lowe: *Synthesis of the Nature and causes of rapid climate transitions during the Quaternary.* In: The Oceans and Rapid Change: Past, Present, and Future. AGU Geophysical Monograph Series Volume 126 (2001), S. 9–52; R.B. Alley: *Abrupt climate change.* In: Scientific American 291/5 (2004), S. 40–47

15 Stefan Rahmstorf: *Die Welt fährt Achterbahn.* In: Solarbrief Nr. 3/2002, S. 12

16 Frankfurter Allgemeine Zeitung online vom 13.8.2002, sinnwahrend leicht gekürzt

17 von Weizsäcker/Lovins/Lovins 1997, S. 248 f.

18 UNEP-Pressemitteilung vom 11.12.2003

19 Münchener Rück: *Topics: Annual Review of Natural Catastrophes 1999.* München 2001, z. n. Janet N. Abramovitz: *«Unnatürliche» Katastrophen abwenden.* In: Worldwatch Institute 2001, S. 192

20 German Committee for Disaster Reduction: *International Symposium on Disaster Reduction and Global Environmental Change.* Bonn 2002, S. 1 und 4

21 Claudia Kemfert: *Die ökonomischen Kosten des Klimawandels.* In: DIW-Wochenbericht 42/04, S. 1

22 Der Spiegel Nr. 12/1995, S. 176 ff.

23 Storm Warnings: Climate Change Hits the Insurance Industry, World Watch, November/Dezember 1994, z. n. Gelbspan 1998, S. 87

24 Exemplarisch für den «öko-optimistischen» Standpunkt: Dirk Maxeiner und Michael Miersch: *Mann beißt Hund.* In: Die Welt vom 14.9.2003

25 Vgl. Stefan Rahmstorf: *Flutkatastrophe.* In: Brockhaus-Jahrbuch 2002, S. 142; Hans-Joachim Schellnhuber: *Nicht das Klima spielt verrückt, sondern der Mensch.* In: W. Kenntemich: *Die Jahrhundertflut.* München 2002, S. 227 ff.

26 BMZ: *Jahresbericht Entwicklungspolitik 2001.* Berlin 2002, S. 8 f.

27 IPCC: *Klimawandel 2001: Auswirkungen, Anpassung und Störanfälligkeit.* Genf 2001, S. 11, 20 f.

28 Weltbank 2003, S. 217, sinngemäß ebenso auf S. XXII

29 Rotes Kreuz: *Weltkatastrophenbericht 1999.* Genf 1999, S. 11. In: Disaster News Network vom 8.8.1999, z. n. Abramovitz in Worldwatch Institute 2001, S. 215; UN Population Division: *World Urbanization Prospects: The 1999 Revision.* New York 1999, z. n. ebd., S. 206

30 Michael Field: *Sinking atolls trigger Papuan evacuation plans.* In: <http://www.abc.net.au/science/news/stories/s866600.htm>, Sydney 2003

31 Graßl/Klingholz 1990, S. 172 f.

32 Münchener Rück: *World Map of Natural Hazards.* München 1998, S. 19, z. n. Abramovitz in Worldwatch Institute 2001, S. 204 f.

33 Hauchler/Messner/Nuscheler 2001, S. 363

34 Christian Aid: *In Debt to Disaster: What Happened to Honduras after Hurricane Mitch.* Ohne Ort 1999; US-Department of State: *Background Notes: Honduras.* Ohne Ort 1999, z. n. Abramovitz in Worldwatch Institute 2001, S. 207 ff.; Hauchler/Messner/Nuscheler 2001, S. 365

35 Der Spiegel Nr. 12/1995, S. 185; vgl. auch Deutsche Stiftung Weltbevölkerung: *Bevölkerung und nachhaltige Entwicklung.* Hannover 1998, S. 16 und 27

36 IPCC: *Klimawandel 2001: Auswirkungen, Anpassung und Störanfälligkeit.* Genf 2001, S. 12

37 Graßl/Klingholz 1990, S. 189 ff.

38 Christoph Lumer: *The Greenhouse. A Welfare Assessment and Some Morals.* New York/Oxford 2002, S. 23 ff., z. n. ders.: *Prinzipien der Generationengerechtigkeit.* In: SRzG 2003, S. 117

39 Hermann Ott und Bernd Brouns: *Gerechtigkeit im Treibhaus.* In: politische ökologie 87/88, 2004, S. 36 f.

40 Vgl. Graßl/Klingholz 1990, S. 187 ff.

41 Gelbspan 1998

42 <http://www.epw.senate.gov/stm1_108.htm#07-29-03>; Stefan Rahmstorf: *Im Treibhaus.* In: taz vom 13.9.2003

43 Christoph Bals: *Das Ende der Sensation vom Klimamärchen.* Forum Umwelt und Entwicklung, Bonn 1997

44 Deutscher Bundestag 2001a, S. 80

45 BMU: *Erneuerbare Energien und Nachhaltige Entwicklung.* Berlin 1999, S. 10; Email von Prof. Dr. Hartmut Graßl vom 30.3.2005 an den Autor

46 Weltbank 2003, S. 219

47 Vgl. Ottmar Edenhofer: *Strategien und Gestaltungsspielräume für die internationale Klimaschutzpolitik.* In: Aus Politik und Zeitgeschichte B28/2003

48 WBGU: *Über Kioto hinaus denken – Klimaschutzstrategien für das 21. Jahrhundert.* Berlin 2003, S. 31

49 von Weizsäcker/Lovins/Lovins 1997, S. 279

50 Graßl spricht vom 1,7- bis 2-Fachen des Energieverbrauchs, allerdings auf dem Stand von 1990. Vgl. Graßl/Klingholz 1990, S. 217

51 Deutscher Bundestag 2002a, S. 254 ff.

52 Deutscher Bundestag 2001a, S. 93

Nukleare Renaissance?

1 McNeill 2003, S. 330

2 Vgl. Johannes Rau: *Wird alles gut? Für einen Fortschritt nach menschlichem Maß.* Berliner Rede vom 18.5.2001

3 Einleitung von C.F. von Weizsäcker, in: Meyer-Abich/Schefold 1986, S. 14f.

4 Jürgen Trittin beim ZEITForum der Wissenschaft, Berlin, 27.10.2004; Interview mit Michael Sailer: *«Es gibt keine Renaissance der Kernenergie in Deutschland».* In: Öko-Mitteilungen Nr. 3+4/2003, S. 14

5 Gesellschaft für Reaktorsicherheit: *Deutsche Risikostudie Kernkraftwerke Phase B.* Köln 1989

6 Anna Masuch: *Nur die sofortige Beendigung der Atomenergienutzung ist verfassungsgemäß. Memorandum.* Hannover 2000, S. 6f.

7 Öko-Institut Darmstadt: *Bewertung der Ergebnisse der Phase B der Deutschen Risikostudie Kernkraftwerke.* Darmstadt 1989

8 Lothar Hahn: *Die Gewährleistung von Sicherheit während der Restlaufzeit. Technische Herausforderungen.* Vortrag auf dem 10. Atomrechtssymposium, Köln, 30.6.–1.7.1999

9 Öko-Institut Darmstadt: *Bewertung der Ergebnisse der Phase B der Deutschen Risikostudie Kernkraftwerke.* Darmstadt 1989

10 Auskunft von Henrik Paulitz, IPPNW, 2005, und von jedermann, der über simple Statistik-Kenntnisse verfügt, selbst nachzurechnen.

11 BMU: *Untersuchungen der Rahmenbedingungen des nationalen und internationalen Rechts für die Energiekonsensgespräche.* Bonn, 12.8.1999, Geschäftszeichen RS 11 – 40105/1.3

12 Öko-Institut: *Einfluss des Faktors Mensch auf die Sicherheit von Kernkraftwerken.* Freiburg 2002

13 Thompson 1986, S. 119f.

14 Gorbatschow 2003, S. 21f. und S. 24f.

15 Öko-Institut: *Folgen schwerer Unfälle im KKW Krümmel für das Gebiet der Freien und Hansestadt Hamburg und Auswirkungen von Katastrophenschutzmaßnahmen.* Freiburg 1995

16 IPPNW: *Sofort volle Haftpflichtversicherung für die deutschen Atomkraftwerke!* Berlin 2000; vgl. auch Greenpeace 1995

17 BMU: *Untersuchungen der Rahmenbedingungen des nationalen und internationalen Rechts für die Energiekonsensgespräche.* Bonn, 12.8.1999, Geschäftszeichen RS 11 – 40105/1.3, S. 15

18 Amery 2002, S. 60

19 <http://www.greenpeace.org/deutschland/?page=/deutschland/fakten/atom/atomunfaelle/die-schwersten-atom-unfaelle>, Abruf am 28.9.2004; Umsiedlungen/Dörfer: SPD-Bundestagsfraktion: *Atomausstieg. Die Menschen gewinnen.* Berlin 2002, S. 16f.; Erhöhung Schuld-

drüsenkrebs: Prof. Dr. Dr. h. c. Edmund Lengfelder, Strahlenbiologe an der LMU München, Vortrag beim Symposium «In eine hellere Zukunft» am 4./5.11.2003 in Linz; Tumore/Jugenddiabetes/Fortpflanzungsstörungen/Otto-Hug-Schätzung: Henrik Paulitz: *Fakten zur Atomenergie. Hintergrundinformationen.* IPPNW, Berlin, 9.9.2004, S. 5 (vgl. auch <http://www.facts-on-nuclear-energy.info>

20 <http://www.greenpeace.org/deutschland/?page=/deutschland/fakten/atom/atomunfaelle/die-schwersten-atom-unfaelle>, Abruf am 28.9.2004; <http://en.wikipedia.org/wiki/List_of_nuclear_accidents>, Abruf am 28.9.2004; die Belastung der Region beträgt 20 Mio. Curie.

21 <http://www.british-energy.com/media/factfiles/mn_item57.html>, Abruf am 28.9.2004

22 Nucleonics Week February 17, 2000, S. 8, 18; Nucleonis Week February 24, 2000, S. 1, 9; z. n. Anna Masuch: *Nur die sofortige Beendigung der Atomenergienutzung ist verfassungsgemäß. Memorandum.* Hannover 2000, S. 9 ff.

23 <http://www.greenpeace.org/deutschland/?page=/deutschland/fakten/atom/atomunfaelle/die-schwersten-atom-unfaelle>, Abruf am 28.9.2004; <http://en.wikipedia.org/wiki/List_of_nuclear_accidents>, Abruf am 28.9.2004

24 Z. n. Roland Scholz: *Vier Jahre – Zehn Jahre – nach Tschernobyl.* Berlin 1996

25 Alt 1992, S. 68

26 z. n. Scholz: *Vier Jahre – Zehn Jahre – nach Tschernobyl.* Berlin 1996

27 Henrik Paulitz: *Fakten zur Atomenergie. Hintergrundinformationen.* IPPNW, 9.9.2004, siehe auch <http://www.facts-on-nuclear-energy.info>; Henrik Paulitz: *42 Auslegungsdefizite des Atomkraftwerks Biblis B. Gravierende Abweichungen des Atomkraftwerkblocks Biblis B vom Stand von Wissenschaft und Technik.* Heidelberg/Berlin, 15.12.2003

28 IPPNW-Pressemitteilung vom 23.4.2004

29 Beck 1989, S. 5

30 Der Spiegel Nr. 28/2000

31 Michael Mönninger: *Die Wiederkehr des Atoms.* In: DIE ZEIT Nr. 44/2003, S. 31

32 Michael Reimann: *Unsicherheiten und Risiken bei Kernschmelzunfällen im EPR.* In: Ministerium für Finanzen und Energie des Landes Schleswig-Holstein: *Der geplante Europäische Druckwasserreaktor*, Workshop am 20. November 1997, S. 54–70.

33 z. n. Arne Daniels und Stefan Schmitz: *Zurück zur Atomkraft?* In: stern Nr. 25/2004, S. 36

34 Max Rauner: *Lehren aus Tschernobyl.* In: stern Nr. 25/2004, S. 32 f.; Bauzeit/finanzielle Gründe: Angaben nach Bereich «Moderne Energietechnik» im Deutschen Museum München

35 Z. n. Alt 1992, S. 62
36 Heinberg 2004, S. 223
37 Öko-Institut: *Nachhaltige Energiewirtschaft – Einstieg in die Arbeitswelt von morgen.* Freiburg 1995, z. n. Krebs/Reiche/Rocholl 1998, S. 52
38 Deutscher Bundestag 2002a, S. 52
39 Henrik Paulitz: *Fakten zur Atomenergie. Hintergrundinformationen.* IPPNW, Berlin, 9.9.2004, S. 6
40 Henrik Paulitz: *Fakten zur Atomenergie. Hintergrundinformationen.* IPPNW, Berlin, 9.9.2004, S. 6
41 Greenpeace-Pressemitteilungen vom 27.10.2004 und 9.11.2004
42 Sebastian Knauer, Gerd Rosenkranz und Hans-Jörg Vehlewald: *Baldiges Ersaufen.* In: Der Spiegel Nr. 46/2000, S. 116
43 Jürgen Trittin beim ZEITForum der Wissenschaften, Berlin, 27.10.2004
44 Andreas Maier: *Die Legende vom Salzstock.* In: DIE ZEIT Nr. 48/2003, S. 40
45 Jürgen Schreiber: *Die unendliche Geschichte.* In: Biegert 1996, S. 213
46 Jungk 1986, S. 60
47 J. Michaelis, G. Haaf, P. Kaatsch und B. Keller: *Krebserkrankungen im Kindesalter in der Umgebung westdeutscher kerntechnischer Anlagen.* In: Deutsches Ärzteblatt 30, 2538–2544, 1992
48 Roland Scholz: *... weil nicht sein kann, was nicht sein darf.* In: Biegert 1996, S. 182 ff.
49 Greenpeace: Das Meer als Müllkippe für deutschen Atommüll. Hamburg 1998
50 Süddeutsche Zeitung vom 4./5.11.2000
51 Alfred Körblein und Wolfgang Hoffmann: *Childhood Cancer in the Vicinity of German Nuclear Power Plants.* Medicine & Global Survival, August 1999, Vol. 6: 18–23
52 Vortrag von Dr. Alfred Körblein am Europäischen Kongress «Atomwaffen & Atomenergie in einer instabilen Welt», Berlin, 7.–9.5.2004, und dort geführtes persönliches Gespräch mit dem Autor.
53 E-Mail von Dr. Klaus Buchner, TU München, vom 11.1.2004 an den Autor
54 Günter Gretzmacher: *Uranabbau im Gebiet der Tuareg (Niger).* In: Gesellschaft für bedrohte Völker: *Menschenrechtsreport Nr. 12.* Göttingen 1993, S. 29 ff.
55 U. Peters: *Radioaktivität kennt keine Grenzen.* Progrom 135 (1987), M. Meutzner und M. Hüglin: *USA, Uran aus den USA – Uran von indianischem Land.* Göttingen 1988; World Uranium Hearing, Konferenzbericht, Salzburg 1992; alle z. n. Klaus Buchner: *Atomausstieg?!* Ohne Ort und Jahr
56 Wolfgang Stahl: *Die weltweiten Reserven der Energierohstoffe: Mangel oder Überfluß?* Hannover 1998, S. 14

57 Greenpeace: *Die Geschichte der sogenannten «Wiederaufbereitung».* Hamburg, o.J.

58 D. Finon: *Fast Breeder Reactors.* In: Energy Policy, Dezember 1982, und Jahrbuch der atomwirtschaft 1997, S. 240f., z.n. Klaus Traube: *Kernspaltung, Kernfusion, Sonnenenergie – Stadien eines Lernprozesses.* Vortragsmanuskript, Philipps-Universität Marburg, 29.11.1999, S. 16

59 Le Monde, 19.1.1978

60 W. Häfele u.a.: *Kernbrennstoffbedarf und Kosten verschiedener Reaktortypen in Deutschland.* KfK-Bericht 366, Karlsruhe 1965. Demnach seien die Kosten für Brüter mit 1,62 Pf/kWh geringer als bei Leichtwasserreaktoren mit 1,91 Pf/kWh (1970–85).

61 Klaus Traube: *Kernspaltung, Kernfusion, Sonnenenergie – Stadien eines Lernprozesses.* Vortragsmanuskript, Philipps-Universität Marburg, 29.11.1999, S. 11ff.; Klaus Traube: *Renaissance der Atomenergie?* In: Solarzeitalter Nr. 4/2004, S. 5

62 Die Bundesregierung: *Dokumentation der Bundesregierung zur friedlichen Nutzung der Kernenergie.* Bonn 1997, z.n. Der neue Tag vom 13.9.2001

63 Sunday Times of London, 11.10.2001

64 taz vom 15.9.2001

65 Briefwechsel zwischen dem Nuclear Control Institute und der NRC am 14.9.2003; Nuclear Regulatory Commission: *NRC Reacts to Terrorist Attacks,* 26.9.2001; North County Times vom 25.10.2001; alle z.n. Schwarz/Erdmann 2004, S. 123ff.

66 Greenpeace in Central und Eastern Europe: *AKW = Atombombe?* Wien, o.J.

67 Frankfurter Allgemeine vom 24.7.2001

68 Greenpeace-Magazin Nr. 5/2002, S. 54

69 National Intelligence Council: *Annual Report to Congress on the Safety and Security of Russian Nuclear Facilities and Military Forces,* 2002, z.n. Schwarz/Erdmann 2004, S. 97

70 Mercury News vom 17.12.2002, z.n. Schwarz/Erdmann 2004, S. 99

71 National Intelligence Council: *Annual Report to Congress on the Safety and Security of Russian Nuclear Facilities and Military Forces,* 2002, z.n. Schwarz/Erdmann 2004, S. 98

72 The Acronym Institute: *US Unveils National Strategy to Combat WMD.* London, 1.2.2003, z.n. Schwarz/Erdmann 2004, S. 120

73 Helmut Hirsch und Wolfgang Heumann: *Verwundbarkeit von CASTOR-Behältern bei Transport und Lagerung gegenüber terroristischen und kriegerischen Einwirkungen sowie zivilisatorischen Katastrophen.* Hannover 2001, z.n. Schwarz/Erdmann 2004, S. 111f.

74 Todenhöfer 2003, S. 97

75 Der neue Tag vom 28.8.2000

76 The New York Times, 23.8.2003, z. n. Schwarz/Erdmann 2004, S. 122

77 Franz Alt, <www.sonnenseite.com>, vom 7.1.2004

78 Jochen Paulus: *Ein Flugzeug aufs Atomkraftwerk.* In: DIE ZEIT Nr. 46/2001, S. 92

79 Henrik Paulitz: *Hintergründe zum Risiko eines Terroranschlags auf Atomkraftwerke.* Internationale Ärzte zur Verhütung des Atomkrieges, Berlin, 17.9.2001

80 Klaus Traube: *GRS-Gutachten über die Sicherheit deutscher Atomkraftwerke: Erläuterungen des Bund für Umwelt und Naturschutz Deutschland (BUND).* Berlin, Februar 2004

81 politische ökologie Nr. 87/88, 2004, S. 91

82 Carsten Jasner: *Nebel über deutschen Meilern.* In: Greenpeace-Magazin Nr. 5/2004, S. 9

83 Der neue Tag vom 28.5.2004

84 Schreiben von Dr. Petra Uhlmann, E.ON Kernkraft GmbH, vom 18.12.2003 an den Autor

85 Bundesnachrichtendienst: *Proliferation von Massenvernichtungswaffen und Trägerraketen.* Berlin/Pullach 2002, S. 3 f.

86 Lovins/Hennicke 1999, S. 25

87 Lovins/Hennicke 1999, S. 25; Henrik Paulitz: *Fakten zur Atomenergie. Hintergrundinformationen.* IPPNW, Berlin, 9.9.2004, S. 7 (vgl. auch <http://www.facts-on-nuclear-energy.info>

88 Solarzeitalter Nr. 1/2002, S. 49

89 Marcel Keiffenheim: *Das riskante Comeback.* In: Greenpeace-Magazin Nr. 5/2002, S. 52

90 Der neue Tag vom 23.12.2002

91 Der neue Tag vom 5.10.2003

92 IAEA, Press Release 2003/12 (18 July 2003)

93 Bundesnachrichtendienst: *Proliferation von Massenvernichtungswaffen und Trägerraketen.* Berlin/Pullach 2002, S. 9

94 Jochen Bittner: *Aufrüsten, bevor die Weltmacht kommt.* In: DIE ZEIT Nr. 6/2003, S. 7

95 Matthias Nass: *Die Mullahs greifen nach der Bombe.* In: DIE ZEIT Nr. 41/2003; Faraj Sarkohi: *Und sie bauen doch.* In: DIE ZEIT Nr. 45/2003, S. 14

96 Hans-Josef Fell: *Technikpolitik: Wie der Mitteleinsatz für Forschung und Entwicklung den Energiemix bestimmt.* Berlin, ohne Jahresangabe, per E-Mail

97 Scheer 1999, S. 66

98 Hiltrud Breyer: *Agentin der Erneuerbaren.* In: politische ökologie 87/88, 2004, S. 88

99 Reinhard Loske, Oswald Metzger, Klaus Müller: *Abbau umweltschädlicher Subventionen.* Berlin, 7.3.2000; Steuerstundungen durch Rück-

lagen: UBA: *Berücksichtigung von Umweltgesichtspunkten bei Subventionen.* Berlin 2003, S. 93

100 Björn Pieprzyk in DIE ZEIT Nr. 33/2004, S. 18

101 Alt 1997

102 taz vom 7.6.2004, S. 12

103 World Bank: *Environmental Assessment Sourcebook Volume III. Guidelines for Environmental Assessment of Energy and Industry Projects by the World Bank Environment Department.* Technical Paper Nr. 154/1994, z. n. Lovins/Hennicke 1999, S. 27

104 Deutscher Bundestag 2002a, S. 29

105 McNeill 2003, S. 330

106 The Economist vom 28.3.1998, S. 63, z. n. Hawken/Lovins/Lovins 2000, S. 362, und McNeill 2003, S. 330

107 Jürgen Trittin beim ZEITForum der Wissenschaften, Berlin, 27.10.2004

108 Manfred Heindler, TU Graz, Anhörung Kernfusion der Enquete-Kommission Nachhaltige Energieversorgung, 20.4.2001, Frage B.16

109 Vgl. Deutscher Bundestag 2002a, S. 492

110 Manfred Heindler, TU Graz, Anhörung Kernfusion der Enquete-Kommission Nachhaltige Energieversorgung, 20.4.2001, Fragen B.21 und B.22

111 Z. n. Joachim Radkau: *Aufstieg und Krise der deutschen Atomwirtschaft 1945–1975.* Reinbek bei Hamburg 1983, S. 67

112 Max-Planck-Institut für Plasmaphysik: *Energie durch Kernfusion.* Garching 1975

113 Vgl. Manfred Heindler, TU Graz, Anhörung Kernfusion der Enquete-Kommission Nachhaltige Energieversorgung, 20.4.2001

114 Manfred Heindler, TU Graz, Anhörung Kernfusion der Enquete-Kommission Nachhaltige Energieversorgung, 20.4.2001, Frage D.2

115 Scheer 2005, S. 115

116 EUR FU(97)CCFP 73/2.2, DG XII; BMFT: *3. Programm Energieforschung und Energietechnologien.* Bonn 1990, S. 95; EU Presidency Note on the European Nuclear Fusion Programme, Brüssel, 25.4.1997, S. 4; alle z. n. Klaus Traube: *Kernspaltung, Kernfusion, Sonnenenergie – Stadien eines Lernprozesses.* Vortragsmanuskript, Philipps-Universität Marburg, 29.11.1999, S. 19

117 Klaus Traube: *Kernspaltung, Kernfusion, Sonnenenergie – Stadien eines Lernprozesses.* Vortragsmanuskript, Philipps-Universität Marburg, 29.11.1999, S. 20

118 Z. n. Klaus Traube: *Kernspaltung, Kernfusion, Sonnenenergie – Stadien eines Lernprozesses.* Vortragsmanuskript, Philipps-Universität Marburg, 29.11.1999

119 Brigitte Röthlein und Bernd Müller: *Konfusion um Kernfusion.* In: Bild der Wissenschaft Nr. 8/1998, S. 32

120 Deutscher Bundestag 2002a, S. 492 ff.
121 Klaus Traube: *Kernspaltung, Kernfusion, Sonnenenergie – Stadien eines Lernprozesses.* Vortragsmanuskript, Philipps-Universität Marburg, 29.11.1999, S. 29
122 Die Bundesregierung: *Politik für unsere Umwelt – für unsere Zukunft.* Berlin 2001, S. 15; Danyel Reiche: *Die Neuen und die Erneuerbaren.* In: politische ökologie 87/88, 2004, S. 21–23, hier S. 23
123 Hiltrud Breyer: *Atomkraft Europäisch und International.* Brüssel, Januar 2000
124 Fritz Vorholz: *Jenseits von Öl und Atom.* In: DIE ZEIT Nr. 25/2004, S. 22; Meldung der chinesischen Nachrichtenagentur Xinhua vom 22.7.2004, nach DIE ZEIT Nr. 33/2004, S. 18
125 Jürgen Trittin beim ZEITForum der Wissenschaft, Berlin, 27.10.2004
126 IPPNW: *Checkliste zum Atomausstieg.* Berlin, September 1999
127 Hiltrud Breyer: *Europäische Atompolitik.* Brüssel 2003
128 Junge Welt vom 8.5.2004
129 RWE: *Umweltbericht 2000.* Essen 2001
130 z. n. Ludwig Trautmann-Popp: *Atomenergie: Ausstieg tut not.* In: Natur+Umwelt Nr. 4/2003, S. 24
131 z. n. Arne Daniels und Stefan Schmitz: *Zurück zur Atomkraft?* In: stern Nr. 25/2004, S. 32 ff.

Die fossil-atomare Subventionsorgie

1 Weltbank 2003, S. 34 und 174
2 IEA: Market and Policy Trends in IEA Countries, 2004, S. 53
3 BMWA: Das fünfte Energieforschungsprogramm. Berlin 2005, S. 22; Hans-Josef Fell: Energieforschungsmittel des Bundes, Berlin, o. J.
4 Hiltrud Breyer: *Agentin der Erneuerbaren.* In: politische ökologie 87/88, 2004, S. 88
5 Forum Umwelt und Entwicklung: *Die globale Energiewende.* Bonn 2004, S. 14
6 Heidemarie Wieczorek-Zeul: *Nachhaltige Energiewirtschaft nur mit Erneuerbaren Energiequellen.* Rede vom 13.6.2002, Berlin
7 UNDP: *Energy after Rio.* New York 1997, S. 137
8 Hermann Scheer: *Die drei Grenzen der Globalisierung.* In: Mander/Goldsmith 2002, S. 481
9 William Kaufmann und John Steinbrunner: *Decisions for Defense.* Washington 1991, S. 8, z. n. Scheer 1999, S. 158; Münkler 2003, S. 11; Center for Defense Information, Washington D.C., 28.1.1996, z. n. Rifkin 2002, S. 159 f.
10 McNeill 2003, S. 342
11 Weltbank 1961–1993: Annual Reports von IBRD, IDB, AsDB und An-

gaben von CB, Weltbank 1992–1997: Institute for Policy Studies 1997, Russland: Ellen Schmidt: *Die Weltbank und russisches Öl: Schwarze Aussichten für Mensch und Klima.* WEED Arbeitspapier 1/1996, Bonn 1996; alle z. n. Mhossen Massarrat: *Milliarden-Subventionen für höheren Energieverbrauch und Perspektiven für den Einstieg in das solare Zeitalter.* Marburg, März 2002, S. 5 ff.

12 Klaus Dieter Schütt: *Subventionierung der Energieproduktion in Entwicklungsländern.* Magisterarbeit, Universität Osnabrück, z. n. Mhossen Massarrat: *Milliarden-Subventionen für höheren Energieverbrauch und Perspektiven für den Einstieg in das solare Zeitalter.* Marburg, März 2002, S. 6

13 Richard von Weizsäcker: *Mehr Mut beim Abbau von Subventionen.* In: Süddeutsche vom 4.11.2003

14 Greenpeace-Magazin Nr. 3/2002

15 Deutscher Bundestag 2002a, S. 458

16 Reinhard Loske, Oswald Metzger, Klaus Müller: *Abbau umweltschädlicher Subventionen.* Berlin, 7.3.2000; davon 4,7 Mrd. für Flugzeugtreibstoff und 0,5 Mrd. für Schiffstreibstoff

17 Das BUND-Subventions-Dossier, S. 6, nach Schätzungen der Bundesregierung

18 Matthias Seiche und Christian Wuttke: *Abbau und Umbau ökologisch schädlicher Subventionen.* BUND, Bonn 1999

19 Süddeutsche Zeitung vom 30.9.2003 gibt «knapp sechs Milliarden» an; Loske/Metzger/Müller (2000, a. a. O.) sprechen von «mittelfristig» 7 Mrd. DM (ca. 3,5 Mrd. Euro) Einsparungsvolumen, ohne die Erhöhung 2001 mit zu berücksichtigen, die allein laut UBA (2003, a. a. O.) 1 Mrd. Euro ausmacht.

20 Jutta Kloas und Harmut Kuhfeld: *Entfernungspauschale: Bezieher hoher Einkommen begünstigt.* In: DIW-Wochenbericht Nr. 42/2003

21 UBA 2003, a. a. O., S. 105

22 Die derzeit höhere Kfz-Steuer für Dieselfahrzeuge wäre natürlich im Rahmen einer generellen Kfz-Steuerreform zu berücksichtigen.

23 U. Heinrich u. a.: *Durchführung eines Risikovergleichs zwischen Dieselmotor- und Ottomotoremissionen hinsichtlich ihrer kanzerogenen und nicht-kanzerogenen Wirkungen.* UBA-Forschungsvorhaben 21604001/1, März 1999

24 BMVBW: *Bundesverkehrswegeplan 2003.* Berlin 2003, S. 34

25 UBA: *Berücksichtigung von Umweltgesichtspunkten bei Subventionen – Sektorstudie Wohnungsbau.* Berlin 2003, S. 60 f.

26 Fritz Vorholz: *Die Kohle-Lüge.* In: DIE ZEIT Nr. 31/2003, S. 17 f.; Steinkohle als größter Finanzhilfen-Empfänger und Förderung von 70 000 Euro pro Beschäftigtem: BMF: *Achtzehnter Subventionsbericht.* Berlin 2003, S. 17 f.

27 Umweltbundesamt: *Hintergrundpapier zum Gutachten: «Braunkohle – ein subventionsfreier Energieträger?»*. Berlin 2004
28 BMV (Hrsg.): Ausbau Erneuerbarer Energien im Stromsektor bis zum Jahr 2020. Stuttgart/Wuppertal 2005, S. 5
29 Olaf Hohmeyer: *Vergleich externer Kosten der Stromerzeugung in Bezug auf das Erneuerbare Energien Gesetz.* Flensburg 2002
30 Wolfram Nitsch und Joachim Krewitt: *Das EEG – eine Investition in die Zukunft zahlt sich heute schon aus.* In: Energiewirtschaftliche Tagesfragen Nr. 7/2002
31 Gemeinsam mit dem Energiewirtschaftlichen Institut der Uni Köln und dem Institut für Energetik und Umwelt im Auftrag des Bundeswirtschaftsministeriums; RWI, IE und EWI: *Gesamtwirtschaftliche, sektorale und ökologische Auswirkungen des Erneuerbare Energien Gesetzes (EEG).* Köln/Leipzig/Essen 2003
32 UBA: *Berücksichtigung von Umweltgesichtspunkten bei Subventionen.* Berlin 2003, S. 104
33 Das BUND-Subventions-Dossier, S. 8 und 10
34 Reinhard Loske, Oswald Metzger, Klaus Müller: *Abbau umweltschädlicher Subventionen.* Berlin, 7.3.2000; Steuerstundungen durch Rücklagen: UBA: *Berücksichtigung von Umweltgesichtspunkten bei Subventionen.* Berlin 2003, S. 93
35 Björn Pieprzyk in DIE ZEIT Nr. 33/2004, S. 18
36 BMU-Pressemitteilung vom 23.6.2003
37 UBA: *Berücksichtigung von Umweltgesichtspunkten bei Subventionen.* Berlin 2003, S. 80 und 117f.; BMU: *Was bringt die Ökosteuer für die Umwelt?* Berlin 2003; DIW/IfW: *Kriterien und Vorschläge für einen Subventionsabbau. Kurzexpertise zur Strukturberichterstattung an den Bundesminister für Wirtschaft.* DIW-Diskussionspapier Nr. 181, Berlin 1999
38 Frank Stille und Dieter Teichmann: *Subventionspolitik: Umschichtungen nur ansatzweise gelungen.* In: DIW-Wochenberichte 64, Heft 50 (1997), S. 953–963
39 Klaus P. Masuhr, Stephan Schärer und Heimfrid Wolff: *Die externen Kosten der Energieversorgung.* Basel 1995, z. n. von Weizsäcker 1997, S. 145, von Weizsäcker/Lovins/Lovins 1997, S. 221 und Fritz Vorholz: *Der erste Schritt zur Nachhaltigkeit – das politische Ringen um ein Konzept.* In: Greenpeace 1995, S. 23
40 Fünf Weise, DIW, RWI, IfW, ZEW, Prognos, ifo, OECD, IAT, IAW, WSI.
41 Umweltbundesamt (Hg.): *Auto und/oder Umwelt?* Berlin 2001/2002, S. 11 f.; BMF-Pressemitteilung vom 26.8.2005; INFRAS: Externe Kosten des Verkehrs. Zürich/Karlsruhe 2004
42 Bayerisches Staatsministerium der Finanzen, z. n. Förderverein Öko-

logische Steuerreform (Hg.): *Innovationen anstoßen, Wettbewerbsfähigkeit fördern, Arbeitsplätze schaffen. Der neue Weg zu einer Ökologischen Steuerreform.* Hamburg 1997, S. 13

43 Stefan Bach, Michael Kohlhaas, Volker Meinhardt, Barbara Praetorius, Hans Wessels, Rudolf Zwiener: *Wirtschaftliche Auswirkungen einer ökologischen Steuerreform.* Berlin 1994

44 DIW: *Ökosteuer – Sackgasse oder Königsweg? Gutachten im Auftrag von Greenpeace.* Berlin 1994

45 DIE ZEIT Nr. 45/2004, S. 34

46 Die Bundesregierung: *Wichtig ist, was hinten rauskommt.* Berlin 2000

Die Öljunta des George Walker Bush

1 z. n. DIE ZEIT Nr. 32/2003, S. 2

2 z. n. Yergin 1991, S. 924

3 Mann 2003, S. 259

4 soweit nicht anders angegeben: Moore 2002, S. 37ff., sowie <http://www.whitehouse.gov>

5 Helmut Grosse: *Beitrag: die story. Das Kartell – Die US-Regierung und das Öl.* ARD, 22.1.2003, Manuskript

6 National Academy of Science (Hg.): *Climate Change Science. An analysis of some key questions.* Washington, D.C., 2001

7 Tages-Anzeiger Online, 8.6.2005

8 Union of Concerned Scientists: *Statement: Restoring Scientific Inegrity in Policymaking.* Siehe <http://www.ucsusa.org/global_environment/rsi/signon.html>; Tom Schimmeck: *Zensur findet statt.* In: DIE ZEIT Nr. 13/2004, S. 41 f.; Wolfgang Harrer: *Wahlkampf der Wissenschaftler.* ZDF.de vom 28.10.2004; Kennedy-Aussage z. n. Tom Schimmeck: *Wes Brot ich ess.* In: DIE ZEIT Nr. 6/2003, S. 27

9 The White House: *National Energy Policy. A Report of the National Energy Policy Development Group.* Washington, D.C., Mai 2001, S. VIII, X f., XIV f.; Lars Finneisen: *Naturschutz für den American Way of Life. Energiepolitik unter Bush und Cheney.* In: Blätter für deutsche und internationale Politik Nr. 9/2001, S. 1074 ff.

10 Krugman 2004, S. 217

11 Deutscher Bundestag 2002a, S. 221; Lars Finneisen: *Naturschutz für den American Way of Life. Energiepolitik unter Bush und Cheney.* In: Blätter für deutsche und internationale Politik Nr. 9/2001, S. 1074 ff.; Thomas Fischermann: *Feldzug für den Schmutz.* In: DIE ZEIT Nr. 47/2003, S. 29

12 Krugman 2004, S. 223 f.

13 The Independent, 11.5.2001

14 Stiglitz 2004, S. 239 und S. 254

15 Krugman 2004, S. 94, S. 103, S. 108 f.

16 Stiglitz 2004, S. 237

17 Krugman 2004, S. 104 ff.
18 Der neue Tag vom 1./2.11.2003

Der blutige Schacher um die Rohstoffe

1 BMVg: *Information für die Truppe Nr. 3/1999*, S. 31
2 Wolfgang Stahl: *Die weltweiten Reserven der Energierohstoffe: Mangel oder Überfluß?* Hannover 1998, S. 7
3 Z. n. Heinberg 2004, S. 81
4 Z. n. Colin Campbell in Heinberg 2004, S. 9
5 Z. n. Alt 2004, S. 107 ff.
6 Heinberg 2004, S. 123
7 Nuremberg Military Tribunals: *Trials of the War Criminals.* Band 7, Washington, D.C., 1953, S. 793–803, z. n. Rifkin 2002, S. 85
8 Yergin 1991
9 Z. n. Yergin 1991, S. 665
10 Alt 2004, S. 114 f.
11 Michael Economides und Ronald Oligney: *The Color of Oil: The History, the Money and the Politics of the World's Biggest Business.* Katy 2000, S. 75, z. n. Rifkin 2002, S. 86
12 Yergin 1991, vgl. auch Klevemann 2002, S. 34 f.
13 Zbigniew Brzezinski: *Planspiel. Das Ringen der Supermächte um die Welt.* Erlangen 1989, S. 47 ff.
14 U.S. Strategic Bombin Survey. Oil Division. *Final Report.* 2nd ed. Washington, D.C., USSBS, 1947, z. n. Rifkin 2002, S. 85 f.
15 Alt 2004, S. 114 f.
16 Walter Youngquist: *GeoDestinies: The Inevitable Control of Earth Resources Over Nations and Individuals.* Portland 1997, S. 48, z. n. Rifkin 2002, S. 86
17 Yergin 1991, S. 518 f.
18 Z. n. Yergin 1991, S. 507 f.
19 Z. n. Yergin 1991, S. 539
20 vgl. Bierling 2004, S. 126 f.
21 Hacke 2003, S. 250 f.
22 Hacke 2003, S. 165
23 Global Challenges Network 2003, S. 140
24 Deutscher Bundestag 2002a, S. 98; vgl. auch Frank Umbach: *Globale Energiesicherheit.* Deutsche Gesellschaft für Auswärtige Politik, 2003, S. 32
25 Hilmar Rempel: *Erdgas im 21. Jahrhundert.* Vortrag auf der Frühjahrstagung 2001 des Fachbereichs Aufsuchung und Gewinnung der DGMK in Celle, 26.4.2001
26 *Gemeinsame Sicherheit und Zukunft der Bundeswehr. Bericht der Kommission an die Bundesregierung*, 23. Mai 2000, Textziffer 21

27 Stephen J. Blank: *The United States: Washington's New Frontier in the Trans-Caspian.* In: Michael P. Croissant und Bulent Aras (Hg.): *Oil and Geopolitics in the Caspian Sea Region.* London 1999, S. 250, z. n. Ahmed 2004, S. 75 f.

28 Tobias Pflüger und Jürgen Wagner: *Europas Kriege der Zukunft.* In: Blätter für deutsche und internationale Politik 6/2005, S. 715–724; European Defence Paper, A Proposal for A White Paper, ISS, Paris, Mai 2004

29 Hacke 2003, S. 339

30 Fritz Vorholz: *Die schwarze Droge.* In: DIE ZEIT Nr. 42/2001, S. 23

31 Z. n. The Gurdian, 29.10.2001, vgl. Klevemann 2002, S. 13

32 U.S. Army Command and General Staff College: *Fundamentals of Operational Warfighting.DJMO Scenario and Reference Book for CENTCOM (Notional).* Kansas 2001, S. 36

33 William Kaufmann und John Steinbrunner: *Decisions for Defense.* Washington 1991, S. 8, z. n. Scheer 1999, S. 158

34 Christian Tenbrock: *Die Verteidigten Staaten.* In: DIE ZEIT Nr. 6/2003, S. 19

35 Brzezinski 1997, vgl. auch Klevemann 2002, S. 306 f.

36 z. n. George Monbiot: *A discreet deal in the pipeline.* In: Guardian vom 15.2.2001, und New York Times vom 14.10.1998, z. n. Klevemann 2002, S. 17

37 Jimmy Carter: *State of the Union* (Rede zur Lage der Nation). Washington D.C., 23.1.1980

38 Z. n. von Sponeck/Zumach 2003, S. 9

39 taz vom 13.8.1991

40 Z. n. Yergin 1991, S. 950

41 Z. n. Alt 2004, S. 34

42 Soros 2004, S. 175 ff.

43 The White House: *National Energy Policy. Report of the National Energy Policy Development Group.* Washington, D.C., Mai 2001; The White House: *The National Security Strategy of the United States of America.* Washington, D.C., September 2002

44 Interview mit Paul Kennedy: *«Ein entsetzlicher Fehler».* In: Der Spiegel Nr. 2/2004, S. 95

45 Z. n. Hacke 2003, S. 274

46 Oil and Gas International vom 29.10.2001, z. n. Ahmed 2004, S. 70

47 Silk Road Strategy Act, 1999, 106, z. n. Ahmed 2004, S. 71 f.

48 Moore 2003, S. 26 ff., und die dort zitierte Literatur

49 die Sprecherin war Leili Helms; Inter Press Service vom 16.11.2001, z. n. Ahmed 2004, S. 42

50 International Herald Tribune vom 26.9.1998, z. n. Ahmed 2004, S. 43

51 Z. n. Alt 2004, S. 31

52 Pakistan Observer vom 20.10.2001, z. n. Ahmed 2004, S. 43

53 Wall Street Journal vom 23.5.1997, z. n. Ahmed 2004, S. 43

54 New York Times vom 26.5.1997, z. n. Ahmed 2004, S. 43

55 Klevemann 2002, S. 293

56 Z. n. Klevemann 2002, S. 275

57 Pierre Abramovici: *Dubiose Kontakte zwischen Washington und den Taliban.* In: Le Monde diplomatique, Januar 2002

58 Stephen J. Blank: *The United States: Washington's New Frontier in the Trans-Caspian.* In: Michael P. Croissant und Bulent Aras (Hg.): *Oil and Geopolitics in the Caspian Sea Region.* London 1999, S. 266 f., z. n. Ahmed 2004, S. 76

59 National Enquirer vom 4.3.2002, z. n. Ahmed 2004, S. 45 ff.

60 Stellungnahme von Dana Rohrabacher: *U.S. Policy Towards Afghanistan.* Außenpolitischer Unterausschuss des Senats zu Südasien, 14.4.1999, z. n. Ahmed 2004, S. 49 f.

61 Anwar Iqbal: *Taliban, foreign allies, foes meet.* In: United Press International vom 4.3.2000, und Julio Godoy: *U.S. Taliban Policy Influenced by Oil.* In: Inter Press Service vom 16.11.2001, beide z. n. Ahmed 2004, S. 58 f.; die Leiterin der Zentralasienabteilung hieß Christina Ricca.

62 Julio Godoy: *U.S. Taliban Policy Influenced by Oil.* In: Inter Press Service vom 16.11.2001, z. n. Ahmed 2004, S. 60 f.

63 Jean-Charles Brisard und Guillaume Dasquie: *Bin Laden – Die verbotene Wahrheit.* Reinbek bei Hamburg 2002

64 Frederick S. Starr: *Afghanistan Land Mine.* In: Washington Post vom 19.12.2000, z. n. Ahmed 2004, S. 54 f.

65 David Leigh: *Attack and counter-attack.* In: The Guardian vom 26.9.2001, z. n. Ahmed 2004, S. 61 f.

66 BBC News vom 18.9.2001, und NBC-Nachrichten vom 16.5.2002, beide z. n. Ahmed 2004, S. 63 ff.

67 Moore 2003, S. 35, vgl. auch Czempiel 2002, S. 147

68 Münkler 2003, S. 84

69 Münkler 2003, S. 72

70 Interview mit Richard Perle: *«Wir werden Kurs halten, auch mit Kerry».* In: DIE ZEIT Nr. 23/2004, S. 9

71 Todenhöfer 2003, S. 187 f.

72 Alan Simpson und Glen Rangwala: *The dishonest Case for War on Iraq.* Cambridge 2002, S. 3

73 Moore 2003, S. 48 ff., und die dort zitierte Literatur

74 Gesellschaft für bedrohte Völker: *Menschen im Irak.* Bedrohte Völker aktuell Nr. 1/2003; Münkler 2003, S. 73 und 165

75 Todenhöfer, S. 188; Zahl der Opfer: Gesellschaft für bedrohte Völker: *Menschen im Irak.* Bedrohte Völker aktuell Nr. 1/2003

76 Hacke 2003, S. 472 ff. und S. 490
77 Washington Post vom 11.3.1991, z. n. Pilz 2003, S. 29
78 Hacke 2003, S. 472
79 Bierling 2004, S. 206
80 Z. n. Yergin 1991, S. 950
81 Guido Knopp: *100 Jahre, 10. Teil*, gesendet auf Phoenix am 21.4.2003
82 Yergin 1991, S. 951 f.
83 The White House: *National Security Directive 54*. Washington, D.C., 15.1.1991
84 von Sponeck/Zumach 2003, S. 24
85 George Bush: *Weshalb wir Saddam 1991 nicht aus Bagdad vertrieben haben*. In: Welt am Sonntag vom 22.9.1996, S. 1 f., z. n. Hacke 2003, S. 485 f.
86 Z. n. Hacke 2003, S. 491
87 Z. n. Nicolas Sarkis: *Pétrole, le troisième choc?* In: Le Monde diplomatique, März 2000, S. 1, 24 f.
88 Der neue Tag vom 12.1.2004 und vom 14.1.2004
89 Clark 2004
90 Clarke 2004 und Woodward 2003; vgl. auch Jochen Bittner: *Gesichtsschreiber*. In: DIE ZEIT Nr. 14/2004, S. 2, und Henning Hoff: *Was Richard Clarke über den Antiterrorkrieg weiß*. In: DIE ZEIT Nr. 15/2004, S. 58
91 Müller 2003, S. 122; siehe auch Todenhöfer 2003, S. 143; President Bush's State of the Union Address, 29.1.2002
92 So zu Bob Woodward, z. n. Thomas Kleine-Brockhoff: *Stellungskrieg im Korridor*. In: DIE ZEIT Nr. 18/2004, S. 3
93 Matthias Nass: *Der große Bluff der Falken*. In: DIE ZEIT Nr. 24/2003, S. 1; Moore 2003, S. 61; Tilgner 2003, S. 171
94 Brief des Project for a New American Century, 26.1.1998, z. n. Clark 2004, S. 148 f.
95 Baker Institute for Public Policy: *Strategic Energy Policy Challenges for the 21st Century*. New York 2001, S. 42. Vgl. auch Mann 2003, S. 260 f., der den Report fälschlicherweise mit dem Cheney-Energiereport gleichsetzt (es handelt sich aber um zwei verschiedene Berichte)
96 Interview mit James Woolsey: *«Wir fangen mit dem Irak an»*. In: Der Spiegel Nr. 4/2003
97 von Sponeck/Zumach 2003, S. 23
98 Interview mit Johan Galtung: *«Das Öltier hat ein Ölgehirn an seiner Spitze.»* In: Spiegel Online, 4.9.2002
99 Friederich Mielke: *Die USA in Saudi-Arabien: Krise einer strategischen Beziehung*. In: Rissener Einblicke Nr. 4–5/2002, S. 52 ff.; Panzer/Fahrer: Global Challenges Network 2003, S. 139
100 The New York Times vom 13.10.2001, z. n. Rifkin 2002, S. 129; The

New York Times vom 14.10.2001, z.n. Rifkin 2002, S. 102; Klevemann 2002, S. 17

101 Michael Thumann: *Trotz Blut kein Öl.* In: DIE ZEIT Nr. 9/2003, S. 8; vgl. dazu z.B. auch Müller 2003, S. 148

102 Anna J. Treu: *Kampf um Öl statt Krieg um Terror.* In: FAZ.NET vom 16.9.2002

103 Bei der Irak-Anhörung vor dem Auswärtigen Ausschuss des Senats am 31.7./1.8.2002, z.n. von Sponeck/Zumach 2003, S. 9

104 Mann 2003, S. 260

105 Czempiel 2002, S. 137

106 Wlodzimierz Cimoszewicz, polnischer Außenminister, in einer Rede vor polnischen Firmen, die gerade einen Auftrag einer Tochterfirma von Dick Cheneys Halliburton bekommen haben. Veröffentlicht von BBC News am 3. July 2003, z. n. Energiekrise.de

107 Z. n. Alt 2004, S. 124

108 Interview mit Hermann Scheer: *«Kein Krieg gegen Banditen».* In: Die Welt vom 31.1.2000

109 Christian Neef: *Tschetschenien.* In: Spiegel Special Nr. 2/2004, S. 77

110 Lüders 2003, S. 45 ff.

111 Lüders 2003, S. 68 f.

112 <http://www.auswaertiges-amt.de/www/de/aussenpolitik/menschenrechte/mr_inhalte_ziele/mrb6/teil_c/suedl_kaukas/suedl_kaukas_html #4>, Abruf am 27.11.2004

113 Klevemann 2002, S. 99

114 Klevemann 2002, S. 250

115 The Economist vom 2.8.2001, vgl. auch Klevemann 2002, S. 193 ff.

116 Hubert Wetzel und Nils Kreimeier: *Usbeken bringen USA in Erklärungsnot.* In: FTD vom 18.5.2005, S. 17

117 Münkler 2002, S. 167 f.

118 Herfried Münkler: *Zum Modell Europa gibt es keine Alternativen.* In: ZEIT LITERATUR März 2004, S. 56

119 The World Bank Group, Press Release No: 2003/325/S

120 Weltbank 2003, S. 192

121 Werner/Weiss 2003, S. 137

122 Werner/Weiss 2003, S. 157 f.

123 Business Week vom 28.12.1998, z. n. Werner/Weiss 2003, S. 159 f.

124 Werner/Weiss 2003, S. 160 f.

125 Heinberg 2004, S. 322

126 Bernard Meyer: *Einen anderen Weg gehen.* In: Rot-Weiß-Blau 3/2004, S. 18 ff.; Peter Korneffel: *Über den Tisch gezogen.* In: DIE ZEIT Nr. 41/2003, S. 32

127 McNeill 2003, S. 319

128 The Guardian vom 8.11.2000, z. n. Werner/Weiss 2003, S. 139

129 The Guardian vom 8.11.2000, z. n. Werner/Weiss 2003, S. 140
130 Klein 2002, S. 341, 388 ff., 428 f.
131 Nadine Gordimer: *In Nigeria, the Price for Oil is Blood.* In: New York Times vom 25.5.1997
132 Le Monde Diplomatique Nr. 12/2000, z. n. Werner/Weiss 2003, S. 141
133 Kenny Bruno und Joshua Karliner: *earthsummit.biz. The corporate takeover of Sustainable Development.* Oakland 2002, S. 15 f., z. n. Engelhardt/Steigenberger 2003, S. 59
134 Jan Rispens: *Das Nigerdelta: Ein zerrüttetes Ökosystem. Die Rolle von Shell und anderen Ölkonzernen.* Studie im Auftrag von Greenpeace, 11/1996, z. n. Werner/Weiss 2003, S. 146
135 The Guardian vom 8.11.2000, z. n. Werner/Weiss 2003, S. 146
136 The Guardian vom 8.11.2000, z. n. Werner/Weiss 2003, S. 150
137 Werner/Weiss 2003, S. 18
138 The Guardian vom 27.6.2000, z. n. Werner/Weiss 2003, S. 149
139 Werner/Weiss 2003, S. 151
140 Scholl-Latour 2001, S. 191
141 Werner/Weiss 2003, S. 152
142 Scholl-Latour 2001, S. 186 ff.; Peter Scholl-Latour: *Afrikanische Totenklage.* TV-Dokumentation, ZDF, Teil 2
143 Die Woche 4/2001, z. n. Werner/Weiss 2003, S. 153
144 Werner/Weiss 2003, S. 154
145 AFP vom 30.4.1999, z. n. Werner/Weiss 2003, S. 155
146 Werner/Weiss 2003, S. 156
147 Greenpeace-Magazin Nr. 4/2000, S. 4
148 Gesellschaft für bedrohte Völker: *Kein Blut für Öl im Südsudan!* Göttingen 2000, S. 1
149 Ärzte ohne Grenzen: *Violence, Health and Access to Aid in Unity State/Western Upper Nile.* Berlin 2002
150 The Guardian vom 15.3.2001, z. n. Werner/Weiss 2003, S. 156
151 Z. n. Thomas I. Steinberg: *Teilen und Vertreiben.* In: Junge Welt vom 16.8.2004
152 Z. n. Thomas I. Steinberg: *Teilen und Vertreiben.* In: Junge Welt vom 16.8.2004
153 Amnesty International: *The human price of oil.* 3.5.2000, z. n. Werner/Weiss 2003, S. 156
154 Stellungnahme der OMV AG vom 30.3.2001, z. n. Werner/Weiss 2003, S. 346
155 Thomas I. Steinberg: *Teilen und Vertreiben.* In: Junge Welt vom 16.8.2004
156 Scholl-Latour 2001, S. 162 ff.; Peter Scholl-Latour: *Afrikanische Totenklage.* TV-Dokumentation, ZDF, Teil 2
157 *Kampf um Erdöl*, <http://www.uni-kassel.de/fb5/frieden/regionen/

Sudan/suedsudan.html>, 04.03.2005; Thomas I. Steinberg: *Teilen und Vertreiben.* In: Junge Welt vom 16.8.2004

158 Washington Post, 23.12.2004

159 <http://www.bundestag.de>, Debatte am 3.12.2004

160 Müller 2003, S. 206f.

161 Klevemann 2002, S. 253

162 Klevemann 2002, S. 212

163 Kagan 2003, S. 109

164 Z. n. Alt 2004, S. 150

Der fossile Imperialismus

1 José Lutzenberger: *Die selbstmörderische Sinnlosigkeit der modernen Landwirtschaft.* In: Mander/Goldsmith 2002, S. 348

2 Deutscher Bundestag 2001a, Textziffer 172

3 Heinberg 2004, S. 101

4 Scheer in Mander/Goldsmith 2002, S. 482

5 Deutscher Bundestag 2001a, S. 121

6 Rifkin 2002, S. 17

7 Vgl. die Ausführungen weiter oben.

8 J. Sachs und A. Warner: *Natural resource abundance and economic growth.* Cambridge 1995, z. n. Walter Krämer, Götz Trenkler und Denis Krämer: *Das neue Lexikon der populären Irrtümer.* München 2000, S. 178f.

9 Stiglitz 2002, S. 91f.

10 Fischer Weltalmanach 1999, Sp. 1072

11 Deutscher Bundestag 2001b, S. 136; BMZ: *Elfter Bericht zur Entwicklungspolitik der Bundesregierung.* Bonn 2001, S. 13f.

12 UNESCO: *Renewable Energies for people's basic needs.* Paris 2004, S. 11

13 Scheer 1999, S. 29ff., mit der dort zitierten Literatur; UNFPA: *Footprints and Milestones: Population and Environmental Change.* New York 2002, S. 31

14 IEA/OECD: *World Energy Outlook 2002. Chapter 13 – Energy and Poverty.* Paris 2002, S. 28

15 Deutsche Bank Research, Januar 2001; vgl. auch Deutsche Bank Research: *Energieperspektiven nach dem Ölzeitalter.* Aktuelle Themen Nr. 309 vom 3.12.2004, S. 12

16 EPRI: *Electricity Technology Roadmap: Powering Progress,* Juli 1999, S. 98, z. n. Rifkin 2002, S. 247f.

17 Hermann Scheer: *Die Entwicklungskrise als fossil-atomare Energiekrise.* In: Solarzeitalter Nr. 1/2002, S. 5

18 Dirk Asendorf: *Smog in jeder Hütte.* In: DIE ZEIT Nr. 42/2003, S. 41

19 IEA/OECD: *World Energy Outlook 2002 – Chapter 13: Energy and Poverty.* Paris 2002, S. 8

20 UNFPA: *Footprints and Milestones: Population and Environmental Change.* New York 2002, S. 31
21 Bulletin of the World Health Organization, The International Journal of Public Health, September 2000
22 UNESCO: *Global Renewable Energy Education and Training (GREET) Programme. Contribution to the NEPAD Initiative.* Paris, ohne Jahr (mutmaßlich 2004), S. 3
23 Lovins/Hennicke 1999, S. 22
24 Ole von Uexküll: *Wasser und Energie.* In: Solarzeitalter Nr. 3/2003, S. 15 f.
25 Hermann Scheer: *Die Entwicklungskrise als fossil-atomare Energiekrise.* In: Solarzeitalter Nr. 1/2002, S. 6
26 UNESCO: *Global Renewable Energy Education and Training (GREET) Programme. Contribution to the NEPAD Initiative.* Paris mutmaßlich 2004, S. 2
27 Rede von Bundeskanzler Gerhard Schröder auf der Internationalen Konferenz für Erneuerbare Energien, Bonn, 3.6.2004
28 IEA Press Release, Paris, 20.3.2000
29 Mabe 2001, S. 218
30 Nuscheler 1996, S. 312
31 Scheer 1999, S. 39
32 BMZ: *Die afrikanische Herausforderung. Eckpunkte einer strategischen Afrikapolitik.* Bonn 2001, S. 8
33 Kofi Annan: *Where the High Oil Price Really Hurts.* In: International Herald Tribune vom 3.10.2000
34 Rifkin 2002, S. 18
35 Christina Deckwirth und Dominik Fette: *Im Privatisierungsrausch.* In: politische ökologie 87/88, 2004, S. 27
36 Bode 2003, S. 47
37 Institute for Policy Studies: *Die Weltbank und die G7: Klimaänderungen fürs Big Business.* Washington 1997, z. n. Scheer 2000, S. 134
38 Anil Cabraal, Max Cosgrove-Davies und Loretta Schaeffer: *Best Practices for Photovoltaic Household Electrification Programs.* World Bank Technical Paper 324. Washington 1996, z. n. Scheer 2000, S. 135
39 Extractive Industries Review: *Striking a better Balance. Volume I: The World Bank Group and Extractive Industries. The Final Report of the Extractive Industries Review.* Jakarta/Washington, D.C., 2003
40 Ziegler 2003, S. 66 f. und S. 171 ff.
41 Weltbank 2003, S. 47
42 Stiglitz 2002, S. 91 f.
43 Weltbank 2003, S. 184 f.
44 Münkler 2003, S. 59 ff.
45 Schreiben von Jody Williams an James Wolfensohn, 9.2.2004

46 Klaus Meyer-Abich: *Die Arroganz der Reichen.* In: Bild der Wissenschaft Nr. 2/1996, S. 65

47 Bild der Wissenschaft online vom 13.6.2002

48 Interview mit Klaus Töpfer: *Der Geist von Rio.* In: DIE ZEIT Nr. 20/2002

49 Die Rede ist im Internet einsehbar unter <http://www.renewables.de>. Der Jugendenergiegipfel, Youth Energy Summit (YES) 2004, steht im Internet unter <http://www.yes2004.de>, das veranstaltende Jugendbündnis Zukunftsenergie, Youth Alliance Future Energy, unter <http://www.zukunftsenergie.org>. Yongameles Rede wurde sehr wesentlich von meinem YOIS-Kollegen Fabian Johr mitausgearbeitet, auch ich selbst war bei der Ausarbeitung dabei.

50 Radermacher 2002; Radermacher 2004; Möller/Radermacher/Riegler/Soekadar/Spiegel 2004; Global Marshall Plan Initiative 2004; im Internet: <http://www.globalmarshallplan.org>

51 Scheer 1999, S. 248 ff.; Lovins/Hennicke 1999, S. 146; Weltrat für Erneuerbare Energien: *Aktionsplan für die globale Verbreitung Erneuerbarer Energien.* Berlin 2002

52 Extractive Industries Review: *Striking a better Balance. Volume I: The World Bank Group and Extractive Industries. The Final Report of the Extractive Industries Review.* Jakarta/Washington, D.C., 2003

53 High-Level Panel on Financing for Development: *Report of the High-Level Panel on Financing for Development.* Präsentiert im UN-Hauptquartier, New York, 28.6.2001

54 Paul Bernd Spahn: *Zur Durchführbarkeit einer Devisentransaktionssteuer. Gutachten im Auftrag des Bundesministeriums für wirtschaftliche Zusammenarbeit und Entwicklung.* Frankfurt a. M. 2002

55 WBGU: *Entgelte für die Nutzung globaler Gemeinschaftsgüter.* Berlin 2002

56 Rifkin 2002, S. 21 und S. 251 f.

Die Zerstörung von Demokratie und Marktwirtschaft

1 Scheer 2000, S. 50 ff.; BMU: *Privatisierung in der Wasserwirtschaft.* Bonn 2003, S. 19

2 Sampson 1982

3 Lutz Mez: *Öl ist dicker als Wasser.* In: politische ökologie 87/88, 2004, S. 24 ff.

4 Fritz Vorholz: *Die Illusion vom Wettbewerb.* In: DIE ZEIT Nr. 18/2003, S. 27 f.

5 Fritz Vorholz: *Minister für das Monopol.* In: DIE ZEIT Nr. 33/2004, S. 19

6 Fritz Vorholz: *Die Illusion vom Wettbewerb.* In: DIE ZEIT Nr. 18/2003, S. 27 f.

7 Gerd Rosenkranz und Harald Schumann: *Machtkampf um den Energiemix.* In: Netzeitung vom 5.4.2004, auch abgedruckt in Solarzeitalter Nr. 1/2004, S. 5 ff.

8 Bei Sabine Christiansen, 12.9.2004

9 Der neue Tag vom 15.9.2004

10 Fritz Vorholz: *Die Illusion vom Wettbewerb.* In: DIE ZEIT Nr. 18/2003, S. 27 f.

11 Ulf Böge: *Der neue Energierechtsrahmen – Fortschritt, Rückschritt oder Stagnation?* Vortrag anlässlich der 11. Handelsblatt-Jahrestagung Energiewirtschaft 2004, Berlin, 20.1.2004

12 RWE erhöhte seine Preise um fünf Prozent, Vattenfall um sechs Prozent, Ruhrgas um vier Prozent. Vgl. Cerstin Gammelin: *Deutscher Strom soll teuer bleiben.* In: DIE ZEIT Nr. 38/2004, S. 36

13 Alt 2003, S. 150

14 Deutscher Bundestag 2002a, S. 30, 124, 416 f., 458

15 Deutscher Bundestag 2002a, S. 30, 124, 416 f., 458

16 Fritz Vorholz: *Die H_2O-Geschäfte.* In: DIE ZEIT Nr. 11/2003, S. 21

17 Jutta Hoffritz: *Moleküle zu Moneten.* In: DIE ZEIT Nr. 51/2003, S. 25

18 BMWi: *Auswirkungen der weltweiten Konzentrierung in der Bergbauproduktion auf die Rohstoffversorgung der deutschen Wirtschaft.* Berlin 1999, S. 4, 7, 20 und 23

19 Michael Gassmann: *Deutsche Konzerne überprüfen Mitarbeiter mit politischem Mandat.* In: Financial Times Deutschland vom 22.12.2004, S. 11

20 Wolfgang Reuter: *Showdown bei Clement.* In: Der Spiegel Nr. 37/2004, S. 42

21 Timo Pache: *In der CDU gären die Zweifel an Meyer.* In: Financial Times Deutschland vom 22.12.2004, S. 11; ders.: *Grundlose Bereicherung.* In: ebd.; Michael Gassmann: *Deutsche Konzerne überprüfen Mitarbeiter mit politischem Mandat.* In: ebd.; Leitartikel: *Glasklare Verhältnisse.* In: Financial Times Deutschland vom 20.12.2004, S. 27

22 Werner Rügemer: *Global Corruption.* Verfasst 2003 für die Zeitschrift Procla; Financial Times vom 18.3.2003, Hans Leyendecker u. a.: *Helmut Kohl, die Macht und das Geld.* Göttingen 2003; alle z. n. Werner/Weiss 2003, S. 245 f.; die Namen der Staatschefs: der Präsident von Gabun, Omar Bongo, der Präsident der Republik Kongo, N'Guesso, und der Präsident von Kamerun, Biya.

23 Werner Rügemer: *Global Corruption.* Verfasst 2003 für die Zeitschrift Procla, z. n. Werner/Weiss 2003, S. 246 f.

24 Johannes Voswinkel und Natalia Reiter: *Ein Reich aus Öl und Gas.* In: DIE ZEIT Nr. 48/2004, S. 13

25 Mária Huber: *Amerikas unsichtbare Hände.* In: DIE ZEIT Nr. 50/2004, S. 4

26 Johannes Vosvinkel: *Was Russland wirklich nützt.* In: DIE ZEIT Nr. 50/2004, S. 4

27 Michael Gassmann, Peter Ehrlich und Angela Meier: *Gasprom greift nach der russischen Ölwirtschaft.* In: Financial Times Deutschland vom 1.12.2004, S. 3; Arkady Ostrovsky und Michael Gassmann: *Yukos-Führung flieht aus Russland.* In: Financial Times Deutschland vom 25.11.2004, S. 1; Olaf Preuß: *Verbleibende Steuerschuld erdrückt Yukos.* In: Financial Times Deutschland vom 20.12.2004, S. 8; Olaf Preuß und Angela Maier: *Dubiose Firma kauft Yukos-Tochter.* In: ebd., S. 1

28 Rifkin 2002, S. 19

29 Strasser 2001, S. 218f.

Neue Quellen braucht das Land

1 Le Groupe de Bellevue: *ALTER: Studie über eine langfristige Energiezukunft Frankreichs auf der Grundlage einer 100 % Energieversorgung aus Erneuerbaren Energien.* Paris 1978; Energy and Defense Project: *Dispersed, Decentralized and Renewable Energy Sources: Alternatives to National Vulnerability and War.* Washington, D.C., 1978; Institute for Sustainable Solutions and Innovations (Hg.): *Energy Rich Japan.* Tokyo 2003; Enquete-Kommission des 11. Deutschen Bundestags zum Schutz der Erdatmosphäre: *Dritter Bericht, Band 2.* Berlin 1990, S. 97; Enquete-Kommission «Nachhaltige Energieversorgung unter den Bedingungen der Globalisierung und der Liberalisierung»: *Endbericht.* Berlin 2002, S. 258, S. 27 und 46f.; Öko-Institut: *Energieversorgung der Bundesrepublik ohne Kernenergie und Erdöl.* Freiburg 1980; N. Nakicenovic und S. Messner: *IIASA Study of a Complete Supply of Renewable Energies in Western Europe.* Laxenburg 1982; The LTI Research Group: *Long-Term Integration of Renewables Energy Sources into the European Energy System.* Heidelberg 1998; WBGU: *Energiewende zur Nachhaltigkeit.* Berlin 2003

2 Fischer Weltalmanach 1999, S. 155; UBA und Statistisches Bundesamt: *Umweltdaten Deutschland 1998.* Berlin/Wiesbaden 1998; vgl. Gründinger 2002, S. 118f.

3 Die Anzeige ist auch im Original abgedruckt im Solarbrief Nr. 3/2002, S. 28

4 Beck 1999, S. 54; Marco Bülow, MdB, Rede im Deutschen Bundestag, 27.11.2003; Worldwatch Institute nach Alt 2003, S. 302; Beck 1999, S. 54; vgl. auch UNESCO: *Renewable Energies for people's basic needs.* Paris 2004, S. 10

5 Die aktuellen Zahlen zu den Arbeitsplätzen im Bereich der Erneuerbaren Energien können entnommen werden: Antwort der Bundesregierung (Bt.-Drks. 15/3667) auf die Kleine Anfrage der FDP-Fraktion

(Bt.-Drks. 15/3548). Ungenauere Zahlen bei: BMU: *Erneuerbare Energien in Zahlen.* Berlin 2003, S. 19. Zahlen zu den Arbeitsplätzen im konventionellen Energiesektor aus: Schreiben des BMWA an den Autor vom 30.7.2003; der Vergleich zwischen fossiler und solarer Energieerzeugung unter dem Arbeitsplatzeffekt wird z. B. auch gemacht in: Johannes Rau: *Rede zur Vergabe der Europäischen Solarpreise* am 4.12.2002; Gerd Rosenkranz und Harald Schumann: *Machtkampf um den Energiemix.* In: Netzeitung vom 5.4.2004; auch abgedruckt in: Solarzeitalter Nr. 1/2004, S. 5 ff.

6 Jörg Kuhbier: *Offshore-Windkraft in Deutschland: Zukunftschancen und Hemmnisse.* Vortrag bei der Fachtagung *Energiewende und Klimaschutz* in Berlin am 13./14.2.2004

7 Greenpeace (Hg.): *Ökosteuer – Sackgasse oder Königsweg? Ein Gutachten des Deutschen Instituts für Wirtschaftsforschung im Auftrag von Greenpeace.* Hamburg 1994; Krebs/Reiche/Rocholl 1998

8 Gerd Rosenkranz und Harald Schumann: *Machtkampf um den Energiemix.* In: Netzeitung vom 5.4.2004; auch abgedruckt in: Solarzeitalter Nr. 1/2004, S. 5 ff.

9 Forum Umwelt und Entwicklung: *Die globale Energiewende.* Bonn 2004, S. 37

10 Trittin 2002, S. 119 f.

11 Impulsreferat von Prof. Dr. Martin Jänicke, FU Berlin, bei der Fachtagung «Energiewende und Klimaschutz» am 13./14.2.2004 in Berlin

12 Habermas 1968

13 von Weizsäcker 1999

14 Z. n. Yergin 1991, S. 751

Bibliographie

Ahmed, Nafeez M.: *Geheimsache 09/11.* München 2004

Alt, Franz: *Das ökologische Wirtschaftswunder.* Berlin 2002

Alt, Franz: *Der ökologische Jesus. Vertrauen in die Schöpfung.* München 2003

Alt, Franz: *Die Sonne schickt uns keine Rechnung.* München 2000

Alt, Franz: *Krieg um Öl oder Frieden durch die Sonne.* München 2004

Alt, Franz: *Schilfgras statt Atom.* München 1992

Amery, Carl: *Die Botschaft des Jahrtausends.* München 1994

Amery, Carl: *Global Exit. Die Kirchen und der Totale Markt.* München 2002

Amery, Carl und Scheer, Hermann: *Klimawechsel. Von der fossilen zur solaren Kultur.* München 2001

Beck, Ulrich: *Risikogesellschaft.* Frankfurt a. M. 1989

Beck, Ulrich: *Schöne neue Arbeitswelt.* Frankfurt a. M./New York 1999

Bierling, Stephan: *Geschichte der amerikanischen Außenpolitik.* München 2004

Bode, Thilo: *Die Demokratie verrät ihre Kinder.* Stuttgart/München 2003

Bruges, James: *Das kleine Buch der Erde.* München 2002

Brühl, Tanja; Debiel, Tobias; Hamm, Brigitte; Hummel, Hartwig; Martens, Jens (Hg.): *Die Privatisierung der Weltpolitik.* Bonn 2001

Brzezinski, Zbigniew: *The Grand Chessboard.* New York 1997

Cicero (Hg.): *The 9/11 Commission Report. Final Report of the National Commission on Terrorist Attacks upon the United States. Die offizielle Untersuchung zu den Terrorattacken vom 11. September 2001.* Potsdam 2004

Clark, Wesley: *Das andere Amerika.* München 2004

Clarke, Richard A.: *Against all Enemies.* New York 2004

Council on Environmental Quality und US-Außenministerium (Hg.): *Global 2000.* Frankfurt a. M. 1980

Czempiel, Ernst-Otto: *Weltpolitik im Umbruch.* Bonn 2002

Deutscher Bundestag (Hg.): *Endbericht der Enquete-Kommission «Nachhaltige Energieversorgung unter den Bedingungen der Globalisierung und der Liberalisierung». Drucksache 14/9400.* Berlin 2002a

Deutscher Bundestag (Hg.): *Erster Bericht der Enquete-Kommission «Nachhaltige Energieversorgung unter den Bedingungen der Globalisierung und der Liberalisierung». Drucksache 14/7509.* Berlin 2001a

Deutscher Bundestag (Hg.): *Schlussbericht der Enquete-Kommission «Glo-*

balisierung der Weltwirtschaft – Herausforderungen und Antworten». Drucksache 14/9200. Berlin 2002b
Deutscher Bundestag (Hg.): *Zwischenbericht der Enquete-Kommission «Globalisierung der Weltwirtschaft – Herausforderungen und Antworten. Drucksache 14/6910.* Berlin 2001b
Die Grünen im Bundestag (Hg.): *Das Grüne Energiewende-Szenario 2010.* Köln 1989
Engelhardt, Marc und Steigenberger, Markus: *Umwelt: verhandelt und verkauft?* Hamburg 2003
Fischer, Joschka: *Für einen neuen Gesellschaftsvertrag.* München 2000
Gelbspan, Ross: *Der Klima-Gau.* München 1998
Global Challenges Network (Hg.): *Ölwechsel!* München 2003
Global Marshall Plan Initiative (Hg.): *Welt in Balance.* Hamburg 2004
Gorbatschow, Michail: *Mein Manifest für die Erde.* Frankfurt a. M. 2003
Gore, Al: *Wege zum Gleichgewicht.* Frankfurt a. M. 1994
Graßl, Hartmut: *Wetterwende.* Frankfurt a. M. 1999
Graßl, Hartmut und Klingholz, Reiner: *Wir Klimamacher.* Frankfurt a. M. 1990
Greenpeace (Hg.): *Der Preis der Energie.* München 1995
Gründinger, Wolfgang: *Öko-Realismus.* Oldenburg 2002
Habermas, Jürgen: *Technik und Wissenschaft als Ideologie.* Frankfurt a. M. 1968
Hacke, Christian: *Zur Weltmacht verdammt.* Bonn 2003
Hauchler, Ingomar; Messner, Dirk; Nuscheler, Franz (Hg.): *Globale Trends 2002.* Frankfurt a. M. 2001
Hauff, Volker (Hg.): *Unsere gemeinsame Zukunft.* Greven 1987
Heinberg, Richard: *The Party's Over.* München 2004
Hesselberger, Dieter: *Das Grundgesetz.* Bonn 2000
Jungk, Robert: *Der Atomstaat.* Reinbek bei Hamburg 1986
Kagan, Robert: *Macht und Ohnmacht.* Bonn 2003
Klein, Naomi: *No Logo!* München 2002
Klevemann, Lutz: *Der Kampf um das heilige Feuer.* Berlin 2002
Krebs, Carsten; Reiche, Danyel T.; Rocholl, Martin: *Die Ökologische Steuerreform.* Basel/Boston/Berlin 1998
Krugman, Paul: *Der große Ausverkauf.* Frankfurt a. M. 2004
Lafontaine, Oskar: *Die Wut wächst.* München 2003
Laqueur, Walter: *Krieg dem Westen.* Berlin 2004
Lovins, Amory und Hennicke, Peter: *Voller Energie.* Frankfurt a. M./New York 1999
Lüders, Michael: *Tee im Garten Timurs.* Zürich/Hamburg 2003
Lutzenberger, José und Gottwald, Franz-Theo: *Ernährung in der Wissensgesellschaft.* Frankfurt a. M./New York 1999
Mabe, Jacob E.: *Das kleine Afrika-Lexikon.* Stuttgart 2001

Mander, Jerry und Goldsmith, Edward (Hg.): *Schwarzbuch Globalisierung.* München 2002
Mann, Michael: *Die ohnmächtige Supermacht.* Frankfurt a. M. 2003
Maxeiner, Dirk und Miersch, Michael: *Lexikon der Öko-Irrtümer.* München 2000
McNeill, John R.: *Blue Planet.* Frankfurt a. M. 2003
Meadows, Dennis: *Die Grenzen des Wachstums.* Reinbek bei Hamburg 1972
Meyer-Abich, Klaus Michael und Schefold, Bertram: *Die Grenzen der Atomwirtschaft.* München 1986
Möller, Uwe; Radermacher, Franz Josef; Riegler, Josef; Soekadar, Surjo R.; Spiegel, Peter: *Global Marshall Plan.* Stuttgart 2004
Moore, Michael: *Downsize This!* Basinkstoke/Oxford 2003
Moore, Michael: *Dude, where's my country?* New York 2003
Moore, Michael: *Stupid White Men.* München 2002
Müller, Harald: *Supermacht in der Sackgasse?* Bonn 2003
Münkler, Herfried: *Der neue Golfkrieg.* Reinbek bei Hamburg 2003
Münkler, Herfried: *Die neuen Kriege.* Reinbek bei Hamburg 2002
Nuscheler, Franz: *Lern- und Arbeitsbuch Entwicklungspolitik.* Bonn 1996
Pilz, Peter: *Mit Gott gegen alle.* Stuttgart/München 2003
Radermacher, Franz Josef: *Balance oder Zerstörung.* Wien 2002
Radermacher, Franz Josef: *Global Marshall Plan.* Hamburg 2004
Rifkin, Jeremy: *Die H_2-Revolution.* Frankfurt a. M. 2002
Sampson, Anthony: *Die Sieben Schwestern.* Reinbek bei Hamburg 1982
Scheer, Hermann: *Die Politiker.* München 2003
Scheer, Hermann: *Energieautonomie.* München 2005
Scheer, Hermann: *Solare Weltwirtschaft.* München 2000
Scheer, Hermann: *Sonnen-Strategie.* München 1999
Scheer, Hermann: *Zurück zur Politik.* München 1995
Scholl-Latour, Peter: *Afrikanische Totenklage.* München 2001
Schwarz, Martin und Erdmann, Heinz: *Atomterror.* München 2004
Stiftung für die Rechte zukünftiger Generationen (Hg.): *Handbuch Generationengerechtigkeit.* München 2003
Stiglitz, Joseph E.: *Die Roaring Nineties.* Berlin 2004
Stiglitz, Joseph E.: *Die Schatten der Globalisierung.* Bonn 2002
Soros, George: *Die Vorherrschaft der USA – eine Seifenblase.* München 2004
Strasser, Johano: *Leben oder Überleben.* Zürich 2001
Thompson, James: *Nukleare Bedrohung.* München/Weinheim 1986
Tilgner, Ulrich: *Der inszenierte Krieg.* Berlin 2003
Todd, Emanuel: *Weltmacht USA – Ein Nachruf.* München 2004
Todenhöfer, Jürgen: *Wer weint schon um Abdul und Tanaya?* Freiburg im Breisgau 2003

Trittin, Jürgen: *Welt Um Welt.* Berlin 2002
Tschernousenko, Wladimir M.: *Tschernobyl: Die Wahrheit.* Reinbek bei Hamburg 1992
von Sponeck, Hans und Zumach, Andreas: *Irak – Chronik eines gewollten Krieges.* Köln 2003
von Weizsäcker, Ernst Ulrich: *Das Jahrhundert der Umwelt.* Frankfurt a. M. 1999
von Weizsäcker, Ernst Ulrich: *Erdpolitik.* Darmstadt 1997
von Weizsäcker, Ernst Ulrich; Lovins, Amory und Hunter: *Faktor 4.* München 1997
Weltbank (Hg.): *Weltentwicklungsbericht 2003*. Bonn 2003
Werner, Klaus und Weiss, Hans: *Das neue Schwarzbuch Markenfirmen.* Wien/Frankfurt a. M. 2003
Woodward, Bob: *Bush at War.* München 2003
Yergin, Daniel: *Der Preis. Die Jagd nach Öl, Geld und Macht.* Frankfurt a. M. 1991
Ziegler, Jean: *Die neuen Herrscher der Welt und ihre globalen Widersacher.* München 2003